权威·前沿·原创

皮书系列为

"十二五""十三五""十四五"时期国家重点出版物出版专项规划项目

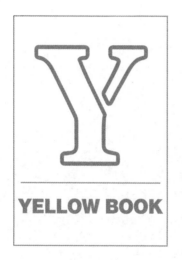

YELLOW BOOK

智 库 成 果 出 版 与 传 播 平 台

中国社会科学院创新工程学术出版资助项目

世界经济黄皮书
YELLOW BOOK OF WORLD ECONOMY

2024 年世界经济形势
分析与预测

WORLD ECONOMY ANALYSIS AND

FORECAST (2024)

中国社会科学院世界经济与政治研究所

主　编／张宇燕

副主编／孙　杰

社会科学文献出版社
SOCIAL SCIENCES ACADEMIC PRESS (CHINA)

图书在版编目(CIP)数据

2024年世界经济形势分析与预测 / 张宇燕主编；孙
杰副主编. -- 北京：社会科学文献出版社, 2024.1（2024.3重印）
（世界经济黄皮书）
ISBN 978-7-5228-2963-0

Ⅰ. ①2… Ⅱ. ①张… ②孙… Ⅲ. ①世界经济形势-
经济分析-2024②世界经济形势-经济预测-2024 Ⅳ.
①F113.4

中国国家版本馆CIP数据核字（2023）第234320号

世界经济黄皮书
2024年世界经济形势分析与预测

主　编 / 张宇燕
副主编 / 孙　杰

出 版 人 / 冀祥德
组稿编辑 / 邓泳红
责任编辑 / 吴　敏
责任印制 / 王京美

出　　版 / 社会科学文献出版社 · 皮书出版分社（010）59367127
　　　　　　地址：北京市北三环中路甲29号院华龙大厦　邮编：100029
　　　　　　网址：www.ssap.com.cn
发　　行 / 社会科学文献出版社（010）59367028
印　　装 / 三河市东方印刷有限公司

规　　格 / 开　本：787mm × 1092mm　1/16
　　　　　　印　张：27.25　字　数：408千字
版　　次 / 2024年1月第1版　2024年3月第4次印刷
书　　号 / ISBN 978-7-5228-2963-0
定　　价 / 128.00元

读者服务电话：4008918866

世界经济黄皮书编委会

主要编撰者简介

张宇燕　中国社会科学院世界经济与政治研究所所长、研究员，中国社会科学院学部委员；中国社会科学院国家全球战略智库理事长、首席专家，中国社会科学院大学国际政治经济学院院长、博士生导师，中国世界经济学会会长。主要研究领域包括国际政治经济学、制度经济学等。著有《经济发展与制度选择》（1992）、《国际经济政治学》（2008）、《美国行为的根源》（2015）、《中国的和平发展道路》（2017）等。

孙　杰　中国社会科学院世界经济与政治研究所研究员、中国社会科学院大学国际政治经济学院特聘教授、中国世界经济学会常务理事，主要研究领域包括国际金融、公司融资和货币经济学，著有《汇率与国际收支》（1999）、《资本结构、治理结构和代理成本：理论、经验和启示》（2006）、《合作与不对称合作：理解国际经济与国际关系》（2016）、《宏观经济政策国际协调导论：理论发展与现实挑战》（2021）等。

摘　要

2023 年世界经济延续了 2022 年的下行趋势。尽管全球就业形势有所改善，通胀压力也有所缓解，但全球债务风险高位累积，贸易投资增长乏力。同时，世界经济增长分化加剧、颠覆性技术带来深刻复杂影响、歧视性区域主义加速兴起与扩散、"去风险"政策加剧全球经济脱钩风险以及"一带一路"开启金色十年新征程等问题值得关注。世界经济"再全球化"、全球生产与交换数字化、全球经济发展低碳化、国际经贸关系政治化、国际货币体系多元化等成为影响深远的趋势性变化。展望未来，导致全球经济下行的短期和长期因素依然很多，其中关键变量之一是中美等主要经济体能否携手应对各种全球经济挑战。从目前的国际经济政治环境和世界经济形势来看，2024年世界经济仍将行进在中低速增长轨道上，预计增长率为 2.7%。

关键词：世界经济　国际贸易　国际投资　国际金融

目 录 ⟆

Ⅰ 总 论

Ⅱ 国别与地区

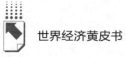

V 世界经济统计与预测

皮书数据库阅读**使用指南**

总　论

Y.1
2023~2024 年世界经济形势分析与展望

张宇燕　徐秀军 *

摘　要： 2023 年世界经济延续了 2022 年的下行趋势。尽管全球就业形势有所改善，通胀压力也有所缓解，但全球债务风险高位累积，贸易投资增长乏力。同时，世界经济增长分化加剧、颠覆性技术带来深刻复杂影响、歧视性区域主义加速兴起与扩散、"去风险"政策加剧全球经济脱钩风险以及"一带一路"开启金色十年新征程等问题值得关注。世界经济"再全球化"、全球生产与交换数字化、全球经济发展低碳化、国际经贸关系政治化、国际货币体系多元化等成为影响深远的趋势性变化。展望未来，导致全球经济下行的短期和长期因素依然很多，其中关键变量之一是中美等主要经济体能否携手应对各种全球经济挑战。从目前的国际经济政治环境和世界经济形势来看，

* 张宇燕，中国社会科学院学部委员、世界经济与政治研究所研究员、中国社会科学院大学国际政治经济学院教授，主要研究方向：世界经济、国际政治经济学；徐秀军，中国社会科学院世界经济与政治研究所研究员、中国社会科学院大学国际政治经济学院教授，主要研究方向：国际政治经济学。

2024 年世界经济仍将行进在中低速增长轨道上，预计增长率为 2.7%。

关键词： 世界经济　增长分化　"去风险"政策　歧视性区域主义　"一带一路"

一　2023 年世界经济总体形势回顾

2023 年世界经济延续了 2022 年的下行趋势，并且截至目前仍面临较大的下行压力。过去一年世界经济运行趋势总体上与上年度本报告的预期相符。在 2022 年 12 月出版的《世界经济黄皮书：2023 年世界经济形势分析与预测》中，预计 2023 年世界经济增速将进一步降至 2.5%。这一预测值比 2023 年 10 月国际货币基金组织（IMF）对 2023 年世界经济增速的估计值低 0.5 个百分点。[①] 考虑到主要发达经济体货币政策仍将趋紧以及当前国际冲突愈演愈烈，世界经济增长面临的挑战将继续加大，2023 年世界经济增速的最终测算值仍可能会低于 IMF 的预期。

总体来看，2023 年仍是动荡、分化和变革的一年。世界经济运行中的各种因素相互交织，世界经济复苏与增长面临巨大挑战。一方面，在一些短期经济问题尚未解决之时，一些长期因素的负面影响不断显现；另一方面，在一些经济挑战尚未得到有效应对之时，一些地缘政治和安全问题使经济运行面临的挑战不断增加。在此背景下，世界经济下行成为意料之中的趋势。IMF 估计，2023 年世界经济增长率为 3.0%，较 2022 年下降 0.5 个百分点。同期，发达经济体经济下行压力较大，增长率仅为 1.5%，较 2022 年下降 1.1 个百分点。得益于中国经济的提振作用，新兴市场与发展中经济体经济放缓幅度较小，增长率为 4.0%，较 2022 年仅下降 0.1 个百分点。其中，中国经济增长率为 5.4%，较 2022 年上升 2.4 个百分点。[②]

[①]　IMF, "World Economic Outlook: Navigating Global Divergences," October 10, 2023.

[②]　IMF, "IMF Staff Completes 2023 Article IV Mission to the People's Republic of China," https:// www.imf.org/en/News/Articles/2023/11/07/pr23380-imf-staff-completes-2023-article-iv-mission-to-the-peoples-republic-of-china, November 7, 2023.

在就业和物价方面，2023 年全球形势相比 2022 年有所改善。2023 年 5 月，国际劳工组织（ILO）对全球失业人口的估计值进行了大幅修正，由此前估计的 2022 年全球失业人口 2.05 亿人下调至 1.92 亿人；预计 2023 年进一步降至 1.91 亿人，失业率为 5.3%，较 2022 年下降 0.1 个百分点。[①] 相比 2008 年国际金融危机，新冠疫情后的全球就业复苏步伐更快。除了低收入国家外，其他国家的失业率总体上已降至疫情前水平，一些国家的失业率甚至创过去数十年来的新低。2023 年 10 月，欧元区 20 国经季节性调整后的失业率为 6.5%，保持历史低位；2023 年 10 月，美国失业率为 3.9%，保持在较低水平。2023 年 10 月，俄罗斯失业率进一步降至 2.9% 的极低水平。在主要发达经济体持续收紧货币政策的背景下，全球通胀的严峻形势大幅缓解，但也有一些隐忧。根据 IMF 估计，2023 年全球平均通胀率为 6.9%，较 2022 年下降 1.8 个百分点；年末通胀率为 6.4%，较 2022 年下降 2.5 个百分点。[②]2023 年 10 月，美国消费者价格指数（CPI）同比上涨 3.2%，比上年的高点下降 5.9 个百分点；2023 年 11 月，欧元区消费者调和价格指数（HICP）同比上涨 2.4%，较上月下降 0.5 个百分点，创 2021 年 7 月以来两年最低水平。全球大宗商品价格下降是推动物价回落的主要因素之一。IMF 数据显示，2023 年 10 月全球大宗商品价格指数为 167.77，较上年同期下降 12.3%，较上年 8 月的高点则下降了 30.7%。其中，燃料价格较上年同期下降 38.2%。[③] 但是，目前主要发达经济体的通胀水平仍远高于央行通胀目标，这意味着美国等主要发达经济体的货币政策虽然奏效但效果有限，故不排除其进一步收紧的可能。

在经济下行和货币政策紧缩的背景下，全球债务风险高位累积。2023 年以来，全球债务水平持续攀升，尤其是美国等主要发达国家债务规模屡创新高。2023 年 9 月，国际金融协会（IIF）发布的报告显示，2023 年第二季度全球债务增至创纪录的 307 万亿美元，全球债务与 GDP 之比连续两个季度上升，达到 336%。[④] 值得注意的是，这一上升势头是在债务率连续 7 个季度下降之

---

① ILO, "ILO Monitor on the World of Work," 11th Edition, May 31, 2023.

② IMF, "World Economic Outlook: Navigating Global Divergences," October 10, 2023.

③ IMF, "Primary Commodity Prices," November 7, 2023.

④ IIF, "Global Debt Monitor: In Search of Sustainability," September 19, 2023.

后出现的。2023年上半年，超过80%的新增债务来自发达国家，其中美国、日本、英国和法国的增幅最大。目前，美国联邦政府债务规模已超过33万亿美元，并呈加速上升势头，有机构预测到2030年将超过50万亿美元。2023年8月，国际评级机构惠誉将美国主权信用评级①从AAA下调至AA+，这是美国有史以来第二次信用评级被下调。在发达经济体的货币政策持续紧缩等因素的冲击下，很多新兴市场国家出现了资本外流和货币贬值，债务风险急遽上升。2023年以来，一些外债占比较高、经济基本面和金融体系较为脆弱的新兴市场国家面临很高的债务违约风险，甚至部分国家已经出现了债务危机。如果通胀压力继续加大，发达经济体的央行还可能进一步加息，这将进一步推升全球债务风险，并引发金融危机。

同时，全球贸易投资增长乏力。尽管疫情对全球贸易和投资活动的冲击和干扰已经消退，但国际贸易与投资增长仍面临较大的下行压力。2023年10月，世界贸易组织（WTO）发布的预测数据显示，2023年全球货物贸易量将同比增长0.8%，相比4月1.7%的预测值显著下调。②WTO还警告，全球供应链分化迹象开始显现，并将给全球贸易持续造成威胁。2023年上半年，作为全球供应链活动指标的中间产品贸易在全球贸易中的占比为48.5%，比前三年的平均值低2.5个百分点；美国的亚洲双边合作伙伴在对其零部件贸易中的占比为38%，较2022年同期下降5个百分点。全球投资增长形势更不容乐观。2023年7月，联合国贸易和发展会议（UNCTAD）发布的《2023年世界投资报告》显示，2022年全球外国直接投资额同比下降12%至1.3万亿美元，其中流入发达经济体的外国直接投资额下降37%至3780亿美元，流入发展中国家的外国直接投资额则增长4%至9160亿美元；并且，不排除2023年全球外国直接投资额进一步下降的可能性。③

此外，全球金融市场波动，主要表现在外汇市场和股票市场。2022年末，美元指数为103.5，较上年末上升7.8%；2023年10月末，美元指数升至

①　具体指的是长期外币发行人违约评级（Long-Term Foreign-Currency Issuer Default Rating）。

②　WTO, "Global Trade Outlook and Statistics: Update," October, 2023.

③　UNCTAD, "World Investment Report 2023: Investing in Sustainable Energy for All," July 5, 2023.

106.7，较上年末上升 3.1%；11 月末回落至 103.5，与上年末持平。2023 年以来，很多国家货币汇率出现了进一步下跌。2023 年 10 月末，美元对俄罗斯卢布汇率为 1∶93.24，美元对日元汇率为 1∶151.69，对人民币汇率为 1∶7.18，较上年末卢布、日元和人民币对美元汇率分别下跌 24.6%、13.6% 和 3.0%；同期，欧元对美元汇率为 1∶1.07，较上年末上升 1.2%。全球股票市场更加分化与震荡。截至 2023 年 11 月 5 日，阿根廷 MERV 指数上涨 215.4%，委内瑞拉 IBC 指数上涨 194.1%，开罗 CASE30 指数上涨 55.1%，纳斯达克指数上涨 28.8%，标普 500 上涨 13.5%，日经 225 上涨 22.4%；但是，泰国 SET 下跌 14.9%，芬兰 OMX 全指下跌 12.5%，上证指数下跌 1.9%。

二 2023 年世界经济运行中值得关注的特征

2023 年世界经济总体呈下行态势，一些新的不稳定和不确定因素涌现，一些新情况和新变化值得关注。总体来看，2023 年世界经济运行中值得关注的特征主要有如下五个方面。

（一）世界经济增长分化加剧

尽管遭受了 2008 年国际金融危机和 2020 年新冠疫情的严重冲击，但世界经济的双速增长格局并未发生改变。2023 年 10 月，IMF 估计数据显示，2023 年新兴市场与发展中经济体的经济增速比发达经济体高 2.5 个百分点，速差较上年扩大 1.0 个百分点；预计未来 5 年新兴市场与发展中经济体的年均经济增速为 4.0%，比发达经济体高 2.3 个百分点。值得关注的是，在新兴市场与发展中经济体以及发达经济体两大群体内部，经济增长分化有所加剧。一方面，新兴市场与发展中经济体经济增速仅较上年下降 0.1 个百分点，但不同地区和国家的表现差异较大。分地区来看，2023 年亚洲和欧洲的新兴市场与发展中国家经济增速分别为 5.2% 和 2.4%，较上年分别上升 0.7 个和 1.6 个百分点；拉美和加勒比地区、中东和中亚以及撒哈拉以南非洲的新兴市场与发展中国家经济增速均有不同幅度的下降，分别下降 1.8 个、3.6 个和 0.7 个百分点至 2.3%、2.0% 和 3.3%。分国别来看，在金砖五国中，2023 年中国、俄罗斯和巴西经济增速分别较上年上升 2.0 个、4.3 个和 0.2 个百分点至 5.0%、2.2% 和 3.1%，而印度和南非经济增速则分别较上年下降 0.9 个和 1.0 个百分点至 6.3% 和 0.9%；2023 年金砖五国间经济增速的最大差值达 5.4 个百分点。另一方面，发达经济体经济增速总体大幅下降，而美国、日本经济则表现出较强韧性。2023 年欧元区经济增速预计为 0.7%，同比下降 2.6 个百分点。其中，德国经济增速预计为 -0.5%；意大利经济增速下降 3.0 个百分点至 0.7%。得益于较低的失业率、积极的财政政策、供应链内迁、劳动生产率提升等因素，美国经济短期内表现较好。IMF 估计 2023 年美国经济增速与上年持平，为 2.1%。美国商务部数据显示，经季节调整后，2023 年第三季度美国 GDP 年化增长率为 5.2%，创 2021 年第四季度以来的最高水平，同比增长 2.7%，较第二季度提高 0.2 个百分点；2023 年前三季度美国 GDP 同比增长 2.4%，高于上年全年水平。2023 年日本经济增长表现超出此前市场预期，预计增速为 2.0%，同比上升 1.0 个百分点；但按市场汇率计算的 GDP 将较上年略有减小，并且在全球 GDP 中的排名跌至德国之后，居第 4 位。全球经济增长分化意味着各国经济政策导向不同的目标与任务，全球宏观经济政策协调难度持续增加。

（二）颠覆性技术带来深刻复杂影响

在第四次工业革命浪潮下，以新兴技术为基础的新产业、新业态和新模式不断涌现。2023 年 6 月，世界经济论坛发布 2023 年十大新兴技术，包括柔性电池、生成式人工智能、可持续航空燃料、工程噬菌体、改善心理健康的元宇宙、可穿戴植物传感器、空间组学、柔性神经电子学、可持续计算和人工智能辅助医疗。[①] 在不断涌现的新技术中，人工智能（AI）技术及其日益广泛的应用对世界经济与社会带来的颠覆性影响初现端倪。企业家们争先恐后地将人工智能领域每一项新的突破付诸实践，从同声传译、私人助理和无人驾驶汽车到改进监控设备和致命性自主武器等令人关注的领域，无不因

---

① World Economic Forum, "Top 10 Emerging Technologies of 2023," June, 2023.

人工智能而发生深刻变革。与此同时，人们对人工智能固化社会歧视、引发大规模失业、支持压迫性监控以及违反战争准则等问题表示严重关切。随着思想机器与全球商业金融和战争的互相作用，全球对人工智能的担忧与日俱增。亨利·基辛格等的研究论述了这项新技术所带来的机遇和危险，并指出人工智能有望在所有领域带来变革。[①] 如果主要大国不设法限制人工智能的影响力，那将是一场导致灾难的疯狂竞赛。近年来，人工智能的研发与应用取得了相比以往更大的进展。2019 年发布的 GPT-2 被认为是第一个大型语言模型（LLM），拥有 15 亿个参数；GPT-3 拥有约 1750 亿个参数；而当前占主导地位的 GPT-4 在 120 层[②] 中共包含 1.8 万亿个参数，参数规模是 GPT-3 的 10 倍以上。根据麦肯锡的调查数据，2022 年 50% 的公司部署了人工智能，远高于 2017 年的 20%。[③]2022 年，全球人工智能市场收入达 4500 亿美元，同比增长 17.3%；2023 年第一季度人工智能生成内容（AIGC）成为最热门的投融资领域。[④] 根据 2023 年 10 月发布的《2023 年人工智能现状报告》，ChatGPT 成为世界上用户增速最快的产品，并推动生成式人工智能工具在图像、视频、编程、语音和副驾驶（CoPilots）等领域取得了突破性进展，带动了 180 亿美元的风险投资和企业投资。[⑤]ChatGPT 究竟是人类之友还是人类之敌，仍有待观察。为此，各国政府对人工智能立法的关注度也迅速提升。根据斯坦福大学发布的《2023 年 AI 指数报告》，在 127 个样本国家中，包含人工智能的立法数量从 2016 年的 1 个增加到 2022 年的 37 个；在 81 个样本国家的议会记录中涉及人工智能的法案数量较 2016 年增加了近 6.5 倍。[⑥]2023 年 10 月，我国适时提出《全球人工智能治理倡议》，强调各国应在人工智能治理中加强

---

① Henry A. Kissinger, Eric Schmidt, Daniel Huttenlocher, *The Age of AI: And Our Human Future*, New York: Little, Brown and Company, 2021.

② GPT 的层数是指模型中神经网络的层数，层数越多意味着模型的复杂度越高，表达能力越强。

③ QuantumBlack by McKinsey, "The State of AI in 2022—and a Half Decade in Review," December, 2022.

④ 中国信息通信研究院:《全球数字经济白皮书（2023 年）》，2023 年 10 月。

⑤ Nathan Benaich, et al., "State of AI Report 2023," https://www.stateof.ai/, October, 2023.

⑥ Nestor Maslej, et al., "The AI Index 2023 Annual Report," Stanford, CA: Stanford University, April, 2023.

信息交流和技术合作，共同做好风险防范，形成具有广泛共识的人工智能治理框架和标准规范，不断提升人工智能技术的安全性、可靠性、可控性、公平性。[①]

（三）歧视性区域主义加速兴起与扩散

在经济全球化遭受重大挑战时，区域经济合作成为推进贸易投资自由化和便利化的替代选择。然而，在部分大国的主导下，一些区域合作越来越显示出集团化趋势，各种各样的"小院高墙"和有特定博弈对象的区域组织或集体不断涌现。IMF 的一项研究发现，歧视性区域主义正在兴起，尤其是在冲突时期，区域贸易协定可能会筑高围墙以抵制外部世界，而不是降低内部的围墙。[②] 该研究进一步指出了歧视性区域主义的具体表现，例如，在补贴项目中提出本地成分要求，并对非区域贸易伙伴进行出口限制；建立严格的产品原产地制度，以降低区域外价值成分为代价来提高生产中本区域的价值成分。即便在纸面上没有歧视性条款，但这些做法背离了多边贸易规则的精神，因而会增加一体化成本和降低贸易效率。此外，歧视性区域主义也可能催生提高劳工和环境标准、采用国内而非全球标准以及出于国家安全原因重新调整供应链等非贸易目标。2023 年 3 月，美国和日本签署了一项关于电动汽车电池所需的关键矿产贸易协议，对锂、钴、锰、镍和石墨等具有重要战略价值的矿物不征收出口关税，并使日本能够享受美方提供的电动车税收抵免政策，而在电动汽车电池领域有重要影响力的其他国家仍在限制之列。此后，歧视性区域主义愈演愈烈。5 月，以美国为首的"印太经济框架"（IPEF）的 14 个参与国贸易部长签署了供应链协议，以深化美国与印太地区合作伙伴的经济合作，并提高美国的全球竞争力。这项被拜登政府吹捧为"全球第一个多边供应链协议"的弹性供应链协议不仅不对区域成员开放，还对协定内容予以保密，是歧视性区域主义在亚太区域的具体表现。在

[①] 《全球人工智能治理倡议》，中国网信网，2023 年 10 月 18 日。

[②] Michele Ruta, "The Rise of Discriminatory Regionalism," *Finance & Development*, Vol. 60, No. 2, 2023.

美国的推动下，IPEF 在贸易、税收和反腐败以及清洁能源、脱碳和基础设施三个支柱方面的排他性协议也在谈判之中。由此可见，在加强与伙伴国联系的同时却与非伙伴国家渐行渐远，已成为一些大国推进区域合作的政策选择。

（四）"去风险"政策加剧全球经济脱钩的风险

近年来，随着"全球南方"的兴起，西方大国对非西方大国的遏制和打压持续加剧，大国关系的对抗性日益凸显，并向经济、科技、文化等领域渗透。2023 年以来，欧美等发达经济体推出所谓的"去风险"政策。2023 年 5 月，在日本广岛举行的 G7 峰会发表联合声明称，要增强经济韧性，就必须去风险，实现多样化，因此将单独或集体采取措施，投资于自身的"经济活力"，减弱对关键供应链的过度依赖。G7 同时宣称，不寻求脱钩，也不寻求政策内倾，因而其政策方针不是为了损害中国利益，也不是为了阻碍中国经济发展。[1] 6 月，欧洲理事会（EC）就对华战略发布了一项新决定，重申其目标是"去风险"而非"脱钩"，强调欧盟和中国仍然是重要的经贸合作伙伴，欧盟将努力确保公平的竞争环境，使双方经贸关系平衡、互惠和互利；同时指出，根据凡尔赛议程，[2] 欧盟将继续降低供应链等领域的关键依赖性和脆弱性，并在必要和适当的情况下去风险和实现多样化。[3] 7 月，为响应欧洲理事会的这一决定，德国政府发布首份"中国战略"文件，将中国定位为合作伙伴、竞争者和制度性对手，强调德国"迫切需要去风险"并提出关键技术出口管制等具体的"去风险""降依赖"方向与举措。[4] 这些所谓"去风险"政

---

① G7, "G7 Hiroshima Leaders' Communiqué," https://www.whitehouse.gov/briefing-room/statements-releases/2023/05/20/g7-hiroshima-leaders-communique/, May 20, 2023.

② "Informal Meeting of the Heads of State or Government Versailles Declaration," https://www.consilium.europa.eu/en/press/press-releases/2022/03/11/the-versailles-declaration-10-11-03-2022/, March 10-11, 2022.

③ European Council, "European Council Conclusions on China," https://www.consilium.europa.eu/en/press/press-releases/2023/06/30/european-council-conclusions-on-china-30-june-2023/, June 30, 2023.

④ "China Strategie der Bundesregierung," https://www.auswaertiges-amt.de/blob/2608578/810fdade376b1467f20bdb697b2acd58/china-strategie-data.pdf.

策的实质是升级版的"规锁"战略，其目的是在地缘上围堵、在规则上钳制、在发展上阻滞、在形象上"妖魔化"非西方大国，并且在实质上使全球经济走向脱钩。2023年10月，IMF发布的研究报告显示，主要经济体"去风险"策略的负面影响将波及中国以外的地区，而中国开展全面改革可产生巨大的正面溢出效应。[①]美国学界的最新研究也指出，中美两国经济相互交融、不可分割，要想将两者之间的相互依存关系完全解除或者将民用经济与军事经济分割开来而不给美国造成伤害是不可能的，并且美国过度强调"去风险"将危及全球经济。[②]这种为最大限度地发挥自身优势和快速压制竞争对手的"去风险"政策将使大国关系背离合作共赢，甚至越过零和博弈走向即便损害自身利益也要消耗对手的负和博弈。

（五）"一带一路"开启金色十年新征程

2023年是共建"一带一路"倡议提出10周年。10年来，共建"一带一路"取得丰硕成果，在促进世界经济增长和全球可持续发展方面发挥了重要作用。截至2023年6月，中国与150多个国家、30多个国际组织签署了200多份共建"一带一路"合作文件，与65个国家标准化机构以及国际和区域组织签署了107份标准化合作文件，与40多个国家签署了产能合作文件，已与144个共建国家签署文化和旅游领域合作文件，与近90个共建国家和国际组织签署了100余份农渔业合作文件，为高质量共建"一带一路"奠定了坚实的政策基础。在逆全球化挑战下，共建"一带一路"经贸合作持续深化，为全球贸易投资增长注入了动力。2013~2022年，中国与共建国家贸易总额累计19.1万亿美元，年均增长6.4%；双向直接投资额累计3800多亿美元，其中中国对外直接投资额超过2400亿美元；中国在共建国家承包工程新签合同额累计达2万亿美元、完成营业额累计达1.3万亿美元。2022年，中国与共建国家贸易

① Diego Cerdeiro, et al., "Harm from 'De-risking' Strategies would Reverberate Beyond China," https://www.imf.org/en/Blogs/Articles/2023/10/17/harm-from-de-risking-strategies-would-reverberate-beyond-china, October 17, 2023.

② Henry Farrell, Abraham Newman, "The New Economic Security State: How De-risking will Remake Geopolitics," *Foreign Affairs*, Vol. 102, No. 6, 2023.

总额占中国贸易总额的45.4%，较2013年提高了6.2个百分点。[①]2023年10月，第三届"一带一路"国际合作高峰论坛成功举办，来自151个国家和41个国际组织的代表来华参会，共同开启共建"一带一路"金色十年新征程。在高峰论坛开幕式上，我国宣布构建"一带一路"立体互联互通网络、支持建设开放型世界经济、开展务实合作、促进绿色发展、推动科技创新、支持民间交往、建设廉洁之路、完善"一带一路"国际合作机制等支持高质量共建"一带一路"八项行动。[②]我国提出的八项行动与论坛期间各方共达成的458项成果，将为推动世界经济增长和促进全球共同发展提供更加强大的动力。

三 当前及未来世界经济的趋势性变化

当前，在外部冲击和内在动能转换等因素推动下，世界经济进入深度变革期，并呈现出一些影响深远的趋势性变化。具体来说，这些变化主要表现在以下五个方面。

（一）世界经济的"再全球化"

近年来，保护主义和单边主义盛行，政策因素对经济全球化进程的阻碍作用日益凸显。作为全球最大经济体，美国频繁对外挑起贸易战，阻碍多边贸易机制正常运行，并联合盟友推行"近岸外包""友岸外包"，严重干扰正常的国际经贸往来。联合国贸易和发展会议（UNCTAD）的数据显示，1995~2007年全球货物出口增速平均值为10.1%；2008~2022年平均值降为4.0%；2008~2021年全球外国直接投资流入额增速的平均值为1.6%，比1997~2007年的平均值下降18.5个百分点。在区域层面，一些新的经贸合作安排在促进一体化方面创造了机遇的同时，也给国际经贸合作带来了新的挑

---

① 国务院新闻办公室：《共建"一带一路"：构建人类命运共同体的重大实践》，《人民日报》2023年10月11日。

② 习近平：《建设开放包容、互联互通、共同发展的世界——在第三届"一带一路"国际合作高峰论坛开幕式上的主旨演讲》，《人民日报》2023年10月19日。

战。一些区域机制和规则日益封闭，加速了全球产业链和供应链重构。特别是由美国牵头的印太经济框架下各领域协定的达成与落实，将成为加剧区域经济竞争与对抗以及全球经济碎片化的推手。在全球层面，多边贸易体制的功能进一步弱化。美国等发达国家在强调"以规则为基础的国际体系"的重要性的同时，却破坏和干扰以 WTO 规则为代表的多边规则。奥巴马政府抛弃了 WTO 这一多边谈判平台，特朗普政府瘫痪了 WTO 的争端解决机制，而拜登政府则摒弃了 WTO 贸易自由化的价值共识。[①] 尽管国际社会对 2024 年 WTO 第 13 届部长级会议（MC13）重建多边贸易规则体系充满期待，但要想取得实质性成果还需各方付出更多努力。在这些因素的共同推动下，全球经济进入了深度调整变革期，全球经济将经历"再全球化"进程。所谓"再全球化"，指的是为经济全球化深入发展提供保障的全球规则因大国博弈升级而面临改革和重塑，全球资源将面临重新配置，全球分工体系将面临系统性重组。

（二）全球生产与交换的数字化

在全球技术创新中，信息和数字领域是技术突破最多的领域之一。随着数字技术日益广泛的应用，新产业、新业态、新模式不断涌现，推动数字经济和贸易快速增长。2023 年 10 月发布的《全球数字经济白皮书（2023 年）》显示，2022 年美国、中国、德国、日本、韩国五国的数字经济总量达 31 万亿美元，同比增长 7.6%，较经济增速高 5.4 个百分点；数字经济占 GDP 的比例为 58%，较 2016 年提升约 11 个百分点。其中，美国数字经济规模较 2016 年增加 6.5 万亿美元；中国数字经济规模比 2016 年增加 4.1 万亿美元，年均复合增长率为 14.2%，是五国数字经济总体年均复合增长率的 1.6 倍。[②] 同时，数字技术直接带动电子商务发展，跨境数字服务贸易也呈现快速增长势头。2021 年，电子商务采购企业占比最高的是新西兰，为 89.6%；其后是澳大利亚、瑞典、巴西、加拿大和荷兰，分别为 80.7%、78.4%、75.0%、74.9% 和 66.1%。同期，电子商务销售企业占比排前三位的国家是澳大利亚、新西兰和

---

① 屠新泉:《全球产业链重构与全球贸易治理体系变革》,《当代世界》2023 年第 7 期。
② 中国信息通信研究院:《全球数字经济白皮书（2023 年）》,2023 年 10 月。

印度，分别为 63.3%、60.3% 和 60.2%。[1]2022 年，包含数字贸易便利化、隐私和数据保护、消费者保护、源代码、电子传输关税和网络安全等数字贸易条款的区域贸易协定有 116 项，占向 WTO 通报的区域贸易协定总数的 33%；截至 2023 年 7 月，89 个成员参加了 WTO《电子商务联合倡议》，就制定电子签名和电子支付以及信息流、隐私、消费者保护和网络安全等方面的规则达成共识。[2] 根据《数字贸易发展与合作报告 2023》，2022 年全球数字服务贸易额达 3.82 万亿美元，同比增长 3.9%；分领域来看，电信、计算机和信息（ICT）服务继续引领数字服务贸易增长。[3] 总之，数字技术将成为重塑全球经济动力的重要依托，数字经济与数字贸易的发展前景广阔，尤其是发展中国家数字技术的发展与应用将为全球创造巨大的市场空间。

（三）全球经济发展的低碳化

近年来，暴风雨、热浪、洪水和干旱等极端气候事件日益频发，生态系统受到严重威胁，人类生存与发展面临严峻挑战。总部设在德国的哥白尼气候变化服务局发布公告指出，2023 年 9 月是全球有记录以来最热的 9 月，2023 年有望成为有记录以来最热的一年。仅就欧洲而言，9 月的气温比 1991~2020 年同月的平均气温高出 2.51 摄氏度，比 2020 年同月创下的此前最高气温纪录高 1.1 摄氏度。气候变化不仅直接威胁人类健康，还对人类生活、生产方式带来深远影响，发展低碳经济成为各国的必然选择。值得注意的是，气候变化使发展中国家面临更大挑战。世界银行发布的《国别气候与发展报告》显示，各国实施低碳发展战略的平均成本约为 GDP 的 1.4%，但低收入国家的成本超过 GDP 的 5%。[4] 并且，发展中国家没有机会像发达国家那样，先

---

[1] IMF, OECD, UN, WTO, "Handbook on Measuring Digital Trade," 2nd Edition, Geneva: WTO, 2023.

[2] IMF, OECD, UN, WTO, "Handbook on Measuring Digital Trade," 2nd Edition, Geneva: WTO, 2023.

[3] 国务院发展研究中心对外经济研究部、中国信息通信研究院:《数字贸易发展与合作报告 2023》，2023 年 9 月。

[4] World Bank Group, "Climate and Development: An Agenda for Action - Emerging Insights from World Bank Group 2021-22 Country Climate and Development Reports," Washington, DC: The World Bank Group, 2022.

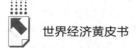

以高碳密集型方式发展再进行清理和脱碳。低碳经济是实现全球经济可持续发展的必然选择。为实现经济社会与生态环境保护平衡发展，世界各国都在探索利用技术创新、制度变革和产业转型等手段减少煤炭和石油等高碳能源消耗，减少温室气体排放。尽管低碳贸易契合可持续发展的理念和目标，并且从长远看符合世界各国利益，但短期来看，技术和发展水平较低的发展中国家对外贸易将面临更多考验和挑战。一些经济体还以应对气候变化为名推出碳关税，为全球贸易设置新的壁垒，受冲击最大的仍是发展中国家。

（四）国际经贸关系的政治化

近年来，一些发达经济体越来越热衷于从地缘政治和国家安全的角度看待国家间经贸关系，并赋予正常的经贸关系以浓重的政治色彩，在内政外交场合鼓吹经济安全威胁。例如，在一些发达国家主导的 IPEF 等经贸合作框架中，人权、意识形态和价值观以及政治制度等问题被作为重要内容来加以考虑，并以此作为塑造成员凝聚力和限制其他成员的手段。同时，出于政治因素的考虑，某些国家蓄意阻挠 WTO、IMF、世界银行等机制改革进程，在二十国集团（G20）和亚太经合组织（APEC）等全球和区域经济治理平台炒作政治议题，导致这些机制维护全球经济秩序的功能不仅得不到有效发挥，还沦为少数国家搞地缘政治博弈和打压竞争对手的工具甚至武器。随着国家间经济力量对比发生深刻变化，主要大国间的博弈不断升级，作为资源配置主要原则的经济逻辑退居其次，权力逻辑逐渐占据上风，此时大国博弈的战略目标是寻求与竞争对手拉开更大距离。

（五）国际货币体系的多元化

从"美国后院"拉美到"能源基地"非洲和中东再到欧洲和亚太，越来越多的国家着手计划或已经实施"去美元化"方案，并表现为在跨境贸易和投资中放弃使用美元而转用本币结算，在外汇储备中降低美元份额，开始思考美元的替代货币。IMF 数据显示，2022 年第四季度美元储备占全球已报告外汇储备的比例为 58.36%，为 1995 年该机构统计该数据以来的最低水平，较

2001 年第二季度的高点下降了 14.34 个百分点。2022 年 3 月，IMF 报告显示，在美元份额下降时，英镑、日元和欧元的份额并未增加；在美元下降的份额中，有 1/4 转向人民币，3/4 转向作为储备货币作用更为有限的小国货币。国际货币体系多元化将呈现两大趋势。一是全球"去美元化"势头或将进一步增强，并持续动摇美元霸权的根基。美国政府实施的贸易和金融政策却将美元作为转嫁危机和打压对手的武器，使美元化遭到越来越多国家的反对。但在未来很长一段时间，美元仍将在国际货币体系中占主导地位，美国也将更加竭力维系美元霸权。二是欧元和人民币的竞争力提升。2020 年 7 月，欧盟成员国领导人就 7500 亿欧元"复苏基金"达成一致，决定发行泛欧主权债券，欧洲经济与货币联盟的财政短板开始进入补齐期，逐步使欧洲成为美国以外一种新的无风险资产的支持者。2016 年 IMF 将人民币列入特别提款权货币篮子，标志着人民币成为国际货币体系的重要组成部分；2022 年 5 月，IMF 将人民币在特别提款权中的权重由 10.92% 上调至 12.28%，反映出对人民币可自由使用程度提高的认可。2023 年 9 月，人民币作为全球货币在贸易融资市场的份额达 5.80%，首次超过份额为 5.43% 的欧元，位居第二。[①] 尽管去美元化进程加速，但是国际货币体系多元化真正实现仍将是一个漫长的过程。

四 2024 年世界经济形势展望

目前，全球通胀问题得到阶段性缓解，但导致全球经济下行的短期和长期因素依然很多，包括美欧等主要经济体货币政策调整的紧缩效应逐步显现，发达国家金融系统承受力与稳定性受到挑战，政府或企业违约风险不断攀升，企业和国家层面的供应链持续调整，贸易保护主义与资源民族主义依然盛行，大国博弈日益转向各方受损的负和博弈，主要经济体劳动力供给逐渐减少，技术进步对经济增长与稳定的影响充满不确定性，全球经济去碳成本依然过

---

① SWIFT, "RMB Tracker Monthly Reporting and Statistics on Renminbi (RMB) Progress Towards Becoming an International Currency," https://www.swift.com/sites/default/files/files/rmb-tracker_october-2023_final_ast.pdf, October, 2023.

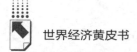

高，疫情引发的"疤痕效应"[①]，以及乌克兰危机、巴以冲突等地缘政治冲突多点爆发等。这些因素的发展演化都可能给全球经济带来负面影响，并损害全球经济增长动力。全球经济向好趋势主要来自一些发展基础好、潜力大的新兴经济体，同时其在引领全球经济增长方面发挥着日益重要的作用。

总体来看，2024年世界经济依然存在一定的下行空间。2023年6月，世界银行预计2024年世界经济增长率为2.4%，较1月预测值下调0.3个百分点。[②]9月，OECD预测数据显示，2024年世界经济增长率为2.7%，较2023年低0.3个百分点。[③]10月，IMF预测数据显示，2024年世界经济增长率为2.9%，较2022年下降0.1个百分点，其中，发达经济体经济增长率为1.4%，美国为1.5%，欧元区为1.2%，日本为1.0%；新兴市场与发展中经济体经济增长率与2022年持平，为4.0%，其中，中国为4.6%，印度为6.3%，巴西为1.5%，俄罗斯为1.1%，南非为1.8%。[④]

影响2024年世界经济形势的因素很多，其中关键变量之一在于中美等主要经济体能否携手应对各种全球经济挑战。根据目前的国际经济政治环境和世界经济形势来看，2024年世界经济仍将行进在中低速增长轨道上，按购买力平价（PPP）计算的世界经济增长率为2.7%。新兴市场与发展中经济体经济增速仍将显著高于发达经济体，并且不排除因美国等主要发达经济体出现经济大幅波动而导致世界经济增速显著下降的可能性。

---

① "疤痕效应"指的是新冠疫情带来的长期负面影响。联合国报告显示，疫情期间学校频繁停课，全球190个国家的近16亿名学生受到波及，占全球学生人数的94%，其中中低收入国家的这一比例高达99%。疫情通过损害教育进而影响人力资本形成，估计全球劳动力终身收入损失10万亿美元，并将在未来数十年中显现。参见 United Nations, "Policy Brief: Education During COVID-19 and Beyond," August, 2020。

② World Bank, "Global Economic Prospects," June, 2023.

③ OECD, "OECD Economic Outlook: Confronting Inflation and Low Growth," September, 2023.

④ IMF, "World Economic Outlook: Navigating Global Divergences," October 10, 2023.

参考文献

国务院发展研究中心对外经济研究部、中国信息通信研究院:《数字贸易发展与合作报告 2023》, 2023 年 9 月。

国务院新闻办公室:《共建"一带一路":构建人类命运共同体的重大实践》,《人民日报》2023 年 10 月 11 日。

屠新泉:《全球产业链重构与全球贸易治理体系变革》,《当代世界》2023 年第 7 期。

习近平:《建设开放包容、互联互通、共同发展的世界——在第三届"一带一路"国际合作高峰论坛开幕式上的主旨演讲》,《人民日报》2023 年 10 月 19 日。

中国信息通信研究院:《全球数字经济白皮书（2023 年）》, 2023 年 10 月。

Diego Cerdeiro, et al., "Harm from 'De-risking' Strategies would Reverberate Beyond China," https://www.imf.org/en/Blogs/Articles/2023/10/17/harm-from-de-risking-strategies-would-reverberate-beyond-china, October 17, 2023.

European Council, "European Council Conclusions on China," https://www.consilium.europa.eu/en/press/press-releases/2023/06/30/european-council-conclusions-on-china-30-june-2023/, June 30, 2023.

Henry A. Kissinger, Eric Schmidt, Daniel Huttenlocher, *The Age of AI: And Our Human Future*, New York: Little, Brown and Company, 2021.

Henry Farrell, Abraham Newman, "The New Economic Security State: How De-risking will Remake Geopolitics," *Foreign Affairs*, Vol. 102, No. 6, 2023.

IIF, "Global Debt Monitor: In Search of Sustainability," September 19, 2023.

ILO, "ILO Monitor on the World of Work," 11th Edition, May 31, 2023.

IMF, OECD, UN, WTO, "Handbook on Measuring Digital Trade," 2nd Edition, Geneva: WTO, 2023.

IMF, "World Economic Outlook: Navigating Global Divergences," October 10, 2023.

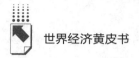

Michele Ruta, "The Rise of Discriminatory Regionalism," *Finance & Development*, Vol. 60, No. 2, 2023.

Nathan Benaich, et al., "State of AI Report 2023," https://www.stateof.ai/, October, 2023.

Nestor Maslej, et al., "The AI Index 2023 Annual Report," Stanford, CA: Stanford University, April, 2023.

OECD, "OECD Economic Outlook: Confronting Inflation and Low Growth," September, 2023.

QuantumBlack by McKinsey, "The State of AI in 2022—and a Half Decade in Review," December, 2022.

SWIFT, "RMB Tracker Monthly Reporting and Statistics on Renminbi (RMB) Progress Towards Becoming an International Currency," https://www.swift.com/sites/default/files/files/rmb-tracker_october-2023_final_ast.pdf, October, 2023.

UNCTAD, "World Investment Report 2023: Investing in Sustainable Energy for All," July 5, 2023.

United Nations, "Policy Brief: Education During COVID-19 and Beyond," August, 2020.

World Bank Group, "Climate and Development: An Agenda for Action - Emerging Insights from World Bank Group 2021-22 Country Climate and Development Reports," Washington, DC: The World Bank Group, 2022.

World Bank, "Global Economic Prospects," June, 2023.

World Economic Forum, "Top 10 Emerging Technologies of 2023," June, 2023.

WTO, "Global Trade Outlook and Statistics: Update," October, 2023.

国别与地区

Y.2
美国经济：超预期韧性

杨子荣[*]

摘 要： 2022年上半年，美国经济陷入"技术性"衰退。但是在高通胀的压力下，美联储被迫持续加息，引发市场对于美国经济即将衰退的广泛担忧。然而，2022年下半年以来，美国经济恢复至趋势性水平之上的增长，表现出超预期的韧性。与此同时，美国失业率维持在低位，整体通胀明显下行，打开了经济"软着陆"的空间。目前美国消费维持强劲，企业投资初步企稳，产业政策明显发力，经济增长动能仍然强劲。2023年3月，美国硅谷银行倒闭引发银行业动荡，但美联储及时应对，银行危机暂息，表明美国金融体系风险与韧性并存。考虑到美国联邦基金利率已处于"足够限制性"水平，美联储加息周期应已接近尾声，但核心通胀表现出较强黏性，美联储可能在较长时间内维持紧缩性货币政策。在此期间，美国经济基本面和金融体系将继续承压，经济增速大概率回落至趋势性水平之下，

---

* 杨子荣，中国社会科学院世界经济与政治研究所副研究员，主要研究方向：宏观经济、国际金融。

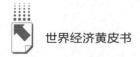
且潜在风险可能相继暴露，最终能否实现"软着陆"则尚有待观察。

关键词： 美国经济 通货膨胀 银行危机 经济韧性

2022 年按照不变价计算的美国 GDP 为 21.8 万亿美元，年度实际经济增长率为 1.9%，与我们在《2023 年世界经济形势分析与预测》一书中预测的经济增长率 2.1% 十分接近。但是，2023 年以来，美国经济并未陷入普遍预期的衰退中，展现出超预期的韧性，预计全年美国实际经济增长率将上升至 2.4% 左右。当前美国增长动能仍然强劲，逐渐打开经济"软着陆"的空间。然而，考虑到美联储加息的时滞效应和累积效应，2024 年美国经济增速将显著回落，潜在风险值得关注。

一　走出"技术性"衰退

2022 年上半年美国 GDP 环比折年率连续两个季度为负，经济陷入"技术性"衰退。2022 年下半年以来，美国经济恢复至趋势性水平之上的增长，展现出超预期的韧性。其中，消费是美国经济增长的最重要支撑，政府支出对经济增长的拉动作用也不容忽视，贸易逆差收窄对经济增长整体的拖累作用下降，私人投资对经济增长的拖累作用趋弱（见图 1）。

2022 年第 3 季度，贸易逆差收窄是美国 GDP 环比折年率反弹的主要贡献因素，消费仍是美国经济增长的重要支撑，投资继续拖累美国经济增长。第 3 季度，美国 GDP 环比折年率反弹至 2.7%，其中，净出口拉动 GDP 环比增长率 2.6 个百分点，消费拉动 1.1 个百分点，投资拖累 1.5 个百分点。分项来看，首先，俄乌冲突推高全球石油价格，且限制俄罗斯石油及相关产品的出口导致美国石油及相关产品出口大幅增加，该项贡献了美国第 3 季度出口额的约 1/10，同时美国进口快速下降，导致美国贸易逆差大幅收窄。数据显示，2022 年第 3 季度，美国出口同比增速为 21.3%，与上季度相近；进口同比增速为

15.1%，较上季度下降 7.2 个百分点；贸易逆差为 2107 亿美元，较上季度大幅收窄 402 亿美元。其次，由于失业率处于历史性低位、薪资持续上涨，美国家庭消费动能依然强劲。2022 年第 3 季度，美国失业率为 3.6%，平均时薪同比增速为 5.3%，叠加美国家庭积累了大量的超额储蓄，当季零售同比增速为 10.0%，消费是支撑美国经济复苏的重要动能。最后，由于利率持续上行和房屋价格上涨，美国房地产景气开始下行；由于供应链基本恢复至疫前和供给开始赶超需求，美国企业由补库存开始转向去库存。2022 年第 3 季度，美国新建住房销售量和新屋开工数的同比增速分别下降至 -20.3% 和 -5.1%，零售库存的同比增速也在 8 月达到 23.2% 后见顶回落。

2022 年第 4 季度，消费、投资和净出口对美国经济增长形成均衡拉动，但动能皆不强。第 4 季度，美国 GDP 环比折年率小幅回调至 2.6%，其中，消费拉动 GDP 环比增长率 0.8 个百分点，投资拉动 0.6 个百分点，净出口拉动 0.3 个百分点。分项来看，首先，失业率维持在低位，薪资上涨速度放缓，消费仍然正向拉动美国经济增长，但动能有所减弱。2022 年第 4 季度，美国失业率为 3.6%，平均时薪同比增速为 4.9%，当季零售同比增速为 6.7%，薪资和零售同比涨幅较上季度收窄。其次，房地产继续拖累美国经济增长，但企业库存转向拉动经济增长，最终投资对经济增长的作用偏正面。住宅投资拖累美国经济增长 1.2 个百分点，但企业库存拉动经济增长 1.5 个百分点。此外，固定投资拖累经济增长 0.7 个百分点。最后，进口和出口同比增速皆大幅下滑，贸易逆差小幅扩大。2022 年第 4 季度，美国出口和进口同比增速分别为 9.7% 和 5.9%；贸易逆差为 2135 亿美元，较上季度小幅增加 28 亿美元。

2023 年第 1 季度，消费重新成为支撑美国经济增长的关键动能，投资大幅拖累经济增长，净出口小幅拉动经济增长。第 1 季度，美国 GDP 环比折年率进一步下降至 2.2%，其中，消费拉动 GDP 环比增长率 2.6 个百分点，投资拖累 1.7 个百分点，净出口拉动 0.6 个百分点。分项来看，首先，失业率进一步降低，薪资继续增长，消费依然强劲。2023 年第 1 季度，美国失业率为 3.5%，平均时薪同比增速为 4.5%，当季零售同比增速为 5.1%。其次，房地产小幅拖累经济增长，企业库存转为大幅拖累经济增长。2022 年第 4 季度，住宅投资拖累美国经济增长 0.2 个百分点，企业库存拖累经济增长 2.1 个百分点。此外，设备投资拖累经济增长 0.5 个百分点。最后，出口同比增速小幅下滑，进口同比增速大幅下滑，贸易逆差收窄。2023 年第 1 季度，美国出口和进口同比增速分别为 8.5% 和 -1.4%；贸易逆差为 2010 亿美元，较上季度收窄 125 亿美元。

2023 年第 2 季度，消费依然是支撑经济增长的最大动能，投资再次转向拉动经济增长，净出口小幅拉动经济增长。第 2 季度，美国 GDP 环比折年率小幅回落至 2.1%，其中，消费拉动 GDP 环比增长率 0.6 个百分点，投资拉动 0.9 个百分点，净出口拉动 0.04 个百分点。分项来看，首先，失业率维持在低位，薪资增速依然较高，消费保持相对强劲。2023 年第 2 季度，美国失业率为 3.6%，平均时薪同比增速为 4.4%，当季零售同比增速为 1.6%。其次，房地产和企业库存皆小幅拖累经济增长。2023 年第 2 季度，住宅投资和企业库存皆拖累经济增长 0.1 个百分点。此外，固定投资和非住宅投资分别拉动经济增长 0.7 个和 0.8 个百分点，成为投资的主要贡献因素。最后，出口和进口再次"双下降"，贸易逆差小幅扩大。2023 年第 2 季度，美国出口和进口同比增速分别为 -2.9% 和 -6.4%；贸易逆差为 2082 亿美元，较上季度小幅扩大 72 亿美元。

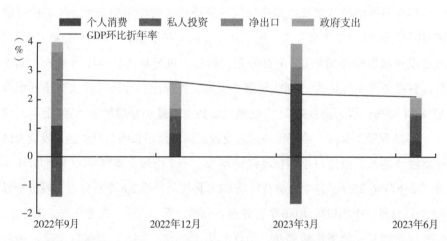

图 1　2022 年 9 月至 2023 年 6 月美国经济增长强劲

注：经季节调整的年化环比季度数据。

资料来源：美国经济分析局。

二　美国国内经济动能解析

美国消费维持强劲，企业投资初步企稳，产业政策明显发力，美国国内[①]经济增长动能仍强。美元指数涨跌幅巨大但整体表现相对强势，美股在分化中上涨，美债收益率曲线继续深度倒挂，金融体系展现出较强韧性的同时潜在风险不容忽视。

（一）消费维持强劲

私人消费在美国经济中占据重要地位，约占美国 GDP 的七成。新冠疫情初期，在巨额纾困政策的补贴下，美国家庭部门获得了约 2.4 万亿美元的超额储蓄，消费也因此成为支撑美国经济快速复苏的关键动能。伴随着超额储蓄的逐渐消耗、高通胀的侵蚀以及美联储持续加息，市场预期美国消费动能将衰减。然而，2022 年第 3 季度至 2023 年第 2 季度，消费对美国 GDP 环比拉动率的季度均值达到 1.5 个百分点，甚至高于 2021 年第 3 季度至 2022 年第 2 季度的同期水平，消费维持强劲，仍是美国经济增长的最重要支撑。

从结构上看，美国家庭消费继续从商品向服务转移，服务业仍具有一定的修复空间。在新冠疫情前，服务在美国家庭消费支出中的占比约为 64%。受疫情冲击，服务在美国家庭消费支出中的占比快速下降，并在 2020 年第 1 季度跌至 60.3% 后开始反弹。截至 2023 年第 2 季度，服务在美国家庭消费支出中的占比反弹至 62.0%，仍未恢复至疫情前水平。耐用品消费占比为 16.2%，非耐用品消费占比为 23.1%，非耐用品消费占比下降是服务消费占比上升的主要贡献因素。

从影响因素看，就业、通胀、超额储蓄和加息是影响美国消费的四大主要因素。第一，强劲的劳动力市场是消费的主要支撑因素。美国劳动力市场依然处于供不应求状态，失业率维持在历史低位，薪资增速显著高于疫情前

---

① 本部分的"国内"特指美国国内的私人投资和家庭消费对经济的拉动作用。

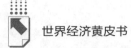

水平，为消费提供了强劲支撑。2023年前8个月，美国失业率均值为3.6%，私企员工的时薪增速均值为4.4%。第二，通胀继续蚕食工薪家庭的购买能力。2023年前7个月，美国CPI同比增速均值为4.6%，远高于趋势性水平，对低收入家庭的影响尤为严重。第三，超额储蓄对消费的支撑作用趋于减弱。关于超额储蓄的剩余额度与分布，不同估算的结果存在较大差异。但是，初步迹象表明，低收入家庭的超额储蓄已基本消耗殆尽。2023年7月，美国个人储蓄存款占可支配收入的比例下降至3.5%，远低于疫情前9%左右的水平。此外，2023年第2季度，美国商业银行信用卡的拖欠率回升至2.8%，接近疫情前水平。第四，与历史数据相比，美联储加息对家庭消费的抑制作用相对更弱。历史上，美联储历次加息都会显著提高借款成本，进而抑制家庭支出。然而，如今美国家庭对利率上升的敏感度已大幅降低。以抵押贷款为例，2008年全球金融危机前，近40%抵押贷款的利率是可变的，当前这一比例已下降至10%左右。这意味着美联储加息，对于此前已发放的长期抵押贷款并无明显影响，进而对家庭支出的影响也较小。此外，尽管美联储持续加息，但美国股指和房价并未明显下跌，利率上升没能通过财富缩水来影响家庭支出。

（二）投资初步企稳

尽管企业投资约占美国GDP的18%，远不及消费体量，但企业投资对经济形势变化更为敏感，通常波动更大，是推动美国经济周期变化的主要因素之一。2022年第3季度至2023年第2季度，私人投资对美国GDP环比拉动率的季度均值为-0.7个百分点，整体来看，私人投资对美国经济增长形成拖累，但季度之间、不同类型的投资之间差异显著。

新冠疫情初期，低利率、财政纾困政策对于居民收入的补贴，以及居家办公需求增加等推动美国房地产投资和开工持续增长，这也成为推动美国经济复苏的重要动能。2020年和2021年，美国新建住房销售量分别高达82.2万套和77.1万套，已开工的新建私人住宅更是分别高达138.0万套和160.1万套，远高于疫情前水平。伴随着固定抵押贷款利率上升和房价上涨，2022年美国新屋销售和开工数量"双下降"。然而，2023年以来，美国新屋销售与开工数量以及价格皆企稳甚至反弹，这存在供给和需求两方面的原因。从供给端来看，低库存和供应链改善激励开发商增加供给；较高的固定抵押贷款利率驱使有房者更有动力持有房屋，导致待售二手房稀缺。从需求端来看，2023年初纳斯达克股指快速上涨带来财富效应，劳动力市场紧张导致薪资持续上涨，使得部分家庭仍有购买新屋的能力和需求。

受新冠疫情和乌克兰危机对供应链的冲击，叠加需求旺盛，美国企业从2020年第4季度以来开启了长达7个季度的补库存周期。随着供应链的改善和需求边际放缓，2023年以来，美国企业转而加速去库存。2023年第2季度，美国企业的零售库存总额同比增速下降至6.6%。2023年8月，美国供应管理协会（The Institute for Supply Management，ISM）公布的制造业PMI中的新订单项得分为46.8，仍低于50荣枯线，这反映出美国企业仍然存在去库存压力。

此外，与过去不同的是，美国产业政策和政府支出明显发力。近两年美国陆续出台《基础设施投资和就业法案》（Infrastructure Investment and Jobs Act）、《芯片与科学法案》（The CHIPS[①] and Science Act）和《通胀削减法案》（Inflation Reduction Act）三部法案。这些产业政策不仅导致政府支出直接增加，也撬动了企业投资。2023年上半年，美国非住宅建造支出的同比增速高达22.2%，其中，与计算机、电子和电气相关的投资增长尤为迅速，反映出在产业政策的带动下，企业前期投资支出大幅增加。

（三）金融体系风险与韧性并存

美元指数涨跌幅度虽然较大，但整体表现较为强势。2022年2月以来，美元指数快速升值，并在当年9月达到本轮高点114.8，其间升值幅度约20%。此后，美元指数快速回落，并在100~105区间震荡。美元指数走势主要取决于美国与主要发达经济体之间货币政策与经济基本面的相对变化。在

---

① CHIPS 是 "Creating Helpful Incentives to Produce Semiconductors (CHIPS) for America Fund" 的缩写，意在创建协助激励生产半导体的美国基金。中文习惯翻译为"芯片法案"，着重描述其关于芯片方面的政策。

美联储持续大幅加息及鹰派预期的支撑下，2022 年前三季度，美元指数强势上行。随着美国通胀回落，美联储加息节奏放缓，前期被高估的美元指数也出现快速回调。2023 年以来，由于美国经济展现出较强韧性，核心通胀表现出较强黏性，美元指数在相对高位维持震荡，并跟随美国经济数据以及美联储加息预期的变化而波动。

美股在分化中上涨。2022 年，受美联储持续加息影响，美股出现明显回调。美国道琼斯工业平均指数下跌约 9%，纳斯达克指数下跌约 33%。2023 年以来，伴随着美联储加息节奏放缓以及对加息周期结束的预期，尽管美国经历了银行业动荡、美债违约威胁，但美股整体表现却超预期，尤其是纳斯达克指数大幅反弹。2023 年前 8 个月，美国道琼斯工业平均指数上涨约 5%，纳斯达克指数上涨约 34%。值得注意的是，纳斯达克指数的上涨，更多的是源于 ChatGPT 带动科技龙头股大涨；如果剔除前几大科技龙头股，纳斯达克指数的涨幅也较为有限。从美股估值来看，截至 2023 年 8 月 31 日，美股标普 500 的市盈率为 24.6，略高于 2019 年平均水平 21.4；纳斯达克综合指数的市盈率为 40.2，显著高于 2019 年平均水平 30.9，这反映了如果美企利润下滑，美股尤其是纳斯达克综合指数可能面临一定的估值压力。

美债收益率曲线继续深度倒挂。美债收益率曲线倒挂通常被视为经济衰退的重要前瞻性指标。历史经验表明，自 1955 年以来，美国经济衰退之前，美债收益率曲线都会发生倒挂。但需要说明的是，美债收益率曲线倒挂并不必然会发生经济衰退，如 1998 年的倒挂并未引致经济衰退。2022 年 7 月以来，美国 2 年期和 10 年期国债收益率曲线持续倒挂，倒挂发生时间已超过一年时间，且倒挂深度创 1981 年以来最大值，但是美国经济仍然有较强韧性。为何本轮美债收益率曲线倒挂后美国经济没有陷入衰退？一种观点认为，这次经济周期不一样，新冠疫情期间纾困政策创造的超额储蓄和美联储资产负债表大幅扩张，使得美国经济增长动能强劲。美债收益率曲线倒挂更多的是源于短端利率快速上行、长端利率上行速度相对缓慢，并非对经济前景的悲观预期。只要美联储开始降息，美债收益率曲线倒挂程度就会逐步减弱直至消失。另一种观点认为，衰退"会迟到但不会缺席"。美债收益率曲线持续深度倒挂，意味着商业银行的短端成本高于长端收益，这会迫使银行信贷收紧，进而导致实体经济增长放缓甚至衰退。

图2　美国金融市场波动剧烈

注：美元指数和纳斯达克综合指数皆为以2022年8月31日为基准的定基百分比变化。

资料来源：美联储、纳斯达克交易所。

三　美国外部经济部门分析

伴随着美国国内需求放缓和供给能力改善，美国贸易逆差趋于收窄。海外投资者持有的美债[①] 余额触底反弹。

（一）贸易逆差收窄

2021年第3季度至2022年第2季度，美国贸易逆差扩大至9723亿美元，创下历史新纪录。2022年第3季度至2023年第2季度，美国贸易逆差收窄至8296亿美元。从进出口来看，2022年第3季度至2023年第2季度，美国出口额增加至3.1万亿美元，较上期同比上涨8.6%；进口额上升至3.9万亿美元，较上期同比上涨2.6%，出口增速快于进口增速，导致贸易逆差收窄。从

[①]　本部分"美债"特指美国国债。

贸易项来看，2022 年第 3 季度至 2023 年第 2 季度，美国服务贸易顺差增加至 2502 亿美元，商品贸易逆差减少至 1.08 万亿美元，导致贸易逆差整体收窄。美国商品贸易逆差收窄，主要源于美国国内需求放缓，供给改善；服务贸易顺差扩大则源于新冠疫情对全球的影响基本消退，国际旅行等活动重新恢复。

从出口目的地来看，2022 年第 3 季度至 2023 年第 2 季度，加拿大、墨西哥、中国大陆、英国和荷兰分别是美国前五大出口目的地，占美国总出口的 32.6%。美国对英国和荷兰的出口增速非常快，分别达到 17.7% 和 27.3%，并由此使得其可成为美国的前五大出口目的地，而日本和德国分别跌至第六大和第七大出口目的地。另外，美国对加拿大和墨西哥的出口增速分别为 6.6% 和 6.9%，而对中国大陆的出口增速[①]大幅下滑至 2.1%。

从进口来源地看，2022 年第 3 季度至 2023 年第 2 季度，中国大陆、墨西哥、加拿大、德国和日本分别是美国前五大进口来源地，占美国总进口的 42.9%。其中，墨西哥和德国对美国出口增速较快，分别为 10.6% 和 15.1%；中国大陆对美国出口增速大幅下滑至 −14.6%。如果仅从 2023 年上半年来看，墨西哥超越中国，是美国最大的进口来源地。此外，越南继续保持第六大进口来源地的地位。

从贸易逆差来源地看，2022 年第 3 季度至 2023 年第 2 季度，中国大陆、墨西哥、越南、德国和日本分别是美国前五大贸易逆差来源地，占美国贸易逆差总额的 71.7%。

（二）海外投资者持有美债余额增加

截至 2023 年 6 月，日本、中国大陆、英国、比利时和卢森堡是持有美债余额较高的前五大经济体（欧元区除外），这五大经济体的投资者持有的美债余额约 3.3 万亿美元，占海外投资者持有美债余额的 43.3%。

美国财政部公布的海外投资者持有美债数据分为存量和流量两种口径。其中，持有美债余额为存量口径，不仅反映了交易引起的变化，还反映了资

---

① 本部分"增速"特指 2021 年第 3 季度至 2022 年第 2 季度的加总数据比上 2020 年第 3 季度至 2021 年第 2 季度的加总数据，下同。

产价格重估和统计调整等非交易因素引起的变化。

从存量来看，2023年以来，海外投资者持有的美债余额整体增加，但内部明显分化。2023年上半年，海外投资者持有的美债余额增加2716亿美元，其中，官方投资者持有余额增加828亿美元。前五大海外投资者中，中国大陆持有的美债余额减少317亿美元；比利时持有的美债余额减少188亿美元；日本、英国和卢森堡持有的美债余额则分别增加293亿美元、328亿美元和25亿美元。

从流量来看，2023年，避险情绪上升驱使全球资本流向美国。2023年上半年，美联储加息节奏放缓，海外投资者持有的美债余额增加主要反映的是海外投资者净增持美债。海外投资者增持美债主要发生在2023年3月，美国银行业倒闭风波引发全球金融市场情绪恐慌，大量国际资本为避险涌向美国国债市场。与2月相比，3月海外投资者持有美债余额增加约2300亿美元。美国的国际资本流动数据也显示，2023年上半年，美国净流入资本约0.4万亿美元，而3月就流入超过1300亿美元。

表1　2022年第3季度至2023年第2季度美国前十大经贸与金融伙伴排序

单位：亿美元

出口排序		进口排序		贸易差额排序		持有美债余额排序	
经济体	出口额	经济体	进口额	经济体	贸易差额	经济体	持有美债余额
加拿大	3574	中国大陆	4680	中国大陆	-3386	日本	11056
墨西哥	3243	墨西哥	4669	墨西哥	-1551	中国大陆	8354
中国大陆	1548	加拿大	4256	越南	-1156	英国	6723
英国	793	德国	1584	德国	-901	比利时	3324
荷兰	789	日本	1460	日本	-745	卢森堡	3318
日本	778	越南	1164	加拿大	-727	瑞士	3057
德国	758	韩国	1153	爱尔兰	-706	爱尔兰	2710
韩国	678	中国台湾	879	韩国	-525	加拿大	2710
巴西	498	印度	839	中国台湾	-496	开曼群岛	2641
法国	454	爱尔兰	806	意大利	-491	中国台湾	2413

注：表中数据为2022年第3季度至2023年第2季度的加总数据。经贸伙伴关系选取的是各经济体与美国双边货物贸易数据；金融伙伴关系选取的是外国投资者持有的美债数据。

资料来源：美国商务部、财政部。

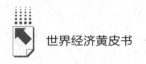

四 美联储货币政策维持紧缩

2021年3月美国通胀开始持续上行，但美联储误以为高通胀只是暂时的，迟至2022年3月才开始大幅加息以试图追赶通胀。截至2023年8月底，美联储累计11次加息，联邦基金利率达到5.25%~5.50%。伴随着美国整体通胀明显回落，核心通胀却展现出较强黏性，美联储本轮加息周期接近尾声，但预计会在较长一段时间内维持紧缩性货币政策。尽管美国经济衰退风险尚未完全化解，但进一步打开了"软着陆"的空间。

（一）美联储加息接近尾声，缩表进程仍将持续

就业与通胀是美联储货币政策最主要的两大目标。2020年8月美联储修改了货币政策框架文件《长期目标和货币政策策略声明》，一是将就业目标的表述由最大就业的双向"偏离"改为单向"缺口"；二是采用平均通胀目标制，对短期通胀的容忍度上升。这实际上给予了美联储更大的实施货币政策的空间。2021年，美联储更为关注就业；2022年，美联储主要关注通胀；2023年，美联储开始在就业与通胀之间权衡，且权衡难度将越来越大。

美国联邦基金利率已基本处于"足够限制性"水平。通常而言，只有实际利率高于中性利率时，货币政策才具有紧缩效应。然而，关于美国的中性利率水平一直存在多种测算，且结论因时而变。例如，纽约联储分别提供了用LW（Laubach-Williams Model，2003）和HLW（Holston-Laubach-Williams Model，2017）两个模型估计的中性利率水平。截至2023年6月30日，LW模型给出的中性利率估计结果是1.1%；截至2023年4月1日，HLW模型给出的中性利率估计结果是0.7%，两者相差明显。[1] 由于近期整体通胀率回落较快，如果以联邦基金利率减去CPI同比涨幅来衡量美国的实际利率，则2023年7月，美国的实际利率为1.9%，高于纽约联储LW模型和HLW模型

---

① Measuring the Natural Rate of Interest - Federal Reserve Bank of New York (newyorkfed.org).

估计的中性利率水平。因此，可以认为美国当前利率已处于"足够限制性"水平，本轮加息周期大概率已接近尾声。

未来美联储是否会进一步加息，以及紧缩性货币政策会维持多长时间，主要取决于通胀和就业数据。但是，考虑到货币政策的累积效应与滞后效应，美联储越来越难以在"加息不足"和"加息过度"之间进行精准权衡，政策校准失当风险上升。

美联储缩表进程整体顺利，未来还将进一步缩表。美联储自 2022 年 6 月开始缩表，截至 2023 年 8 月底已缩表约 1 万亿美元。2019 年，美联储缩表导致借贷成本急剧上升，美股大跌，市场陷入恐慌，最终被迫结束缩表。本轮美联储缩表速度几乎是上一轮的两倍，但目前美国的金融市场表现出更强韧性，最主要的原因在于新冠疫情后全球金融体系现金充裕。然而，接下来的缩表之路将更加充满不确定性。截至 2023 年 8 月底，美联储持有的证券规模仍高达 7.5 万亿美元，较疫情前多出近 3.7 万亿美元。据估计，美联储计划在 2025 年中之前再缩表 1.5 万亿美元，叠加美国政府发债规模上升和海外投资者对美债需求减弱，这可能会推高美国政府和企业的借贷成本，并导致美国金融市场动荡。

（二）美联储加息从追求"速度"到更注重"时长"

美联储加息的决策框架可简要概括为"速度"、"高度"和"时长"三要素。2022 年，由于通胀快速上行，且美联储加息过迟，美联储加息更注重"速度"，开启了近四十年来最快速度的加息。2023 年以来，美国整体通胀明显下行，因此，美联储放慢加息节奏，并将利率提高至"足够限制性"水平。考虑到美国核心通胀表现出较强黏性，未来美联储将更注重加息的"时长"，预计将在较长一段时间内维持利率在"足够限制性"水平，且"时长"主要取决于就业与通胀数据。

美国劳动力市场依然紧张，但紧张程度小幅下降。2023 年上半年，美国失业率均值为 3.5%，低于 2022 年均值 3.6%，这表明美国劳动力市场依然比较强劲。从劳动力的供给来看，2023 年上半年，美国劳动参与率均值反弹至

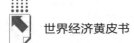
62.6%，高于 2022 年均值 62.2%。高通胀正在驱使部分劳动力重回市场，劳动力供给有所改善，但劳动参与率仍显著低于疫情前水平。考虑到美国劳动参与率下降主要是由提前退休所致，这部分劳动力很难再回到劳动力市场，因此，美国劳动参与率短期难以恢复至疫情前水平。从劳动力的需求来看，2023 年上半年，美国非农部门的职位空缺率均值为 6.0%，低于 2022 年均值 6.8%；月度的新增非农就业人数均值为 25.7 万人，低于 2022 年均值 35.4 万人，这反映出美国劳动力需求过剩的情况也有所缓解。因此，整体来看，美国劳动力市场紧张程度趋于缓解。

美国整体通胀明显回落，但核心通胀展现出较强黏性。本轮美国通胀上行主要受供给冲击和需求拉动两方面影响。从供给端来看，伴随着新冠疫情影响基本消失和供应链恢复正常，全球能源和大宗商品价格自 2022 年的高位大幅回落，进而带动美国整体通胀率明显下行。2023 年 8 月，美国 CPI 同比增速回落至 3.7%，远低于 2022 年 6 月的峰值 9.1%。不过，从需求端来看，需求依然保持旺盛，尤其是劳动力市场紧张带动工资持续上涨，导致核心通胀下行速度明显较缓。2023 年 8 月，美国私人非农企业员工平均时薪同比涨幅为 4.3%，显著高于 2% 的通胀目标水平所要求的工资增速；与此同时，8 月美国核心 CPI 同比增速依然高达 4.3%，小幅低于 2022 年 9 月峰值 6.6%。考虑到美国劳动力市场紧张局面短期内难以改变，美国核心通胀将依然具有较强黏性。此外，如果地缘政治冲突和全球气候变化等因素再度导致较大的供给冲击，美国整体通胀仍有反弹风险。事实上，自 2023 年 6 月以来，伴随着全球能源价格反弹，美国 CPI 同比增速也会回升。

鲍威尔在 2023 年 8 月的杰克逊霍尔全球央行年会上声称，美联储将继续努力实现 2% 的通胀目标。鲍威尔将核心通胀（核心 PCE）分为三个部分，即商品通胀、住房通胀和非住房服务通胀。受供需错位的缓解和货币政策收紧的影响，核心商品通胀已大幅下降；尽管相对滞后，但近期住房通胀也开始下降；由于受供应链改善和利率的影响较小，主要来自劳动力市场的支撑，非住房服务通胀回落缓慢。鲍威尔声称，美联储要想让通胀随时间的推移而回到 2% 的水平，需要实行和维持"足够限制性"的货币政策，但美联储没有能力明确指出中性利率水平，也因此难以精准确定货币政策的限制性程度。由于货币政策紧缩影响经济活动，尤其是通货膨胀的时滞长度不确定，美联储对政策立场限制性的评估进一步复杂化。此外，当前劳动力市场与通货膨胀之间的关系可能是非线性的，因此，难以精准地判断通货膨胀会如何跟随劳动力市场紧张程度的变化而演变。这些不确定性使得美联储很难在"紧缩过度"和"紧缩不足"之间取得平衡。

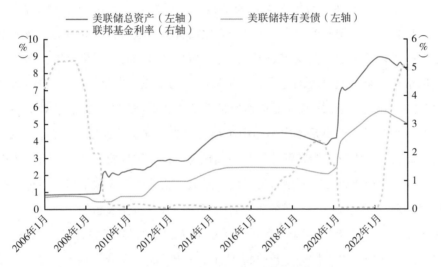

图 3　美联储资产负债表与联邦基金利率变化

资料来源：美联储。

（三）美联储暂时平息银行业危机

2023 年 3 月以来，美国多家银行倒闭，引发银行业危机。美国的银行业危机由多重因素共同引爆，主要包括长期低利率环境促使美国商业银行脆弱性上升、新冠疫情加剧了美国商业银行资产负债结构的错配程度、美联储货币政策超预期大幅度转向引发流动性危机。

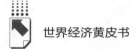

为了阻止硅谷银行破产可能引发的挤兑风潮蔓延，美联储迅速采取了多种应对手段。一是取消硅谷银行25万美元存款保险上限，避免客户进一步挤兑。二是美联储新设银行定期融资计划（BTFP），允许商业银行将持有的合格证券以面值而非市值抵押给美联储，以获得流动性。三是美联储通过贴现窗口向有流动性压力的金融机构提供流动性支持。与BTFP相比，贴现窗口接受的抵押品范围更广。与此同时，美联储继续通过加息和缩表来抑制通胀。从实际效果来看，这种做法取得了不错的成效，既在很大程度上阻止了银行危机的继续蔓延，也避免了抗通胀的努力付诸东流。

当前美国发生系统性金融风险的概率很低。一是2008年金融危机后，美国出台了《多德—弗兰克法案》，强化监管机构权力，设立新的消费者金融保护局以及采纳"沃克尔法则"，对大型金融机构实行严格监管。这使得美国银行的资本充足率明显上升，抗风险能力增强。二是2018年美国通过《促进经济增长、放松监管要求和保护消费者权益法案》，放松了对中小银行的监管要求，这也是本次美国中小银行率先"爆雷"的重要原因。但是，美联储新设的银行定期融资计划和增加贴现窗口使用规模，极大地阻止了挤兑风潮在中小银行之间蔓延。三是面对新冠疫情冲击，美国推出了多轮巨额纾困计划，有效避免了美国企业和居民部门的资产负债表恶化，经济基本面相对健康。截至2022年第4季度，美国非金融企业部门和居民部门的杠杆率分别为78.1%和74.4%，较疫情前分别上升1.8个百分点和下降0.9个百分点。

不过，美国银行业危机风险尚未根本解除，主要原因如下。一是美联储很可能将在很长一段时间内维持利率在"足够限制性"水平，这使得美国银行的账面亏损短期内不会得到根本改善。根据美国联邦存款保险公司（FDIC）的数据，截至2023年第1季度，美国商业银行持有到期证券和可销售证券的未实现损失回落至5155亿美元，第2季度又反弹至5880亿美元。二是多重风险可能触发美国银行业危机。一方面，美国商业地产市场面临着基本面恶化和融资成本上升的压力，而美国中小银行拥有更大的商业地产信贷敞口，未来部分中小银行可能因商业地产信贷违约而陷入挤兑危机。截至2023年第2

季度，全美资产低于 2500 亿美元的银行持有约 3/4 的商业房地产贷款。另一方面，2008 年金融危机后，美国长期的低利率环境孕育了大量"僵尸企业"，这些企业在高利率环境中可能大面积破产，进而导致商业银行资产质量快速恶化。2023 年 8 月，穆迪宣布将 10 家美国中小银行信用评级下调一级，将 6 家美国大型银行的信用评级列入下调观察名单，穆迪称，美国银行业正面临多重压力，包括融资压力、监管资本不足，以及与商业房地产敞口相关的风险不断上升。

美联储降息或并非解除银行业危机的"良药"。市场可能寄希望于通过美联储降息来预防大范围发生银行业危机的风险。然而，从历史经验来看，美国大量银行倒闭通常发生在美联储降息阶段。这并非说美联储降息会导致银行倒闭，而是当美联储降息时，美国经济通常已处于下行甚至衰退过程，银行资产质量快速恶化，即便美联储开始降息，也难以避免银行倒闭。如果未来美联储降息时，美国经济增速已显著下滑，那么美国商业银行的资产质量也可能随之恶化，进而再次爆发银行倒闭事件。

（四）美国经济开始打开"软着陆"的空间

历史经验显示，美联储加息实现经济"软着陆"的概率不高。1965 年以来，美联储共经历了 11 次加息周期，其中，美联储仅在 1965 年、1984 年和 1994 年的三次加息周期中没有引发经济衰退。在这几次相对成功的着陆过程中，美国经济存在明显的共同点：其一，通胀压力较低；其二，劳动力市场相对松弛；其三，实际利率水平大于零。与这三次相比，从 2022 年的数据来看，当前美国经济不具备"软着陆"的有利条件。2022 年，美国的失业率低至 3.6%，表明劳动力市场非常紧张；通胀率高达 8.0%，表明美国通胀压力巨大；实际利率低至 -6.3%，表明美联储需要大幅度加息才可能抑制通胀。然而，截至 2023 年 6 月，美国失业率依然维持在低位，通胀率却降至 3.0%，实际利率也转为正值 2.1%，美国经济开始打开"软着陆"的空间。

本轮美国通胀下行而失业率维持在低位有两大原因。一是美国整体通胀明显下行主要源于供应链改善。伴随着新冠疫情影响的基本消退和乌克兰危机的冲击逐渐被消化，全球供应链已恢复至疫情前水平，能源和大宗商品价格回落主要贡献了美国整体通胀下行。二是职位空缺率下降，使得美国失业率维持在低位的同时，核心通胀得以缓慢下降。2022 年，美国的职位空缺率高达 6.8%；2023 年 6 月，该值下降至 5.5%，美国职位空缺率的下行斜率与核心 CPI 同比增速的下行斜率非常接近。

表 2　美国经济"软着陆"的条件比较

单位：%

指标	1965 年	1984 年	1994 年	2022 年	2023 年 6 月
失业率	4.5	7.5	6.1	3.6	3.6
通胀率	1.6	4.3	2.6	8.0	3.0
实际利率	2.5	5.9	1.6	−6.3	2.1

注："通胀率"为 CPI 同比增速，"实际利率"为联邦基金利率与 CPI 同比增速之间的差值。
资料来源：美国劳工部、美联储。

五　财政赤字增加，产业政策发力

伴随着纾困政策的退出和通货膨胀的稀释作用，2023 财年，由于利率水平上升，美国财政付息成本增加，总财政赤字占 GDP 比重回升。此外，产业政策开始发力，推动美国经济增长。

（一）美国财政赤字增加

利息支出增加导致 2023 财年美国总财政赤字再度恶化。为应对新冠疫情冲击，2020 财年至 2021 财年，美国政府推出了多轮规模巨大的纾困政策，直接导致美国财政赤字占其当年 GDP 比重分别达到 15.0% 和 12.4%。尽管政府债务规模攀升，但由于利率水平降至零，财政利息支出反而下降。2020 财年和 2021 财年，政府利息支出占当年 GDP 比重均为 1.6%。伴随着美联储加息，政府利息支出增加，并加剧政府总赤字压力。2022 财年，美国纾困政策逐渐退出，基础财政赤字减少，且高通胀进一步稀释了政府债务压力，导致美国财政赤字占 GDP 比重下降至 5.5%，但利率上升导致政府利息支出占 GDP 比重上升至 1.9%。2023 财年，美国财政收入下降，而财政支出继续增加，但在高通胀的稀释下，基础财政赤字占 GDP 比重仅为 3.3%，而高利率使得政府利息支出占 GDP 比重快速上升至 2.5%，预计最终导致总财政赤字占 GDP 比重上升至 5.9%。[①]

美国政府债务压力长期可虑。首先，维持较高的财政赤字使得美国政府债务规模继续上升。根据 CBO 估计，2024 财年至 2033 财年，美国初级财政赤字占 GDP 比重的年均值为 2.9%，这显著高于疫情前水平。与此同时，截至 2033 财年，美国公众持有的政府债务占 GDP 比重将上升至 118.9%，较 2022 财年上升 22 个百分点。其次，伴随着债务规模的攀升和名义利率中枢水平上移，美国政府利息支出压力倍增。CBO 预计，2024 财年至 2033 财年，美国政府利息支出占 GDP 比重的年均值为 3.2%，而 2010 财年至 2019 财年该值仅为 1.4%。

出于对未来三年预期的美国财政恶化、高企且不断增长的政府债务负担以及过去 20 年包括财政和债务问题在内的美国治理的一路稳步恶化等的担忧，2023 年 8 月，国际评级机构惠誉将美国主权信用评级从"AAA"下调至"AA+"。这是 2011 年债务上限危机导致标准普尔降调美国主权信用评级以来的首次下调，目前三大评级机构中只有穆迪维持美国此前的信用评级不变。

（二）产业政策明显发力

近两年美国陆续出台《基础设施投资和就业法案》、《芯片与科学法案》和《通胀削减法案》三部法案。这些产业政策对于改善美国基础设施、增加就业、促进制造业回流和刺激国内投资的效果开始显现。

《基础设施投资和就业法案》经过多次重组和缩减，于 2021 年 11 月出

[①] https://www.cbo.gov/data/budget-economic-data#1.

台，决定在未来8年内支出总规模为1.2万亿美元，其中包含在5年内新增5500亿美元的基础建设拨款。该法案的影响可以分为两个方面。其一，改善基础设施，扩大就业。该法案是美国数十年来对基础设施进行的最大规模投资，在一定程度上能够加快美国基础设施建设，创造更多的就业岗位。按照总投资规模，白宫预计该法案将促使在未来10年年均新增约150万个就业岗位。此外，该法案指出，若基础设施使用的资金来自美国联邦财政援助计划，则必须优先采购美国产品，这对于提振美国制造业具有一定的边际效用。其二，对美国经济和财政整体影响有限。该法案新增的5500亿美元基础设施投资规模仅相当于美国2020年GDP的约2.6%，且分5年支出，刺激效果十分有限，同时与美国未来10年内维持和更新基础设施的资金缺口2.59万亿美元相比存在较大差距。此外，该法案预计将累计增加2560亿美元的财政赤字，占未来10年美国预算赤字的1.8%，对财政赤字形成的压力不大。

《芯片与科学法案》于2022年8月出台，总金额为2800亿美元，分5年执行，主要包括两方面内容：一是投入约800亿美元用于支持芯片产业发展；二是提供约2000亿美元的科研经费，重点支持人工智能、机器人技术、量子计算等前沿科技。该法案在产业方面预计会产生两方面的影响。其一，鼓励芯片制造业回流美国。据估计，该法案实施5年后，美国芯片制造业在全球的话语权有望全面提升，新增先进产能占全球比重可能达到30%~40%。不过，由于美国建厂成本及运营成本高企，该法案对美国芯片制造业竞争力的提升程度尚有待观察。其二，遏制中国利用国际资源升级先进产能。该法案禁止受资助企业在中国等特定国家扩建或新建拥有"先进技术"的工厂，禁令有效期10年，违反禁令或未能修正违规状况的公司，需全额退还联邦补助款。这在短期会对中国半导体相关企业的生产经营产生明显冲击，在长期存在拉大与中国之间在先进技术上的差距的风险。

《通胀削减法案》于2022年8月出台，预计总支出规模达4370亿美元，总收入规模达7370亿美元，名义上是抑制通胀法案，实质上更近似新能源产业扶持法案。该法案的影响可以概括为两个方面。其一，对通胀的影响微乎其微。考虑到该法案对政府财政赤字的影响极其有限，美国国会预算办公室分析认为，该法案对美国通胀的影响"可忽略不计"。其二，加快推动美国新能源产业发展。据估计，该法案的补贴政策大约可使美国光伏组件成本降低 1/4，美国光伏行业有望快速增长。该法案对于清洁能源行业的财税激励措施时效长达 10 年，为美国清洁能源行业提供了巨大的发展机遇。据测算，该法案将带动超过 4.1 万亿美元的绿色投资，创造 150 万~170 万个就业岗位。

六　结论和展望

在高通胀和持续加息的压力下，美国经济并未陷入普遍预期的衰退中，反而增速稳定在相对较高的水平，表现出超预期的韧性。[①] 厘清美国经济超预期韧性背后的原因与机理，不仅有助于更准确地预判未来美国经济形势，也有助于为其他国家的危机应对与管理提供启示。

美国经济超预期韧性主要表现在两个方面。一是美国经济衰退并未如期而至。Domash 和 Summers 的研究发现，1955 年以来在所有通胀率高于 4%、失业率低于 5% 的时期，美国经济在接下来的两年内都会陷入衰退。历史上，美国也从未有过成功治理高通胀而经济不衰退的先例。[②] 20 世纪 70、80 年代，为了抑制通胀，美联储先后 4 次加息，均引发了经济衰退。但是，截至 2023 年第 3 季度，美国经济增长速度依然保持在趋势性水平之上。二是美国经济开始打开"软着陆"的空间。根据历史经验，美联储很难在不明显提高失业率的情况下，实现通货膨胀率的降低。然而，目前美国失业率维持在低位的同时，整体通胀明显下降，美国经济似乎正在朝"软着陆"方向迈进。

美国经济表现出较强韧性，是财政政策、货币政策以及信贷环境等多种因素共同作用的结果。其中，新因素的出现以及其作用被低估是美国经济韧

---

① 经济韧性通常指的是一个经济体避免冲击、承受冲击以及在遭受冲击后快速复苏并重新实现经济稳步增长的能力。

② A. Domash, L.H. Summers, "A Labor Market View on the Risks of a U.S. Hard Landing," NBER Working Paper, 2022.

性超出普遍预期的最重要原因。

第一，新因素对美国经济复苏产生了深刻影响。新因素主要是指美国政府为了应对新冠疫情史无前例地实施了规模超过 5 万亿美元的财政刺激政策，且其中大部分直接发放给个人，带来的约 2.4 万亿美元超额储蓄形成了超强的购买力，为美国经济复苏和持续增长提供了充足动能。与此同时，美国对企业的危机救助，保障了企业的资产负债表相对健康，使得企业在经历了几个月的停产停工和其他限制后能够快速回归正轨，避免了资产负债表的漫长修复过程。

第二，美联储加息相对克制，且影响尚未完全显现。一方面，从各项指标来看，美联储的货币政策只是适度紧缩。尽管美联储开启了近四十年来最快速度的持续加息，但货币政策紧缩程度无法与 20 世纪 80 年代初的"沃尔克时代"相比，实际利率在 2023 年 5 月才首次转正。截至 2023 年 8 月 18 日，美国芝加哥联储调整后的全国金融状况指数为 -0.36，表明美国当前的金融条件与历史均值相比仍然相对宽松。另一方面，货币政策发挥作用具有时滞效应，美联储加息的影响尚未充分传导至实体经济。研究证据显示，美联储货币政策的滞后效应可能为 12~24 个月。本轮美联储加息周期的起点是 2022 年 3 月，意味着美联储加息对实体经济的影响最快也可能才开始逐渐显现。

第三，信贷环境变化导致加息的抑制作用减弱。历史上，美联储历次加息都会显著提高借款成本，进而抑制家庭支出。然而，2008 年金融危机后，美国绝大多数家庭选择以固定利率的形式获得抵押贷款，这使得美国家庭对利率上升的敏感度大幅降低。这意味着美联储加息，对于此前已发放的长期抵押贷款并无明显影响，进而对家庭支出的影响也较小。

第四，美国的经济收缩不是同时发生在所有部门的。供应链紧张、高通胀和加息确实对美国经济产生了明显的冲击，使得部分领域发展放缓甚至衰退，但其他因素对经济形成了重要支撑，进而得以避免衰退。比如，2022 年，私人部门投资在部分季度出现负增长，但更为强劲的消费支撑了经济增长；2023 年，制造业 PMI 持续低于 50 荣枯线，制造业持续萎缩，但服务业 PMI 大多数时候高于 50 荣枯线，服务消费继续支撑经济增长。

各大国际机构纷纷上调美国经济增速预测值，对美国经济"软着陆"的乐观情绪上升。据 IMF、世界银行和 OECD 的最新预测，2023 年美国 GDP 增速分别为 2.1%、1.1% 和 1.6%。据美联储最新预测，2023 年美国 GDP 增速为 2.1%，失业率为 3.8%，经济处于正常运行区间。尽管美国经济"软着陆"的概率上升，但仍需警示，美国经济很可能会回落至趋势性水平之下运行一段时间，且"硬着陆"的风险尚不能完全被排除。短期内，美国经济仍将保持韧性，甚至可能超预期强劲。但是，美国经济能否最终实现"软着陆"，关键在于能否在维持失业率不明显上升的情况下，核心通胀出现明显的持续下行。目前尚无迹象表明，这一关键因素正在出现。未来美联储货币政策出现失误的风险也在上升，且考虑到美联储还将维持高利率一段时间，更多潜在风险可能相继暴露，美国经济依然存在不小的衰退概率。2023 年美国经济增速或高达 2.4%，2024 年经济增速大概率回落至趋势性水平之下。

参考文献

徐奇渊、杨子荣：《银行业风险与美国货币政策走向》，《中国金融》2023 年第 7 期。

杨子荣、肖立晟：《美国爆发银行业危机的可能性》，《中国外汇》2023 年第 7 期。

杨子荣、徐奇渊：《美国经济韧性的表现、原因与走势》，《中国外汇》2023 年第 16 期。

Board of Governors of the Federal Reserve System," Monetary Policy Report," June 16, 2023.

Board of Governors of the Federal Reserve System, "Summary of Economic Projections," June 14, 2022.

Board of Governors of the Federal Reserve System, "Minutes of the Federal Open Market Committee," June 14, 2022.

Congressional Budget Office," The Budget and Economic Outlook: 2023 to 2033,"

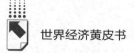
Feb. 15, 2022.

Congressional Budget Office, " The 2023 Long-term Budget Outlook," June 28, 2023.

Holston, Laubach, Williams, "Measuring the Natural Rate of Interest: International Trends and Determinants," *Journal of International Economics*, Supplemental 1 (May), 2017.

Laubach, Williams, "Measuring the Natural Rate of Interest," *Review of Economics and Statistics*, No.4 (November), 2003.

Y.3
欧洲经济：低速增长

陆　婷[*]

摘　要： 2022年第三季度至2023年第二季度，欧洲经济复苏步伐显著放缓，俄乌冲突给欧洲经济带来的负面效应持续发酵。能源供给短缺大幅推高了欧洲通货膨胀水平，在侵蚀居民消费能力的同时，增加了企业生产成本，严重打击了欧盟和欧元区内的消费和投资活动。为此，欧洲央行于2022年7月启动了史上最激进的加息周期，连续加息10次，使基准利率达到欧元问世以来的最高水平，进一步加大了经济下行压力。与此同时，外需的持续疲软也限制了欧洲对外贸易对经济复苏的支撑作用。预计未来欧盟和欧元区经济增速将保持在低位，2023年增长率为0.2%~0.5%，2024年小幅回升至0.6%~0.9%。

关键词： 欧洲经济　能源危机　经济增长

2022年第三季度至2023年第二季度，欧洲经济增速显著放缓，俄乌冲突引发的能源危机持续困扰着其经济复苏进程。高通胀以及欧洲央行为应对高通胀而采取的连续加息措施，严重限制了企业投资和居民消费。同时，全球经济疲软和贸易活动放缓进一步削弱了欧洲经济动能，抑制了欧盟和欧元区国家的工业制造活动。这一情形与我们在2023年版"世界经济黄皮书"中做出的"欧洲经济自2022年下半年起偏离复苏轨道、增长步伐放缓"判断相一致。

---

* 陆婷，中国社会科学院世界经济与政治研究所副研究员，主要研究方向：国际金融。

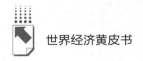
一　宏观经济增长形势

（一）经济增速显著放缓

2022年第三季度至2023年第二季度，欧盟27国及欧元区各季度实际GDP同比增长率分别为2.5%、1.6%、1.1%、0.4%（欧盟）和2.3%、1.7%、1.1%、0.5%（欧元区），表明俄乌冲突及其所引发的一系列后续问题持续对欧洲经济造成压力，令刚刚从新冠疫情冲击中走出来的欧洲经济再度遭遇考验。英国方面，2022年第三季度至2023年第二季度实际GDP环比增长率分别为-0.1%、0.1%、0.1%和0.2%，同比分别增长2.0%、0.6%、0.2%和0.4%，显示英国经济在高通胀和多轮加息的大背景下整体较为低迷，但亦展现出一定韧性，避免了衰退。

从支出法分解来看，2022年第三季度至2023年第二季度，欧盟和欧元区的家庭消费大幅走弱，为经济增长提供支撑的能力显著下降。2022年第三季度，欧盟和欧元区家庭与为家庭服务的非营利性机构（NPISH）消费对GDP环比增速的贡献分别为0.33个和0.46个百分点，此后急速转负，第四季度其贡献分别为-0.35个和-0.37个百分点，至2023年第二季度，也仅仅恢复到0.02个和0个百分点。这表明，由能源危机引发的高通胀对居民消费能力侵蚀严重；同样地，总资本形成也在2022年第四季度和2023年第一季度连续拖累经济增长，对GDP环比增长的贡献分别降至-0.36个、-0.66个百分点（欧盟）和-0.30个、-0.54个百分点（欧元区），最终在2023年第二季度受通胀小幅回落等因素的影响而出现改善，对GDP贡献重回正值区间。进出口方面，在全球需求疲软、贸易活动放缓的大背景下，欧盟和欧元区的出口自2022年第三季度开始下滑，此后始终保持低迷状态，2023年第二季度欧盟和欧元区实际出口规模环比增长率均为-0.7%。同时，欧洲的进口规模在内需疲软的环境下也显著放缓。以欧盟为例，其进口规模自2022年第四季度起连续三个季度处于环比负增长状态，分别为-1.5%、-1.4%、-0.2%。受二者影响，净出口对欧盟和欧元区经济增长的贡献展现出较强波动性，但就2022年下半年和2023年上半年四个季度平均值来看，贡献十分有限。

	2022 年				2023 年	
	第一季度	第二季度	第三季度	第四季度	第一季度	第二季度
欧盟（27 国）						
同比增长率	5.6	4.2	2.5	1.6	1.1	0.4
环比增长率	0.7	0.7	0.3	−0.1	0.2	0.0
最终消费	0.05	0.47	0.33	−0.31	−0.03	0.07
家庭与 NPISH 消费	−0.01	0.54	0.33	−0.35	−0.01	0.02
政府消费	0.06	−0.07	0.00	0.04	−0.01	0.04
总资本形成	0.03	0.28	0.41	−0.36	−0.66	0.27
固定资本形成	−0.05	0.21	0.16	0.01	−0.01	0.10
存货变动	0.09	0.06	0.25	−0.37	−0.65	0.18
净出口	0.61	−0.04	−0.41	0.53	0.84	−0.32
出口	0.92	0.90	0.79	−0.22	0.10	−0.41
进口	−0.30	−0.94	−1.19	0.74	0.75	0.09
欧元区（20 国）						
同比增长率	5.4	4.2	2.3	1.7	1.1	0.5
环比增长率	0.6	0.8	0.3	−0.1	0.1	0.1
最终消费	0.09	0.53	0.46	−0.26	−0.11	0.06
家庭与 NPISH 消费	0.00	0.59	0.46	−0.37	0.02	0.00
政府消费	0.09	−0.06	0.00	0.11	−0.13	0.05
总资本形成	−0.18	0.38	0.41	−0.30	−0.54	0.50
固定资本形成	−0.13	0.19	0.18	−0.04	0.07	0.06
存货变动	−0.04	0.19	0.23	−0.25	−0.61	0.44
净出口	0.73	−0.10	−0.54	0.50	0.71	−0.43
出口	0.81	0.83	0.64	−0.19	0.05	−0.38
进口	−0.08	−0.94	−1.18	0.68	0.65	−0.05

表 1　2022 年第一季度至 2023 年第二季度欧盟和欧元区实际 GDP 增长率及各组成部分的贡献

单位：%，个百分点

注：表中数据均基于以不变价格计算的实际值，环比增长率为经季节与工作日调整后的值。GDP 同 / 环比增长率的单位为"%"，其他各单项为对 GDP 增长的环比贡献，单位为"个百分点"。NPISH（Non-Profit Institutions Serving Households）即为家庭服务的非营利性机构。存货变动中含有价品的收购减处置。

资料来源：Eurostat, 2023-9-20。

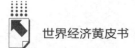

分季度来看，2022 年第三季度欧洲经济显著放缓，欧盟和欧元区实际 GDP 环比增速分别从第二季度的 0.7% 和 0.8%"双下滑"至 0.3%，跌去一半有余。能源短缺造成的价格上涨压力冲击了欧洲的制造业和服务业活动，综合采购经理人指数（PMI）不断下滑，从 7 月的 49.9 下降至 9 月的 48.1，始终保持在荣枯线以下。居民消费支出和固定资本形成对经济增长的贡献程度较前一季度有所下降。不过，从整体来看，二者表现尚属稳定，其中消费支出环比增长了 0.6%（欧盟）和 0.9%（欧元区），固定资本形成环比增长了 0.7%（欧盟）和 0.9%（欧元区）。净出口成为本季度经济最大的拖累，由于进口较出口增长更快，该项对 GDP 环比增长率的贡献分别为 -0.41 个百分点（欧盟）和 -0.54 个百分点（欧元区）。

2022 年第四季度，欧盟和欧元区经济均陷入温和负增长。供暖季的到来使高昂的能源价格挤压了居民消费，欧盟和欧元区当季居民消费支出均环比下降 0.7%。同时，一些企业不得不通过削减产能来应对能源短缺问题，拖累了当季的总资本形成。不过，受暖冬影响，欧洲没有爆发严重的能源和电力危机，能源价格的增速略有放缓，通胀上升势头也在欧洲央行多番加息操作之下初步得到遏制，10 月触顶后开始回落，促使欧洲经济整体好于预期，欧盟消费者信心指数从 9 月底 -29.8 的谷底缓慢攀升至 12 月底的 -23.5，货物贸易出口逆差也不断收窄。以欧盟为例，其货物出口逆差从 10 月的 400 亿欧元收窄至 12 月的 118 亿欧元。

2023 年第一季度，欧洲出现银行业风波，面对经济和金融前景不确定性上升以及持续的紧缩性货币环境，企业投资趋于谨慎，导致欧盟和欧元区当季资本形成总额环比分别下降 2.7% 和 2.2%，成为该季度经济增长最大的拖累。不过，随着疫情的消退以及通胀的回落，服务业活动开始恢复，欧元区服务业 PMI 摆脱连续 5 个月的萎缩状态，进入扩张区间，从 1 月的 50.8 逐月攀升至 3 月的 55.0，为实际 GDP 环比增长率由负转正提供了支撑。同时，受能源价格下行的影响，欧盟和欧元区贸易状况显著改善，货物贸易由逆差转为顺差，带动净出口成为当季经济增长最大的贡献，分别贡献了 0.84 个百分点（欧盟）和 0.71 个百分点（欧元区）。

2023 年第二季度，欧洲央行连续加息使经济下行压力日益凸显，制造业深陷于萎缩的泥沼之中，表现持续低迷。欧元区制造业 PMI 屡创疫情发生以来的新低，并逐渐传导至服务业，服务业活动初步显现出放缓迹象，服务业 PMI 由 4 月的 56.2 逐步下行至 6 月的 52.0。全球经济疲软带来的外部需求减弱也使得欧洲贸易没有经历预期中的强势反弹，进一步抑制了制造业活动的复苏，削弱了企业投资信心。不过，由于通胀水平显著回落，当地居民实际工资有所上升，第二季度欧盟和欧元区最终消费支出的表现都较为稳健，环比分别增长了 0.9% 和 0.8%。在这些因素的叠加下，欧盟和欧元区经济第二季度勉强避免了负增长，实际 GDP 环比增长率分别为 0 和 0.1%，低于此前市场预期的 0.2%。

（二）失业率保持历史低位

2022 年 7 月至 2023 年 7 月，欧盟与欧元区就业市场表现稳定，失业率缓步下行，不断创下历史新低。从图 1 所显示的月度失业率数据来看，欧盟和欧元区的失业率分别从 2022 年 7 月的 6.1% 和 6.7% 下降到 2023 年 7 月的 5.9% 和 6.4%，欧盟和欧元区的青年（25 岁以下）失业率也呈现出同一趋势，二者均从 2022 年 7 月的 14.6% 分别下降到 2023 年 7 月的 13.9% 和 13.8%。不过，相较于上一个报告期，欧盟和欧元区失业率下降速度明显放缓。以欧元区为例，2021 年 7 月至 2022 年 7 月失业率下降了 1 个百分点，而在此次的报告周期内失业率仅下降了 0.3 个百分点，表明欧洲劳动力市场处于一个相对吃紧的状态。

分国别看，2023 年 7 月，马耳他（2.5%）和捷克（2.7%）失业率是欧盟成员国内最低的，西班牙（11.6%）、希腊（10.8%）、意大利（7.6%）的失业率则处于较高水平。与 2022 年同期相比，16 个欧盟成员国的失业率出现了下降。其中下降幅度最大的是希腊，从 12.5% 下降至 10.8%，下降了 1.7 个百分点；其次是西班牙，从 12.7% 下降至 11.6%，下降了 1.1 个百分点。11 个欧盟成员国在报告期内经历了失业率上升，其中爱沙尼亚上升幅度最大，从 2022 年 7 月的 5.8% 上升了 1.4 个百分点至 7.2%；其次是丹麦和奥地利，失业率均从 2022 年 7 月的 4.6% 上升了 1 个百分点至 5.6%。英国方面，2023 年 7 月英国失业率为 4.3%，较 2022 年同期上升了 0.7 个百分点。英国国家统计局表示，英国失业率的上升主要是由失业时长超过 12 个月的人群所推动的，工业部门活动收缩的压力使企业暂缓招聘。

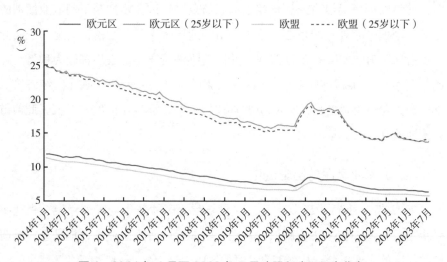

图1 2014 年 1 月至 2023 年 7 月欧盟和欧元区失业率

资料来源：Eurostat。

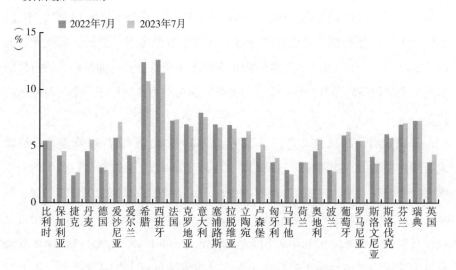

图2 2022 年 7 月和 2023 年 7 月欧洲主要国家失业率

资料来源：Eurostat, Office for National Statistics。

（三）物价触顶回落

2022 年 8 月至 2023 年 7 月，受能源价格高位回落和欧洲央行连续 9 次加息的影响，欧盟的消费价格调和指数（HICP）同比增长率在 2022 年 10 月触及 11.5% 的历史峰值后不断下行，并在 2023 年 7 月降到了 6.1%。欧元区 HICP 同比增长率也呈现出同样走势。2022 年 10 月，欧元区通胀率创下该指标自设立以来的最高纪录 10.6%，随后不断下行至 2023 年 7 月的 5.3%，下降了 5.3 个百分点。

能源价格是欧盟和欧元区通胀水平触顶回落的主要驱动力。从欧盟 HICP 能源价格分项来看，2022 年 8 月，其同比增长率为 37.5%，而到了 2023 年 7 月，其同比增长率已跌至 -4.4%。食品（含烟草酒精）分项指标的同比增长率则在 2023 年 3 月达到峰值，增长率为 16.9%，此后缓慢下行，2023 年 7 月其增速降为 11.6%。相比之下，欧盟服务价格表现较为平稳，呈稳中有升的局面，同比增长率从 2022 年 8 月的 4.7% 增长至 2023 年 7 月的 6.3%，12 个月内通胀率的均值为 5.6%。

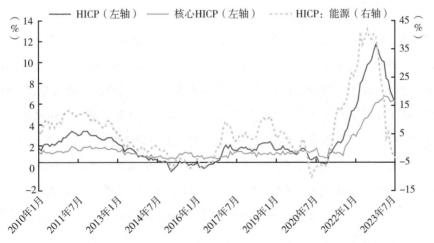

图 3　2010 年 1 月至 2023 年 7 月欧盟消费价格调和指数及其组成部分

注：数据为当月同比增长率。

资料来源：Eurostat。

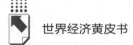

剔除能源和非加工食品后，欧盟和欧元区的核心通胀也实现了冲高回落，但回落节奏较为缓慢。2023年3月，欧盟和欧元区的核心HICP同比增长率分别触及6.6%和5.7%的顶点，并在随后4个月中下降了0.4个和0.2个百分点至7月的6.2%和5.5%。这表明，相较于HICP，核心HICP的反应更加滞后，能源、供应链等问题给核心商品通胀带来的影响需要更长时间才能消散。

（四）欧洲主要国家经济走势

2022年第三季度至2023年第二季度，德国经济表现较为低迷，经季节与工作日调整后实际GDP环比增长率在2022年第四季度和2023年第一季度连续出现负值，陷入技术性衰退。2023年第二季度才勉强在实际工资增长、居民消费回升的推动下维持了零增长。德国以工业制造为核心、两头在外的经济结构，以及对俄罗斯能源的高度依赖，使其经济在此轮冲击中饱受能源危机和外需疲弱的困扰，不仅通胀程度较欧元区平均水平更高，严重损害居民部门消费能力，德国国内企业还不得不通过削减产能来应对天然气短缺、生产成本飙升的局面，致使制造业活动显著萎缩。根据国际货币基金组织（IMF）的预测，德国将成为2023年世界上唯一产出下降的主要经济体。

英国经济在报告期内的表现也不甚理想。作为最早开启加息进程的发达经济体，高通胀、高利率给英国经济造成的压力在2022年第三季度就已开始显现，严重的生活成本危机促使2022年第四季度和2023年第一季度英国医疗、交通、邮政、教育等行业的大量从业者罢工，不仅冲击了公共服务运营，也阻断了正常的生产经营，加剧了经济下行压力。随着能源价格和通胀水平的缓慢回落，2023年第二季度，英国经济实现了超预期增长，环比增长0.2%，其中家庭消费贡献最大，餐饮、食品、旅游等行业表现活跃；其次是政府支出，受到公共卫生领域新的薪酬协议达成的推动，第二季度英国政府支出环比增长3.1%。不过，高利率对英国企业投资的影响日益显现，经济增长后劲明显不足。

相比之下，法国经济则在面对由俄乌冲突所引发的一系列问题时展现出了一定韧性。法国政府出台了"复苏计划"，通过减免生产税、援助建筑节能改造、资助和培训青年就业等方式刺激受新冠疫情冲击的经济。俄乌冲突后，法国政府又出台了"韧性计划"，采取了限制电价涨幅、给予贫困家庭通胀补贴、为高耗能企业提供能源支持基金等多项措施来缓解企业和家庭困境。这些公共支出增强了法国经济的增长动能，使整体经济保持了平稳运行。据法国财政部统计，2022 年由能源价格上涨带来的实际收入损失中，国家承担了52%。不过，积极财政政策的后果是法国政府债务一路走高，其主权评级也遭到下调。

表2　2022 年第一季度至 2023 年第二季度欧洲部分国家实际 GDP 季度环比增长率

单位：%

区域	2022 年				2023 年	
	第一季度	第二季度	第三季度	第四季度	第一季度	第二季度
德国	1.0	−0.1	0.4	−0.4	−0.1	0.0
法国	−0.1	0.4	0.3	0.1	0.0	0.5
意大利	0.1	1.2	0.3	−0.2	0.6	−0.4
西班牙	0.3	2.5	0.5	0.5	0.6	0.5
荷兰	0.5	1.8	−0.2	0.9	−0.4	−0.2
比利时	0.6	0.5	0.3	0.1	0.4	0.2
奥地利	1.3	2.1	−0.4	−0.2	0.4	−0.7
爱尔兰	6.8	2.2	2.4	−0.9	−2.6	0.5
芬兰	−0.1	0.7	−0.4	−0.6	0.3	0.6
希腊	2.7	0.5	0.3	1.2	0.0	1.3
葡萄牙	2.3	0.2	0.3	0.3	1.6	0.0
卢森堡	0.0	−0.2	0.0	−2.1	0.6	−0.1
斯洛文尼亚	1.2	0.6	−1.3	0.8	0.7	1.4
立陶宛	0.2	−0.7	0.7	−0.5	−2.1	2.9
拉脱维亚	1.4	0.1	−1.3	1.1	0.5	−0.3
塞浦路斯	1.9	0.4	1.4	0.2	1.1	−0.4
爱沙尼亚	−0.1	−1.1	−0.7	−1.4	−0.7	−0.2
马耳他	0.8	2.2	0.6	1.6	0.6	1.1

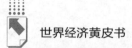

续表

区域	2022 年				2023 年	
	第一季度	第二季度	第三季度	第四季度	第一季度	第二季度
克罗地亚	2.4	1.2	−0.5	0.5	1.3	1.1
斯洛伐克	0.3	0.2	0.4	0.3	0.3	0.4
欧元区 20 国	0.6	0.8	0.3	−0.1	0.1	0.1
波兰	3.2	−1.4	1.2	−2.0	1.6	−2.2
瑞典	−0.7	0.8	0.4	−0.8	0.4	−0.8
丹麦	−0.9	0.9	−0.1	−0.5	0.7	0.3
捷克	0.6	0.2	−0.2	−0.4	0.0	0.1
罗马尼亚	1.6	1.0	0.4	0.9	0.5	0.9
匈牙利	1.5	0.8	−1.0	−0.6	−0.4	−0.3
保加利亚	0.4	0.7	0.5	0.5	0.4	0.4
欧盟 27 国	0.7	0.7	0.3	−0.1	0.2	0.0
英国	0.5	0.1	−0.1	0.1	0.1	0.2
瑞士	0.0	0.9	0.3	0.0	0.3	0.0
塞尔维亚	−0.3	0.7	−0.6	0.7	0.2	1.3
土耳其	0.2	1.4	0.5	1.1	−0.1	3.5
挪威	−0.6	1.2	1.2	−0.1	0.3	0.0

资料来源：Eurostat, Office for National Statistics。

俄乌冲突和通胀高企同样给芬兰、瑞典和丹麦的经济造成了负面影响。消费者和企业信心下挫，消费、投资和出口全线下滑导致三国 2022 年下半年经济增长乏力，其中芬兰和丹麦实际 GDP 连续两个季度出现负增长，陷入技术性衰退。2023 年，由于通胀压力缓解，三国经济才开始有所起色。然而，家庭短期固定利率贷款占比较高的瑞典，对利率敏感度较高，央行通过快速加息来遏制通胀的举措很快在其国内房地产市场掀起一场危机，导致 2023 年第二季度 GDP 再度大幅环比下降 0.8%。

南欧国家中，除意大利由于工业部门受能源短缺冲击较为严重，无法依靠旅游复苏弥补制造业对经济的拖累外，西班牙、葡萄牙、希腊在旅游业和服务贸易出口的带动下，都焕发出较强的经济活力，在报告期内的经济表现整体优于欧盟平均水平。

二 货币与金融状况

（一）史上最快加息步伐

2022年7月，为遏制不断走高的通胀，欧洲央行宣布开启欧元区的加息进程，将欧元区三大关键利率上调50个基点。这是欧洲央行自2011年以来的首次加息，标志着欧元区持续八年之久的负利率时代正式终结。

9月，在短短两个月不到的时间内，欧洲央行再度大幅加息，将三大关键利率均上调75个基点。这是欧洲央行20余年历史中最大幅度的加息，凸显了欧洲通胀难题的紧迫性。之后，即便欧洲经济面临严峻的下行压力，也没有动摇欧洲央行抗击通胀的决心。截至2023年9月，欧洲央行已连续加息10次，累计加息450个基点，不仅刷新了欧洲央行历史上最激进货币紧缩周期的纪录，也将欧元区的利率提升至欧元问世以来的最高水平。

在欧洲央行的努力下，欧元区通胀自2022年10月的顶点不断回落，同时，高借贷成本给欧洲经济造成的负面影响也逐渐显现，欧洲央行不得不对加息采取更谨慎的态度。在2023年9月欧洲央行的货币政策会议上，行长拉加德表示，现有利率水平如果维持足够长的时间，将有助于通胀及时恢复到目标水平。这意味着，欧洲央行本轮加息周期或已接近尾声。

（二）货币供给扩张速度放缓

受欧洲央行逐步收紧货币政策的驱动，欧元区货币供应量（M3）2022年第三季度到2023年第二季度增速逐步放缓，各季度增速分别为6.0%、3.8%、2.1%和0.6%。从各分支项目看，在欧元区基准利率走高的大背景下，短期存款快速上升，季度平均增速为16.5%，2年期以下定期存款的增速尤为迅猛，季度增长率由2022年第三季度的23.6%暴涨至2023年第二季度的85.6%。现金、隔夜存款、通知期在3个月以下的可赎回存款增速则显著下降，表明在欧洲央行加息政策推动下，欧元区货币供给构成出现了明显的调整。

欧元区信贷供给的扩张步伐也显著放缓。2022 年下半年，受能源救助和纾困政策影响，欧元区政府部门信贷保持正增长态势，但增速逐季放缓。到 2023 年上半年，区内对政府部门的信贷开始显著收缩，2023 年第二季度，政府部门信贷的同比增长率已滑落至 -2.5%。私人部门信贷规模则受经济下行风险不断加大的影响，增速也不断下降，从 2022 年第三季度的 5.8% 下降至 2023 年第二季度的 1.5%，其中非金融企业信贷同比增速下降了 5.6 个百分点，从 8.0% 下降至 2.4%；家庭信贷规模同比增速下降了 3.3 个百分点，从 4.4% 下降至 1.1%。

表 3　2022 年至 2023 年第二季度欧元区货币与信贷的同比增长率

单位：%

	2022 年*	2022 年		2023 年	
		第三季度	第四季度	第一季度	第二季度
欧元区货币供给总量					
M1	0.2	5.3	0.2	−4.7	−8.0
其中：流通中现金	4.7	6.5	4.7	1.5	0.4
隔夜存款	−0.5	5.1	−0.5	−5.6	−9.2
M2−M1（其他短期存款）	14.0	8.0	14.0	20.0	24.0
其中：2 年期以下定期存款	45.7	23.6	45.7	68.8	85.6
通知期在 3 个月以下的可赎回存款	2.3	2.3	2.3	1.4	−0.3
M2	3.4	5.9	3.4	1.1	−0.5
M3−M2（可交易有价证券）	11.3	7.4	11.3	23.8	22.8
M3	3.8	6.0	3.8	2.1	0.6
欧元区信贷规模					
对政府部门信贷	2.8	5.0	2.8	−0.1	−2.5
对私人部门信贷	4.3	5.8	4.3	2.9	1.5
其中：对非金融企业信贷	5.5	8.0	5.5	4.5	2.4
对家庭信贷	3.8	4.4	3.8	2.9	1.1

注：*2022 年全年的货币供给与信贷余额数据取年末值，因此也是 2022 年第四季度的数据。表中数据为年增长率，经过季度调整。

资料来源：European Central Bank, "Economic Bulletin," Issue 6/2023。

（三）欧元币值快速上升

2022 年 7 月至 2023 年 8 月，受欧洲央行连续加息的影响，欧元汇率整体保持了快速拉升的态势。欧元对 41 个最主要贸易伙伴货币的名义有效汇率（EER-41）指数在 2023 年 8 月达到 123.7，为该指标自创建以来的最高值，较 2022 年 7 月的 114.1 上涨 8.4%。CPI 平减后的实际有效汇率走势也大致相同，2022 年 7 月至 2023 年 8 月欧元对 41 个最主要贸易伙伴货币的实际有效汇率指数上涨 8.1%。

从双边汇率来看，2022 年 7 月至 2023 年 8 月，欧元兑美元从 1.01 上行至 1.09，上涨 7.9%。同期，欧元兑英镑先升后跌，2023 年 2 月欧元兑英镑升至期内最高位 0.89，随后在 2023 年 8 月回落至 0.86，与 2022 年 7 月基本持平。就亚洲主要货币而言，2022 年 7 月至 2023 年 8 月，欧元兑人民币累计升值 15.5%，兑日元累计升值 13.5%。

图 4　2010 年 1 月至 2023 年 5 月欧元名义与实际有效汇率（EER-41）

注：月度平均数据，1999 年第一季度为 100。
资料来源：ECB。

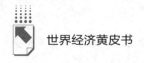

三　财政状况

（一）财政赤字小幅改善

受名义 GDP 快速增长以及成员国 2022 年上半年财政收入小幅增加的影响，欧盟和欧元区国家财政状况在 2022 年继续改善。2022 年欧盟和欧元区的财政赤字率（财政赤字占 GDP 比重）分别为 3.4% 和 3.6%，较 2021 年下降了 1.4 个和 1.7 个百分点。就欧盟主要国家而言，2022 年一般政府财政赤字率最高的是意大利，为 8.0%；其次是匈牙利和罗马尼亚，均为 6.2%；马耳他和西班牙紧随其后，分别为 5.8% 和 4.8%。丹麦、塞浦路斯和爱尔兰是 2022 年财政盈余占 GDP 比重最高的成员国，财政盈余占 GDP 比重分别为 3.3%、2.1% 和 1.6%。英国一般政府财政赤字 2022 年末为 GDP 的 4.7%，也较 2021 年末的 8.0% 削减了 3.3 个百分点。

（二）主权债务略有下降

广义政府债务占 GDP 比重方面，欧盟和欧元区政府债务负担在 2022 年小幅下降，政府部门杠杆率分别由 2021 年的 88.0% 和 95.5% 下降至 84.0% 和 91.6%。其中，希腊政府部门杠杆率下降幅度最大，从 194.6% 下降 23.3 个百分点至 171.3%；其次是塞浦路斯，下降 14.7 个百分点，由 2021 年末的 101.2% 降至 2022 年末的 86.5%。意大利、葡萄牙、西班牙等国政府部门杠杆率都出现了不同幅度的下降，但从整体水平上来看依旧处于高位，三国 2022 年末政府部门杠杆率分别为 144.4%、113.9% 和 113.2%。德国、法国和英国政府部门杠杆率 2022 年也出现了小幅下行，分别下降 3.0 个、1.3 个和 4.9 个百分点至 66.3%、111.6% 和 101%。政府部门杠杆率在 2022 年继续上升的国家中，捷克上升幅度最大，上升 2.1 个百分点至 44.1%。

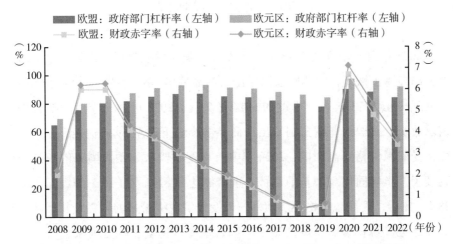

图5　2008~2022年欧盟及欧元区财政赤字率与政府部门杠杆率情况

资料来源：根据 Eurostat 相关数据整理。

（三）财政政策逐步转向中性

为应对能源价格和通胀水平节节走高给欧洲家庭和企业带来的生活和生产压力，欧盟及其成员国自 2022 年中起出台了一系列财政支持措施，包括间接税减免、能源产品价格补贴、对家庭的转移支付等。根据欧洲央行的估计，2023 年欧元区国家用以应对能源危机和高通胀的紧急财政支持约占 GDP 的 1.8%，较 2022 年下降 0.1 个百分点。随着 75% 的相关支持政策在 2024 年终结，这一比例将于 2024 年大幅下降至 0.5%。从整体来看，欧洲央行预计，2023 年经周期和特殊项目调整后的财政政策将维持与 2022 年相一致的立场，但在 2024 年大幅紧缩并于 2025 年重新回归中性。

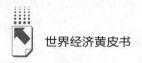

四　对外贸易状况

　　2022 年第三季度至 2023 年第一季度，随着供应链瓶颈缓解，欧盟对外商品出口逐步恢复，向非欧盟国家出口商品额由 2022 年第三季度的 6553 亿美元回升至 2023 年第一季度的 6974 亿美元。2023 年第二季度，随着外部需求放缓，欧盟向非欧盟国家出口商品额小幅下滑至 6926 亿美元。进口方面，受能源价格走高影响，2022 年第三季度欧盟从非欧盟国家的商品进口延续了上半年同比高增长的态势，进口额达到 8131 亿美元，季度同比增长 28%。此后，受能源价格逐步回落，以及经济放缓带来的内需疲软影响，欧盟商品进口规模显著下降，2023 年第二季度，其从非欧盟国家进口商品总额为 6830 亿美元，较上年同期下降约 16%。商品贸易因此出现了微弱的顺差。

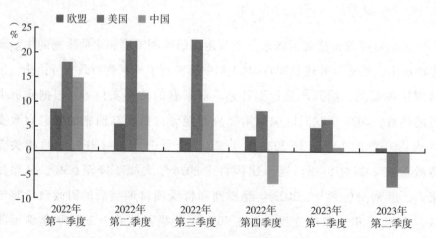

图 6　2022 年第一季度至 2023 年第二季度欧盟及主要经济体
货物出口额的季度同比增速

注：欧盟的数据为欧盟对外货物出口额增速，不包括欧盟内贸易部分。
资料来源：根据 WTO 相关数据整理。

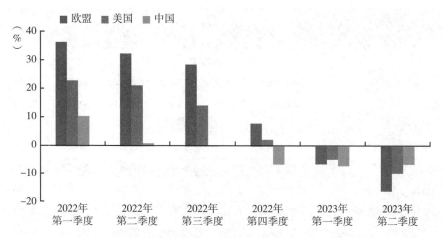

图7 2022年第一季度至2023年第二季度欧盟及主要经济体
货物进口额的季度同比增速

注：欧盟的数据为欧盟对外货物进口额增速，不包括欧盟内贸易部分。
资料来源：根据 WTO 相关数据整理。

欧盟的服务贸易则基本摆脱疫情影响，保持了较为平稳的发展态势。2022 年第三季度至 2023 年第二季度，欧盟对外服务贸易出口额为 1.32 万亿欧元，约为同期对外商品贸易出口额的一半，服务贸易进口总额为 1.19 万亿欧元，约为同期对外商品贸易进口额的 40%，二者同比增速分别为 12% 和 19%。从各行业的表现来看，运输进出口 2022 年第三季度强力反弹而后又快速回落，2023 年第二季度出口和进口同比分别下降 24% 和 7%。其他一些主要行业，如电信、计算机和信息服务与其他商业服务的进出口活动则多在 2022 年第四季度达到顶峰。从服务贸易出口结构看，除其他商业服务外，运输和电信、计算机和信息服务仍是欧盟服务贸易出口的主要贡献者，二者 2023 年第二季度的出口占服务贸易总出口的 38%，较 2022 年同期 43% 的比例小幅下降。从服务贸易进口结构看，居前三的为其他商业服务、运输、知识产权使用费。报告期内，欧盟服务贸易盈余为 1748 亿欧元，同比减少 7%。

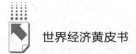
表4 2022年第一季度至2023年第二季度欧盟服务贸易出口

单位：十亿欧元

项目	2022年				2023年	
	第一季度	第二季度	第三季度	第四季度	第一季度	第二季度
服务	293.22	327.70	348.77	343.26	303.40	326.12
加工服务	9.59	9.09	9.87	10.14	9.33	8.96
维护和维修服务	4.92	5.73	5.55	6.28	6.05	7.05
运输	65.17	78.33	83.04	69.41	59.67	59.57
建设	2.45	2.39	2.42	2.66	2.59	2.89
保险和养老金服务	7.53	6.37	7.01	7.10	10.51	8.14
金融服务	21.82	21.65	22.61	23.34	22.88	23.06
知识产权使用费	30.02	25.85	22.46	24.93	25.03	24.56
电信、计算机和信息服务	57.14	61.46	62.21	69.78	62.87	65.49
其他商业服务	68.99	71.15	74.04	86.25	70.57	74.86
个人、文化和娱乐服务	3.89	4.38	4.48	4.79	4.00	4.38
政府服务	1 45	1.45	1.38	1.42	1.46	1.35
其他	1.66	1.95	1.75	4.43	0.86	1.05

注：数据为未经季节和工作日调整的数据。

资料来源：根据 Eurostat 相关数据整理。

表5 2022年第一季度至2023年第二季度欧盟服务贸易进口

单位：十亿欧元

项目	2022年				2023年	
	第一季度	第二季度	第三季度	第四季度	第一季度	第二季度
服务	249.50	264.98	313.40	303.97	281.33	287.45
加工服务	5.33	5.34	5.58	6.78	5.64	5.61
维护和维修服务	3.81	4.16	4.32	4.70	4.35	4.67
运输	51.98	57.37	61.46	57.73	54.62	53.34
建设	1.54	1.98	1.76	2.02	1.61	1.90
保险和养老金服务	8.41	7.27	7.34	7.41	10.26	7.89
金融服务	19.74	19.22	19.68	19.33	19.53	19.65
知识产权使用费	45.76	45.50	44.74	54.67	54.42	44.12

续表

项目	2022 年				2023 年	
	第一季度	第二季度	第三季度	第四季度	第一季度	第二季度
电信、计算机和信息服务	22.25	22.61	24.90	26.70	24.75	24.82
其他商业服务	72.72	80.57	87.80	97.02	79.64	86.64
个人、文化和娱乐服务	2.08	2.38	2.53	2.58	2.56	2.65
政府服务	0.73	0.96	0.75	1.13	0.93	0.77
其他	−1.31	−0.85	−0.94	−1.43	−1.49	−0.92

注：数据为未经季节和工作日调整的数据。

资料来源：根据 Eurostat 相关数据整理。

五　2024 年欧洲经济展望

2022 年第三季度至 2023 年第二季度，俄乌冲突给欧洲经济带来的负面效应持续发酵。受能源价格走高影响，欧盟和欧元区的通胀水平不断刷新史上最高纪录，抬升了居民的生活成本和企业的生产成本，冲击了区内的消费和投资支出，致使欧洲经济增速显著放缓。与此同时，全球经济疲软和通胀导致的贸易条件恶化也限制了贸易出口能够给经济增长提供的支撑力，进一步抑制了经济复苏。

就目前情况而言，在 2023 年下半年至 2024 年上半年这段时间里，欧洲经济恐怕难有起色。首先，虽然在能源价格回落和欧洲央行激进加息的共同作用下，欧盟和欧元区通胀压力显著缓解，但从核心通胀居高不下的表现来看，整体通胀水平要回到欧洲央行 2% 的目标区间，至少需要在 2024 年中以后。换言之，高通胀仍会在未来一段时间拖累欧洲经济。其次，尽管欧洲央行此轮加息周期已接近尾声，但欧盟和欧元区的高利率环境短期内难以发生改变，在推高企业融资成本的同时，也限制了居民住房贷款，加剧了其增加储蓄倾向。这也将阻碍欧盟和欧元区消费和投资活动的恢复。最后，全球经济在 2023 年上半年显示出一定韧性，但即便如此，在全球贸易碎片化的大背

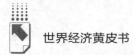

景下，欧洲对外贸易活动也未能得到较好的修复，主要经济体的紧缩货币周期更进一步抑制了外部需求。据此，欧洲央行显著下调了对2023年欧元区海外贸易需求的预期，表明对外贸易增长乏力态势将至少延续至2024年。

预计在冬季不意外遭遇极寒天气的情况下，欧盟和欧元区经济增速将保持在低位，2023年经济增长率为0.2%~0.5%，而2024年则小幅回升至0.6%~0.9%。欧盟和欧元区通胀的消退速度也将较为缓慢，2024年通胀率可能会维持在3%~4%。

参考文献

陆婷、东艳:《欧洲经济：增长前景黯淡》，载张宇燕主编《2023年世界经济形势分析与预测》，社会科学文献出版社，2023。

European Central Bank, "Economic Bulletin," Issue 6/2023.

European Commission, "European Economic Forecast, Spring 2023," Luxembourg, May, 2022.

European Commission, "European Economic Forecast, Summer 2023," Luxembourg, July, 2022.

IMF, "World Economic Outlook," Update, Washington, July, 2023.

OECD, "Economic Outlook: Confronting Inflation and Low Growth, Interim Report," September, 2023.

World Bank, "Global Economic Prospects," Washington, June, 2023.

Y.4
日本经济：疫情后的稳定复苏

周学智[*]

摘　要： 2022 年之后，新冠疫情的影响逐步减小，日本经济开始稳定复苏。在 2022 年下半年到 2023 年上半年的四个季度中，日本经济在三个季度里实现同比增速超过 1.0%。在此期间，日本央行对货币政策进行了微调，日本 10 年期国债收益率虽有上行，但与美国 10 年期国债收益率相比仍有较大差距。2022 年下半年日元持续贬值，虽然 2022 年第四季度日元兑美元汇率有所反弹，但 2023 年 1 月之后又重启跌势。2022 年下半年至 2023 年上半年期间日本经历了明显的物价上涨，CPI 同比增速一度达到 4.0% 以上。随着全球能源价格在 2023 年下半年显著反弹，日本物价同比增速的回落可能会面临一定阻力。预计 2023 年日本经济增速为 1.5% 左右，2024 年为 1.2% 左右。

关键词： 汇率　通货膨胀　日本

进入 2022 年，新冠疫情对日本经济的影响逐渐消退。总体而言，2022 年日本经济呈现中性偏弱复苏态势，全年实际 GDP 增速为 1.0%。我们在 2023 年版"世界经济黄皮书"中预计 2022 年日本实际经济增速为 1.0%，与实际情况完全一致。日本经济 2022 年复苏比较微弱，主要受到全球通胀高企、国内物价上涨的负面影响。同时，日元兑美元汇率在 2022 年大幅贬值，引发市场

---

* 周学智，中国社会科学院世界经济与政治研究所助理研究员，主要研究方向：国际投资、日本经济、国际宏观经济等。

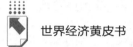

对日元汇率和日本国债市场风险的担忧。

进入 2023 年，日本经济复苏势头有所加强。2023 年上半年，日本经济增速为 2.0%。对日本而言，2.0% 是不低的经济增速。2023 年 4 月，日本银行迎来新一任总裁植田和男。植田和男上任后，对日本的货币政策进行了技术性调整，但截至 9 月，尚未对货币政策进行根本性调整。他认为，在外部尤其是美国经济状况和货币政策没有出现根本性变化的前提下，日元不具备对美元大幅升值的条件。日本 CPI 同比增速虽然在 1 月达到本轮经济周期的高点，但同比增速的下降并不顺畅。随着 2023 年第三季度全球能源价格反弹，日本 CPI 同比增速的回落将可能遇到困难。

一　2022 年至 2023 年上半年日本经济复苏力度有所增强

尽管日本经济处于恢复通道，但截至 2022 年，无论是从名义 GDP 角度还是从实际 GDP 角度，日本都未完全恢复到疫情前水平。2022 年初，日本经济在一定程度上依然受到新冠疫情的影响，但日本政府并未如前一样发布"紧急事态宣言"，国民对新冠疫情的认识逐渐变化，疫情对经济的影响逐步消退。2022 年第一季度和第二季度，日本经济同比增速分别为 0.6% 和 1.7%，尤其第一季度，日本经济依然受到新冠疫情（奥密克戎）的冲击，不过此时日本政府已经不再对社会活动进行强制约束。2022 年第三季度和第四季度，日本经济同比增速分别为 1.5% 和 0.4%。日本经济虽然稳步恢复，但力度依然显得较弱。2022 年日本名义 GDP 为 557.2 万亿日元，2019 年则为 557.9 万亿日元；2022 年实际 GDP 为 546.6 万亿日元，2019 年实际 GDP 为 552.5 万亿日元。可见，无论是从名义 GDP 角度还是从实际 GDP 角度，截至 2022 年日本都未完全恢复到疫情前水平。

2023 年前两个季度，日本经济表现稳健。第一季度和第二季度日本实际 GDP 增速分别达到 2.0% 和 1.6%。2023 年上半年日本名义 GDP 和实际 GDP 分别为 288.1 万亿日元和 275.8 万亿日元。其中，名义 GDP 超过 2019 年上半年的 277.4 万亿日元；实际 GDP 则勉强超过 2019 年的 275.6 万亿日元。第一季度，对日本经济增速贡献最大的分项为"私人部门消费"和"私人企业投资"，分别贡献了 1.5 个和 0.9 个百分点。而对外贸易逆差则拖累了经济增速 0.7 个百分点。第二季度，日本经济增长主要得益于净出口的增加——进口额减少和出口额增加，贡献了 GDP 同比增速 1.6% 中的 1.1 个百分点。目前，进口减少主要得益于能源价格同比回落，而随着 2023 年下半年国际能源价格尤其是石油价格反弹，以及同比的基期数值不断下降，进口减少对经济增长的贡献可能会被减弱。

表 1　2022 年第一季度至 2023 年第二季度日本经济实际增长率分解

单位：%，个百分点

项目	2022 年				2023 年	
	第一季度	第二季度	第三季度	第四季度	第一季度	第二季度
GDP	0.6	1.7	1.5	0.4	2.0	1.6
私人部门消费	1.2 (0.6)	2.7 (1.4)	3.7 (2.0)	1.0 (0.6)	2.7 (1.5)	0.1 (0.0)
私人住宅投资	−2.5 (−0.1)	−5.2 (−0.2)	−4.1 (−0.2)	−2.2 (−0.1)	−0.4 (0.0)	3.6 (0.1)
私人企业投资	0.3 (0.1)	0.9 (0.1)	4.0 (0.6)	2.5 (0.4)	4.7 (0.9)	1.4 (0.2)
私人部门库存变动	— (0.9)	— (0.6)	— (0.4)	— (−0.0)	— (0.1)	— (0.0)
政府消费	2.7 (0.5)	1.2 (0.3)	−0.1 (0.0)	1.2 (0.3)	0.6 (0.1)	0.2 (0.0)
公共投资	−11.9 (−0.8)	−9.2 (−0.4)	−5.1 (−0.3)	−2.4 (−0.1)	3.0 (0.2)	2.9 (0.1)
净出口	— (−0.6)	— (−0.1)	— (−1.0)	— (−0.6)	— (−0.7)	— (1.1)
出口	4.3 (0.8)	2.9 (0.5)	5.9 (1.1)	7.3 (1.3)	1.8 (0.4)	3.0 (0.7)
进口	7.3 (−1.3)	3.2 (−0.6)	10.9 (−2.0)	10.4 (−1.9)	4.2 (−1.0)	−1.7 (0.4)

注：表中括号外数据为实际同比增长率；括号内数据为贡献度，单位为"个百分点"。"私人部门库存变动"为变动数字，无同比增速数据；"净出口"绝对金额变动较大，且经常方向相反，无同比增速数据。按照支出法，私人部门消费应与私人部门投资（住宅、企业、库存）、政府部门支出（消费、投资）以及净出口（出口、进口）相对应。不过为了与日本内阁府公布的数据格式保持一致，这里按照日本官方部门公布的数据格式进行整理。

资料来源：日本内阁府。

从 PMI 角度看，随着新冠疫情影响逐渐消散，日本服务业 PMI 从 2022 年初到 2023 年中呈逐渐走强态势；而制造业 PMI 则随着全球制造业景气度下降而走弱。进入 2023 年，"制造业冷、服务业暖"的情况更加明显。从 2022 年第四季度开始，除 2023 年 5 月反弹至 50.6 外，日本制造业 PMI 低于 50.0 荣枯线。日本服务业 PMI 则相对较强。2022 年 3 月之后在多数时间里日本服务业 PMI 都处在 50.0 荣枯线之上。进入 2023 年，上半年服务业 PMI 全部在荣枯线之上，为 54.0 左右。日本作为发达国家，服务业比重较高，服务业 PMI 的稳定基本保证了整体经济稳定。2023 年日本综合 PMI 一直高于 50.0，其变化趋势与服务业 PMI 十分相似，并在 5 月达到 54.3 的高值，是日本经济稳健复苏的佐证。

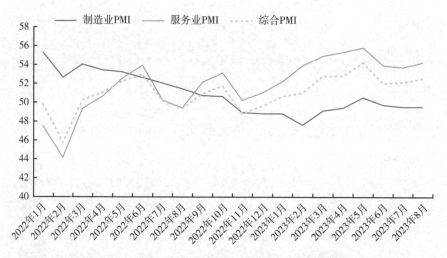

图 1　2022 年 1 月至 2023 年 8 月日本制造业、服务业和综合 PMI 走势

资料来源：Wind 数据库。

日本经济在中短期企稳并呈现较好的恢复态势，但深层次的中长期问题并没有得到根本解决，如人口问题。2022 年至 2023 年前三季度，日本人口继续呈现净减少态势。2022 年 12 月，日本人口总数为 1.248 亿人，较前一年同

期减少 0.5%。进入 2023 年，日本人口总数的单月同比增速依然为负值。不过同比跌速较 2022 年有所收敛。截至 2023 年 9 月，日本人口总数为 1.245 亿人，较 2022 年 9 月减少约 30 万人，同比增速为 -0.24%。日本人口减少的速度虽然有所缓和，但未来日本人口数量压力依然极大，并且在几十年内很难从根本上扭转。以 2023 年 9 月人口年龄结构为例，0~4 岁人口为 411 万人，50~54 岁人口最多，为 963 万人。除 25~29 岁人口为 648 万人，高于 30~34 岁人口之外，50~54 岁以下每个年龄段的人数都在减少。

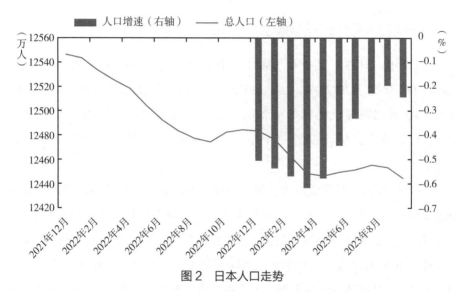

图 2　日本人口走势

资料来源：日本统计局。

综上所述，日本经济从 2022 年开始稳健复苏，进入 2023 年经济景气状况稳中偏强。当然，也应看到日本经济恢复力度与其他一些国家相比依然较弱，尤其是与美国相比。日本银行的货币政策始终没有真正转向紧缩，日美利差的扩大是日元贬值的重要因素。如果以美元计价，日本的 GDP 实际上不增反缩。

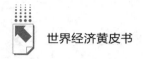

二 金融状况：货币政策微调，债市汇市持续承压

2022~2023 年对日本金融市场而言是不平凡的两年。其间，日本央行负责人换届，并逐步开始微调货币政策。2022 年第二季度后，日本汇市和债市的波动成为全球关注的焦点，虽然 2022 年第四季度和 2023 年第一季度，日本汇市和债市转为相对平稳，但 2023 年第二季度之后债市和汇市再度承压。相较而言，日本股市表现强劲，但其中蕴含的风险值得关注。

（一）日本银行管理层换届，货币政策技术性调整

2022 年，日本广义货币（M2）同比增速继续回落，从 2022 年 1 月的 3.6% 回落至 12 月的 2.9%。进入 2023 年，M2 同比增速继续回落。2023 年 6 月，M2 同比增速已经回落至 2.6%，这一增速仅稍高于 2019 年平均水平约 0.2 个百分点。预计 2023 年下半年，日本 M2 同比增速能回落至疫情前水平。

日本央行依旧对紧缩货币持保留态度。不过鉴于美联储不断加息，美国国债利率不断攀升，日本银行也两次调整了收益率曲线控制（YCC）政策。2022 年 12 月，日本银行将长期利率波动范围的幅度从此前的 ±0.25% 提升至 ±0.5%。但同时也表示，将加大国债购买力度。对于公司债和商业票据，日本央行在 12 月的政策会议上则表示会逐步恢复至疫情前的保有量。2023 年 4 月，日本银行新任总裁植田和男上任。市场对日银改变货币政策至显著紧缩存在一定期待。在 7 月的政策会议上，日本银行虽然如此前一样决定将短期利率目标控制在 -0.1%、10 年期国债收益率控制在 0%，但表示在利率操作方面会更加灵活。同时日本央行也表示将以 1% 的利率水平来继续购买 10 年期国债。由于彼时日本 10 年期国债收益率低于 1.0%，日本央行的如此表态表面上是"托底"，实则令市场产生了利率上升的预期，被市场解读为"变相加息"，是日银的退一步防守。日本 10 年期国债收益率由会议前 7 月 27 日的 0.441% 升至 9 月初的 0.65% 左右。

日本银行的资产负债表在 2022 年下半年曾有所紧缩，但进入 2023 年后又有所扩张。2022 年初，日本银行资产总额为 725.1 万亿日元，至年底缩减为 703.9 万亿日元。2023 年 1 月底日本银行资产总额为 733.8 万亿日元，仅略高于 2022 年 6 月底的 732.7 万亿日元，但 2023 年 2~5 月日本银行的资产总额均高于 735 万亿日元。综上，日本银行的资产负债表整体变化并不大。虽然 2022 年初至 2023 年中，有过持续数月的缩表动作，但整体看依然为略微扩表。

分项看，日本银行保有的国债总额呈现上升趋势，这一趋势在 2023 年有所减缓。2023 年 6 月底，日本银行共持有 582.9 万亿日元国债，较 2022 年 12 月底增加 18.7 万亿日元，较 2022 年 6 月底增加 40.4 万亿日元。不过，在国债的操作方面，日本银行采取"抓长放短"策略。对短期国债的减持十分明显。截至 2023 年 6 月底，日本银行持有 3.1 万亿日元短期国债，较 2022 年 12 月底减少 4.6 万亿日元，较 2022 年 6 月底减少 11.1 万亿日元。不过，日本银行对保有量更多的长期国债则继续增持。截至 2023 年 6 月底，日本银行保有长期国债 579.8 万亿日元，较 2022 年 12 月底增加 23.4 万亿日元，较 2022 年 6 月底增加 51.6 万亿日元。另一项增加较多的是贷款项。该项可以理解为政策性金融贷款，例如疫情期间的"新冠肺炎感染症对应金融支援特别操作"等。2023 年 6 月底，贷款项余额为 91.2 万亿日元，较年初的 91.1 万亿日元有所增加，不过较 2022 年 6 月的 131.2 万亿日元有明显减少。

可以说日本银行在进行 YCC 控制时购入的长期国债是其资产负债表不减反增的最重要动源。不过，鉴于日本央行和植田和男在 7 月的表态，预计日本银行将会改变长久以来的利率政策。

即使日本银行调整了利率政策，日本银行的资产负债表缩减也不会一蹴而就，原因在于当日本银行调整利率政策时，日本长期国债价格将面临下跌风险。在此过程中，为了避免日本国债价格波动过大，日本央行有可能继续购进国债，以减缓价格下跌速度。

表 2 2022 年 3 月至 2023 年 8 月日本银行资产负债表

单位：万亿日元

时间	国债			商业票据	公司债	ETF	J-REIT	贷款	总计
	长期	短期	总计						
2022 年 3 月	511.2	14.9	526.1	2.5	8.6	36.6	0.7	151.5	736.3
2022 年 6 月	528.2	14.2	542.4	2.7	8.5	36.8	0.7	131.2	732.7
2022 年 9 月	536.5	9.0	545.5	2.5	8.3	36.9	0.7	80.1	685.8
2022 年 12 月	556.4	7.7	564.4	2.6	8.2	37.0	0.7	80.7	703.9
2023 年 1 月	576.7	6.9	583.6	2.6	8.2	37.0	0.7	91.1	733.8
2023 年 2 月	582.5	5.8	588.3	2.6	8.2	37.0	0.7	92.0	739.6
2023 年 3 月	576.2	5.5	581.7	2.1	8.0	37.0	0.7	94.4	735.1
2023 年 4 月	581.5	5.2	586.7	2.3	7.9	37.1	0.7	94.4	740.1
2023 年 5 月	587.7	5.1	592.8	2.5	7.9	37.1	0.7	93.5	745.6
2023 年 6 月	579.8	3.1	582.9	2.3	7.3	37.1	0.7	91.2	732.8
2023 年 7 月	587.1	2.8	589.9	2.6	7.0	37.1	0.7	93.1	741.6
2023 年 8 月	593.7	2.8	596.5	2.8	7.0	37.1	0.7	93.1	748.5

注："总计"还包括其他项目，如"杂项""外汇"等项目，但总体金额不大，包含的信息量有限。
资料来源：日本银行。

（二）债市汇市整体下跌，股市表现抢眼

2022 年绝大部分时间，日本央行依然以 ±0.25% 作为国债收益率波动的上下限，2022 年 12 月，则将波动幅度扩展至 ±0.5%。实际上，日本 10 年期国债收益率有较强的上涨动能，这也可以理解为日本央行变相提高了 10 年期日本国债收益率的上限，即变相加息。日本央行宣布相关决定后，日本 10 年期国债收益率立即大涨，从此前的 0.25% 左右快速升至 0.5% 左右。此后，日本 10 年期国债收益率多数时间都维持在 0.4%~0.5%。2023 年 7 月，日本央行再次对政策进行调整，日本 10 年期国债收益率突然大幅拉升。8~9 月，日本 10 年期国债收益率整体在 0.6%~0.7% 波动。从 9 月的动向以及日本央行相关人士的非正式表态看，日本 10 年期国债收益率极有可能向 1% 攀升。

由于日本 10 年期国债收益率上涨受到压制，而美国 10 年期国债收益率一直强势维持在高位，日元兑美元汇率在进入 2022 年下半年后，虽有过反弹，但依然处于整体下跌过程中。2022 年 6 月底，日元兑美元汇率收盘位置为 135.66 日元兑换 1 美元。在 2022 年 10 月 21 日达到 151.94 日元可兑换 1 美元后开始回升。2023 年 1 月 16 日，日元兑美元汇率升到 127.22 日元兑 1 美元。此后，日元重启跌势。2023 年 8 月 31 日，日元兑美元汇率又跌至 145.54。

在日元贬值期间，日本财务省曾有过汇率干预动作，这是自 2012 年 3 月以来日本财务省第一次对汇率进行干预（平衡操作）。日本财务省对日元汇率的干预主要发生在 2022 年 9 月和 10 月。其中，9 月 22 日（用美元）买入 28382 亿日元。日元兑美元汇率当天瞬时大涨，最终以上涨 1.14% 收盘。不过，此后几天日元又开始再度下跌，并从 145 逐步逼近至 150。日本财务省分别于 10 月 21 日和 24 日进行了两次平衡操作，第一次买进 56202 亿日元，第二次购进 7296 亿日元。正是 10 月 21 日的操作，令日元兑美元汇率出现了截至 2023 年 8 月 31 日的最低点——151.94。

尽管日本财务省对日元汇率进行了干预，但日元整体上兑美元的弱势并没有发生根本改变。第一，2022 年 9 月 22 日日本财务省对汇率进行干预后，日元大幅震荡并有所反弹，逐步盘整几个交易日后又继续下跌，这表明日本财务省对汇率进行平衡操作并不会完全改变中长期趋势。第二，在 10 月 21 日的操作中，日元出现本轮跌势（截至 2023 年 8 月 31 日）的最低点。日元兑美元汇率出现阶段性低点，主要源于两方面因素：一是日本财务省的此次操作金额较大，相对于前次而言，对短期市场造成了更大影响；二是美国 10 年期国债收益率在 10 月中下旬出现了阶段性高点，此后美国 10 年期国债收益率开始下跌，直到 2023 年 8 月才再次突破 2022 年 10 月的高点，日美 10 年期国债利差是日元兑美元汇率走势的重要决定因素，美国国债收益率涨回前高之前，美元兑日元汇率也得以有时间在 150 的前高之下有所喘息。

从 2022 年 10 月中下旬开始，日元兑美元汇率升值，此间也伴随着美元指数的下跌和美国 10 年期国债收益率的走低。2023 年 3 月下旬至 5 月上旬，美国10年期国债收益率筑底，日元兑美元汇率确立了本轮上涨的次高点，并逐步重启跌势。2023年8月31日，日元兑美元汇率收于145.54，与2022年10月21日的最低点151.94仅一步之遥。

2022年下半年至2023年8月末，日元兑美元汇率走势主要取决于内外两方面因素。外因是美国10年期国债收益率走势，内因则是日本经济恢复力度虽稳但不强，导致日银没有底气进行"有效加息"。

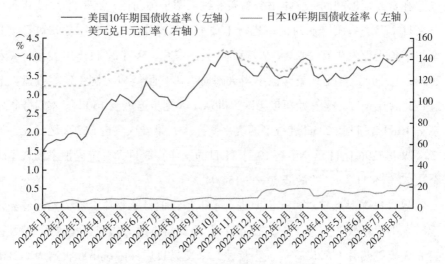

图3　2022年1月至2023年8月美元兑日元汇率、美国和日本10年期国债收益率走势

注：周均值数据，截至2023年8月26日所在周。
资料来源：Wind数据库。

股市方面，日本股市2022年整体维持弱盘整走势，但2023年第二季度开始显著上涨。2022年，日经225指数以29069点开盘，年末收于26095点，全年下跌10.2%。2023年日经225指数以25835点开盘；8月最后一个交易日，日经225指数收于32619点，前8个月上涨26.3%。日本股市的上涨，一是源于日本央行在4月之后货币政策的收紧程度低于预期，二是源于全球股市整体回升，三是源于日本宏观经济表现稳定。

预计未来日本央行会逐步放松对收益率曲线的控制，但过程可能会比较稳缓。尽管如此，由于日美利差过大，日银对收益率曲线控制的放松，不会从根本上改变日美利差状况，也不会左右日美汇率中期走势。未来日美汇率走势仍将主要由美联储货币政策、美国 10 年期国债收益率走势、日本央行货币政策，乃至日本 CPI 和 PPI 等变量决定。

三　财政状况：政府部门负债有所节制

相较于疫情较为严峻的两年，日本财政状况有所节制，主要表现在日本政府部门的存量债务与 GDP 之比没有进一步扩大，以及 2023 财年财政预算中依靠发债来支撑预算支出的力度有所减小。

（一）2023财年预算继续增加[①]

相较于 2022 年度，日本政府 2023 年度预算金额有所增加，预算总额达到 114.4 万亿日元，较上年度增加 6.8 万亿日元，增加幅度为 6.3%。但考虑到日本名义 GDP 的增速，这一增幅基本比较"节制"。

在 2023 财年的预算收入方面，"税收"和"其他收入"项均有所增加。其中，"其他收入"项目绝对金额增加 3.9 万亿日元，增幅为 72.2%。"防卫能力强化的对应"项目收入为 4.6 万亿日元。该项目的来源比较广泛，如"外汇特别会计"（主要为外汇投资收入，约 1.9 万亿日元）、"财政投融资特别会计"（主要为财政投资收入，约 0.4 万亿日元）、"新冠基金国库返还款"（约 0.2 万亿日元）等。[②] 收入方面减少的项目是"公债"，减少金额为 1.3 万亿日元。这也表明日本政府在发债方面有所收敛。

支出方面，增幅较大的是防卫（国防）相关费用，从上一年度的 5.4 万

---

① 文中的"年度"和"财年"均指本年 4 月初到次年 3 月末。
② 《我が国の防衛力の抜本的な強化等のために 必要な財源の確保に関する特別措置法案》，https://www.mof.go.jp/about_mof/councils/fiscal_system_council/sub-of_fiscal_system/proceedings/material/zaiseia20230217/04.pdf。

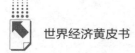

亿日元大幅增加到 10.2 万亿日元。其余支出项目总体略微增加，但与新冠疫情相关的支出则有所减少。预计在下一个财政年度，新冠疫情相关的支出会继续显著减少。

表 3　2022~2023 年度日本财政收入、支出预算金额及变动			
			单位：万亿日元，%
项目	2022 年度	2023 年度	2023 年较 2022 年增幅
税收	65.2	69.4	6.4
其他收入	5.4	9.3	72.2
公债	36.9	35.6	−3.5
以上收入合计	107.6	114.4	6.3
社会保障相关费	36.3	36.9	1.7
文教及科学振兴	5.4	5.4	0.5
国债费	24.3	25.2	3.7
恩赐费用	0.1	0.1	−20.6
地方转移支付	15.9	16.4	3.3
防卫相关费用	5.4	10.2	89.4
公共事业相关费	6.1	6.1	0.0
经济合作费	0.5	0.5	0.2
中小企业对策费	0.2	0.2	−0.5
能源对策费	0.9	0.9	−2.5
食品供给费	1.3	1.3	−0.4
其他费用	5.8	5.8	−0.6
预备费用	0.1	0.1	0.0
新冠肺炎对策费	5.0	4.0*	−20.0
以上支出总额**	107.6	114.4	6.3

注：国债费指的是国债利息及偿还费用；恩赐费用指的是公务员退休金；经济合作费指的是对发展中国家的经济援助费用。"*" 在 2023 年度的预算中由此前的 "新冠肺炎对策费" 变更为 "新冠肺炎及原油价格和物价上涨对策预备费"。"**" 四舍五入以及限于篇幅个别较小项目未列入表中原因，所列数值之和小于总金额。由于小数点后只保留一位，故最后一列的增减幅数值存在一定误差。

资料来源：日本财务省：《令和 4 年度一般会计岁入岁出概算》《令和 5 年度一般会计岁入岁出概算》。

（二）2023年度日本政府部门长期债务存量预计继续创新高，但与GDP之比不变

在2023年版"世界经济黄皮书"中，我们提到日本政府部门长期债务存量与GDP之比在2023年度有望下降。真实情况是，在2023年度预算中，日本政府部门长期债务余额与GDP之比实现了持平。

日本政府部门长期债务余额继续增长，2023年度将增加至1280万亿日元。2023年度日本政府部门长期债务（中央政府和地方债合计）与GDP之比为224%，与2022年度持平。具体看，1280万亿日元的长期债务中，日本的国家长期债务余额从2022年度的1068万亿日元增至1097万亿日元，与GDP之比为187%，较2022年度提高了1个百分点。地方政府长期债务余额有所降低，从2022年度的188万亿日元降低到2023年度的183万亿日元，与GDP之比也从34%降低到32%。地方政府债务余额的降低，是日本政府部门债务余额与GDP之比能够持平的原因所在。

表4 2021~2023年度日本长期债务状况

单位：万亿日元，%

项目	2021年度	2022年度	2023年度
普通国债余额	991	1043	1068
与GDP之比	177	183	182
中央和地方长期债务余额	1208	1257	1280
与GDP之比	219	224	224

资料来源：相关年份日本财务省《日本の财政関係资料》。

四 私人部门消费和投资曲折恢复

日本私人部门消费和投资状况的表现中规中矩，并未出现强劲复苏势头。2023年上半年，受物价因素影响，日本私人部门消费表现较差，虽然投资恢复尚可，但并未明显高于疫情前水平。

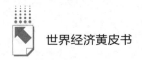

（一）私人部门消费在2022年有所恢复后，2023年又陷入低迷

随着新冠疫情的影响逐步消退，2022年日本私人部门消费同比增速表现较稳定。尤其在下半年，除了11月和12月外，二人以上家庭消费实际同比增速均为正值。不过进入2023年，日本私人部门消费则表现得比较疲软。2023年1~6月，仅2月的消费数据表现尚可，二人以上家庭消费实际同比增长1.6%，其余月份同比增速均为负值。

2023年上半年消费金额下降较为明显的分项是"居住"和"教育"。"居住"项目消费金额缩减幅度较大的是"租金"，1~6月的同比增幅分别为–4.6%、–10.3%、–6.5%、–6.0%、–8.5%和–10.1%。房屋租金下跌也显示出日本房地产市场降温。"教育"项目的子项目几乎全部萎缩。"补习教育"的消费金额每个月都以两位数的速度同比萎缩，只有6月跌幅相对较小——同比萎缩7.6%。

消费项目中表现较好的是服务消费相关项目，这也与日本逐步摆脱新冠疫情影响有关。2023年上半年，消费金额同比增速较高的是"教养娱乐"中的"住宿"，前6个月同比增速的算数均值达到50.6%；"交通、通信"中的"交通"消费金额同比增速平均为30.0%。此外，"食品"中的"外食"（与"餐饮"基本同义）、"教养娱乐"中的"教养娱乐服务"等项目的消费金额同比增幅也较大。

表5　2022年至2023年6月日本实际消费金额同比增速

单位：%

项目	2022年		2023年					
	1月	6月	1月	2月	3月	4月	5月	6月
消费总额	6.9	3.5	–0.3	1.6	–1.9	–4.4	–4.0	–4.2
食品	0.2	–1.0	–0.5	–0.4	–1.7	–1.1	–2.7	–3.9
居住	13.4	13.2	–12.1	2.2	–5.5	–15.3	–4.2	–2.9
光、热、水	–3.4	–2.9	5.3	13.2	6.7	1.6	4.3	0.6

项目	2022年		2023年					
	1月	6月	1月	2月	3月	4月	5月	6月
家具	2.8	−5.5	−9.1	−1.4	−4.2	−6.9	−8.9	−17.6
衣帽鞋	5.9	0.2	5.1	10.4	1.5	−9.5	−4.8	−4.3
保健医疗	8.8	4.0	−7.1	1.1	4.7	2.5	−2.4	−8.5
交通、通信	32.2	11.5	−1.0	4.0	3.0	2.6	−11.4	3.9
教育	−3.9	−4.7	−9.6	−15.9	−16.7	−19.5	9.9	−9.6
教养娱乐	4.8	13.3	18.6	10.8	10.4	4.6	3.7	−2.5
其他消费	4.6	2.4	−4.7	−6.4	−14.1	−11.5	−11.8	−10.6

资料来源：日本统计局。

（二）2023年投资同比增长明显，CPI同比增速冲高回落

2022年，日本投资整体依然比较萎靡。在全年的四个季度里，私人住宅投资同比增速全部为负值，分别为 −2.54%、−5.21%、−4.12% 和 −2.23%。私人企业设备投资同比增速在前两个季度较低，分别为 0.29% 和 0.94%，但后两个季度表现回升，同比增速分别为 3.97% 和 2.50%。公共部门固定资本形成金额同比增速则全部为负。

进入2023年，投资同比增速显著上升。私人住宅投资第一季度同比增速依然为负，但同比跌幅收敛至 −0.43%，第二季度则实现了 3.55% 的正增长。私人企业设备投资均保持正增长，第一和第二季度的同比增速分别为 4.70% 和 1.43%。同样，公共部门固定资产形成的金额也实现同比增长，分别为 3.02% 和 2.93%。

虽然日本私人部门和公共部门的投资在2023年上半年有所好转，但依然需要看到的是，投资的实际金额（2015年固定价格）较疫情前而言提升不明显。2023年上半年，私人住宅投资、私人企业设备投资和公共部门固定资产形成的实际金额分别为 9.0 万亿日元、46.4 万亿日元和 13.1 万亿日元，而2019年同期则分别为 9.4 万亿日元、44.7 万亿日元和 13.9 万亿日元。

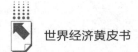
2022年是全球严重通胀的一年，日本也难以独善其身。俄乌冲突的爆发，更是将能源价格和食品价格显著推高。全球商品价格上涨，对日本最直接的影响首先体现在PPI（生产者物价指数）。进入2022年，日本PPI同比增速逐渐走高，并维持在9%以上的高位，在4月、9月和12月一度超过10%。以2022年7月为例，PPI分项中增幅明显的都与进口原料相关，如"城市电力、天然气、水"同比增长29.9%，"木材、木制品"同比增长30.6%，"钢铁"同比增长27.3%，"石油、煤炭制品"同比增长14.8%。

2022年下半年之后，随着国际能源价格和其他大宗商品价格不断走低，日本PPI同比增速在2023年也出现较为明显的下降。2023年6月，日本PPI同比增速回落至4.1%。相较于2022年的情形，2023年中PPI分项涨幅相对平均和分散，前一年能源价格上涨带来的基期效应已经逐步消解。例如，2022年涨幅较大的"石油、煤炭制品"，2023年6月其同比增速已经转为-2.5%。

不过，需要注意的是，从2023年下半年开始，日本PPI同比增速的下落将面临压力，一是来自基期的下移，诸多原材料价格2022年下半年呈现弱势格局，那么2023年下半年这些商品的价格同比增速下滑就会面临阻力。二是来自大宗商品价格的反弹，从2023年7月开始，全球能源价格进入明显的反弹期，这也不利于日本PPI同比增速的回落。

从2022年下半年开始，消费者物价指数（CPI）同比增速超过日本银行制定的2%目标后，继续升高。2022年12月，日本CPI同比增速已经达到4.0%。进入2023年，日本CPI同比增速继续升高，1月达到4.40%的高点后开始回落。2月CPI同比增速降至3.28%后，CPI同比增速的回落开始显出刚性。3月轻微下跌至3.26%后，4月CPI同比增速回升至3.55%，5月虽又下降至3.24%，但6月回弹到3.34%。

具体项目中，能源相关的项目同比增速波动较大，日常消费品和服务价格的涨幅则具有一定刚性。2022年下半年，CPI分项中同比涨幅的算数平均值最大的5个项目分别为"电费"（20.4%）、"燃气费"（20.0%）、"能源"（15.7%）、"其他光热"（14.7%）和"鱼介类"（12.6%）。从以上分项可以看出，2022 年下半年日本通胀的主要诱因是全球能源价格上涨。进入 2023 年，日本 CPI 同比增速回落的同时也呈现新的特征。2022 年对通胀起到显著上推作用的能源类项目，2023 年上半年其同比增速显著回落，甚至转为负增长。[①]如"燃气费"同比涨幅回落至 8.5%，"其他光热"、"能源"和"电费"同比涨幅分别为 -0.98%、-1.5% 和 -5.4%。2023 年上半年同比增速较高的分项为"鱼介类"（15.1%）、"乳蛋类"（14.4%）、"家用消耗品"（10.4%）、"油脂、调味料"（10.1%）和"家庭耐用品"（9.5%）等。可以看出，日本 CPI 同比增速已经从此前的能源类项目逐步扩散至食品和日常消费品。如果说 2022 年日本 CPI 同比增速上升具有结构性特征，那么 2023 年上半年日本 CPI 同比增速超过 2% 的既定目标则是全面性的。

预计未来，日本 CPI 同比增速依然具有一定刚性。2024 年春季，日本劳动者为争取涨工资而发起的"春斗"可能不利于 CPI 同比增速回落，存在发生"工资—价格螺旋"的可能。并且外部因素也不利于日本 CPI 和 PPI 同比增速的继续大幅回落——2023 年下半年国际能源价格显著回升，将会给日本平稳物价造成压力。

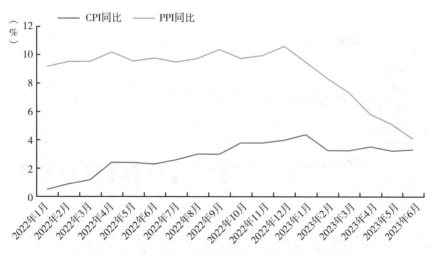

图 4 2022 年 1 月至 2023 年 6 月日本物价状况

资料来源：日本内阁府。

---

① 此处依然以 6 个月同比涨幅的算数均值为参考。

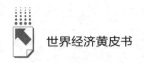
五　对外经济部门：商品贸易赤字问题经历了从恶化到收敛的过程

　　2022 年下半年，日本的商品进出口金额整体保持上升势头，全球通胀以及日元贬值是两个重要原因。尽管日本商品出口金额增加，但相较于进口而言增量较小，导致日本的商品贸易逆差不断扩大。其中，2022 年 8 月和 2023 年 1 月的贸易逆差分别达到 27904 亿日元和 35064 亿日元。不过进入 2023 年，日本的商品贸易逆差有所收敛，除了 2023 年 1 月和 5 月逆差较大之外，2~4 月的商品贸易逆差均在 10000 亿日元以内。6 月，日本商品贸易账户余额转为正值，为 392 亿日元。从贸易累计数据看，2023 年上半年日本出口和进口的累计金额分别为 473537 亿日元和 543182 亿日元，累计逆差金额为 69645 亿日元。其中，上半年累计出口金额较 2022 年增加 14351 亿日元，进口金额增加 4071 亿日元，贸易逆差累计金额减少 10280 亿日元。上半年商品贸易账户状况较 2022 年同期有所好转。

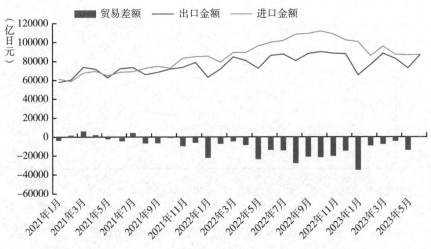

图 5　2021 年 1 月至 2023 年 5 月日本进出口金额

资料来源：日本财务省。

从物价角度看，2023 年上半年，一揽子合同货币计价的出口物价和进口物价都出现同比下跌。不过，进口物价下跌幅度更大，这也是日本商品贸易账户逆差有所缓和的原因。日元计价的情况类似。

表6　2023 年 1~6 月日本进出口物价指数（同比）
和美元兑日元汇率变动（环比）

单位：%

月份	出口物价指数		进口物价指数		美元兑日元汇率月涨幅
	日元计价	合同货币计价	日元计价	合同货币计价	
1	9.1	1.2	17.0	−1.8	−3.5
2	9.5	0.6	15.0	−0.6	1.8
3	7.2	−0.2	9.4	−2.1	0.9
4	1.9	−1.1	−3.7	−2.7	−0.4
5	2.2	−1.6	−5.4	−0.2	3.0
6	0.8	−2.1	−11.4	−3.3	2.8

资料来源：日本银行。

六　日本经济形势展望

预计 2023 年和 2024 年日本经济会相对平稳。2023 年下半年以能源为代表的全球大宗商品价格的反弹可能会给日本物价增速的回落带来不利影响。在美联储货币政策保持不变的情况下，日本银行将有可能迫于外部压力对利率政策进行调整，但调整过程是渐进和缓和的。

表7　国际和日本机构对日本实际经济增长率的预测

单位：%

机构	发布时间	报告或文献	2023 年	2024 年
国际货币基金组织	2023 年 7 月	世界经济展望	1.4	1.0
世界银行	2023 年 6 月	全球经济展望	0.8	0.7

				续表
机构	发布时间	报告或文献	2023 年	2024 年
日本银行	2023 年 7 月	经济物价情势展望	1.3	1.2
日本综合研究所	2023 年 9 月	日本经济展望	2.1	1.2
日本生命保险基础研究所	2023 年 9 月	2022~2023 年度经济预测	1.5	1.4
三菱 UFJ 研究咨询	2023 年 8 月	2023~2024 年度短期经济展望	1.6	1.0
三菱综合研究所	2022 年 8 月	内外经济预测修订	1.9	1.0

注：国际机构 IMF 为自然年预测值；世界银行和表格中日本机构的预测值为年度预测值。

资料来源：IMF，"World Economic Outlook," Update，2023 年 7 月；World Bank，"Global Economic Prospects"，2023 年 6 月；日本银行：《経済·物価情勢の展望》，2023 年 7 月；日本総研：《日本経済展望》，2023 年 9 月；ニッセイ基礎研究所：《2023·2024 年度経済見通し—23 年 4-6 月期 GDP2 次速報後改定》，2023 年 9 月；三菱 UFJ リサーチ＆コンサルティング：《2023-2024 年度短期経済見通し》，2023 年 8 月；株式会社三菱総合研究所：《ポストコロナの世界·日本経済の展望》，2023 年 8 月。

相较于往年，各机构对日本经济增速预测的分歧较大，主要原因是有的机构对日本经济的估计十分乐观，比如日本综合研究所和三菱综合研究所。我们认为，2023 年日本经济应能够保持总体平稳，预计全年增速为 1.5% 左右；2024 年，预计全球经济受到紧缩货币政策的影响将会持续，日本经济增速有可能回落，预计为 1.2% 左右。

参考文献

周学智：《日本经济：外部风险增加之下的缓慢复苏》，载张宇燕主编《2023 年世界经济形势分析与预测》，社会科学文献出版社，2023。

日本财务省：《日本の財政関係資料》，2023。

日本银行：《金融市場調節方針に関する公表文》，2022 年及 2023 年上半年相关月份。

日本银行：《経済·物価情勢の展望》，2023 年 7 月。

日本総研：《日本経済展望》，2023 年 9 月。

ニッセイ基礎研究所：《2023·2024 年度経済見通し—23 年 4-6 月期 GDP2 次

速報後改定》，2023 年 9 月。

三菱 UFJ リサーチ＆コンサルティング：《2023-2024 年度短期経済見通し》，2023 年 8 月。

株式会社三菱総合研究所：《ポストコロナの世界・日本経済の展望》，2023 年 8 月。

IMF，"World Economic Outlook," Update，2023 年 7 月。

World Bank，"Global Economic Prospects," 2023 年 6 月。

Y.5
亚太经济：触底回升

杨盼盼　倪淑慧*

摘　要： 2022 年在乌克兰危机、通胀高企和全球经济大幅放缓等多重冲击下亚太经济依然步入复苏轨道，2023 年上半年走势虽然稍弱，但下半年明显回暖。随着全球需求疲软压力趋向温和，2023 年亚太地区经济将触底回升，增长态势有望超过 2022 年，亚太地区 17 个国家的加权平均经济增速预计为 4.5%，比 2022 年提高了 0.5 个百分点，比全球经济增速高 1.5 个百分点。同时，亚太地区通货膨胀率下行，但受食品价格影响呈现一定黏性；在强势美元下，亚太地区多数经济体货币对美元贬值；各国经常账户受大宗商品价格回落的影响出现分化，大宗商品出口国经常账户恶化，能源进口国经常账户有所改善。展望 2024 年，亚太经济复苏仍面临一定压力，但是外需疲软走势有望进一步缓解，强劲的内需以及区域贸易协定的落实都将有效推动经济增长，将在全球经济复苏进程中扮演更为积极的角色。

关键词： 亚太经济　国内需求　通货膨胀

　　2022 年，亚太经济受乌克兰危机和全球通胀高涨等多重冲击，经济复苏进程较为缓慢。在《2023 年世界经济形势分析与预测》中，我们预计亚太地

＊　杨盼盼，中国社会科学院世界经济与政治研究所副研究员，国际金融研究室副主任，主要研究方向：国际金融、亚太经济；倪淑慧，中国社会科学院世界经济与政治研究所助理研究员，主要研究方向：国际金融、金融发展。

区主要经济体 ①2022 年的加权实际经济增速为 4.1%，这与 2022 年亚太经济体最终实现的经济增速 4.0% 较为一致。在上一年的展望中，我们认为 2023 年亚太地区经济将延续复苏态势，疫情和乌克兰危机带来的负面影响进一步减弱，但美联储紧缩货币政策和外需减弱将使亚太经济面临风险。2023 年，亚太经济受到外部需求下降的冲击，在美联储加息背景下，多国货币贬值，复苏进程受到不利影响；不过亚太地区稳健的内部需求和旅游业的复苏，使其经济韧性仍强于全球其他地区。展望 2024 年，亚太经济将面临通货膨胀黏性和大宗商品价格动荡风险，而外部需求的持续改善和区域内贸易投资的深化将有望推动区域经济增长。

一 亚太经济形势回顾：2022~2023 年

2022~2023 年，亚太经济复苏进程缓慢曲折。2022 年在多重冲击下亚太经济进入复苏轨道，2023 年复苏进程加快。通胀压力下行和旅游业复苏，较好地对冲了外需低迷和货币政策收紧的抑制作用，2023 年亚太经济增长态势整体优于 2022 年。

（一）各国经济复苏进程不均

2023 年亚太经济复苏面临多重挑战，但其增速仍高于全球平均水平。2023 年，亚太地区 17 个国家的加权平均经济增速预计为 4.5%（见表 1），比 2022 年上升 0.5 个百分点。根据国际货币基金组织（IMF）2023 年 10 月发布的预测，2023 年全球经济增速预计为 3.0%，亚太经济增速比全球经济高 1.5 个百分点。从这个视角出发，亚太经济仍然是驱动全球经济增长的关键引擎。除中国外的其他亚太经济体 2023 年经济增速预计为 4.0%，也显著高于全球经济增速。按发展阶段分组，区域内的发达经济体在 2023 年的加权平均经济

---

① 本文的亚太经济体包含 17 个国家，其中发达经济体包括日本、韩国、新加坡、澳大利亚、新西兰、加拿大，新兴和发展中经济体包括中国、文莱、柬埔寨、印度尼西亚、老挝、马来西亚、缅甸、菲律宾、泰国、越南、印度。

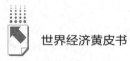
增速预计为 1.5%，较上年下降 0.7 个百分点，与全部发达经济体的平均经济增速持平；区域内的新兴和发展中经济体在 2023 年的加权平均经济增速为 5.3%，与上年相比上升了 0.8 个百分点，比全部新兴和发展中经济体的平均经济增速高 1.3 个百分点。除中国之外的亚太新兴和发展中经济体在 2023 年的加权平均经济增速为 5.5%，比上年低 1.1 个百分点，比全部新兴和发展中经济体的平均经济增速高 1.5 个百分点。与 2022 年不同，中国 2023 年实现的经济增速将高于亚太整体经济增速，再次成为拉动区域经济增长的主导力量，回归过去的常态。

表 1　亚太主要国家和区域加总经济增长率

单位：%，个百分点

区域	2019年	2020年	2021年	2022年	2023年	2024年	2017~2019年	2020~2023年	缺口
亚太 17 国									
中国	6.0	2.2	8.5	3.0	5.2	4.9	6.5	4.7	-1.8
日本	-0.4	-4.2	2.2	1.0	1.5	1.2	0.7	0.1	-0.6
韩国	2.2	-0.7	4.3	2.6	1.4	2.2	2.8	1.9	-0.9
文莱	3.9	1.1	-1.6	-1.6	-0.8	3.5	1.8	-0.7	-2.5
柬埔寨	7.1	-3.1	3.0	5.2	5.6	6.1	7.2	2.7	-4.5
印度尼西亚	5.0	-2.1	3.7	5.3	5.0	5.0	5.1	3.0	-2.1
老挝	4.7	-0.4	2.1	2.3	4.0	4.0	5.9	2.0	-3.9
马来西亚	4.4	-5.5	3.3	8.7	4.0	4.3	5.0	2.6	-2.4
缅甸	6.8	3.2	-17.9	2.0	2.6	2.6	6.3	-2.5	-8.8
菲律宾	6.1	-9.5	5.7	7.6	5.3	5.9	6.5	2.3	-4.2
新加坡	1.3	-3.9	8.9	3.6	1.0	2.1	3.1	2.4	-0.7
泰国	2.1	-6.1	1.5	2.6	2.7	3.2	3.5	0.2	-3.3
越南	7.4	2.9	2.6	8.0	4.7	5.8	7.1	4.5	-2.6
印度	3.9	-5.8	9.1	7.2	6.4	6.4	5.8	4.2	-1.6
澳大利亚	1.9	-1.8	5.2	3.7	1.8	1.2	2.4	2.2	-0.2
新西兰	3.1	-1.5	6.1	2.7	1.1	1.0	3.1	2.1	-1.0
加拿大	1.9	-5.1	5.0	3.4	1.3	1.6	2.4	1.2	-1.2

区域	2019年	2020年	2021年	2022年	2023年	2024年	2017~2019年	2020~2023年	缺口
续表									
区域及全球加总									
世界	2.8	-2.8	6.3	3.5	3.0	2.9	3.4	2.5	-0.9
亚太经济体	4.3	-1.2	6.7	4.0	4.5	4.5	5.1	3.5	-1.6
-除中国	3.0	-4.1	5.3	4.9	4.0	4.1	4.0	2.5	-1.5
发达经济体	1.7	-4.2	5.6	2.6	1.5	1.4	2.1	1.4	-0.7
-亚太	0.9	-3.3	3.9	2.2	1.5	1.5	1.8	1.1	-0.7
新兴和发展中经济体	3.6	-1.8	6.9	4.1	4.0	4.0	4.3	3.3	-1.0
-亚太	5.3	-0.6	7.5	4.5	5.3	5.2	6.1	4.2	-1.9
-亚太除中国	4.4	-4.6	6.2	6.6	5.5	5.7	5.6	3.4	-2.2

注：区域及全球加总增速均采用基于购买力平价（PPP）的各国 GDP 权重测算加权平均增速。增速为保留 1 位小数四舍五入，这一做法会轻微影响文中差值比较。

资料来源：国际货币基金组织（IMF）《世界经济展望》数据库（2023 年 10 月），2023 年和 2024 年部分国家增速为笔者预测，部分加总指标由笔者测算。

尽管亚太区域经济增速快于全球平均水平，但比较 2020~2023 年与 2017~2019 年两个时间段的年均增速，并将前者减后者的差值作为新冠疫情引致的增长缺口就会发现，亚太所有国家的增长缺口仍然均为负值，显示区域各国的增长缺口仍然没有弥合。亚太经济作为整体的缺口为 -1.6 个百分点，发达经济体增长缺口为 -0.7 个百分点，新兴和发展中经济体增长缺口为 -1.9 个百分点，除中国以外的新兴和发展中经济体增长缺口则更大，为 -2.2 个百分点。

图 1 中横坐标对应的是 2022 年亚太地区 17 个国家的实际 GDP 增速，纵坐标对应的是 2023 年各国实际 GDP 增速预测值。2022 年各国在低基数上的复苏增速较高，但 2023 年仍有 7 个国家的经济增速较 2022 年回升（实心点标注）。从各国的相对位置可以看出：① 2022 年引领亚太地区经济复苏的印度以及越南、菲律宾、印度尼西亚和柬埔寨等东盟国家，2023 年增速仍然较高；②预计 2023 年超过区域平均增长水平的国家有所调整，其中 2022 年引领亚太经济复苏的马来西亚，2023 年经济增速下跌幅度较大，低于平均增长水平；而中国经济增速稳步提升，再次成为拉动区域经济复苏的主导力量；

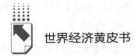
③区内较多发达经济体 2023 年的经济增速将继续回落至其历史平均水平，反映宏观经济政策正常化，包括新加坡、澳大利亚、新西兰、加拿大和韩国。

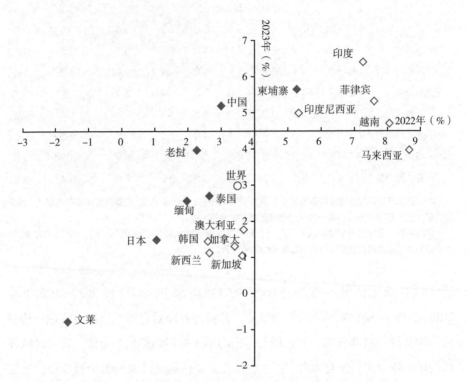

图 1　2022 年和 2023 年的亚太主要国家经济增长情况

注：横轴和纵轴分别代表了对应国家 2022 年和 2023 年经济增长情况，交叉点对应横轴的数值为 2022 年 17 国实际 GDP 增速的加权平均值（4.0%），交叉点对应纵轴的数值为 2023 年 17 国实际 GDP 增速的加权平均预测值（4.5%）。因此，第一象限（右上）的国家是 2022 年和 2023 年 GDP 增速均高于均值的国家，第三象限（左下）的国家是 2022 年和 2023 年 GDP 增速均低于均值的国家，第二象限（左上）的国家是 2022 年 GDP 增速低于均值但 2023 年 GDP 增速高于均值的国家，第四象限（右下）的国家是 2022 年 GDP 增速高于均值但 2023 年 GDP 增速低于均值的国家（预测值）。按常例，2023 年增速较上年提升的国家将用实心点标注，增速下降或持平的将用空心点标注。

资料来源：同表 1。

2023 年亚太地区 17 个主要经济体中有 7 个经济增速预计较 2022 年上升，为中国、日本、文莱、缅甸、泰国、老挝、柬埔寨。这些经济体的经济增长状况得以改善的原因包括：①部分国家通货膨胀压力下行，家庭收入提高，对私人消费和企业投资形成较好支撑，例如泰国、缅甸等私人支出上涨较快，提升其增长预期；①②旅游业加快复苏，特别是中国出境旅游发展加快，显著推动了区域内零售贸易和经济增长，2023年第2季度多数东盟国家旅游业迅速恢复，特别是拥有庞大旅游业的泰国和柬埔寨，其国际旅游业收入已经恢复至2019年的60%；②③东盟制造业产能恢复、汽车行业周期回暖以及农产品价格高位都对区域内出口形成较强拉动，这对于区内重要的价值链国家泰国以及农产品出口国缅甸等而言尤为重要；④ 2022年生效的《区域全面经济伙伴关系协定》（RCEP）有助于扩大区域贸易和投资，其推动区域内东盟国家经济增长的作用开始显现。

2023年亚太地区有10个经济体的经济增长较上年放缓，主要原因如下。①这些经济体2022年经济增速较快，而2023年部分由于基期效应，部分由于宏观经济政策收紧，经济增速下降。②外部需求疲软，尤其是美欧等发达经济体增长放缓对区域内大多数国家的出口产生不利影响。③此外，全球消费电子产品2023年上半年不景气，影响了韩国、马来西亚等核心产品——半导体和面板的出口增长；国际市场上大宗商品价格下降对区域内大宗商品出口国产生不利影响，如印度、加拿大、澳大利亚和印度尼西亚。③国内私人部门需求持续受到通货膨胀因素的影响。一方面，较高的消费品价格抑制了私人消费和投资；另一方面，为了应对通胀，货币政策收紧持续抬高了债务偿还成本，影响居民可支配收入，住宅市场降温。区内受到通胀冲击影响较大的经济体包括韩国、新加坡、印度、新西兰、加拿大。

（二）通货膨胀水平下行

2023年，全球通货膨胀水平下行，亚太地区通胀压力也有所缓解。亚太地

① Asian Development Bank (ADB), "Asian Development Outlook (ADO) 2023: Robust Growth with Moderating Inflation," July, 2023.
② ASEAN+3 Macroeconomic Research Office (AMRO), "ASEAN+3 Regional Economic Outlook 2023," May, 2023.
③ International Monetary Fund (IMF), "Regional Economic Outlook Asia and Pacific: Recovery Unabated Amid Uncertainty 2023," May, 2023.

区大部分国家2023年消费者价格指数（CPI）低于世界6.4%的平均水平，仅有老挝和缅甸高于世界平均水平，分别达到28.1%和14.2%。但受大宗商品价格波动和国内需求强劲的影响，预计未来一段时期，亚太地区仍将面临一定的通胀压力。

2023年，亚太地区17个主要经济体中有13个通货膨胀水平较2022年呈现下行态势（见图2）。其中泰国、柬埔寨和加拿大的通货膨胀水平下降幅度均超过世界平均水平。通货膨胀水平下行主要是大宗商品价格下降和货币政策收紧共同作用，造成国内需求放缓的结果，具体情况如下。①全球大宗商品价格下降是各国通货膨胀压力减缓的共同原因，其中对能源依赖度较高的经济体受到的影响更为显著，通胀水平下行较快，如泰国。同时，大宗商品价格下降对于降低区内燃料成本和运输成本有着直接的助推作用，如澳大利亚虽然是大宗商品出口国，但是对运输燃料进口的依赖度较高，因而其通货膨胀水平下行。燃料成本上升对于柬埔寨通货膨胀下行也有着较为显著的影响。②货币政策收紧下国内需求下降是引致通货膨胀水平下行的另一重要因素。为应对居高不下的通胀水平，区内多数经济体的货币政策处于收紧区间，较高的利率水平抑制了私人消费和投资。

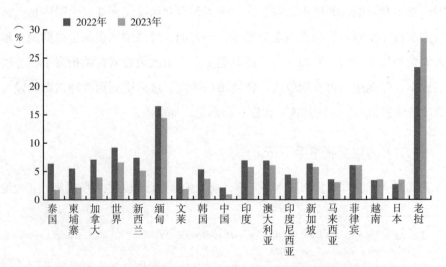

图2 2022年和2023年亚太主要国家的通货膨胀率

注：通货膨胀率为年平均消费者价格指数（CPI）的变动率，国家按2023年与2022年的通胀水平之差由低到高排序，最左边的国家为通胀下降幅度最大的国家，最右边的国家为通胀上升幅度最大的国家。

资料来源：国际货币基金组织（IMF）《世界经济展望》数据库（2023年10月）。

图 2 中右侧国家两年之差为正值，意味着通货膨胀水平仍在上升，显示出价格黏性，包括老挝、日本、越南和菲律宾。黏性主要来源于食品价格上涨、货币贬值下进口价格上涨和旅游业复苏。①食品价格上升使得区内经济体的通胀水平上行压力加大。受厄尔尼诺天气影响，食品价格飙升①，特别是主粮大米价格上涨迅速，而亚洲地区的主粮以大米为主，生产和消费的大米约占全球的 90%，这给区内食品价格上升带来了较大压力；特别是老挝、菲律宾夏季严重洪灾，潜在粮食短缺已经导致食品价格上涨。②本币的大幅贬值带来输入性通货膨胀，老挝基普是区内表现较差的货币，由于严重依赖能源进口，本币贬值大幅提升了能源进口价格，使得老挝成为区域内通货膨胀水平最高且持续上升的国家。③国际游客的不断增加，有效提升了国内零售行业景气程度，也给通货膨胀水平下行带来了一定阻力。特别是日本和老挝，除了食品价格上涨和国际游客增加外，日本价格黏性受国内需求逐步释放以及不断上涨的工资影响；越南总体通货膨胀水平上行则由住房材料、交通和教育服务成本上升推动。

（三）亚太地区多数货币相对美元贬值

2023 年以来，大部分亚太地区的经济体货币对美元贬值（见图 3）。以 2023 年 9 月相对于 2023 年 1 月的汇率走势看，亚太地区各国货币对美元的平均贬值幅度为 2.1%。区内贬值幅度超过 5% 的经济体有 3 个，其中，老挝（贬 8.7%）和马来西亚（贬 4.3%）是新兴和发展中经济体中贬值幅度最大的，日本（贬 6.8%）和新西兰（贬 5.6%）是发达经济体中贬值幅度最大的。区内有 4 个国家货币对美元升值，分别是印度尼西亚（升 2.4%）、加拿大（升 0.8%）、文莱（升 0.2%）和新加坡（升 0.1%）。区内多数经济体货币普遍贬值的共同原因是美联储在货币政策收紧的进程中美元呈现相对强势态势。老挝基普是区内表现最差的货币，这与老挝经济基本面不佳有关。通货膨胀居高不下持续抑制经济增长和私人消费；同时由于老挝农业部门雇用了近 70% 的劳动

---

① ASEAN+3 Macroeconomic Research Office (AMRO), "Update of the ASEAN+3 Regional Economic Outlook 2023," October, 2023.

力，极端天气对农业部门产生的负面影响大大降低居民收入。此外，较高的外部融资成本和债务可持续性问题也使基普面临较大的贬值压力。日元贬值走势是由日本央行秉持的超宽松货币政策导致的，特别是在与美联储货币政策路径显著分化的背景下，日元大幅贬值。马来西亚货币贬值更多的是由出口增速大幅下跌引致。区内升值幅度最大的是印度尼西亚和加拿大。强劲的国内私人消费、较高的制造业景气水平、逐渐收窄的财政赤字等都支撑着印度尼西亚在经常账户逆差的情形下货币仍出现升值。央行持续进行货币紧缩、经常项目赤字处于适度区间以及稳健的经济增长等是加元出现升值的主要原因。

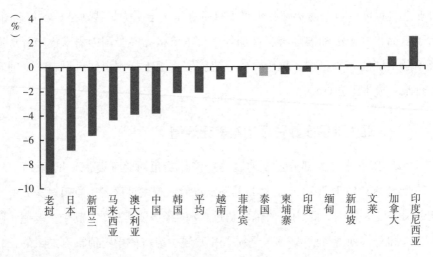

图3 2023年亚太主要国家汇率走势

注：①所有国家汇率走势均为2023年9月相对于2023年1月的变动；②正值表示本币相对于美元升值，负值表示本币相对于美元贬值，图中按照贬值幅度排列。

资料来源：CEIC。

（四）经常账户受大宗商品价格影响分化

2023年预计亚太地区的顺差国为8个，逆差国为9个。与2022年相比，顺差国和逆差国的数量未发生变化，但国别有所调整（见图4）。图4根据

2022 年和 2023 年经常账户占 GDP 比重之差从低到高排列，左侧 8 个国家两年之差为负值，表明经常账户余额占 GDP 比重较上年出现下降，右侧 9 个国家两年之差为正值，表明经常账户余额占 GDP 比重出现上升。区内能源和大宗商品出口国经常账户普遍恶化，文莱的经常账户余额占 GDP 比重下降 9.0 个百分点至 10.6%，印度尼西亚的经常账户余额占比下降 1.2 个百分点转至逆差 0.3%，加拿大和澳大利亚经常账户余额占比也分别下降 0.7 个和 0.5 个百分点。出口端外需放缓也使得区域内国家经常账户余额占比下降，其中中国经常账户余额占比下降 0.7 个百分点至 1.5%，韩国下降 0.5 个百分点至 1.3%，马来西亚下降 0.4 个百分点至 2.7%。

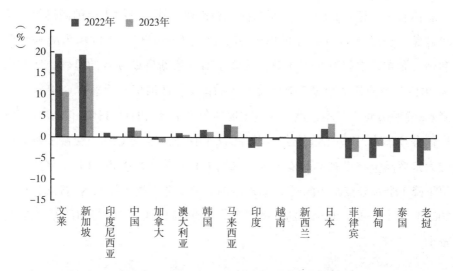

图 4　2022 年和 2023 年亚太主要国家经常账户余额占 GDP 之比

注：国家按 2023 年与 2022 年的经常账户占比之差由低到高排序，左侧的国家经常账户余额占比下降幅度最大，右侧的国家经常账户余额占比上升幅度最大。柬埔寨经常账户逆差占比较高，未在图中显示，2022 年和 2023 年的经常账户占比分别为 -27.3% 和 -11.0%。

资料来源：国际货币基金组织（IMF）《世界经济展望》数据库（2023 年 10 月）。

经常账户改善国中，泰国、菲律宾和越南主要是在疫情冲击消退后，旅游行业快速回升，同时国内需求下行和大宗商品价格下降使得进口额下降较快。三个国家经常账户余额占 GDP 比重分别上升 2.8%、1.5% 和 0.5%。由

《区域全面经济伙伴关系协定》（RCEP）推动，柬埔寨出口稳步增长，经常账户余额占 GDP 比重上升 16.3 个百分点，逆差占比收窄至 11.0%。货币贬值也对出口产生一定促进作用，加上能源进口价格下降，老挝和日本的经常账户余额占 GDP 比重也有所提升，分别提升 3.4 个和 1.2 个百分点。新西兰逆差也有所收窄，经常账户余额占 GDP 比重上升 1.1 个百分点，逆差收窄至 7.9%。

（五）政府债务调整方向出现分化

2023 年政府部门的债务调整出现一定程度分化，相较于 2022 年，有 7 个国家的债务规模有所下降，有 10 个国家的债务规模有所上升，但上升规模总体有限（见图 5）。为限制国内燃料价格上涨，老挝出台削减燃料消费税政策，2022 年政府债务规模占 GDP 比重上升较快；2023 年为减轻财政和债务负担，老挝减少了预算，收紧了对国家新资助项目的监管，使其成为 2023 年政府债务规模下降幅度最大的国家，政府债务规模占 GDP 比重下降 6.8 个百分点。日本仍然是区内政府债务水平最高的经济体，但 2023 年政府债务规模占 GDP 比重较上年下降 4.9 个百分点至 255.2%。受益于相对高位大宗商品价格带来的政府收入，加拿大政府债务规模占 GDP 比重持续小幅下降 1 个百分点至 106.4%。新加坡的政府债务规模占比在区内位列第二，2023 年为 167.9%，其出台的小型刺激消费的财政计划预计对政府债务的影响较小。

二　亚太主要国家经济形势回顾与展望

本部分主要回顾韩国、印度尼西亚、澳大利亚和加拿大 2023 年经济走势，并对 2024 年经济前景做出展望。①

---

① 本地区主要经济体的选取参考的是亚太地区的 G20 国家，其中中国、日本和印度的经济形势请参见本黄皮书其他报告。

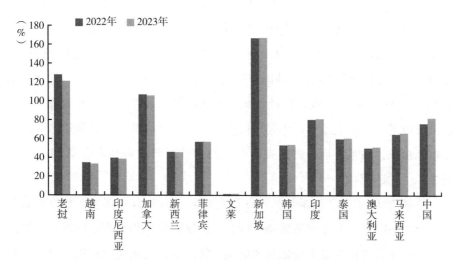

图5 2022年和2023年亚太主要国家政府债务占GDP的走势

注：国家按2023年与2022年的政府总债务（Gross Debt）占比之差由低到高排序。日本由于政府债务占比过高，未在图中体现，2022年和2023年分别为260.1%和255.2%。

资料来源：国际货币基金组织（IMF）《世界经济展望》数据库（2023年10月）。

（一）韩国

2023年韩国经济呈现前低后高走势。2023年上半年韩国经济走势较差，第1季度和第2季度实际GDP同比增速分别为1.0%和0.9%，2023年第3季度经济出现景气回升态势。预计韩国2023年实际GDP增速为1.4%，低于2022年的2.6%。2023年上半年韩国经济放缓的主要原因是外部需求整体不景气，全球消费电子产品步入下行周期，影响了韩国核心产品——半导体和面板的出口。此外，汽车、石化产品等出口状况也不理想。从内需因素来看，韩国经济放缓也受到高借贷成本下房地产市场动荡的影响。2022年前，住房供需缺口扩大和宽松货币政策带动韩国房价迅速上涨；但2022年以来，房价出现了非常剧烈的下跌。在这一轮房地产繁荣—紧缩周期下，韩国私人部门信贷问题凸显，居民部门信贷占GDP比重显著超过发达国家74%的平均水平；同时，韩国特殊租房体制——"全租制"①（Jeonse）放大了住房的金融属性，加剧了房价下行中的违约风险。不过，韩国经济在 2023 年第 3 季度呈回暖趋势。从制造业 PMI 水平来看，第 3 季度 PMI 平均 49.6，较第 2 季度上升 3.5 个点，9 月 PMI 读数 49.9，接近荣枯线，是 2022 年 7 月以来的高点。韩国整体出口在 8 月和 9 月有所改善，同比跌幅分别为 8.3% 和 4.4%，较此前两位数的同比跌幅显著缩窄；贸易收支从 6 月起再度由逆差转为顺差，对中国出口在 8 月和 9 月均超过百亿美元，为 2023 年以来最高。政策方面，韩国央行于 2023 年 1 月将政策利率上调 25 个基点至 3.5% 后保持不变。

展望 2024 年，全球半导体产业周期性复苏态势有望持续，整体外需向好，因此韩国出口有较大概率持续回暖，但回暖程度仍存在不确定性。受到高通胀和美国货币政策不确定性的影响，韩国货币政策转向宽松的时点可能会后移，房地产市场和居民部门杠杆率仍将对金融稳定构成较大威胁。因此，预计韩国经济 2024 年将小幅回暖，经济增速为 2.2% 左右。作为全球经济的"金丝雀"，全球需求回暖和全球半导体产业周期性复苏对韩国经济有较大支撑作用并可能延伸至亚太其他经济体，为区内经济的进一步上行提供支持。

（二）印度尼西亚

印度尼西亚是东南亚的内需大国，2023 年前三季度国内需求较为强劲，叠加稳健的国内投资，带动经济复苏并持续处于景气高位。从消费者信心指数来看，前 3 季度分别为 123.5、125.3 和 121.7，与 2022 年同期水平相当，恢复至疫情前水平，处于相对高位。印尼在区域价值链调整中扮演着较为重要的角色，政府重视基础设施建设和产业链承接发展，如电动汽车电池行业的发展大幅提升了国外对印尼的直接投资水平，2023 年第 2 季度外商直接投资同比增长高达 39.7%，创下近十年新高。印尼 2023 年第 1 季度和第 2 季度

---

① 韩国的全租制是一种历史流传下来的租房体制。在全租制下，房客向房东支付一大笔资金（通常是房产价格的 70% 左右），这样就可以免费租用两年的房子，在两年之后，房东再把这笔资金还给房客，房客不必再额外支付租金。在实际运行中，房东往往再将这笔资金用于购入房产，再用同样的方式出租出去，显然这一方式大幅提升了房地产市场的杠杆率。

实际 GDP 同比增速分别为 5.0% 和 5.2%，增速高于疫情前水平。2023 年 1 月以来，印尼的制造业 PMI 始终处于荣枯线之上，8 月达到 53.9。出口方面，能源和大宗商品价格下降给大宗商品出口大国印尼带来较大的下行压力，7 月和 8 月出口同比增速分别为 –18.4% 和 –21%。尽管如此，强劲的制造业和稳健的国内需求，仍使得印尼卢比成为亚太地区升值幅度最大的货币。政策方面，印尼央行于 2023 年 1 月将政策利率上调至 5.75% 并保持不变。

展望 2024 年，印尼经济有望延续 2023 年较为强劲的增长态势，预计全年保持 5.0% 或更高增速。这一增速是印尼经济增长的长期平均水平，也高于疫情前水平。印尼将持续受益于区域价值链重塑，对国内投资和收入增加形成持续支撑；印尼央行有可能开启降息进程，这将有利于拉动国内消费和投资。此外，国际旅游业复苏和大宗商品出口也能对印尼经济增长起到一定的支撑作用。

（三）澳大利亚

澳大利亚是区内重要的大宗商品出口国，2023 年上半年大宗商品价格下降和高利率背景下私人需求增速放缓，使得经济增速有所下滑。从季度 GDP 同比增速情况来看，第 1 季度和第 2 季度分别增长 2.4% 和 2.0%，环比增速均为 0.4%，考虑到 2022 年下半年基期增速较高，2023 年下半年增速可能进一步下降，预计澳大利亚 2023 年经济增速为 1.8% 左右。1~9 月的 PMI 读数中，最高为 4 月的 53，最低为 7 月的 48；从季度平均来看，只有第 2 季度读数为 51.6，在荣枯线以上，第 1 季度和第 3 季度读数均为 49.2，反映经济景气程度有所下滑。经济增速下滑主要来自私人部门消费增速放缓，为应对高通胀，货币政策的收紧增加了企业和居民部门的借贷成本，大大抑制了私人消费和投资。7 月和 8 月家庭消费开支指数同比增速分别为 3.2% 和 6.1%，远低于上年同期 22.1% 和 30.2% 的增速。大宗商品持续支撑澳大利亚出口，但支持强度趋弱。除了大宗商品出口，旅游业的强劲复苏带来旅游收入上升，澳大利亚延续了近几年的经常账户顺差格局，但是顺差有所收窄。经济增速放缓及顺差收窄使得澳元面临较大贬值压力。2023 年 7 月中旬至 10 月中旬，澳

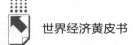

元对美元贬值 8.3%。政府在 2022~2023 财年没有大幅实施宽松财政政策的迹象，采矿业利润上升带来政府收入上升，使得 2023 年财政预算占 GDP 比重从 2022 年 1.8% 的赤字转向 0.3% 的盈余。

展望 2024 年，由于住房租金仍然高企，关税带动能源进口成本上升，澳大利亚通货膨胀颇具黏性，再加上澳联储预计利率仍将保持在高位，私人部门的消费和投资或将持续低迷，预计 2024 年澳大利亚经济增速将放缓至 1.2%。

（四）加拿大

受大宗商品价格下降和高利率背景下私人需求下降的影响，加拿大 2023 年上半年经济增速出现下滑，第 1 季度和第 2 季度 GDP 同比增速分别为 2.1% 和 1.1%。借贷和融资成本上升以及燃料和食品价格上涨导致私人部门消费增速持续放缓，主要地区房地产市场也出现降温。经济景气程度方面，3 月制造业 PMI 跌至 48.6 后，5~9 月制造业 PMI 连续跌至 50 以下，整体仍处于下行通道。加拿大仍面临颇具黏性的通胀压力：劳动力市场压力有所缓解，9 月失业率为 4.6%，但劳动力缺口仍然存在，预计工资将持续上涨；全球农产品和能源大宗商品价格的波动上升，导致加拿大通货膨胀压力再次上行，7~8 月消费者物价指数同比增速从 6 月 2.8% 的低点先后回升至 3.3% 和 4.0%。加拿大央行仍在持续进行货币紧缩，7 月 12 日，加拿大央行将基准利率增加 25 个基点至 5.0%，达到 2001 年以来的最高水平；面对通货膨胀上行压力，加拿大央行可能会维持当前的货币紧缩态势。

展望 2024 年，加拿大经济或将探底回升。近期数据显示，大宗商品价格波动上升和美国经济韧性，对加拿大出口形成一定支撑，7 月和 8 月加拿大出口现价同比跌幅从 6 月的 13.1% 先后缩窄至 8.2% 和 1.0%。但是，货币政策收紧下私人需求和国内投资上行缓慢，将继续拖累经济复苏；同时加拿大联邦政府为弥补疫情相关支出和高利率带来的财政损失，计划于 2024 年对在加拿大经营的跨国公司实施追溯到 2022 年的 3% 的数字服务税，这可能会恶化其与美国的经济关系。预计加拿大 2023 年经济增速为 1.3%，2024 年小幅回升至 1.6%。

三 2024 年亚太经济展望

从上述分析不难看出，亚太地区较多经济体经济在 2023 年第 3 季度呈现景气回升态势，2024 年亚太经济有较大可能延续这一态势。2024 年，亚太经济体仍将是世界范围内最有活力的经济体，亚太经济增速将显著高于世界平均水平。推动亚太经济持续复苏的因素有：其一，区内前沿经济体的景气数据显示，全球经济及区内主要经济体的需求状况有望持续改善，进一步推动本区域出口增加，大宗商品价格的相对高位也为区域内大宗商品出口国的出口提供了一定支撑；其二，在劳动力市场稳步复苏和通货膨胀压力下行情况下，区域内多数经济体国内私人消费和投资将保持稳健，而国际旅游业的进一步复苏也将对区内经济起到提振作用；其三，《区域全面经济伙伴关系协定》（RCEP）对区域内贸易投资的促进作用初步显现，得益于区域产业链的调整以及区域国家之间的金融合作，这一促进作用有望持续增加，从而推动经济增长。

尽管如此，亚太经济复苏也面临诸多不确定性，包括：第一，极端天气带来食品价格上涨，通货膨胀压力可能上行或持续更长时间，这将提高本区居民的生活成本，对亚洲新兴市场和低收入经济体的民生产生较大影响[1]；第二，全球货币政策仍处于收紧区间，亚太经济体仍面临资本外流和货币贬值压力，同时各国货币政策分化带来的不协调风险上升；第三，地缘政治风险使得大宗商品市场价格持续动荡，全球产业链分化风险增加，区域内大宗商品出口国能否继续依靠出口保持较高增速存疑；第四，区内债务水平较高的经济体存在债务危机的可能，部分亚太新兴和发展中经济体可能正处于或接近债务困境，即便未触发危机，债务的积累也会侵蚀未来的增长潜力。[2] 鉴于此，我们预测 2024 年亚太经济增速为 4.5% 左右，与 2023 年增速持平。

---

① International Monetary Fund (IMF), "Regional Economic Outlook Asia and Pacific: Challenges to Sustaining Growth and Disinflation 2023," October, 2023.

② International Monetary Fund (IMF), "Regional Economic Outlook Asia and Pacific: Challenges to Sustaining Growth and Disinflation 2023," October, 2023.

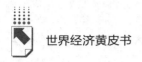
参考文献

张宇燕主编《2023 年世界经济形势分析与预测》，社会科学文献出版社，2023。

中国社会科学院世界经济与政治研究所世界经济预测与政策模拟实验室：《CEEM 全球宏观经济季度报告》，2022 年第 4 季度至 2023 年第 3 季度。

Asian Development Bank (ADB), "Asian Development Outlook (ADO) 2023: Robust Growth with Moderating Inflation," July, 2023.

Asian Development Bank (ADB), "Asian Development Outlook (ADO) 2023 Update: Continued Growth and Moderating Inflation but Risks are Rising," September, 2023.

ASEAN+3 Macroeconomic Research Office (AMRO), "ASEAN+3 Regional Economic Outlook 2023," May, 2023.

Economist Intelligence Unit (EIU), Country Reports, 17 Countries: Australia, Brunei Darussalam, Cambodia, Canada, China, India, Indonesia, Japan, Korea, Lao P.D.R., Malaysia, Myanmar, New Zealand, Philippines, Singapore, Thailand, Vietnam, October 2023.

International Monetary Fund (IMF), "World Economic Outlook: A Rocky Recovery 2023," April, 2023.

International Monetary Fund (IMF), "World Economic Outlook: Navigating Global Divergences 2023," October, 2023.

International Monetary Fund (IMF), "World Economic Outlook Database," October, 2023.

Y.6
印度经济：持续复苏

贾中正 *

摘　要： 2022~2023 财年，印度经济保持复苏态势，实际 GDP 增速为 7.2%，是增长最快的主要新兴经济体之一。2023 年 1~8 月，印度通胀率同比下降 1 个百分点，但在过去的 12 个月中仍有 6 个月高于其央行设定的上限。9 月印度失业率为 7.1%，创 2022 年 9 月以来的新低。印度卢比的实际有效汇率明显回升，但印度卢比相对美元微弱贬值。印度股市延续趋势性上涨行情，Sensex 指数 9 月 15 日升至 67838.63，达到创历史纪录的高点。财政支出持续扩大，资本性支出大幅增长。中央政府债务规模逐步扩大，财政赤字率较高。印度货币政策收紧节奏明显放慢。影响印度经济前景的外部因素包括全球经济复苏进程、国际原油和食品等大宗商品价格波动、全球贸易和需求状况、地缘政治局势以及极端气候变化等，内部因素包括最终消费支出、政府资本支出及私人投资、服务业活跃度、通货膨胀变化等。综合考虑各方面因素，预计 2023~2024 财年印度实际 GDP 增长率为 6.4% 左右，2024~2025 财年仍为 6.4% 左右。

关键词： 经济复苏　股指新高　加息放缓　财政扩张

印度经济在 2021~2022 财年复苏的基础上，2022~2023 财年继续保持

---

* 贾中正，中国社会科学院世界经济与政治研究所助理研究员，主要研究方向：世界经济、国际政治经济学。

复苏态势，增速几乎是新兴市场经济体平均水平的两倍。2022 年，印度已成为全球第五大经济体。具体来看，通胀率下降但仍处高位，失业率持续下降，汇率显著回升，股指创新高，财政政策持续扩张，债务规模逐步扩大，货币政策紧缩进程放缓。展望未来，综合考虑各方面因素，本报告预计 2023~2024 财年印度实际 GDP 增长率为 6.4% 左右，2024~2025 财年仍为 6.4% 左右。

一 经济持续复苏

印度 2022~2023 财年（2022 年 4 月 1 日至 2023 年 3 月 31 日）实际 GDP 增长率为 7.2%，几乎是新兴市场经济体平均水平的两倍，是增长最快的主要新兴经济体之一，强劲的国内需求、积极的公共基础设施投资和金融部门对经济增长的有力支持是主因。2022 年，印度经济规模超过英国，成为世界第五大经济体。这一增速比本报告上一年度 6.7% 的预测值略高，主要是 2022 年第二季度和 2023 年第一季度经济实现超预期增长。

2022 年第二季度，印度实际 GDP 同比增长率为 13.1%，在同期的二十国集团（G20）成员国中是最高的。私人消费对经济的拉动作用是疫情以来最大的，固定资本形成的拉动作用次之。具体来看，私人消费支出和政府消费支出的贡献率分别为 83.2% 和 1.7%，拉动经济增速 10.9 个和 0.2 个百分点；固定资本形成总额的贡献率为 50.7%，拉动经济增速 6.6 个百分点；净出口的贡献率为 -23.6%，拖累经济增速 3.1 个百分点（见图 1）。从支出法中各分项贡献来看，印度 2021 年底基本取消疫情防控措施，最终消费需求惯性反弹，成为拉动当季经济增长的中流砥柱。从产业贡献来看，疫情防控措施的取消推动服务业快速复苏，当季服务业同比增长 25.7%，对经济增长贡献率超过 2/3。此外，2021 年同期数据较低的基数效应，也对 2022 年第二季度经济实现两位数增长起到推动作用。随着最终消费支出和固定资本形成的拉动作用减弱，第三季度实际 GDP 同比增长率大幅回落至 6.2%。其中，私人消费支出和政府消费支出的贡献率分别为 77.9% 和 -6.2%，拉动经济增速 4.8 个和 -0.4 个百分点；固定资本形成总额的贡献率为 51.2%，拉动经济增速 3.2 个百分点；净出口的贡献率为 −44.3%，拖累经济增速 2.7 个百分点。第四季度实际 GDP 同比增长率进一步下行至 4.5%，支撑经济增长的主要是私人消费支出和固定资本形成，贡献率分别为 30.6% 和 54.8%，拉动经济增速 1.4 个和 2.4 个百分点；净出口的贡献率是 −3.6%，拖累经济增速 0.2 个百分点。在全球经济复苏疲弱的大背景下，净出口对印度经济增长的拖累较为明显，但这种不利影响逐步减弱。

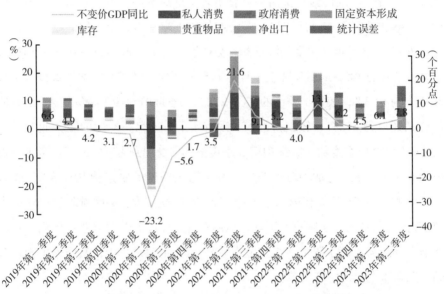

图 1   2019 年第一季度至 2023 年第二季度印度实际 GDP 同比增长率
及其各分项拉动作用

资料来源：Wind 数据库。

进入 2023 年，印度经济持续复苏。第一季度实际 GDP 同比增长率为 6.1%。固定投资取代最终消费，成为推动经济增长的主要力量。此外，净出口的贡献率和拉动作用也由负转正，助推经济持续复苏。其中，私人消费支出和政府消费支出的贡献率分别为 26.5% 和 4.4%，拉动经济增速 1.6 个和 0.3 个百分点；固定资本形成总额的贡献率为 50.6%，拉动经济增速 3.1 个百分点；净出口的贡献率为 23.8%，拉动经济增速 1.4 个百分点。第二季度，主要受益于私人消费的回暖和固定资本形成的拉动，印度实际 GDP 同比增长率达到 7.8%。其中，私人消费支出对经济增长的贡献率为 44.5%，拉动经济增速 3.5 个百分点；固定资本形成总额的贡献率为 35.3%，拉动经济增速 2.8 个百分点；净出口的贡献率为 -58.7%，拖累经济增速 4.6 个百分点，再次成为掣肘经济增长的重要因素。印度作为内需驱动型经济体，消费和投资约占经济活动的 70%。[①] 随着新冠疫情冲击减弱，经济持续复苏，服务业等领域的消费和基础设施投资活动显著增多，这对推动经济增长效果显著。但同时，疲弱的外需使其净出口对经济增长的贡献基本是负面的。

2023 年下半年，印度经济复苏态势依旧。工业生产指数由 6 月的 143.5% 下降至 7 月的 142.5% 后反弹至 8 月的 145.1%。第三季度综合采购经理人指数（PMI）为 61.3%，较第一季度的 58.3% 和第二季度的 60.9% 持续扩大。9 月的综合 PMI 值为 61.0%，较上月的 60.9% 有所上升。第三季度的服务业 PMI 为 61.1%，较第一季度的 58.1% 和第二季度的 60.6% 持续扩大。9 月服务业 PMI 值为 61.0%，较上月的 60.1% 明显上升。第三季度的制造业 PMI 为 57.93%，较第一季度的 55.70% 和第二季度的 57.90% 持续扩大。9 月制造业 PMI 值为 57.5%，较上月的 58.6% 有所下降。总体而言，印度 PMI 处在扩张区间，且呈逐季上升趋势。鉴于服务业增加值占 GDP 的比重超过一半，其强劲扩张将有助于推动印度经济持续复苏。

二 通胀率仍处高位，失业率持续下降

通货膨胀率有所下降，但仍在高位运行。2023 年 1~8 月，印度通货膨胀率比上年同期下降 1 个百分点，消费价格指数（CPI）同比增长率均值为 5.8%，低于 2022 年同期的均值 6.8%。但在过去的 12 个月中（含 8 月），印度通货膨胀率有 6 个月高于其央行设定的 6% 上限。从 CPI 走势看，

---

① India Brand Equity Foundation（IBEF），"Indian Economy: Overview, Market Size, Growth, Development, Statistics," September, 2023, https://www.ibef.org/economy/indian-economy-overview.

2023 年印度通货膨胀率在波折中呈"深 V"走势，CPI 同比增长率先由 1 月的 6.5% 逐月下跌至 5 月的 4.3%；后因恶劣天气导致小麦和大米等价格飙升，占 CPI 近一半权重的食品和非酒精饮料的分项数据创 2020 年 1 月以来的新高，加之国际油价上涨的影响，7 月 CPI 大幅反弹至 7.4%；随着政府增加关键商品供应，食品价格有所回落，8 月 CPI 下降至 6.8%（见图 2），但明显高于印度央行 4% 的通胀目标，也超过了央行设立的 6% 的中期目标，反映出在乌克兰危机引发地缘政治风险上升、原油等大宗商品价格上涨、极端天气导致食品价格上涨等因素冲击下，印度面临的通胀压力仍然较大。特别是 2023 年以来，印度的洋葱、西红柿等日常蔬菜价格明显上涨，已演变为社会问题，印度政府除了颁布出口限制和征收关税外，似乎并未找到更好的解决方案。国际货币基金组织（IMF）2023 年 10 月发布的《世界经济展望》预测，2023 年印度通货膨胀率或将达到 5.5%，2024 年则会下降至 4.6%。

2023 年 1~8 月，印度农村的通货膨胀压力大于城市，这与上年的情况相似；但是相较于 2022 年同期，印度农村和城市的通胀压力均有所减小。2023 年印度城市 CPI 同比增长率除 3~6 月略高于农村之外，其他月份均低于农村；平均来看，农村 CPI 同比增长率为 5.9%，城市 CPI 同比增长率为 5.7%，前者比后者高 0.2 个百分点。2022 年，印度城市 CPI 同比增长率仅 5 月略高于农村，平均来看，农村 CPI 同比增长率为 7.1%，城市 CPI 同比增长率为 6.5%，前者比后者高 0.6 个百分点。尽管 2023 年印度的农村和城市通胀率均有所下降，但考虑到农村经济相对脆弱，高通胀对农村的冲击明显较大。从走势看，城市和农村 CPI 在 2023 年都呈左低右高近似"U"形的走势。

批发价格指数（WPI）总体回落。印度 WPI 同比增长率由正转负，虽有所反弹但仍为负值。2023 年，印度 WPI 同比增长率先由 1 月的 4.8% 逐月下滑至 6 月的 -4.2%，之后反弹至 8 月的 -0.5%（见图 3），基本恢复至 2020 年 7 月 -0.2% 的水平。相较于 2022 年同期均在 12% 以上的同比增长率，2023 年的 WPI 同比增长率明显降低，4~8 月甚至为负值，预示着价格由生产端向消费端的传导压力有所缓释，印度通胀压力有所减弱。

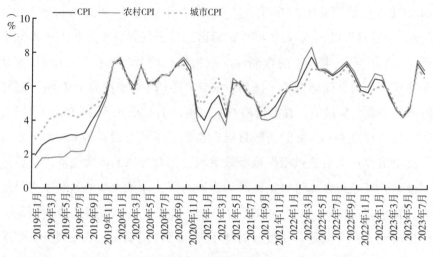

图2 印度通货膨胀率（CPI）走势

资料来源：CEIC 数据库。

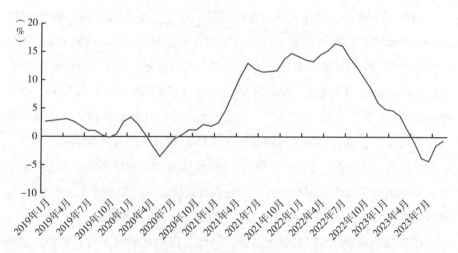

图3 印度批发价格指数（WPI）同比走势

资料来源：Wind 数据库。

失业率降至阶段性新低。印度经济监测中心的数据显示，2023年9月，印度的失业率为7.1%，比8月下降1个百分点，创2022年9月以来的新低。

过去 12 个月中，该指标的平均值略高于 7.8%。从 15 岁及以上群体的失业率来看，该指标从 2023 年第一季度的 6.8% 下滑至第二季度的 6.6%（见图 4），新冠疫情暴发以来，在 2020 年第二季度达到顶峰的 20.8% 后，总体呈现下降趋势，特别是 2021 年第二季度以来，从 12.6% 逐季下滑至 2023 年第二季度的 6.6%，说明印度就业市场总体呈复苏态势。

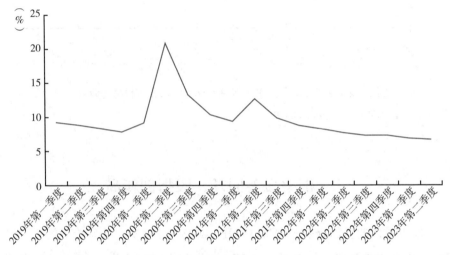

图 4　2019 年第一季度至 2023 年第二季度印度 15 岁及以上群体的失业率

资料来源：印度统计和计划执行部（MOSPI）。

　　农村劳动参与率与城市劳动参与率总体呈温和上升态势，且前者明显高于后者。2023 年，印度农村劳动参与率从 1 月的 41.0% 在波动中升至 9 月的 41.8%，同期城市劳动参与率则从 37.5% 升至 39.0%（见图 5）。2023 年 1~9 月，印度农村劳动参与率一直高于城市。从均值来看，前者平均劳动参与率为 41.1%，后者则为 38.2%。从月度数据来看，同样是前者高于后者。特别是在 9 月，农村劳动参与率和城市劳动参与率之间的差距进一步拉大，说明随着农村劳动参与率的提高，农村失业率下降更明显，农村劳动力市场大为改善。

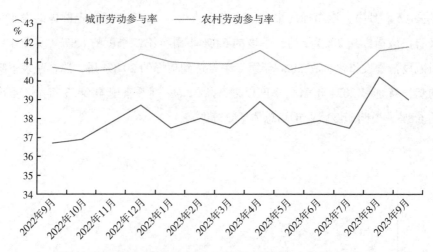

图5　2022年9月至2023年9月印度城市和农村劳动参与率

资料来源：印度经济监测中心（CMIE）。

三　汇率显著回升，股指创新高

印度卢比的实际有效汇率明显回升。2023年1~4月，实际有效汇率（以2018~2019年为基期）基本在96.4~97.1的区间内小幅波动；5~8月开始显著拉升，从5月的97.2大幅回升至7月的101.4，后在8月稍有回落至101.3（见图6），已基本恢复至2022年11月的水平。总体而言，2023年1~8月印度卢比的实际有效汇率升幅达到4.4%，反映了印度经济持续复苏。

印度卢比相对美元微弱贬值。2023年以来，印度卢比汇率（直接标价法）在波动中稍有上升，从1月1日的82.63卢比/美元升至10月9日的83.25卢比/美元（见图7），贬值约0.75%。相较于上年同期从74.31卢比/美元升至82.40卢比/美元、约10.89%的贬值幅度，2023年以来印度卢比币值相对美元总体保持稳定。卢比对美元走强的抵御能力强于绝大多数新兴经济体的货币，这种超市场预期的走势可能与印度央行为防止卢比过度波动入市适度干预有关。自美联储在2022年3月启动本轮加息周期以遏制高通胀开始，美元指数加速爬升，美元币值持续走强，相较而言，印度卢比相对美元则明显走弱。随着通货膨胀率上升得到有效遏制，美联储加息力度减小，市场预期转为乐观，美元指数也从高位回落。进入2023年，美元指数基本处于平台震荡区间，直至9~10月再次走强。与之相应，印度卢比兑美元也先处于小幅波动区间，近两个月相对美元出现贬值。

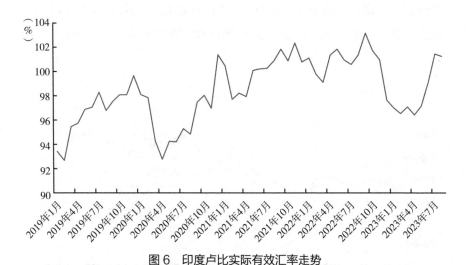

图6　印度卢比实际有效汇率走势

资料来源：Wind 数据库。

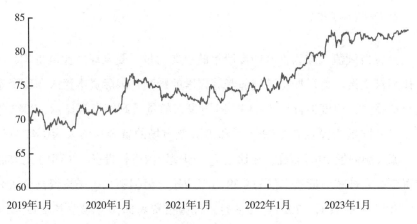

图7　美元兑印度卢比汇率走势（直接标价法）

资料来源：印度储备银行（RBI）、CEIC 数据库。

印度股市延续了此前的趋势性上涨行情，股指已攀升至创纪录的高位。2023 年以来，孟买证券交易所 Sensex 指数总体走出先小幅下跌再反转攀升、后高位震荡的上涨行情。Sensex 指数先从 1 月 2 日的 61167.79 下跌至 3 月 24 日的 57527.1，之后开启反转走势，持续攀升至 7 月 20 日的 67571.9；之后 Sensex 指数基本处于高位震荡区间，并在 9 月 15 日爬升至 67838.63（见图 8），达到创纪录的高点。截至 9 月底收盘，Sensex 指数已上涨 7.6%。受银行和汽车制造商股价上扬带动，2023 年以来 MSCI 印度指数也上涨超过 7%。

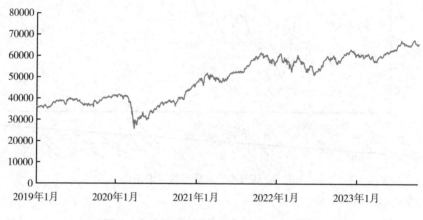

图 8　印度孟买证券交易所 Sensex 指数

资料来源：Wind 数据库。

外资持续流入成为推升印度股指的重要力量。受全球产业链重构、印度卢比相对坚挺、央行加息遏制通胀等因素的影响，国际资本流入印度资本市场热情高涨。印度央行在 2023 年 10 月发布的货币政策报告显示，2023 年上半年，外国机构投资者（FPI）对印度股票市场的资金净流入为 1.41 万亿卢比，流入额创近 10 月新高。相比之下，印度国内机构投资者（DII）对其股市的资金投入却较为疲软，仅为 0.39 万亿卢比。另据新兴市场投资基金研究公司（EPFR）的数据，2023 年 1~8 月，外国投资者向印度股票基金投入约 83 亿美元，创历史同期最高纪录。高盛的数据显示，尽管 9 月投资者开始减持印度股票，但第三季度印度股市吸引的外国投资额仍高于亚洲其他地区。创纪录流入的国际资本在一定程度上成为印度股指迭创新高的重要推手。此外，摩根大通在 2023 年 10 月宣布，将从 2024 年 6 月 28 日开始把 23 只总值 3300 亿美元的印度政府债券分批纳入其新兴市场政府债券指数（GBI-EMI），高盛预计该举措将吸引近 300 亿美元的资金流入印度资本市场。这也将有利于助推印度资本市场走强。

四　财政政策持续扩张，债务规模逐步扩大

印度财政支出持续扩大，资本性支出大幅增长。2023~2024 财年，印度联邦政府支出预计将超过 45.0 万亿卢比，较 2022~2023 财年的调整数 41.9 万亿卢比增加 3.1 万亿卢比，较 2021~2022 财年的实际支出 37.9 万亿卢比增加 7.1 万亿卢比。其中，资本性账户支出明显增加至约 10.0 万亿卢比，与 2022~2023 财年的调整数相比，约增长了 37.4%，这反映出联邦政府通过加强对基础设施建设的支持来推动经济增长的意图。2023~2024 财年，印度联邦政府实际资本性支出预计将接近 13.7 万亿卢比，比 2022~2023 财年的调整数增长 30.1%。2023~2024 财年，税收收入是印度联邦政府预算收入的主要来源，具体来看，税收收入约 23.3 万亿卢比，约占预算收入的 51.8%；非税收入约 3.0 万亿卢比，占比约 6.7%；资本性收入（包括回收贷款、借款和其他负债、其他收入）约 18.7 万亿卢比，占比约 41.6%。

印度财政部长西塔拉曼（Nirmala Sitharaman）在 2023 年 2 月发表 2023~2024 财年印度财政预算讲话时指出，联邦预算的愿景包括为公民特别是年轻人创造机会、推动经济增长和就业岗位增加、强化稳定的宏观经济环境等，联邦预算的优先事项包括包容性发展、覆盖"最后一英里"、年轻人的能力、金融部门、绿色增长、释放潜能、基础设施和投资等七个方面。[1]

---

[1]　印度 2023~2024 财年预算概要见 https://www.indiabudget.gov.in/doc/Budget_Speech.pdf，本文对财政政策表述参考了该概要，详细情况见 https://www.indiabudget.gov.in/doc/Budget_at_Glance/budget_at_a_glance.pdf。

在 2023~2024 财年的联邦政府支出中，包括中央资助计划、中央部门计划、利息、国防、补贴、财政委员会和其他转移支付、税收收入中应属于邦的份额、养老金、其他共九类支出，占总支出的比重分别为 9%、17%、20%、8%、7%、9%、18%、4%、8%。与上一财年相比，占比变动最大的是中央部门计划支出，占比上升 2 个百分点，从 15% 上升到 17%。其支出特点主要有：一是利息支出占比最高，利息支出占总支出的 20%，这与其收入的 34% 来自借款和其他负债相对应。二是中央对邦的转移支付支出较大，税收收入（中央税收收入总额）中邦的份额占 18%，这是税收型转移支付。另外，财政委员会和其他转移支付也是转移支付的重要内容，中央资助计划下对邦的转移支付也是转移支付的一种形式，因而导致中央对邦的转移支付较大。三是国防支出占比较高，为 8%，从国际对比看该比重也是比较高的。

印度中央政府债务规模逐步扩大，财政赤字率较高。2022 年，印度中央政府债务规模从第一季度的 134.8 万亿印度卢比逐步增长至第四季度的 146.4 万亿印度卢比（见图 9），相较于 2021 年第四季度增长了 14.0%。印度财

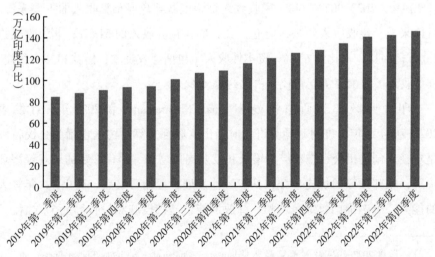

图 9　2019 年第一季度至 2022 年第四季度印度中央政府债务总额

资料来源：Wind 数据库。

政部 2023 年 2 月发布的《2023~2024 年预算概览》显示，2022~2023 财年，因税收收入增加以及支出减少等，中央政府修正后的财政赤字率约为 6.4%；2023~2024 财年的财政赤字率预计将下滑至 5.9%，但二者仍都高于国际通行的 3% 的安全警戒线，意味着印度政府在财政可持续性方面面临一定压力。世界银行在 2023 年 10 月预计，伴随印度政府持续推进财政整顿，2023~2024 财年中央政府财政赤字率将从上一财年的 6.4% 降至 5.9%。公共债务规模将稳定在 GDP 的 83% 左右。

印度中央政府债务以内债为主，偿债压力较小。国际货币基金组织（IMF）在 2023 年 10 月表示，预计到 2023 年底印度一般政府债务占 GDP 的 81.9%，高于许多新兴经济体。但考虑到以本币计价的内部债为主的债务结构，印度债务水平相对较易维持。印度财政部发布的 2023~2024 财年预算报告显示，2023 财年一般政府债务占 GDP 比重预计为 86.5%。2022 财年中央政府债务占 GDP 比重为 56.7%。截至 2021 年 3 月底，中央政府债务中的 95.1% 以本国货币计价，而主权外债占比只有 4.9%。内债主要由中央银行、商业银行、保险公司、养老基金和个人投资者持有，外债主要由多边机构、双边机构、外国银行和私人部门持有。内债相对外债具有规避汇率波动风险、降低对外部融资条件依赖、助推国内金融市场发展等优势，有助于减轻印度偿债负担。此外，影响印度债务可持续性的关键因素还包括经济增长率和利率水平。通常而言，如果经济增长率高于利率水平，那么债务就可通过经济增长来化解或降低；反之，如果经济增长率低于利率水平，那么债务就会不断累积，最终不可持续。当前，印度央行加息推升利率水平，但其经济也在稳步增长，且经济增速高于利率水平，这有助于缓解其偿债压力。

外债规模扩大，但仍相对可控。印度央行 2023 年 9 月的数据显示，截至 2023 年 6 月底，受益于美元对日元和 SDR 等主要货币升值带来的估值效应（约 31 亿美元），印度外债从 3 月底的 6243 亿美元仅小幅上升至 6291 亿美元，外债与 GDP 之比从 3 月底的 18.8% 降至 18.6%，该指标已接近 20% 的国际警戒线，预示着外债偿付风险开始显现，但仍在可控范围内。这主要表现

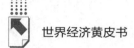

为短期债务（原始期限不超过一年）占外债总额的比重从 3 月底的 20.6% 降至 19.6%。长期债务（原始期限为一年以上）为 5055 亿美元，比 3 月底增加 96 亿美元。

美元升值加重印度外债偿付负担。按币种划分外债来看，截至 2023 年 6 月底，以美元计价的债务仍是印度外债的最大组成部分，约占 54.4%；其次是印度卢比债占 30.4%、特别提款权（SDR）债占 5.9%、日元债占 5.7% 和欧元债占 3.0%。从印度外债结构来看，贷款仍然是外债的最大组成部分，约占 32.9%，其次是货币和存款、贸易信贷和预付款以及债务证券等。从欠债占比来看，非金融公司的未偿债务在外债总额中所占份额最大，为 39.8%；其次是接受存款的公司（中央银行除外）占 26.6%、一般政府占 21.1% 和其他金融公司占 7.6%。这意味着不断升值的美元会给印度特别是其非政府实体带来更大的外债偿付压力。

五　货币政策紧缩进程放缓

印度货币政策收紧的节奏明显放慢。2023 年 10 月 6 日，印度储备银行 (RBI) 货币政策委员会 (MPC) 维持回购利率在 6.5% 不变，符合市场预期。这是印度央行连续第四次保持基本利率不变。此外，定期存款贷款和边际贷款利率也分别保持在 6.25% 和 6.75% 不变。2022 年 5 月以来，为缓解持续攀升的通货膨胀压力，印度央行开启紧缩周期，已累计加息 250 个基点。2023 年 4 月，印度央行暂停加息，并维持 6.5% 的回购利率，此后一直至 10 月，均维持该回购利率水平不变。

遏制高企的通货膨胀是印度央行的主要任务之一。印度央行在 2023 年 10 月 6 日的货币政策会议上，维持 2024 财年印度通货膨胀率为 5.4% 的预测值。亚洲开发银行（ADB）在 2023 年 9 月 20 日的《亚洲发展展望》中预测，2023 年印度通货膨胀率预计为 5.5%，将其 4 月时的预测值上调 0.5 个百分点。能源和食品价格大幅波动、地缘政治风险上升、外部金融条件收紧和极端气候冲击是影响印度通货膨胀的关键因素。鉴于核心通货膨胀压力正显示出一些缓释的迹象，印度央行近四次货币政策会议均做出暂缓加息的决定，但这并不意味着印度货币政策转向。印度央行在 10 月做出暂停加息决定的同时，仍持退出宽松政策的立场。其货币政策重点仍是将通货膨胀率控制在 4% 的通胀目标区间中点，为实现中期经济增长铺平道路。

提供流动性，确保金融稳定。2023 年上半年，印度国内金融市场总体平稳。其中，货币市场利率基本处于区间波动，政府债券收益率从 3 月底开始下降，公司债券的风险溢价有所缓和，股票市场较为活跃，印度卢比汇率双向波动。累积政策利率变化的传导推动银行存贷款利率持续走高。在 2022 年 5 月开启加息进程导致 200 亿卢比从市场退出流通后，印度央行通过流动性调整便利（Liquidity Adjustment Facility，LAF）、边际常备便利（Marginal Standing Facility，MSF）、现金准备金率（Incremental Cash Reserve Ratio，I-CRR）、净活期和定期负债（Net Demand and Time Liabilities，NDTL）等多种工具调节流动性，有效缓解了不断累积的流动性紧张压力。总之，印度央行通过提供合理流动性，保持金融系统稳定，为经济持续复苏提供金融支持。

六　预测与展望

主要国际机构、市场机构和印度央行均对印度 2023~2024 财年的实际 GDP 增长率做了预测。从预测结果来看，主要国际机构的预测值较为接近，市场机构的预测较为悲观，而印度央行的预测相对乐观。国际货币基金组织（IMF）在 2023 年 10 月发布的《世界经济展望》中预测，2023 年印度经济增速预计将达到 6.3%，将其 7 月时的预测值上调 0.2 个百分点，较 4 月的预测值上调 0.4 个百分点；2024 年的经济增速预计仍为 6.3%，与 4 月和 7 月的预测值保持一致。世界银行集团（WBG）在 2023 年 10 月发布更新版《印度发展报告》，认为地缘政治紧张局势、利率高企和需求低迷等将使全球经济增速在中期放缓。印度虽面临外部严峻的挑战和内部需求减弱，但服务业和投资活动仍将保持强劲，2023~2024 财年的经济增速或将达到 6.3%。经济合作与发展组织（OECD）在 2023 年 9 月 19 日发布的中期《经济前景展望》中预

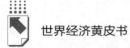
测，2023 年印度经济增速或将达到 6.3%，较 6 月时的预测值上调 0.3 个百分点；2024 年经济增速则下降至 6.0%，较 6 月时的预测值下调 1 个百分点。紧随其后，亚洲开发银行（ADB）在 9 月 20 日发布的《亚洲发展展望》中预测，2023 年印度经济增速约为 6.3%，较 4 月时的预测值下调了 0.1 个百分点；2024 年增速约为 6.7%，与 4 月时的预测值保持一致。相较而言，汇丰银行的预测则较为悲观，其在 2023 年 10 月预测，2023~2024 财年印度经济增速可能放缓至 5.8%，主要原因在于：石油等大宗商品价格上涨，带来输入通胀压力；厄尔尼诺现象冲击农村经济，扩大城乡贫富差距；服务出口暂时放缓；农村实际工资和非耐用品消费等也在减弱。在美债收益率高企和印度国内通胀较高的背景下，印度央行预计会持续收紧流动性，这将对经济复苏带来不利影响。与这些主要国际机构和汇丰银行不同，印度央行的预测明显更乐观。印度央行在 2023 年 10 月发布的《货币政策报告》中预测，基于基线假设、调查指标和模型预测的结果显示，2023~2024 财年印度实际 GDP 增长率预计为 6.5%。在假设季风气候正常且没有重大外部或政策冲击的条件下，2024~2025 财年印度实际 GDP 增长率预计为 6.5%。

从外部因素来看，全球经济复苏进程、国际原油和食品等大宗商品价格波动、全球贸易和需求状况、地缘政治局势以及极端气候变化等会影响印度经济复苏进程。从内部因素来看，最终消费支出、政府资本支出及私人投资、服务业活跃度、通货膨胀变化等也会影响印度经济回暖步伐。综合考虑各方面因素，本报告预计 2023~2024 财年印度实际 GDP 增长率为 6.4% 左右，2024~2025 财年仍为 6.4% 左右。

参考文献

Asian Development Bank(ADB), "Asian Development Outlook," September, 2023.

Ministry of Finance, Government of India, "Budget 2023-2024," February 1, 2023.

Ministry of Finance, Government of India, "Budget at a Glance 2023-2024,"

February, 2023.

Organization for Economic Cooperation and Development (OECD), "OECD Economic Outlook, Interim Report September 2023: Confronting Inflation and Low Growth," September 19, 2023.

Reserve Bank of India, "Monetary Policy Report," October, 2023.

The International Monetary Fund (IMF), "World Economic Outlook: Near-Term Resilience, Persistent Challenges," July, 2023.

The International Monetary Fund (IMF), "World Economic Outlook: Navigating Global Divergences," October, 2023.

World Bank Group (WBG), "South Asia Development Update: Toward Faster, Cleaner Growth," October, 2023.

Y.7
俄罗斯经济：制裁与韧性

林 屾 王永中 *

摘 要： 受国内消费需求趋稳、政府国防开支增长、能源和粮食价格居于
高位、石油出口流向调整较成功、财政货币政策调整较及时等因素的影响，
俄罗斯经济显示出较强韧性，2022 年下跌 2.1%，2023 年第一、第二季度分
别增长 –2.3%、3.6%，明显高于预期，但面临卢布贬值、通货膨胀率反弹、
财政赤字上升等挑战。展望未来，俄罗斯经济的积极因素有经济韧性较强、
消费者需求稳定、能源和粮食出口有望增长、政府开支和制造业投资增加，
消极因素有国防开支挤出私人投资、高通货膨胀率、卢布汇率波动、美西
方制裁限制技术和设备获取、劳动力短缺等。预计俄罗斯经济 2023 年将增
长 2.0% 左右，2024 年将增长 1.5% 左右。

关键词： 经济增长 战时经济 能源 粮食 俄罗斯

一 经济形势回顾

乌克兰危机和美西方国家的全面制裁对俄罗斯经济产生了显著而深远的
影响，但俄罗斯丰富的能源资源和较低的国际产业分工参与度客观上增强了
其应对制裁的韧性。2022 年下半年以来，受国内消费需求趋稳、政府国防开

---

* 林屾，中国社会科学院世界经济与政治研究所助理研究员，武汉大学欧洲问题研究中心兼
职研究员，主要研究方向：世界经济、国际政治经济学；王永中，中国社会科学院世界经
济与政治研究所研究员，主要研究方向：世界经济、国际政治经济学。

支增长、国际大宗商品价格高位波动、石油出口流向调整较成功、财政货币政策调整较及时等因素的影响，俄罗斯经济显示出较强韧性，2022 年至 2023 年上半年 GDP 增长率约小幅下降 2 个百分点，比本报告上年度预测值高近两个百分点，这主要归咎于其国内需求稳定、能源粮食出口市场多元化拓展较成功、财政货币政策调整较及时等。① 不过，俄罗斯也面临卢布贬值、通货膨胀率反弹和财政赤字上升等挑战。展望 2024 年，俄罗斯经济受国际能源和粮食价格走势、政府开支、制造业投资、通货膨胀率、卢布汇率、劳动力供给等因素影响，预计会实现小幅正增长。

（一）经济轻度衰退，强于预期

尽管遭受美西方国家严厉制裁，但受益于油气和粮食等大宗商品价格高涨，军工和社会保障投资增加，俄罗斯经济 2022 年仅小幅下降，2023 年前两个季度有所起伏。2022 年，俄罗斯 GDP 按 2021 年不变价为 133 亿卢布，同比下降 2.1%，其中固定资产投资额为 28 万亿卢布，增长 4.6%。② 俄罗斯经济表现明显优于预期，俄罗斯经济 2023 年第一季度下降 2.3%，第二季度主要因上年同期 GDP 下跌幅度较大这一低基数效应而上升 3.6%。更重要的是，俄罗斯经济在 2023 年第二季度之所以能扭转连续四个季度的萎缩之势，主要得益于防务开支增加拉动了工业生产，以及社会援助上调和工资上涨刺激了消费需求。

从 GDP 组成部分看，2023 年前两季度俄罗斯消费和投资有所反弹。俄罗斯居民消费小幅下降，直到 2023 年第二季度才转正为增长 8.8%；俄罗斯政府消费因战时经济持续扩大，2023 年第一季度增长率达 13.1%；投资在 2023 年第一季度和第二季度增长率分别达到 5.2% 和 13.3%；净出口受外部制裁、外需不振等因素影响而萎缩，2022 年第三季度和第四季度分别下降 45% 和 14%（见表 1）。

---

① 林屾、王永中：《俄罗斯经济：制裁与应对》，载张宇燕主编《2023 年世界经济形势分析与预测》，社会科学文献出版社，2022。

② 自乌克兰危机爆发以来，俄罗斯遭受美西方国家全面制裁，官方不再定期公布主要宏观经济指标。部分指标的发布大幅度延迟或改为不定期发布。为缓解可能的数据偏误问题，本文尽量采用多种渠道的数据。因篇幅有限，本文数据主要源自俄罗斯联邦统计局、财政部、央行，以及国际货币基金组织、世界银行，文中不再赘述。文中增速指标除特别标注外，均为同比数值。

表 1 2022 年第一季度至 2023 年第二季度俄罗斯 GDP 及组成部分的变动

单位：十亿卢布，%

指标		2022 年				2023 年	
		第一季度	第二季度	第三季度	第四季度	第一季度	第二季度
GDP	规模	34203	32545	32863	33184	33427	33728
	增长率	3.4	−3.1	−2.8	−2.7	−2.3	3.6
最终消费	规模	22600	22338	22256	22588	23336	23711
	增长率	4.3	−2.6	−1.9	−0.8	3.3	6.1
居民消费	规模	16865	15606	16033	16408	16839	16980
	增长率	5.4	−4.4	−3.5	−2.7	−0.2	8.8
政府消费	规模	5927	5993	6061	6165	6704	6106
	增长率	2.0	2.4	3.0	4.5	13.1	1.9
投资	规模	7374	7262	7703	7516	7759	8226
	增长率	−2.5	−8.9	3.0	−5.3	5.2	13.3
净出口	规模	4397	2380	1692	2768	2332	1791
	增长率	6.1	14.2	−45	−14.0	−47.0	−24.7

注：按支出法 2021 年不变价季节性调整后计算。
资料来源：俄罗斯联邦统计局、CEIC 数据库。

（二）对外贸易萎缩

俄罗斯贸易量萎缩。2022 年，俄罗斯出口额超 5900 亿美元，增长近 20%，进口额超 2700 亿美元，减少近 12%，贸易顺差超 3200 亿美元，增长 70%。[①]2023 年 1~8 月，因外需不振和大宗商品价格下跌，俄罗斯出口商品的数量和价格"双下降"，对外货物出口额减少 31.8%；因国内产能不足和需求复苏，俄罗斯货物进口额持续上升，增长 17%；外贸顺差为 726 亿美元，减少 68.3%（见表 2）。此外，服务贸易逆差增加了 1 倍多，主要与服务出口额的下降有关。俄罗斯 2023 年第二季度国际收支的经常账户余额为 54 亿美元，上年同期为 767 亿美元，降幅达 93%。这主要归咎为俄罗斯主要出口商品（原

---

① 因样本期内卢布汇率波动较大，贸易数据为参考各个数据来源的近似值。

油及石油产品、天然气、粮食、煤炭、黑色金属和有色金属）的价格下降，以及对欧盟和其他"不友好经济体"①的出口下降。

俄罗斯与新兴和发展中经济体的进出口总额超过发达经济体。2022年，俄罗斯对发达国家、发展中国家的出口额分别为2244亿美元、2361亿美元，对发达国家、发展中国家的进口额分别为921亿美元、1137亿美元。2023年上半年，俄罗斯对发达国家、发展中国家的出口额分别为645亿美元、678亿美元，对发达国家、发展中国家的进口额分别为408亿美元、503亿美元。尽管俄欧在能源领域出现明显的脱钩，但欧盟仍是俄罗斯最大的出口市场和进口来源地，中国是仅次于欧盟的第二大贸易伙伴，且中俄贸易额与俄欧贸易额的差距迅速拉近，但在2022年下半年，因大宗商品价格上涨和库存升高，中俄贸易额有所下降（见表2）。

表2　2022年第一季度至2023年第二季度俄罗斯对外贸易规模及变动

单位：亿美元，%

项目		2022年				2023年	
		第一季度	第二季度	第三季度	第四季度	第一季度	第二季度
贸易总额	规模	2059	1607	1533	1469	1199	1037
	增长率	32	−15	−26	−37	−42	−35
出口额	规模	1394	1220	1071	924	719	605
	增长率	49	6	−19	−39	−48	−50
发达经济体	规模	679	594	521	450	350	295
	增长率	49	1	−20	−40	−48	−50
欧盟	规模	537	470	413	356	277	233
	增长率	53	8	−17	−41	−48	−50
发展中经济体	规模	714	625	549	473	368	310
	增长率	48	11	−18	−38	−48	−50

---

① 俄方认定的"不友好经济体"包括美国、加拿大、欧盟成员国、英国（包括其部分海外领地）、新西兰、瑞士、日本、韩国、澳大利亚、新加坡，以及乌克兰、阿尔巴尼亚、安道尔、冰岛、列支敦士登、密克罗尼西亚联邦、摩纳哥、挪威、圣马力诺、北马其顿、黑山、希腊、丹麦、斯洛文尼亚、克罗地亚和斯洛伐克、巴哈马群岛，以及英国属地根西岛、曼岛等国家和地区。其余为"友好经济体"。

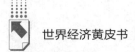

续表

项目		2022 年				2023 年	
		第一季度	第二季度	第三季度	第四季度	第一季度	第二季度
中国	规模	165	145	127	109	85	72
	增长率	13	−8	−30	−45	−48	−50
印度	规模	30	26	23	20	15	13
	增长率	126	37	−4	−44	−48	−50
进口额	规模	665	388	462	545	480	432
	增长率	7	−48	−39	−33	−28	11
发达经济体	规模	297	173	207	244	215	193
	增长率	−1	−52	−41	−34	−28	11
欧盟	规模	199	116	138	163	144	129
	增长率	0	−53	−43	−35	−28	11
发展中经济体	规模	367	214	255	301	265	238
	增长率	14	−44	−36	−33	−28	11
中国	规模	185	108	129	152	134	120
	增长率	27	−36	−33	−31	−28	11
印度	规模	9.5	5.6	6.6	7.8	6.9	6.2
	增长率	−5	−45	−42	−38	−28	11

资料来源：俄罗斯联邦统计局、国际货币基金组织、CEIC 数据库。

（三）卢布大幅贬值

乌克兰危机爆发以来，卢布兑美元汇率大幅波动，呈现下跌—反弹—再下跌的走势。在乌克兰危机爆发初期，卢布汇率 2022 年 3 月单日曾一度跌至 1 美元兑 136 卢布。2022 年 3~6 月，随着石油和天然气价格飙升，卢布汇率出现反弹，最高升至 1 美元兑 50 卢布左右。随着美西方国家制裁加剧，卢布汇率在 2022 年 7 月至 2023 年 9 月持续贬值，跌至接近 1 美元兑 100 卢布的价位（见图 1）。此外，外国直接投资大规模外流也增加了卢布的贬值压力。2022 年俄罗斯外国直接投资流入量为 −430 亿美元，而 2021 年正流入 405 亿美元，外商直接投资存量降至 4616 亿美元，降幅达 25%，占 GDP

的 20.6%。[①] 卢布是 2023 年表现较差的新兴市场货币，相对于美元累计贬值约 26%，跌幅仅次于贬值 49% 的阿根廷比索和贬值 33% 的土耳其里拉。

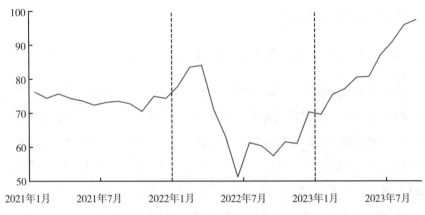

图 1　俄罗斯卢布与美元的官方月均汇率

资料来源：俄罗斯央行、Wind 数据库。

俄罗斯政府支出增加、能源出口收入下降、俄民众购汇并将资金存入外国账户等加大了卢布贬值压力。为稳定和提振卢布汇率，俄央行采取加息和资本管制两项措施。一是加息。2022 年 9 月至 2023 年 7 月俄央行关键利率一直保持在 7.5%，近 10 个月的稳定期为近年来罕见。2023 年 7 月，俄央行加息 100 个基点，并从 8 月 10 日起至年底暂停国内市场购买外汇；8 月 15 日，继续将基准利率从 8.5% 上调至 12%，一次加息 350 个基点；9 月 15 日，继续加息 100 个基点至 13%。10 月 27 日，继续将基准利率从 13% 提高至 15%，加息幅度达 200 个基点。至此，俄央行在三个月内累计加息 750 个基点。二是资本管制。乌克兰危机爆发后，俄央行上调基准利率，限制资本跨境流动，要求出口商出售大部分外汇收入，强制要求用卢布结算天然气贸易，使稳定卢布汇率成为可能。[②] 俄罗斯政府与主要出口商达成协议，提高出口外汇收入

---

① International Monetary Fund (IMF), "Navigating Global Divergences, World Economic Outlook," October, 2023.

② 林屾、王永中：《俄罗斯经济：制裁与应对》，载张宇燕主编《2023 年世界经济形势分析与预测》，社会科学文献出版社，2022。

换取卢布的份额，以稳定卢布汇率。2023年10月，俄罗斯要求包括大型石油生产商在内的43家本国最大出口企业，在国内市场抛售海外销售获得的外汇收入，以稳定外汇供应，并制定强制大型出口企业出售外汇等规定，要求部分企业向政府报告交易情况。

（四）通货膨胀率大幅下降，但反弹压力较大

俄罗斯通货膨胀率在2022年居于高位，但低于市场预期，2023年明显下降，却持续承压。俄罗斯通货膨胀率2022年上涨12%，低于市场预期，2023年3~6月回落至4%的目标值以下（年化水平），4月进一步降至2.31%，创2018年7月以来最低值。但自2023年5月起，通胀率再度上扬，7月升至4.3%。2023年8月，俄罗斯燃料价格上涨尤为突出，多地传出燃料短缺消息，这将加大通货膨胀压力。此外，俄罗斯服务类CPI指数增长率自乌克兰危机以来持续高于10%（见图2）。

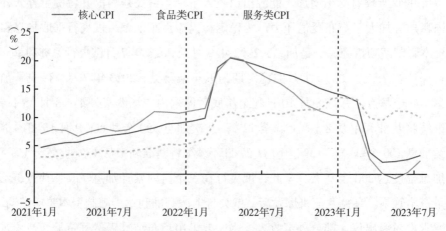

图2　2021年1月至2023年7月俄罗斯各类CPI指数的变动率

资料来源：俄罗斯央行、俄罗斯联邦统计局、Wind数据库。

俄罗斯通胀压力源于强劲的国内需求叠加产能限制。由于需求增长水平超出产能扩大水平，俄罗斯面临持续通胀风险。同时，卢布贬值对

物价上涨和通胀预期上升也产生了传导效应，家电和电子产品、汽车、水果等进口依赖度较高的消费品价格上涨明显。家庭支出和制造业产出复苏拉动了对进口商品和投入的需求，叠加刺激性财政政策和贷款强劲加速等因素，加大卢布贬值压力，进一步推升消费者和企业的整体通胀预期。

俄罗斯收紧货币政策，并出台与卢布挂钩的弹性出口关税以抑制通胀。为限制物价上涨，让通胀回落至目标区间，俄罗斯进一步收紧货币政策，俄央行将在"足够长的时间内"使关键利率保持在较高水平，继续保持紧缩的货币政策信号。俄罗斯决定从 2023 年 10 月 1 日起到 2024 年底，对多种商品实施弹性出口关税，并与卢布汇率挂钩，绝大多数商品出口关税的税率为4%~7%。若俄央行卢布汇率不高于 1 美元兑 80 卢布时，部分商品出口关税将为零。当 1 美元兑卢布汇率为 80~85 时，清单上除化肥外的商品出口关税税率为 4%；当 1 美元兑卢布汇率为 85~90 时，税率为 4.5%；当 1 美元兑卢布汇率为 90~95 时，税率为 5.5%；当 1 美元兑卢布汇率不低于 95 时，税率为 7%。这主要出于两方面考虑：一是在国内产能不足和通胀水平较高的情形下，防止粮食、能源等商品过度出口引起国内供应不足，加剧国内通胀和卢布汇率不稳定；二是在财政因战争开支扩大、外需不足和大宗商品价格走低变得更为困难的情形下，对能源和粮食等商品征收附加关税可部分弥补财政亏空。

（五）财政赤字规模扩大

俄罗斯财政预算余额 2022 年由正转负，2023 年将会因油气出口收入下降和战争成本增加而维持恶化势头。2022 年俄财政预算赤字约占 GDP 的 1.4%。俄罗斯 2022 年第三季度开始出现财政赤字且增速较快，2022 年第四季度达 GDP 的 8.4%，2023 年上半年有所回落（见表 3）。2023 年以来，俄罗斯财政收入有所下降，其中自然资源税收入、外贸及其他收入两项大幅下降，而上半年财政支出增加了 20%，其中国家采购（包括购买军事装备和用品）增加

51%，^① 以至于 1~8 月财政赤字高达 2.36 万亿卢布（约合 246 亿美元）。2023 年 1~7 月，预算收入为 14.5 万亿卢布，减少 7.9%，其中，石油和天然气收入为 4.19 万亿卢布，减少 41.4%，非油气收入为 10.33 万亿卢布，增长 19.8%；预算支出为 17.3 万亿卢布，增长 14%；预算赤字为 2.8 万亿卢布。预算中的油气收入减少与上年基数较大、乌拉尔石油价格下降、天然气价格下降和出口量减少等因素有关。

表3 2022 年第一季度至 2023 年第二季度俄罗斯财政收支结构

单位：十亿卢布，%

项目	2022 年					2023 年	
	第一季度	第二季度	第三季度	第四季度	全年合计	第一季度	第二季度
政府收入	13065	13253	11541	15215	53074	11691	13693
自然资源税	2917	3870	2547	3372	12706	1967	2252
外贸及其他	1064	999	719	662	3445	447	579
政府支出	10518	12971	12930	18763	55182	13422	14425
盈余	2547	282	−1389	−3548	−2108	−1731	−731
盈余/GDP	7.0	0.8	−3.6	−8.4	−1.4	−4.8	−1.9

注：财政支出的细分项目俄罗斯联邦财政部并未公布。
资料来源：俄罗斯联邦财政部、CEIC 数据库及作者计算。

俄罗斯通过发行国内债券和从国家财富基金提款来为财政赤字提供资金。俄罗斯财政部于 2022 年 9 月重新启动了国内债券发行，为当年大部分财政赤字提供资金。截至 2022 年底，财政部发行债券的 90% 被大型银行持有。2023 年初，银行在政府债券购买中的份额大幅下降，政府开始利用国家财富基金为财政短缺提供资金。国家财富基金资产的约 1/3 因外部制裁而被冻结，其可动用的流动资产规模约为 7 万亿卢布（1000 亿美元），相当于 GDP 的 4.5% 左右。据预测，2023 年俄罗斯油气收入可达 8.9 万亿卢布（约合 986.3 亿美元）。按照预算规定，其中 8 万亿卢布（约合 886.6 亿美元）

① M. Dabrowski, "The Russian War Economy: Macroeconomic Performance," https://www.bruegel. org/analysis/russian-war-economy-macroeconomic-performance, 2023.

将用于预算支出，而剩余的 9000 亿卢布（约合 99.7 亿美元）计划转入国家财富基金。

（六）劳动力短缺，损伤经济发展动能

乌克兰危机爆发以来，国防征兵需求和高素质劳动力外流导致俄罗斯劳动力短缺问题凸显。2022 年，多达 100 万人离开俄罗斯，其中许多是高素质员工。高素质劳动力外流损伤经济发展动能，主要体现在：一是缺乏足够的劳动力资源推动失业率降至历史最低水平。2023 年 9 月俄罗斯失业率为 3%。劳动力短缺阻碍经济增长，人力资源已经成为俄罗斯最稀缺的资源。二是制造业的劳动力短缺严重，挤压企业利润。制造业领域高素质人才需求推动工资上涨。2023 年 1 月，计算机和电子及光学设备、电气设备、其他运输和设备（涉国防）行业的名义工资分别上涨 26%、21% 和 22%。三是高科技产业衰退严重。俄罗斯高科技和知识密集型产业增加值占 GDP 的比重从 2020 年的 25%、2021 年的 23.6% 降至 2022 年的 22.3%。

（七）武器和高技术产品生产压力增大

尽管美西方难以全面监督俄罗斯规避制裁的行为，但俄罗斯获取受制裁商品将变得更加困难。俄罗斯制造业规模庞大，但缺乏高附加值制造业。与欧洲或亚洲经济体相比，俄罗斯劳动力短缺和自动化程度低进一步增加成本并导致生产率较低。

俄罗斯试图从第三国进口武器和高技术产品以规避制裁。据亚美尼亚和格鲁吉亚等国的外贸数据，其正在成为西方技术进入俄罗斯的通道。美国和欧盟是亚美尼亚的主要贸易伙伴之一，但亚美尼亚也与俄罗斯保持着密切的关系。2021~2022 年亚美尼亚经济增长强劲，其出口贡献最大。为此，美国和欧盟已经对一些亚美尼亚实体进行了制裁。

俄罗斯采取的缓解武器和高技术产品短缺问题的具体措施有：一是政府将电子设备进口简化程序有效期延长至 2023 年底。涉及支持加 / 解密功能的智能手机、平板电脑、笔记本电脑、计算机、芯片和对讲机。出口商仅需向

俄罗斯电子开发商和制造商协会、计算机和信息技术企业协会等申请许可，即可对俄罗斯出口上述产品，此举有利于解决制裁背景下电子产品短缺问题。二是针对新型武器设备进行国家项目融资。外部制裁限制了金融服务扩张，无法在美欧资本市场上筹集资金，并大大减少了其他领域的投资。2024~2026年，俄罗斯"无人机系统"国家项目融资将超3000亿卢布（约合32亿美元）。三是俄罗斯提出产业发展路线图。目前，微电子企业可以生产130nm制程的产品。工业和贸易部2023年10月提出产业发展路线图，计划到2026年实现65nm芯片节点工艺，2027年实现28nm本土芯片制造，到2030年实现14nm国产芯片制造。俄罗斯制订了新微电子发展计划，到2030年投资约3.19万亿卢布（384.3亿美元），用于研发本地半导体生产技术和芯片、建设数据中心基础设施、培养本地人才、制定自制芯片和解决方案。四是约80%的海外软件国内已有同类产品。俄罗斯表示国内超过一半的解决方案具有中高级成熟度，进口替代步伐加快，在航空运输、冶金、石油和天然气、石油化工等关键领域实施了12个重大项目。

（八）战时国家垄断经济模式特征日益明显

俄罗斯经济增长高度依赖于政府的直接和间接支持。一是大多数军事采购资金流向国内供应商，使得为军队服务的公司通过提供高工资和福利待遇来争夺有限的劳动力。二是向动员的预备役人员及其家属支付的工资和其他补偿标准也大大高于和平时期的平均收入水平，战争工资拉动了较贫穷地区的零售和服务需求。三是政府利息补贴加速了银行贷款存量增长，特别是在抵押贷款方面。[1]

俄罗斯经济已转向战时经济。一是政府将确保持续战争所需资源。政府可在合适的情况下调动公共和私营部门的资产。二是战时经济冲击了原有政策规划。政府可忽略公共部门的收支失衡状况，并在未来几年可以承受一定程度的财政缺口，如提高公司税、增加借贷、向中央银行直接融资等。三是

---

① K. Galbraith James, "The Gift of Sanctions: An Analysis of Assessments of the Russian Economy, 2022-2023," 2023.

政府在宏观经济调控方面为应对市场失灵将更加积极有为。俄罗斯将实行积极的经济政策，建立"供给侧经济"和"主权经济"。[①] 俄罗斯推出超额利润税法，对 2021~2022 年平均利润超过 10 亿卢布（约合 1043 万美元）的企业征收超额利润税，税率为 10%。政府不断上调最低工资标准以应对通胀，自 2024 年 1 月 1 日起，最低工资将再提高 18.5%，该涨幅远超通胀率和工资增速。

二　俄罗斯对外能源贸易

能源是俄罗斯最重要的经济支柱和出口部门，关系经济命脉。美西方国家对俄罗斯能源行业进行全方位制裁，以削弱其经济实力和战争能力。但与此同时，俄罗斯作为全球最大的油气出口国，若其能源产品完全不能进入国际市场，将会造成全球性能源和经济恐慌与灾难，从而美西方国家针对俄罗斯的能源制裁留有很大的余地。在这一背景下，俄罗斯对外能源贸易展示出较强的弹性，基本完成能源出口方向调整。

第一，美西方国家限价措施效果有限，俄罗斯的石油出口受制裁影响不大。西方国家对俄罗斯的原油制裁于 2022 年 12 月 5 日起生效，欧盟停止接收海上运输的俄石油，七国集团、澳大利亚和欧盟对海运石油设置 60 美元/桶的价格上限，禁止运输和承保高于限价的石油。[②] 作为回应，俄禁止在合同中直接或间接规定使用限价机制的石油出口。限价措施效果有限。尽管西方对俄石油实施价格上限，但其交易价格仍高于 60 美元/桶的限价，俄能源出口保持稳定[③]。2023 年 7 月中旬以来，乌拉尔原油价格已经超过西方国家设置

①　Y. Perevyshin, P. Trunin, A. Deryugin, S. Zubov, I. Efremov, "Monitoring of Russia's Economic Outlook, Trends and Challenges of Socio-Economic Development (in Russian)," Gaidar Institute for Economic Policy, Issue 7, September, 2023.

②　A. Caprile, A. Delivorias, "EU Sanctions on Russia: Update, Economic Impact and Outlook," EPRS: European Parliamentary Research Service, Belgium, 2023.

③　International Monetary Fund (IMF), "Navigating Global Divergences, World Economic Outlook," October, 2023.

的 60 美元／桶价格上限，俄石油出口收入上升，在一定程度上规避了西方价格上限制裁（见图 3）。受益于国际原油价格上涨以及乌拉尔原油和布伦特原油价格差价收窄，2023 年 7 月俄罗斯原油和石油产品出口收入达到 153 亿美元，较 6 月增长约 20%，创下 2022 年 11 月以来最高水平。

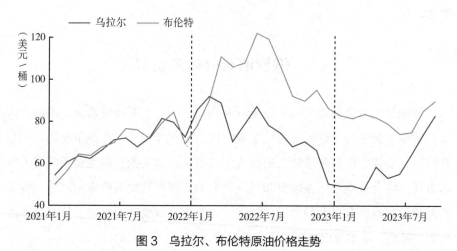

图 3　乌拉尔、布伦特原油价格走势

资料来源：俄罗斯央行、美国能源署、CEIC 数据库。

　　第二，俄罗斯能源特别是石油出口方向调整基本实现。从乌克兰危机爆发至 2023 年 9 月，特别是 2022 年 12 月 5 日禁止进口俄海运原油后，欧盟对俄罗斯化石燃料进口量大幅下降，被中国、印度、土耳其超越（见图 4）；中国超越欧盟成为俄化石燃料最大进口国，印度、土耳其的进口累计金额已接近欧盟（见图 5）。煤炭品种方面，2023 年 1~8 月，俄罗斯海运煤炭出口量累计为 1.21 亿吨，较上年同期增加 5.5%，向中国出口 0.5 亿吨，同比增长 46.4%。俄罗斯正加快其天然气在亚洲能源市场上的布局，与中亚五国争夺中国不断增长的天然气市场，希望通过拟议的俄罗斯—蒙古国—中国西伯利亚 2 号管道将其原本供应欧洲市场的天然气转供中国。

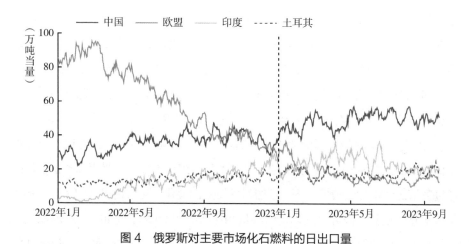

图 4　俄罗斯对主要市场化石燃料的日出口量

资料来源：CREA analysis，https://www.russiafossiltracker.com/。

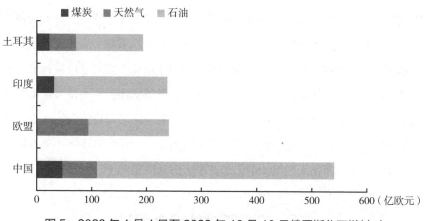

**图 5　2023 年 1 月 1 日至 2023 年 10 月 10 日俄罗斯化石燃料对
主要国家出口累计金额**

资料来源：CREA analysis，https://www.russiafossiltracker.com/。

2023 年 2 月以来，虽然出口到欧洲的俄石油较 2022 年暴跌 96%，但俄石油整体出口量增长了 7%，可见在欧美市场减少的份额已经被新兴和发展中国家所弥补。中国 2023 年 1~8 月进口俄油气量大增，俄向中国供应约 44.6 亿美元的管道天然气，增长约 86.4%；俄运往中国的液化天然气约为 545 万吨，增长 60%，总价超过 35.3 亿美元，增长 10.7%；俄对中国石油供应量超过 7120 万吨，增长 25.3%。俄对印度出售原油大增，自 2022 年起，印度的俄原油消费量激增。俄罗斯取代沙特和伊拉克，成为印度的原油主要供应国。2023 年 2~8 月，俄罗斯出口到非洲、中东、拉美国家的石油产品达日均 124 万桶，而 2022 年同期仅日均 36 万桶，增长了 2.4 倍。

第三，欧盟对俄罗斯液化天然气需求激增，液化天然气替代管道气成为俄出口欧盟的主力能源品种。在北溪 2 号天然气管道被损毁、欧盟明确禁止成员国通过管道运输俄油气的情形下，欧盟对俄罗斯的液化天然气需求大幅上升。2023 年 1~7 月，欧盟从俄进口液化天然气量相比 2021 年增长超过 40%，约占俄液化天然气出口总量的 52%，高于 2021 年的 39% 和 2022 年的 49%。欧盟进口俄液化天然气约 970 万吨，[①] 占液化天然气进口总量的 16%。俄已成为欧盟仅次于美国的第二大液化天然气供应国。在欧盟国家中，比利时、西班牙、法国分别是俄液化天然气的第一、第二、第三大买家，荷兰、希腊、葡萄牙、芬兰、意大利和瑞典也是俄液化天然气的主要购买国。2023 年 1~7 月欧盟从俄购买液化天然气共计约 55 亿欧元。[②] 尽管欧盟对俄发起多轮制裁，但对俄液化天然气进口量几乎没有出现下降。据悉，西班牙能源集团、法国道达尔能源等欧洲公司手持大量俄罗斯液化天然气采购合同；乌克兰危机爆发至今，至少有 5 家公司将俄天然气运往西班牙，超过一半的采购量都是在西班牙港口接收的。[③] 此外，2023 年 1~7 月俄罗斯已向经合组织出口液化天然气 181 亿立方米（约 0.13 亿吨）。

三 俄罗斯对外粮食贸易

俄罗斯土地资源极其丰裕，在粮食生产上拥有得天独厚的条件。在美西方国家全面制裁的背景下，俄罗斯意欲将农业打造成为仅次于能源的第二大出口

---

① 笔者根据 CREA 数据折算，https://www.russiafossiltracker.com/。

② 笔者依据欧盟统计局数据测算，https://ec.europa.eu/eurostat。

③ M. Dabrowski, "The Russian War Economy: Macroeconomic Performance," https://www.bruegel.org/analysis/russian-war-economy-macroeconomic-performance, 2023.

部门。乌克兰危机爆发以来，俄罗斯向美西方国家的粮食和化肥出口遇阻，开始调整对外粮食贸易战略方向，在维持粮食生产能力与出口潜力的同时，将粮食和化肥出口重点转向"友好经济体"并探索新的结算方式，并将粮食贸易作为打破外部制裁及外交困局、保持与非西方国家关系稳定的战略工具。[①]

第一，2022 年粮食出口额大幅增长，向"友好经济体"出口占八成。2022 年农产品出口额 415 亿美元，增长 12%，其中对"友好经济体"出口 340 亿美元，占出口总额的 82%；俄农产品出口量增长 12%，其中油脂产品增长 26%，乳肉制品增长 16%，粮食增长 14%。2022 年出口面粉 87.5 万吨，较上年增长逾两倍，原因在于：一是俄罗斯小麦出口关税提高，带动了小麦加工产品——面粉的出口；二是乌克兰面粉出口急剧下滑，有利于俄罗斯扩大对传统市场的出口规模，并开拓新市场。

第二，粮食出口方向从"不友好经济体"转向亚洲、非洲、中东和拉丁美洲。加强同埃及、土耳其、中国、印度等国的农产品贸易合作，成为亚洲、非洲和中东国家可靠的粮农产品供应商。2022 年俄罗斯面粉出口市场发生较大变化，主要出口目的国为伊拉克（占俄罗斯面粉出口的 21.7%）、阿富汗（占比 16.9%）、土耳其（占比 10.5%）。2022 年以来，与亚洲的粮食合作主要为推进"俄中新陆路粮食走廊"项目，即建设一条连接俄罗斯西部和中国北部的新陆路，以促进两国的农产品贸易。与非洲的粮食合作也得以积极推进。2022 年，向非洲出口超过 1150 万吨的粮食，计划向 6 个非洲国家无偿提供 2.5 万 ~5 万吨粮食。俄罗斯认为"重返非洲"是反制西方围堵和制裁、推动经济复苏、提升大国地位、调整全球布局的战略决策，并紧抓粮食和安全两大传统合作领域，以稳定俄非关系。与拉丁美洲的粮食合作也取得了积极的成效。一方面，对拉丁美洲的小麦出口大幅增长。2022 年对拉丁美洲和加勒比国家的小麦出口达到 368 万吨，增长 48.8%。另一方面，与拉丁美洲国家签署了多项农业合作协议，为农产品出口提供了更多的机会和支持。例如，与阿根廷签署农业合作协议，旨在加强两国在农业领域的合作，包括小麦、

---

① 赵玉明：《从经济红利到战略工具：俄罗斯粮食外交评析》，《俄罗斯东欧中亚研究》2023年第 5 期。

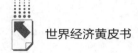

玉米、大豆等农作物的生产和贸易。

第三，粮食的产能和出口潜力大。在供应方面，俄在2022/2023年度（农业产季为当年7月至次年6月）粮食产量达到创纪录的1.6亿吨，比上年度增长29.9%，其中小麦超过1.04亿吨，增长37%。俄罗斯农业部、农业市场研究所等机构将2023/2024年度谷物产量预期值调高至1.3亿吨，将小麦产量的预测值提高至9100万~9200万吨（美国农业部预测值为8500万吨）。在需求方面，俄罗斯国内粮食每年需求量为4000万~4300万吨，不足小麦产量的一半，剩余的小麦则用于出口。2022/2023年度，小麦出口量达4700万吨，增长约50%，2023/2024年度出口潜力估计超过6000万吨（俄罗斯农业市场研究所预测为4950万吨，美国农业部预测为4800万吨），创粮食出口的新纪录。

第四，粮食出口遭遇制裁、劳动力短缺和黑海谷物协议终止等挑战。这些挑战具体体现在：一是美西方国家制裁致使俄罗斯宏观经济恶化，农业的盈利和投资能力下降；二是俄罗斯无法进口必要的农业设备，以及因出国移民和军事动员导致国内劳动力市场日益紧张、劳动力成本上升，农业生产受到干扰并推高了生产成本；三是贸易商的购买价格较低，并试图转嫁较高的国际运输和交易成本，使农民收入受损；四是黑海谷物协议终止使得黑海安全状况急剧恶化，商船的运输风险增加，俄罗斯海上贸易环境复杂化，粮食出口面临的不确定性增加。不过，在全球粮食安全风险上升的情形下，美西方国家对俄罗斯农产品或化肥实施制裁的可能性极小。土耳其一直努力希望恢复黑海谷物协议，但俄罗斯对替代方案更感兴趣，即俄罗斯将100万吨本国谷物以折扣价提供给土耳其，在土耳其进行加工后再运至这些食品的需求国。

四　经济前景分析

国内外机构普遍认为，俄罗斯经济短期将实现正增长。俄罗斯国内机构的预测偏乐观。俄罗斯财政部预测2023年俄罗斯经济增长将超过2%；总统普京预计俄罗斯经济2023年增长2.5%~2.8%；俄罗斯经发部将2023年GDP增长预期由前期的 1.2% 上调至 2.8%，并预测 2024~2025 年 GDP 增长率为 2.3%。俄罗斯政府部门也指出经济面临一些困难和挑战。俄罗斯财政部预测，2023 年预算赤字将达 GDP 的 2% 且面临劳动力短缺、央行货币政策过度紧缩等问题；俄罗斯预算计划草案显示，2024 年国防开支可能达 GDP 的 6%。[①] 国际机构的预测偏悲观。国际货币基金组织发布的《世界经济展望》中预测，俄罗斯经济 2023 年增长 2.2%，2024 年增长 1.1%。[②] 世界银行发布的《地区经济简报·2023 年秋季》预测，俄罗斯经济 2023 年增长 1.6%，2024 年增长 1.3%。[③] 经合组织发布的《经济前景展望报告》预测，俄罗斯 2023 年经济增长仅为 0.8%，2024 年增长 0.9%。[④]

未来几年俄罗斯经济面临的挑战主要如下。

第一，能源和粮食价格将决定俄罗斯出口收入，卢布疲软将影响经济增速。俄罗斯政府预算和国际收支短期内将取决于出口商在国际市场上（主要是亚非拉市场）能达成的能源和粮食销售价格。如果与出口商的非正式协议无法有效稳定和提升卢布汇率，资本管制可能成为俄罗斯政策的主要选择，从而减弱增长动力。货币政策收紧将抑制消费信贷增速、进口需求和经济增长。

第二，军工联合体的投资增长将产生"挤出效应"。目前，俄罗斯固定资产投资集中在军工联合体的制造业部门。从长远来看，军工联合体生产的增加不太可能支撑居民生活水平的提升。由于资源稀缺，特别是劳动力资源稀缺，国防相关产业的快速增长更有可能导致经济其他部门的增速放缓并产生"挤出效应"。这可能会进一步减少可用于基础设施、教育、医疗保健、社会支出和其他长期投资优先事项等的资金。

---

① 根据彭博社的报道，该值高于 2021 年的 2.7% 和 2023 年的 3.9%。俄罗斯预计 2024 年预算总支出为 36.6 万亿卢布，比 2023 年增长 15%。其中，2024 年的国防开支将从 2023 年的 6.4 万亿卢布增至 10.8 万亿卢布，是乌克兰危机发生前 2021 年分配的 3.6 万亿卢布的 3 倍；用于机密或未指定项目的"机密支出"计划从 2023 年的 6.5 万亿卢布增至 11.1 万亿卢布，占预算支出总额的 30%，相较 2021 年 14.9% 的历史最低水平翻了近一番；社会政策支出将从 2023 年的 6.5 万亿卢布增至 7.5 万亿卢布。

② International Monetary Fund (IMF), "Navigating Global Divergences, World Economic Outlook," October, 2023.

③ World Bank（WB）, "Europe and Central Asia Economic Update," Fall, 2023.

④ OECD, "OECD Economic Outlook, Interim Report September 2023: Confronting Inflation and Low Growth," OECD Publishing, Paris, https://doi.org/10.1787/1f628002-en, 2023.

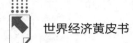

第三，劳动力短缺和产能不足将难以支撑俄罗斯经济持续增长。近来通货膨胀率反弹表明俄罗斯国内商品和服务供给难以跟上不断增长的需求，历史性高产能利用率和创纪录的低失业率也证实了这一点。随着战争持续影响劳动力队伍中的年轻人供给，经济增长必须由固定投资增加来推动，从而俄罗斯 2024 年可能难以维持 2023 年的经济增长率。

第四，美西方制裁限制俄罗斯技术、设备和资金的可获得性。欧美跨国公司从俄罗斯市场退出，导致大量资本外流。持续的乌克兰危机和外部制裁将强化俄罗斯战时经济与欧美的脱钩，经济增长越来越由政府开支驱动。欧洲市场的丧失和工业零部件的短缺将对俄罗斯制造业和工业部门产生长期负面影响。外部制裁和俄罗斯进口替代政策将继续阻碍许多商品和服务的进口。俄罗斯因被制裁而难以进入国际债务市场，公共债务融资难度增加。

综合各方预测，预计 2023 年俄罗斯经济可能增长 2.0% 左右，2024 年将降至 1.5% 左右。就未来一段时间而言，俄罗斯经济既有积极因素，如关键经济指标明显好于预期，消费者需求增长，能源和粮食出口有望维持上升态势，政府开支和制造业投资增加，也有诸多消极因素，如国防开支挤出私人投资、通货膨胀、美西方制裁、劳动力短缺、卢布汇率波动等问题。

参考文献

林屾、王永中：《俄罗斯经济：制裁与应对》，载张宇燕主编《2023 年世界经济形势分析与预测》，社会科学文献出版社，2022。

赵玉明：《从经济红利到战略工具：俄罗斯粮食外交评析》，《俄罗斯东欧中亚研究》2023 年第 5 期。

International Monetary Fund (IMF), "Navigating Global Divergences, World Economic Outlook," October, 2023.

World Bank（WB），"Europe and Central Asia Economic Update," Fall, 2023.

Y.8
拉美经济：复苏放缓

熊爱宗*

摘　要： 2023 年拉美和加勒比地区经济将保持缓慢增长，增速预计将从 2022 年的 3.8% 放缓至 1.7%，2024 年可能会进一步降低。在货币政策持续紧缩下，拉美和加勒比地区通胀水平有所下降，但通胀压力依然存在，部分经济体货币政策虽有调整，但总体依然偏紧。随着经济增长放缓，财政赤字预计会进一步扩大，政府债务特别是外债风险也会上升，拉美和加勒比地区仍需平衡好促进经济增长与应对债务问题。全球经济复苏放缓、大宗商品价格走低、全球融资成本居高不下等使得拉美和加勒比地区面临的外部环境依然存在诸多不利因素，其应进一步强化金融安全网建设，维护本地区经济与金融稳定。

关键词： 拉美地区　经济形势　全球金融安全网

2022 年拉美和加勒比地区经济增长 3.8%，连续两年保持正增长，甚至比我们在《2023 年世界经济形势分析与预测》中的预估值高出 1.1 个百分点，这部分是源于大宗商品价格走高带动拉美出口增长好于预期。2023 年，拉美和加勒比地区面临更为复杂的国内外宏观经济环境。从外部因素看，全球经济增长动力减弱，大宗商品价格回落造成国际贸易增长放缓，主要经济体货币政策持续紧缩推动全球融资成本居高不下；从内部来看，通胀虽有回落但

* 熊爱宗，中国社会科学院世界经济与政治研究所全球治理研究室副研究员，主要研究方向：国际金融、新兴市场。

压力依然存在，各国货币政策谨慎调整但总体依然偏紧，债务风险继续制约各国财政政策施展空间。2024 年，拉美和加勒比地区的经济增速预计会进一步放缓，同时面临的不确定性增加，各国亟须强化金融安全网建设，为本地区经济发展与金融稳定提供更多的保障。

一　2022 年与 2023 年上半年经济情况

（一）经济维持低速增长

据联合国拉美和加勒比经济委员会（Economic Commission for Latin America and Caribbean，ECLAC）统计，在经过 2021 年的快速反弹之后，2022 年拉美和加勒比地区经济延续复苏态势，但增速放缓至 3.8%，其中，南美洲地区经济增长 3.7%，中美洲和墨西哥地区经济增长 3.4%，加勒比地区经济增长 6.3%。2022 年拉美经济增长放缓的部分原因在于，在通货膨胀的压力之下拉美各国普遍采取了紧缩性货币政策。与此同时，新冠疫情期间实施的财政刺激政策逐步到期，各国财政政策逐步恢复至中立立场，导致了国内需求降低。大宗商品价格上涨刺激了拉美国家对外贸易发展，部分抵消了政策紧缩的影响，却无法从根本上扭转经济放缓态势。受内外部不确定性上升、全球货币环境保持紧缩、大宗商品价格走低等不利因素影响，2023 年拉美和加勒比地区经济保持低速增长态势，第一季度仅同比增长 0.5%，全年预计增长 1.7%，2024 年增速预计会进一步放缓。

（二）通胀压力总体有所缓解

在经过连续两年的高通胀之后，2023 年拉美和加勒比地区国家的通货膨胀率有所回落，但依然保持较高水平，且多数国家通胀率仍高于其央行的通胀目标。2022 年 6 月拉美和加勒比地区[①]平均通货膨胀率达到 2005 年以来的最高点 9.7%。在国内需求走弱、货币政策逐步紧缩以及粮食和能源等大宗商

---

① 不包括阿根廷、古巴、海地、苏里南、委内瑞拉。

品价格走低等因素推动下，该地区通货膨胀率逐渐下降，2022 年 12 月降至 7.6%，2023 年 6 月进一步降至 4.9%。即使如此，部分国家依然面临巨大的通胀压力。哥伦比亚通胀率在 2023 年 3 月达到 13.3% 的高点之后，虽有所下降，但 2023 年 8 月仍高达 11.4%。古巴通货膨胀率自 2023 年 4 月以来也有所下降，但 2023 年 7 月仍达 41.8%。自 2023 年 3 月开始，委内瑞拉的通胀率出现一定幅度的下降，但 2023 年 7 月仍高达 398.2%。2023 年 8 月，阿根廷通货膨胀率为 124.4%，连续 7 个月超过 100%，相比 2022 年同期上升 45.9 个百分点。2023 年拉美和加勒比地区通胀虽然较此前两年有所下降，但依然超过疫情前的平均水平，通胀压力持续存在。

（三）就业恢复到疫情前水平

2022 年拉美和加勒比地区的失业率持续走低，区内 20 个国家平均失业率为 7.0%，相比 2020 年下降 3.5 个百分点，相比 2021 年下降 2.3 个百分点，低于疫情前水平，为 2016 年以来的最低值。部分国家的失业率出现大幅下降。2022 年巴西失业率下降到 9.3%，为 2015 年以来的最低值，相比 2021 年下降了 4 个百分点。哥斯达黎加、巴巴多斯等的失业率 2022 年都出现较大幅度的下降。与此同时，该地区的就业和劳动参与情况也在好转。2022 年拉美和加勒比地区劳动参与率回升至 62.6%，虽然仍略低于疫情前水平，但相比 2020 年上升 3.7 个百分点。因此，如果排除劳动参与率上升的影响，该地区失业率可能会进一步下降。2022 年，拉美和加勒比地区的就业率也从 2020 年的 52.9% 上升至 58.2%，与 2019 年持平，高于疫情前水平。2023 年第一季度拉美和加勒比地区失业率进一步降至 6.8%，但随着经济活力减弱，就业形势将变得严峻。

（四）汇率波动明显加大

受美联储加息、国内经济增长压力加大、通胀高企等因素影响，拉美和加勒比地区的货币汇率波动加剧。自 2022 年 3 月美联储启动加息之后，拉美和加勒比地区多数经济体货币对美元出现快速贬值。特别是 2022 年 6~7 月，哥伦比亚比索、智利比索对美元贬值超过10%。不过，受美国通胀预期降温、美联储加息步伐放缓等预期因素影响，个别月份拉美货币对美元也出现一定的升值。进入2023年，多数拉美货币对美元表现强势。2023年1月至2023年7月，哥伦比亚比索对美元升值15.8%，墨西哥比索对美元升值12.3%，巴西雷亚尔对美元升值8.2%。秘鲁比索对美元也出现一定的升值。不过，从2023年8月开始，墨西哥比索、巴西雷亚尔等再次出现贬值。阿根廷比索对美元持续保持大幅贬值态势。相比2023年1月，2023年7月阿根廷比索对美元贬值31.9%，特别是2023年8月阿根廷政府宣布将比索官方汇率贬值22%，进一步加剧了比索贬值趋势。

（五）外部环境不确定性增加

受大宗商品价格上涨等因素影响，2022年拉美和加勒比地区对外贸易大幅增长，其中货物出口增长17%，进口增长20%，使得货物贸易再次出现逆差，逆差占GDP的0.3%。与此同时，服务贸易仍维持较大幅度的逆差，使得该地区经常账户逆差占GDP的比重在2022年扩大至2.6%。受全球经济放缓、大宗商品价格下降影响，2023年拉美和加勒比地区的对外贸易增速或将放缓。据ECLAC预计，2023年该地区货物出口萎缩1%，进口萎缩2%，经常账户逆差则有望收窄。2022年，拉美和加勒比地区吸引的外资出现反弹。2022年流入该地区的外国直接投资为2246亿美元，相比2021年增长55.2%，创历史新高。这部分是由大宗商品以及关键矿产的高需求推动的。其中，巴西是该地区吸引外国直接投资最多的国家，达到915亿美元，增长97%，占地区总额的40.7%；墨西哥、智利、哥伦比亚、阿根廷分别占该地区的17.3%、9.3%、7.5%、6.8%。其中阿根廷吸引外国直接投资超过154亿美元，同比增长123.2%，是2012年以来该国的最高水平。与此同时，2022年拉丁美洲和加勒比地区的对外直接投资也达到747亿美元，相比2021年增长80%。

（六）货币政策谨慎转向

在全球通胀压力加大、主要经济体货币政策紧缩的背景下，2022 年下半年拉美和加勒比地区持续收紧货币政策。不过，在通胀压力缓解而经济增长压力加大的情况下，部分经济体货币政策在 2023 年开始转向。2022 年 7 月，巴西央行将基准利率从 13.25% 提升至 13.75%，这是巴西央行自 2021 年 3 月以来连续第 12 次上调利率。但是此后巴西一直维持基准利率不变。2023 年 8 月，巴西央行宣布降息 50 个基点至 13.25%，这是 2020 年 8 月以来巴西央行首次降低银行基准利率，2023 年 9 月进一步降至 12.75%。墨西哥央行在 2022 年下半年继续延续自 2021 年 6 月以来的加息，截至 2023 年 3 月连续加息 15 次，基准利率也提升至 11.25%，不过自此之后该国便一直维持利率水平不变。秘鲁从 2021 年 8 月启动加息以来，一直持续到 2023 年 1 月，其基准利率从 0.25% 上升至 7.75%。此后，秘鲁一直维持利率不变，直到 2023 年 9 月降息 25 个基点至 7.5%。类似地，智利央行在 2022 年 10 月将基准利率提升至 11.25%，一直保持不变，直到 2023 年 7 月宣布降息 100 个基点至 10.25%，此后又在 9 月进一步降至 9.5%。此外，乌拉圭、哥斯达黎加等在经过此前的大幅加息之后也纷纷在 2023 年启动降息。不过也有部分经济体仍保持紧缩性货币政策。阿根廷央行在 2022 年 9 月将基准利率提升至 75% 之后曾将这一利率维持了较长时间。2023 年 3 月阿根廷央行再次启动加息，当月利率被提升至 78%，4 月两次大幅加息至 91%，5 月升至 97%，8 月达到 118%。总体来看，拉美和加勒比地区货币政策依然偏紧。

（七）债务压力先降后升

在经济增长以及大宗商品价格高企的推动下，2022 年拉美和加勒比地区政府收支状况有所好转。2022 年拉美地区（16 国）中央政府收入占 GDP 的比重从 2021 年的 18.8% 回升至 19.3%，而加勒比地区（12 国）的中央政府收入占 GDP 的比重也从 2021 年的 27.2% 上升至 28%。与此同时，支出也有所下降。2022 年拉美地区（16 国）中央政府支出占 GDP 的比重从 2021 年的

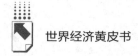
22.9% 降至 21.6%，同期加勒比地区的中央政府支出占 GDP 的比重从 30.7% 降至 30.3%。在这种情况下，2022 年拉美地区的中央政府财政赤字占 GDP 的比重从 2021 年的 4.1% 收窄至 2.3%，同期加勒比地区的中央政府财政赤字占 GDP 的比重从 3.5% 收窄至 2.4%。受此影响，拉美和加勒比地区国家政府债务也有所下降。2022 年拉美和加勒比地区中央政府公共债务占 GDP 的比重分别为 51.5% 和 77.9%，相比 2021 年下降了 1.6 个百分点和 6.3 个百分点。然而，受经济增长放缓以及大宗商品价格下降影响，2023 年拉美和加勒比地区国家的财政收入将会下降，财政赤字会进一步扩大。ECLAC 预计，2023 年拉美地区的财政赤字占 GDP 比重将会扩大至 3.0%，政府债务预计会进一步上升。与此同时，拉美和加勒比地区公共债务中外债占据了很大比例，如阿根廷、多米尼加、厄瓜多尔、巴拿马、巴拉圭等国外债占其总债务的比例接近或超过 70%，在全球金融环境偏紧、国际融资成本居高不下的情况下，这些国家的债务风险进一步增加。

二　主要国家经济形势

本部分对拉丁美洲和加勒比地区主要国家巴西、墨西哥、阿根廷和委内瑞拉的经济形势进行分析。

（一）巴西

2022 年巴西经济增长 2.9%，相比 2021 年下降 2.1 个百分点。巴西央行连续加息对经济增速下滑造成了一定影响。特别是 2022 年第四季度，巴西经济增长动力明显减弱，经济环比下滑 0.2%，终止了连续五个季度的环比增长态势；同比增长 1.9%，相比前几个季度也有所下降。2023 年上半年巴西经济增速有所恢复，第一季度经济环比增长 1.8%，同比增长 4.0%；第二季度经济环比增长 0.9%，同比增长 3.4%；上半年经济增长 3.7%，全年经济增长预计好于 2022 年。

伴随着经济逐步恢复，巴西就业形势持续好转。2022 年 10 月巴西失业率降至 9%，2023 年 4 月为 8.5%，8 月进一步降至 7.8%，为 2015 年 2 月以来的最低值，相比 2022 年同期下降 1.1 个百分点。与此同时，巴西的劳动参与率 2023 年 4 月达到 61.4% 的相对低点之后也出现回升，2023 年 8 月达到61.8%。截至 2023 年 8 月，巴西失业人数降至 841.6 万，为 2015 年 6 月以来的最低值，相比 2022 年同期减少 127.8 万人。

巴西仍面临一定的通胀压力。巴西通货膨胀率 2022 年 4 月达到顶峰的12.1% 后逐步下降，2023 年 6 月降至 3.2%，基本恢复到巴西央行的通胀目标区间。食品饮料、燃料与能源、交通等部门价格水平下降是通胀下降的主要带动因素，这主要得益于卢拉政府的新车减税、燃油减税政策。不过，从2023 年 7 月开始，巴西通胀出现回弹，2023 年 9 月重新升至 5%。巴西央行2023 年 8 月货币政策开始转向，接连下调利率，通胀回升可能会影响后续货币政策的调整。

卢拉再次当选巴西总统后，刺激经济增长成为其优先目标。2023 年 3月，巴西政府提出新财政框架建议，对 2016 年生效的严格的政府支出上限政策进行改革，允许支出增长不超过前一年政府收入增长幅度的 70%，同时将支出增长限制在每年比通胀率高 0.6%~2.5% 的范围内，而此前规定支出涨幅不得超过上一年的通胀率。2023 年 8 月，巴西众议院投票通过新财政框架法案，随后卢拉总统签署新财政框架法案，标志着其经济议程的首要任务获得阶段性成果。此外，2023 年 8 月，卢拉政府还提出了旨在振兴经济、创造就业和减少不平等的"加速增长计划"，计划投资 1.7 万亿雷亚尔用于基础设施、教育、生态转型、石油开采、数字化等，此举有利于在长期内促进巴西经济增长。

（二）墨西哥

2022 年墨西哥经济增长 3.1%，相比 2021 年下降 1.6 个百分点，不过已经恢复到疫情前水平。2022 年下半年墨西哥经济总体好于上半年，但第四季度经济增速逐步放缓，同比增长 4.3%，环比增长 0.6%，分别较第三季度下降0.8 个百分点和 0.6 个百分点。2023 年上半年墨西哥经济总体保持稳定。第一

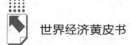

季度经济同比增长 3.8%，环比增长 0.8%，第二季度经济增长有所放缓，同比增长 3.6%，环比增长 0.84%，上半年经济同比增长 3.7%，全年经济增长预计为 3.2%。

墨西哥劳动力市场保持稳定。2022 年上半年墨西哥失业率有所反弹，2022 年 8 月升至 3.5%，此后逐步走低，2023 年 3 月降至 2.4%。从 2023 年 4 月开始，墨西哥失业率在波动中有所回升，但基本在 3% 上下波动。墨西哥劳动参与率也逐渐恢复到疫情前水平，总体在 60% 上下波动，2023 年 8 月为 60.5%，相比 2022 年同期上升 0.5 个百分点。2023 年 8 月，墨西哥失业人口为 180 万人，相比 2022 年同期减少 30 万人。

墨西哥通货压力有所缓解，但货币政策并未急于转向。2022 年 8 月墨西哥通胀率达到 8.8% 相对高点之后逐步下降，此后虽然在 2022 年 12 月出现短暂回升，但总体呈下行趋势。2023 年 8 月墨西哥通胀率降至 4.4%，逐步接近其通胀目标上限，不过，其核心通胀率在 2023 年 8 月仍有 5.8%。墨西哥央行并没有像其他拉美经济体央行一样采取降息行动，其在 2023 年 4 月加息之后一直将利率维持在 11.25% 水平不变。墨西哥央行认为当前墨西哥经济表现出较大弹性，2023 年下半年经济将会好于预期，预示着墨西哥央行短期内将不会实施降息行动。

在货币政策继续维持紧缩的同时，预计墨西哥财政政策将变得宽松。2023 年 9 月，墨西哥财政部向国会提交 2024 年预算草案，预计 2023 年公共预算赤字占 GDP 比重为 3.3%，与 2022 年基本持平，预计 2024 年财政赤字占 GDP 比重扩大至 4.9%，其中公共预算支出将占 GDP 的 26.2%，高于 2023 年的 25%。尽管财政政策将会放松，但持续紧缩的货币政策以及美国经济增长放缓可能会给墨西哥经济带来抑制。

（三）阿根廷

2022 年阿根廷经济增长 5.0%，连续两年保持快速增长，但增速较 2021 年出现大幅下降。2022 年下半年阿根廷经济增速逐步放缓，第三季度经济同比增长 5.7%，环比增长 0.5%，第四季度经济同比增长 1.5%，环比增长 -1.8%。

2023 年阿根廷经济增长压力明显加大，第一季度经济同比增速降至 1.4%，环比增长 0.9%，但第二季度经济同比和环比双双出现负增长，其中同比增长 -4.9%，环比增长 -2.8%。2023 年上半年经济增长 -1.9%，全年经济预计将再次出现衰退。

阿根廷劳动力市场保持稳定。阿根廷失业率继续下降，2023 年第一季度失业率为 6.9%，第二季度下降至 6.2%，相比 2022 年第二季度下降 0.7 个百分点，为近二十年来同期最低水平。与此同时，阿根廷劳动参与率基本维持稳定，2023 年第二季度为 47.6%，虽然相比第一季度有所下降，但与 2022 年的水平基本持平。不过，预计经济衰退将会对劳动力市场带来冲击。

阿根廷通货膨胀在短期内仍呈不断上升趋势。从 2023 年开始，阿根廷通货膨胀率上涨超过 100%。2023 年 8 月，阿根廷物价指数单月环比上涨 12.4%，为 1991 年 2 月以来的最高月度涨幅纪录，同比涨幅达到 124.4%。阿根廷物价飞涨是由供给不足、货币超发、汇率贬值等多种因素推动的。2023 年 8 月，阿根廷央行将官方汇率一次性贬值 22%，导致进口商品成本上升，进一步加剧了输入型通胀压力。物价快速上涨，大量阿根廷民众遭遇生活成本危机，导致贫困率上升。2023 年上半年，阿根廷 29.6% 的家庭处于贫困线以下，比 2022 年上半年提高 1.9 个百分点，贫困线以下人口占总人口的 40.1%，比 2022 年上半年提高 3.6 个百分点。为遏制通胀，从 2022 年 1 月到 2023 年 9 月，阿根廷央行共加息 14 次，从 38% 加息到 118%，特别是 2023 年 8 月一次性加息就达 2100 个基点。在通胀高企的情况下，预计阿根廷央行将维持较长时间的货币紧缩。

阿根廷仍面临严峻的债务问题。据阿根廷经济部的统计，截至 2023 年第二季度，阿根廷公共债务总额 4038.4 亿美元，占 GDP 比重为 88.4%，虽然较 2020 年的 103.8% 大幅下降，但仍高于 2021 年和 2022 年。在超过 4000 亿美元的债务中，虽然来自双边和多边债权人的比例为 18.9%，但外币债务比例高达 64.7%，其中美元类债务占 52.6%。因此在美元利率上升、阿根廷比索相对美元大幅贬值的情况下，阿根廷债务偿本付息压力不断加大。在国内债务风险加大、通胀高企的背景下，阿根廷银行体系美元存款流失严重，外汇储备大幅下降。2023 年 9 月底，阿根廷央行持有的国际储备仅 269.25 亿美元，相

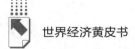

比 2023 年初减少 176.83 亿美元，削弱了阿根廷政府应对外部冲击的能力。阿根廷政府也采取了一些有针对性的措施。在 2022 年 10 月与 15 个债权国达成债务重组协议后，2023 年 4 月阿根廷又与 7 个债权国签署双边债务重组协议，延长了对这些国家的还债期限，在一定程度上缓解了外债压力。2023 年 4 月和 8 月，国际货币基金组织先后完成了对阿根廷中期贷款安排的第四次至第六次审查，共向阿根廷拨付约 129 亿美元资金支持。2023 年 7 月，阿根廷还通过与中国签署的双边货币互换协议，用人民币偿还了国际货币基金组织即将到期的部分债务。不过，阿根廷债务积重难返，债务问题暂时尚未得到根本解决。

（四）委内瑞拉

2022 年委内瑞拉经济明显好转。据 ECLAC 统计，2022 年委内瑞拉经济增长 3.2%，多年来首次出现正增长。委内瑞拉央行数据显示，2022 年前三个季度该国经济同比增长分别为 17.45%、23.3% 和 13.22%，前三季度经济累计增长 17.73%。国际货币基金组织 2023 年 10 月的《世界经济展望》预测，2023 年委内瑞拉经济增长率为 4%。

经济增长主要是由石油部门推动的。委内瑞拉央行数据显示，2022 年前 9 月，委内瑞拉石油生产同比增长达到 27.09%，远高于非石油部门的 14.49%。根据石油输出国组织（OPEC）的统计，2022 年委内瑞拉原油产量升至平均每天 71.6 万桶，相比 2020 年增长 25.8%，相比 2021 年增长 12.6%。委内瑞拉的石油出口也出现一定的好转迹象。2022 年委内瑞拉原油出口平均每日 43.8 万桶，相比 2021 年下降 2.2%，但石油产品出口达到平均每日 17.6 万桶，相比 2021 年增长 161.2%。2023 年上半年，委内瑞拉石油出口平均每日 67 万桶，比 2022 年同期增长近 15%。石油出口的恢复有利于推动委内瑞拉经济复苏。

委内瑞拉仍面临较为严峻的通货膨胀和货币贬值压力。2022 年 8 月，委内瑞拉通货膨胀率曾降至 114.1%，不过此后再次回升，2023 年 3 月升至 439.6%，9 月仍高达 317.6%。委内瑞拉在经过 2021 年的币值改革之后，货币供给速度有所降低，但仍然保持快速增长。2022 年 12 月基础货币投放是

2022 年 1 月的 5.7 倍，2023 年 8 月相比 2022 年同期基础货币同比增长 282%，这成为委内瑞拉通货膨胀持续居高不下的重要原因。委内瑞拉玻利瓦尔兑美元汇率仍在快速贬值，相比 2022 年 9 月，2023 年 9 月委内瑞拉玻利瓦尔兑美元贬值超过 300%，这也进一步加剧了该国的通胀压力。

委内瑞拉长期遭受美国的制裁是导致其经济困境的重要原因之一。制裁除了限制委内瑞拉对外出口能力外，也造成委内瑞拉大量国际资金被冻结，制约了委内瑞拉调控国内经济的能力。委内瑞拉外交部副部长表示，美国的单边制裁使得委内瑞拉超过 220 亿美元的资产被国际金融机构冻结。委内瑞拉的国际储备也出现一定程度的下降。2023 年上半年委内瑞拉黄金储备从 2022 年 12 月的 69 吨降至 61 吨，降幅近 12%。截至 2023 年 9 月底，委内瑞拉国际储备为 96.6 亿美元，相比 2021 年 9 月减少 16 亿美元。不过，2023 年 10 月美国宣布暂时放松部分对委内瑞拉的制裁措施，这有利于其经济恢复。

三 拉美地区金融安全网建设仍有待加强

当前拉美和加勒比地区面临较为复杂的内外部环境。国内经济增长低迷，同时债务不断累积，金融脆弱性上升，而全球经济增长放缓，地缘政治风险加大，主要经济体货币政策持续紧缩，这都要求拉美和加勒比地区有充足的金融缓冲以应对随时的外部冲击。拉美和加勒比地区各国积累了一定的国际储备。据统计，2021 年拉美地区 16 国持有国际储备约 9000 亿美元，虽然比全球金融危机前增加了一倍多，但仅占全球国际储备总量的 6%，与此同时，受经常项目逆差、国际资本外流等因素的影响，这一地区的国际储备在减少，2023 年 7 月减少至 8546 亿美元。拉美和加勒比地区亟须全球金融安全网的支持。

除了国际储备外，全球金融安全网还包括国际货币基金组织、区域金融安排、双边货币互换等方面的内容。疫情暴发后，各层次金融安全网都对拉美地区提供了救助。

一是国际货币基金组织。疫情暴发后，2020~2021 年国际货币基金组织向拉美和加勒比地区共提供约1183.2亿美元的疫情相关资金支持。2022年后，在支持应对疫情之外，基金组织也对部分经济体实施了救助。2022年3月，基金组织批准了对阿根廷约440亿美元的中期贷款安排（EFF），主要帮助阿根廷增强债务可持续性，应对持续的高通胀，增强对外部冲击的抵御能力。2022年4~8月，基金组织通过灵活信贷额度（FCL）为哥伦比亚、秘鲁、智利等提供约337亿美元的预防性安排，以帮助这些国家解决实际的和潜在的国际收支需求。此外，2022年5月，智利成为首个获得基金组织短期流动性额度（SLL）支持的国家，获得约35亿美元的短期流动性支持。2022年11月，哥斯达黎加成为首个获得基金组织韧性和可持续性基金（RSF）的国家，以帮助该地更好地应对气候变化。

二是区域金融安排。拉美储备基金（FLAR）是拉美地区最重要的区域金融安排，其前身是安第斯储备基金，主要为成员国国际收支调整提供流动性支持。拉美储备基金最初成员来自安第斯国家共同体，2001年，哥斯达黎加加入拉美储备基金，成为第一个非安第斯国家成员，此后乌拉圭（2008年）、巴拉圭（2015年）、智利（2022年）也相继成为拉美储备基金的成员。疫情暴发后，拉美储备基金积极提升贷款能力，并为部分成员国提供了流动性支持。2021年11月和2023年7月，厄瓜多尔先后获得拉美储备基金两笔共计5.38亿美元的流动性支持。2022年8月，拉美储备基金为哥斯达黎加提供了110万美元的流动性支持。除拉美储备基金外，巴西是金砖国家应急储备库的成员，2024年阿根廷也将正式成为金砖国家成员，预计其未来也将加入金砖国家应急储备库。因此，金砖国家应急储备库也将成为拉美地区这两个重要国家的潜在融资支持者。

三是双边货币互换。疫情暴发后，2020年3月，美联储与巴西央行、墨西哥央行建立临时美元流动性安排，以减缓后者的美元融资市场压力，不过，这一安排在2021年底到期。此外，美国与墨西哥还在北美框架协议（NAFA）下建有双边货币互换安排。但是对于拉美地区的大多数国家，均未能与美国建立类似双边货币互换安排。除美联储外，中国央行与阿根廷央行、巴西央行、苏里南央行、智利央行等签署或曾签署双边货币互换协议，特别是中国与阿根廷的双边货币互换在帮助阿根廷应对债务危机、缓解其国际流动性不足方面发挥了重要作用。此外，阿根廷与卡塔尔等也建有双边货币互换安排。

当前，拉美和加勒比地区的金融安全网建设存在不足。拉美和加勒比地区各国目前更多依赖国际货币基金组织的救助，但双边货币互换与区域金融安排覆盖面不足，难以满足大多数国家的需要。例如加勒比地区的金融安全网建设明显滞后，既缺乏区域性的金融安排，大多数国家也没有建立双边货币互换安排。

未来，完善拉美和加勒比地区的金融安全网可以从以下两方面入手。

一是进一步发挥国际货币基金组织的作用。国际货币基金组织是全球金融安全网的核心，在拉美和加勒比地区的外部融资中发挥着重要作用。为此，应进一步强化基金组织工具创新，开发针对拉美等新兴市场经济体的政策工具。例如针对债务问题，由拉美顶级经济学家、各国前部长组成的拉丁美洲宏观经济和金融问题委员会（CLAAF）就呼吁国际货币基金组织设立一个 3000 亿美元的新兴市场基金（EMF），用于购买基本面强劲的选定国家的主权债务，以此解决新兴市场经济体面临的主权债务问题，促进所有新兴市场经济体的金融稳定。[①] 此外，在基金组织 2021 年大规模特别提款权分配的基础上，应进一步盘活特别提款权存量，鼓励有富余资源的国家将特别提款权转借给有需求的国家，或是充实基金组织已有贷款工具，更好地帮助拉美经济体经济复苏。

二是进一步扩大其他层次金融安全网的覆盖范围。适时扩大拉美储备基金的成员范围，以囊括更多拉美国家。2021 年 7 月，拉美储备基金批准建立了一个新成员的准入补充机制，进一步便利了拉美地区国家加入拉美储备基金。正是这一补充机制促成智利 2022 年的加入。拉美储备基金成员的扩大，有利于增强该机构的贷款能力，有利于拉美和加勒比地区的宏观经济和金融稳定。与此同时，也有建议指出应建立新的区域性金融安排。如 2021 年 ECLAC 建议建立加勒比韧性基金（CRF），以更好地实现加勒比地区的发展

---

① Latin American Committee on Macroeconomic and Financial Issues, "Urgent: The IMF Must Reform," Statement No. 46, Washington, D.C., June 7th, 2023.

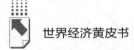
目标。这一基金如果建立则有利于填补加勒比地区金融安排的空白。同时，拉美和加勒比地区国家应与更多国家商签或续签双边货币互换协议，以为本地区提供更多的金融保障。

四 拉美地区经济形势展望

2022年拉美国家经济延续复苏态势，但受全球经济不确定性增加、国内通胀加剧、货币政策紧缩等因素影响，其经济增速较2021年有较大下滑。2023年预计拉美和加勒比地区仍将保持低速增长态势。拉美和加勒比地区仍面临巨大的内外部不确定性。2023年和2024年全球经济预计维持缓慢增长，全球贸易在2023年经历低速增长之后，2024年增速会有所回升。不过，大宗商品价格总体仍在向下盘整，这不利于拉美地区大宗商品出口国的对外贸易发展。全球金融环境总体依然偏紧。主要发达经济体加息放缓，但货币政策继续保持紧缩态势。在通胀压力缓解的情况下，部分拉美和加勒比地区经济体货币政策开始谨慎转向，但利率水平仍保持在历史相对高位，难以较快对经济增长形成刺激。拉美和加勒比地区经济体的财政政策有望偏向宽松以支持经济增长，但该地区政府债务在新兴市场和发展中经济体中总体处于较高水平，这将限制政策扩张的能力。与此同时，部分经济体外债风险将不断上升，会进一步加剧本地区经济与金融体系的不稳定，这迫切需要强化本地区的金融安全网建设。2024年拉美和加勒比地区经济增速或将进一步放缓。

参考文献

ECLAC, "Economic Survey of Latin America and the Caribbean, 2023 (LC/PUB.2023/11-P)," Santiago, 2023.

ECLAC, "Fiscal Panorama of Latin America and the Caribbean, 2023 (LC/PUB.2023/5-P)," Santiago, 2023.

ECLAC, "Foreign Direct Investment in Latin America and the Caribbean, 2023 (LC/PUB.2023/8-P/Rev.1)," Santiago, 2023.

ECLAC, "Public Debt and Development Distress in Latin America and the Caribbean (LC/TS.2023/20)," Santiago, 2023.

ECLAC / ILO, "Towards the Creation of Better Jobs in the Post-pandemic Era," Employment Situation in Latin America and the Caribbean, No. 28 (LC/TS.2023/70), Santiago, 2023.

Latin American Committee on Macroeconomic and Financial Issues, "Urgent: The IMF Must Reform," Statement No. 46, Washington, D.C., June 7th, 2023.

Y.9
西亚非洲经济：竭力在不确定风险中保持经济韧性

孙靓莹[*]

摘　要： 受全球经济下行影响，西亚非洲地区经济增速持续走低。预计 2023 年西亚北非地区经济增速将从 2022 年的 5.6% 下降至 2.0%，同期撒哈拉以南非洲地区从 2022 年的 4.0% 下降至 3.3%。主要经济体增速放缓、气候和地缘政治冲击可能导致粮食和能源价格飙升，石油出口国将因此受益，而石油进口国经济将面临进一步下行风险。在偿债成本不断上升的情况下，半数以上的低收入发展中国家将继续面临融资困难和债务偿付压力。2023 年，该地区主要国家沙特阿拉伯、埃及、伊朗及埃塞俄比亚获邀加入金砖国家组织，为上述国家进一步拓展经济发展合作空间提供了新机遇。

关键词： 西亚北非　撒哈拉以南非洲地区　债务风险　大宗商品价格

　　2022 年，西亚北非地区经济增长 5.6%，略高于《2022 年世界经济形势分析与预测》中的预测增速 5.0%，这主要是由石油出口国（尤其是海湾合作委员会经济体）和埃及的强劲表现推动，上述经济体的国内需求增长和石油产量的强势反弹拉动了经济增长。从其他经济指标表现看，2022 年，西亚北非地区结构性失业问题还在持续，特别是女性和青年群体失业率分别达到

---

　　* 孙靓莹，中国社会科学院世界经济与政治研究所助理研究员，主要研究方向：国际发展、联合国可持续发展议程和债务可持续性。

22% 和 32%。通货膨胀水平较 2021 年保持温和上升，达到 14.4%，创下自 2000 年以来的新高。撒哈拉以南非洲 2022 年经济增速为 4.0%，高于预测的 3.7%，但仍延续了自 2021 年高位后的下行趋势，这主要是由于全球经济放缓和全球通胀率急剧上升。持续攀升的粮食和能源价格冲击着该地区最脆弱的群体，宏观经济失衡状况不断恶化。此外，发达经济体和新兴市场经济体增速放缓、全球融资条件收紧以及大宗商品价格波动影响着撒哈拉以南非洲的前景。未来，西亚非洲地区经济面临持续放缓趋势。

一 西亚非洲经济形势回顾：2022~2023 年

根据国际货币基金组织（IMF）所公布的数据[1]，西亚非洲经济增速 2021 年明显上升，但 2022 年下滑。预计 2023 年西亚北非经济增速将降至 2.0%，撒哈拉以南非洲地区的经济增速将降至 3.3%。在西亚北非地区，不利因素主要包括石油出口国的石油产量下降、该地区一些国家（新兴市场和中等收入经济体）政策环境趋紧等。在撒哈拉以南非洲，有效发展资金缺乏对该地区造成沉重打击。持续的全球通胀和紧缩的货币政策导致撒哈拉以南非洲国家的借贷成本上升，对汇率造成更大的压力。缺乏资金将加剧该地区宏观经济失衡，公共债务及通货膨胀也达到了过去几十年来的新高。该地区半数国家出现了两位数的通货膨胀，进一步削弱了家庭购买力，冲击了最弱势群体，增加了社会压力。据估计，2023 年 1.42 亿人面临着严重的粮食短缺问题。[2]

在西亚北非地区，有以下几个因素可以解释这些国家的国内需求相对强劲。首先，旅游业反弹，酒店入住率恢复，许多国家（约旦、摩洛哥、卡塔尔、沙特阿拉伯）已经达到或超过疫情前水平。其次，2022 年中，大多数新兴市场经济体（埃及、约旦、摩洛哥）的侨汇流量表现强劲。在一

---

① 没有特别说明的情况下，本文数据来自 IMF 世界经济展望数据库（World Economcis Outlook Database），2023 年 10 月 18 日下载。

② IMF, "Light on the Horizon? Reginal Economic Outlook, Sub-Saharan Africa," https://www.imf.org/en/Publications/REO/SSA/Issues/2023/10/16/regional-economic-outlook-for-sub-saharan-africa-october-2023, October, 2023.

些新兴市场和经济体中，对私营部门（非金融企业和家庭）的贷款按实际
价值计算持续扩大，一些国家甚至出现了两位数的增长（埃及约为10%）。
最后，2022年，劳动力市场状况不再恶化，但劳动力和产品市场僵化等结
构性因素依旧阻碍着经济有效复苏，尤其是在新兴市场。海湾合作委员会
国家（巴林、阿曼、沙特阿拉伯）的就业人口继续保持增长态势，反映了
移民就业的反弹。2022年末，许多国家的失业率仍高于疫情前水平（约旦、
摩洛哥、突尼斯）。

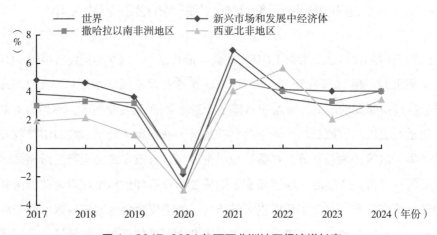

图1　2017~2024年西亚非洲地区经济增长率

注：2023~2024年为预测值。西亚北非地区：阿尔及利亚、巴林、吉布提、埃及、伊朗伊斯兰共和国、
伊拉克、约旦、科威特、黎巴嫩、利比亚、毛里塔尼亚、摩洛哥、阿曼、卡塔尔、沙特阿拉伯、索马里、
苏丹、阿拉伯叙利亚共和国、突尼斯、阿拉伯联合酋长国、约旦河西岸和加沙以及也门。

资料来源：IMF，"World Economic Outlook," October, 2023。

　　大多数石油出口国的通胀都在放缓，这与全球趋势一致。在持续加息
之后，一些经济体，特别是海湾合作委员会国家的整体和核心通货膨胀率
已恢复到历史平均水平。相比之下，其他石油出口国（阿尔及利亚、伊拉
克、伊朗）的通胀仍然居高不下，伊朗的通胀反映了货币贬值对物价的广
泛影响。西亚北非地区低收入国家的通胀仍在高位，直接影响粮食供给和
粮食价格。

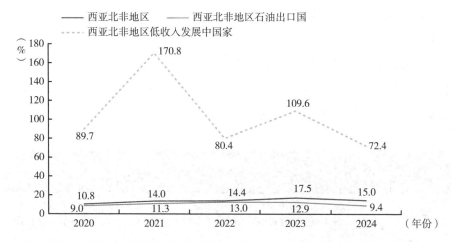

图 2 2020~2024 年西亚北非地区及石油出口国、低收入发展中国家通货膨胀率

注：2023~2024 年为预测值。西亚北非地区石油出口国：阿尔及利亚、巴林、伊朗伊斯兰共和国、伊拉克、科威特、利比亚、阿曼、卡塔尔、沙特阿拉伯和阿拉伯联合酋长国。西亚北非地区低收入发展中国家：吉布提、毛里塔尼亚、索马里、苏丹和也门。

资料来源：IMF, "World Economic Outlook," October, 2023.

在西亚北非地区，存在石油出口国的石油产量下降、新兴市场和中等收入经济体的政策环境趋紧以及某些国家面临困境等不利因素。石油减产和特定国家因素已开始对石油出口国造成压力。在 OPEC+ 三轮深度减产（2022 年 10 月、2023 年 4 月、2023 年 6 月）和沙特阿拉伯的额外临时减产之后，石油 GDP 增速放缓。海湾合作委员会国家的原油产量大幅削减，导致石油 GDP 增长减速。最重要的是，在制造业活动（阿曼、卡塔尔、沙特阿拉伯、阿拉伯联合酋长国）和服务业（巴林、阿曼、沙特阿拉伯、阿拉伯联合酋长国）强劲增长的推动下，非石油出口国国内生产总值持续强劲增长，部分抵消了石油国国内生产总值放缓的影响。

与此同时，西亚北非地区脆弱国家经济状况进一步恶化，冲突和与气候相关的冲击加剧了潜在的脆弱性。持续不断的冲突破坏了苏丹的基础设施，影响了基本服务提供，同时造成大量移民潮。在也门，联合国调解的停战协定于 2022 年到期，该国缺乏资金来确保进口足够的粮食以满足基本民生需求。在索马里，冲突和严重干旱导致大部分人口流离失所。相比之下，非脆弱国

家的经济表现总体上是积极的,如吉布提与埃塞俄比亚签订和平协议后贸易
呈现增长趋势,毛里塔尼亚强劲的服务业活动也支持了经济增长。

在撒哈拉以南非洲地区,虽然经济正在复苏,但区域内的经济分化正在
加剧,特别是资源密集型经济体的人均收入仍然较低。此外,以下因素仍然
影响这一地区的经济增长潜力释放。

表 1　撒哈拉以南非洲主要经济指数

单位:%

年份	经济增速 (年均增长率)	通货膨胀率 (年均增长率)	总财政收支 (含赠款,GDP 占比)	政府债务 (GDP 占比)	对外经常账户 (含赠款,GDP 占比)
2011~2019	3.8	8.3	−3.3	37.7	−2.8
2020	−1.6	10.1	−6.5	57.1	−2.7
2021	4.7	11.0	−5.0	56.6	−1.0
2022	4.0	14.5	−4.4	57.1	−1.9
2023	3.3	15.8	−4.2	57.7	−2.7
2024	4.0	13.1	−3.7	55.8	−2.8

注:2023~2024 年为预测值。
资料来源:IMF, "Regional Economic Outlook Update: Sub-Saharan Africa," October, 2023。

第一,通胀率居高不下且波动剧烈。2023 年 2 月,该地区通货膨胀率的
中位数约为 10%,是疫情以来的两倍多。14 个国家的通货膨胀率达到两位数,
约 80% 的国家食品通胀率也达到两位数。在大多数有明确通胀控制目标的国
家,通货膨胀率仍高于既定目标。通货膨胀进一步侵蚀了家庭购买力,冲击
了最弱势群体,增加了社会压力。

第二,该地区继续面临巨大的汇率压力。美元有效汇率 2022 年达到 20
年来的新高,增加了该地区以美元计价的债务价值和利息支出。此外,面临
美元利率升高,美元大量流出,撒哈拉以南非洲国家的外汇储备以及外汇汇
率都面临巨大压力。对浮动汇率国家而言,官方汇率同比贬值约 7%,加纳、
南苏丹和塞拉利昂甚至超过 20%。在布隆迪、埃塞俄比亚和尼日利亚,官方
市场与平行市场汇率差异巨大,有时甚至达到 90%。对于固定汇率国家而言,

虽然这些国家大部分盯住欧元或南非兰特，但也对美元汇率走弱，汇率压力表现为储备资产耗减。

第三，在撒哈拉以南非洲地区，缺乏资金对该地区造成了沉重打击，债务脆弱性加剧。2022 年，撒哈拉以南非洲的公共债务占 GDP 的 56%，达到 21 世纪初的水平。公共债务水平上升引发了对债务可持续性的担忧：该地区 35 个低收入国家中有 19 个国家已陷入债务困境或在 2022 年面临债务困境的高风险。2022 年，撒哈拉以南非洲国家中位数的利息支出占收入（不包括赠款）的 11%，约为发达经济体中位数的 3 倍。资金短缺还将影响该地区的增长前景，可能会迫使各国减少用于卫生、教育和基础设施等关键发展部门的资源，削弱该地区的增长潜力。

与主要发达经济体不同，撒哈拉以南非洲国家在疫情后的财政空间依然有限。这阻碍了政府部门采取有效措施恢复经济的能力，导致复苏乏力。此外，各国政府被迫减少用于卫生、教育和基础设施等关键发展部门的资源，从而影响了该地区的中期增长前景，追赶式增长仍缺乏坚实的基础，人均国内生产总值仍低于疫情前水平。缺乏财政空间也使各国在满足社会需求，特别是最脆弱群体的需求方面面临挑战。据估计，截至 2019 年，撒哈拉以南非洲地区 35% 的人口每天生活费不足 2.15 美元。①

二 西亚非洲主要国家经济形势回顾

（一）埃及：经济反弹趋势持续

2022 年埃及维持了较高的经济增长水平，达到 6.7%，预计 2023 年经济增速有所回调，下降至 4.2%。埃及保持较高经济增速主要受益于宽松的货币政策、实际出口增加以及投资增加。2022 年 1 月至 2023 年 2 月，埃及镑贬值超过 90%。此后，中央银行将埃及镑汇率稳定在 30~31 埃及镑兑 1 美元的水平，而平行市场上的汇率约为 40 埃及镑兑 1 美元。从国内部门来看，建筑业和能源行业是经济

---

① 世界银行低收入数据集的最新数据。

增长的主要引擎。在中央银行特别贷款机制的支持下，埃及政府正在推行低收入住房计划，首都开罗东部新行政首府城市的开发将成为拉动投资、推动增长的动力之一。除了上述住房计划，针对碳氢化合物产业链上游及下游的外商投资、长期私有化举措等将进一步助力国内投资稳步上升。2022~2023 财年埃及旅游业收入创历史新高，达到 136 亿美元，较上财年的 107 亿美元增长 27.1%。埃及提出，到 2028 年每年游客数量从 1500 万人次增加到 3000 万人次。[①]

未来五年，埃及将面临巨额预算赤字困扰，主要是由于利息成本不断攀升、燃料和电力补贴成本高昂、围绕新行政首都建设的资本支出以及福利和工资支出增加。鉴于经济形势严峻，预计2023~2024财政赤字占GDP比重为8.3%，而财政部此前目标为7%。税收系统的数字化和其他行政效率的提高成为中短期内增加财政收入的核心。未来，如果美国货币条件开始宽松（预计从2024年底开始），主权国家将有能力发行国际债券（包括伊斯兰债券），一旦有了外部融资，埃及就可以大量利用外部市场融资来替代成本高昂的本地借贷。

在货币政策方面，自2022年以来，中央银行已将政策利率提高了1100个基点，截至2023年10月，利率水平保持在19.75%。2023年迄今为止的六次货币政策委员会会议中有四次都维持了利率不变。埃及国内的通货膨胀压力将持续到2024年，主要原因是本币贬值、燃料及电力价格上涨以及赤字货币化，2023年8月的通货膨胀率为37.4%，预计2023年底的通货膨胀率为41.5%。面对目前仍处于高位并不断攀升的通货膨胀率，政府尚未采取行动的主要原因是公共财政压力过大，债务本息已经高达政府收入的65%。预计到2023年底，埃及利率将会上调50个基点，通过基准效应降低通货膨胀。

虽然2022年埃及出口创历史新高，达到516亿美元，同比增长18%[②]，但是由于食品和燃料进口价格飙升，埃及2022年经常账户赤字也达到六年来的最高点，占国内生产总值的4.6%。

---

① 《埃及 2022/2023 财年旅游业收入 136 亿美元，创历史新高》，中华人民共和国驻阿拉伯埃及共和国大使馆经济商务处，2023 年 10 月 10 日。

② 《2022 年埃及出口创历史新高》，中华人民共和国驻阿拉伯埃及共和国大使馆经济商务处，2023 年 3 月 27 日。

（二）伊朗：经济增速温和下降

宏观经济环境趋紧，特别是高通胀、公共财政紧张、高失业率、外汇储备不足以及外商投资极其有限，制约了伊朗经济增长。2022年，伊朗经济增速下降至3.8%，预计2023年经济增速持续承压，降至3.0%的水平。伊朗经济主要利好方面表现在国内生产扩大、政府收入增加等。根据OPEC发布的2022年年度报告，伊朗石油出口收入由2021年的255亿美元大幅增长至426亿美元，日均生产原油255.4万桶。[①]2023年8月，伊朗石油产量超过310万桶/天，为美国2018年恢复对伊制裁以来的新高，伊朗重回OPEC第三大产油国位置。[②]但工业产能的提高尚不足以支撑经济强劲增长。除此之外，美国制裁将严重限制出口市场准入、外国技术转让和投资，而国内通胀、货币加速贬值等因素给提振国内个人消费带来重重困难。2023年以来，伊朗国内投资重大基础设施升级（包括电力和供水）的能力被持续削弱，这将不利于农业和工业产出增长。而气候变化，尤其是干旱的负面影响将使农业和工业产出面临越来越大的风险。实际收入的下降和就业前景的疲软将影响个人消费。

在财政收入方面，2023年财政赤字问题依然困扰伊朗。2022年6月确定的新市场汇率、食品与商品进口价格上涨速度放缓有利于抑制通货膨胀，但受制裁影响造成的供给短缺以及财政赤字货币化也可能导致通货膨胀进一步加剧。

2023年伊朗迎来一系列利好消息。加入金砖国家组织有利于降低制裁对伊朗经济的影响。作为拥有全球1%的人口和11%的资源储量的国家，伊朗与金砖国家有着巨大的合作潜力。有专家认为，制裁导致的结算渠道不畅是制约伊朗经济发展的重要因素，金砖国家设立开发银行后，可以在金砖国家

[①] 《2022年伊朗石油出口收入达426亿美元》，中华人民共和国驻伊朗伊斯兰共和国大使馆经济商务处，2023年8月17日。

[②] 《伊朗法尔斯通讯社编译版：伊朗石油产量达美国2018年制裁以来新高》，中华人民共和国驻伊朗伊斯兰共和国大使馆经济商务处，2023年9月17日。

间的贸易中剔除美元，从而降低制裁对伊朗的影响。[①] 此外，2023 年 9 月，伊朗此前在韩国被冻结的 55.7 亿欧元外汇已存入 6 家伊朗银行在 2 家卡塔尔银行开设的账户，用于购买未受制裁的商品，此举在一定程度上将会缓解外汇储备不足的问题。

（三）沙特阿拉伯：单边石油减产或将影响经济增速

受大宗商品价格上涨推动，沙特经济 2022 年实现了 8.7% 的高增速。伴随着石油收入增加，净出口以及固定资产投资将为经济增长提供坚实的支撑。非石油经济受益于出口的强劲反弹，在石化产品和塑料销售增加的带动下，2022 年 1~5 月出口收入增长 32%。此外，服务行业特别是宗教和非宗教旅游业复苏也强势推动了非石油部门服务业的生产总值增长。[②] 从中期来看，天然气产量的扩大有助于支撑碳氢化合物部门的发展，预估天然气储量为 2000 万亿立方英尺的贾夫拉（Jafurah）气田的开发工作已经开始，为沙特迅速扩张的石化工业提供了重要支撑。2022 年 10 月沙特启动了国家工业战略，通过吸引投资发展非石油经济，帮助沙特实现经济多元化。该战略重点关注 12 个子行业，创造超过 800 个投资机会，计划到 2035 年工厂数量将增加至 36000 家，到 2030 年制造业产值将增加两倍，工业出口价值将提高至 5570 亿里亚尔，工业的额外投资总额将增加到 1.3 万亿里亚尔。[③] 沙特在 2023 年下半年实施的 100 万桶 / 天的单边石油减产措施，将会较大程度地影响沙特当年经济增速。同时，伴随日益严格的货币政策以及油价下降带来的负面影响，预计 2023 年沙特经济增速将降至 0.8%。随着单边石油减产的逐步结束，石油行业将恢复增长，2024 年沙特的实际国内生产总值将出现反弹。在碳氢化合物产量稳步增长以及旅游业、制造业和物流业等非石油行业贡献率上升的推动下，沙特经济将在中

---

① 《加入金砖国家有助于降低制裁对伊朗经济发展的影响》，中华人民共和国驻伊朗伊斯兰共和国大使馆经济商务处，2023 年 8 月 31 日。

② 唐恬波：《沙特阿拉伯 GDP 增速领跑全球》，《世界知识》2023 年第 8 期。

③ 《沙特王储启动国家工业战略》，中华人民共和国驻沙特阿拉伯王国大使馆经济商务处，2022 年 10 月 30 日。

短期内保持相对强劲的增长。

财政政策方面，保持财政收支平衡成为关注的焦点。由于油气收入占政府收入的 2/3 以上，伴随石油价格波动以及减产，沙特政府的财政收入将出现大幅波动。不过，沙特阿美公司于 2023 年 8 月宣布，计划向股东支付额外的"业绩挂钩"股息，由于政府是阿美石油公司的主要股东，沙特近期的财政收支也将得到一定改善。

在沙特的经济转型中，劳动力市场改革及数字化革命将发挥突出作用。从就业情况看，沙特从事高技能工作者的比例从 2016 年的 32% 增加到 2022 年的 42%。女性劳动参与率在过去四年中翻了一番，达到 37%，明显超过《沙特愿景 2030》中 30% 的目标。数字部门对整体经济增长的贡献率从 2016 年的 0.2% 提高到 2022 年的 15%，从而增强了金融部门的弹性、政府效率和金融包容性。

货币政策方面，沙特货币里亚尔与美元挂钩的趋势中短期内不会发生变化，沙特央行利率政策将继续跟随美国利率走势。到 2022 年底，沙特利率已升至 5.25%。随着美国通胀放缓，美国利率如果回调，沙特里亚尔利率也将回调。

在通货膨胀方面，2023 年强势美元（里亚尔的固定汇率）持续缓解沙特进口通胀问题，趋于收紧的货币政策有助于降低房地产市场过热带来的风险，国内燃料价格上限措施有助于抑制电力和运输成本上涨压力。预计沙特通货膨胀率将从 2022 年的 2.5% 下降至 2023 年的 2.2%。

沙特阿拉伯与伊朗恢复外交关系是沙特阿拉伯外交政策立场更广泛转变的一部分，旨在加强沙特在该地区以及全球舞台上的影响力。沙特将于 2024 年初加入由新兴经济体组成的金砖国家组织，这也将为沙特的上述努力提供支持。

（四）尼日利亚：经济政策调整效果尚未充分显现

尼日利亚是撒哈拉以南非洲地区最大的经济体，也是石油出口国和 OPEC 成员国。碳氢化合物创造了约 50% 的财政收入和 80% 以上的出口收入，但农业和服务业对国内生产总值的贡献相对较小。在经历疫情以及2022年燃油短缺、通胀飙升等不利局面后，尼日利亚经济增长率达到3.3%。新一轮的通胀压力和货币紧缩政策导致国内需求萎缩，2023年经济增长将持续放缓，预计为2.9%。

2022~2023年，尼日利亚采取了一系列经济改革措施。为抑制通货膨胀，央行自2022年已经连续五次提高政策利率，2023年1月达到17.5%，成为自2006年引入这一政策利率以来的最高水平。2022年10月起，尼日利亚央行推行新旧货币互换计划，以吸收银行体系外公众囤积的过多现金①，防止假币，控制通货膨胀并遏制绑架等犯罪活动。②然而，该计划几经反复，带来的货币紧缺问题让尼日利亚货币总量从2022年10月31日的3.3万亿奈拉跌至2023年1月末的1.54万亿奈拉，下降了53.33%。受新版奈拉政策影响，超过70%的现金被清空，预计损失可能高达20万亿奈拉。③商业活动和日常生活都因此受到波及。④2023年执政党全体进步大会党博拉·提努布当选尼日利亚总统，推行了一系列包括汇率自由化、取消燃料补贴的改革措施。预计汇率改革至少会出现倒退。由于通货膨胀率居高不下，债务压力可能会减小。随着市场改革带来的冲击减弱，经济增长将加速，并在2025年达到多年来的最高点，这主要是由放松管制的电力行业的投资推动。

从财政政策看，预计2023年赤字将继续扩大，约占国内生产总值的4.5%。虽然2023年尼日利亚偿债负担较之2022年高点已有所缓解（当时债

① 尼日利亚央行网站，https://www.cbn.gov.ng/out/2022/ccd/naira_redesign.pdf，访问日期：2023年10月10日。

② 尼日利亚央行网站，https://www.cbn.gov.ng/Out/2023/CCD/Press%20Statement%20by%20Godwin%20Emefiele%20on%20the%20Progress%20of%20Implementation%20of%20New%20Redesigned%20Currency%20by%20Central%20Bank%20of%20Nigeria.pdf。根据尼日利亚中央银行数据，2015年尼日利亚流通货币近1.4万亿奈拉。到2022年10月，流通中的奈拉接近3.23万亿，其中只有约5000亿奈拉在银行系统，约2.7万亿奈拉被公众永久性地留在手中持有，访问日期：2023年10月10日。

③ 《受新版奈拉政策影响，尼日利亚经济损失达20万亿奈拉》，中华人民共和国驻尼日利亚联邦共和国大使馆经济商务处，2023年3月17日。

④ 《尼货币流通量三个月内下降53.33%》，中华人民共和国驻尼日利亚联邦共和国大使馆经济商务处，2023年2月28日。

务本息与财政收入比值接近 100%），但公共债务规模进一步增加。为应对上述局面，政府希望放宽有关年度借款限额的财政责任法律，允许政府在财政收入表现不佳时求助于债务市场而非尼日利亚中央银行。[①]2023 年初，中央银行的绝大部分贷款被转换为票面利率为 9% 的 40 年期债券，偿债时限和成本问题均得到缓解。

尽管产量尚未恢复到 2010 年初的最高水平，但尼日利亚的石油和天然气行业仍在经济中发挥着举足轻重的作用，不仅在出口中占据主导地位，石油天然气收入更占财政收入的一半左右。随着尼日尔三角洲安全局势改善，石油出口量预计将增加，2024 年新炼油厂投产后将取代燃料和化学品的进口。

（五）南非：电力供应短缺困扰经济发展

在南非，经济增长预计将从 2022 年的 1.9% 下降到 2023 年的 0.9%。除全球经济增速放缓放大了国内制约因素影响外，严重的电力短缺扰乱了企业的日常运营。[②]此外，南非还面临着交通瓶颈、失业率居高不下和高利率等问题。这些因素的综合影响将拖累国内经济增长，导致人均实际 GDP 萎缩。财政紧缩使 2023 年经济增长更加乏力，政府支出增加也将阻碍经济增长。电力供应不足近年来一直困扰着南非经济发展。南非国家电力公司发电量从 2011 年的 240528 千兆瓦时近期峰值降至 2022 年的 214755 千兆瓦时，创 19 年来新低。

在财政政策方面，南非主要的财政风险包括福利支出不可持续的增长、半官方企业沉重的债务负担以及公共部门工会对削减工资的抵制。2023 年通胀率将回落至央行制定的 3%~6% 目标区间内。主要的通胀风险是 7 月电费上涨（用户电费上涨约 15%）、兰特贬值以及乌克兰危机导致全球石油和食品价格上涨。抑制通胀的因素包括国内需求疲软、工业产能过剩、零售业竞争激烈以及利率上升。

---

① 尼日利亚央行贷款成本甚至比政策利息率（18.25%）还要高 3%，偿债成本高昂，如果政府有能力更多地从市场上借款（成本低于从中央银行借款），偿债负担将会相应减轻。

② 造成这种现象的主要原因是南非 80% 的电力来自燃煤发电，但火力发电设备老化、管理不善以及新电厂建设缓慢。引自邹松《南非努力应对电力危机》，《人民日报》2023 年 7 月 18 日。

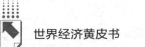
在货币政策方面，2023年3月，南非储备银行为应对全球通胀上升的趋势，将基准回购利率上调50个基点至7.75%，创下14年来的新高。国内利率上调有助于维持与主要市场之间的正向利差，从而通过促进资本流入来支撑兰特。自2021年11月基准利率累计上调425个基点以来，南非储备银行紧缩周期已接近尾声，但考虑到美国的货币紧缩政策和国内通胀走高，预计2023年底基准利率还存在上调空间，可能达到8%的峰值，最优惠贷款利率将达到11.5%。

三　西亚非洲地区经济展望

西亚北非地区经济增长放缓，反映了石油减产、紧缩的宏观经济政策以及各国具体因素的影响。由于需要应对经常性冲击，许多经济体支持经济活动的政策空间缩小，全面改革实施进展缓慢，影响了投资、就业和包容性等发展议题，同时削弱了抵御冲击的能力。日益严峻的气候挑战增强了行动的紧迫性。由于石油出口国的石油产量下降、新兴市场和中等收入经济体的政策环境趋紧以及各个国家特有的不利因素，预计西亚非洲地区2023年经济增长将明显放缓，从2022年的5.6%降至2.0%。一些国家的公共部门债务仍然很高，预计中期增长将继续受到抑制。尽管通胀问题正在广泛缓解，但一些经济体的通胀仍然居高不下，高粮价加剧了粮食不安全状况。

撒哈拉以南非洲的经济增长在2021年反弹后，将从2022年的4.0%下降到2023年的3.3%。一些共同因素可以解释经济增长表现不佳的原因，包括中央银行为应对通胀而提高利率，以及乌克兰危机抑制了全球经济活动，从而影响了该地区的出口。不过，整个地区的情况差异很大。尼日尔、刚果民主共和国和塞内加尔处于经济增长上行趋势明显，预计这些国家2023年即将上线的石油和天然气将大大促进其国内生产总值的增长。与此相反，赤道几内亚由于石油产量下降，经济大幅萎缩。与此同时，受停电问题加剧、外部环境疲软以及2022年底经济增长放缓的负面效应影响，南非经济增长预计2023年大幅降至0.1%。

　　西亚非洲经济未来将受到地缘局势变化的深刻影响。一方面，西亚非洲地区的沙特、埃及、伊朗以及埃塞俄比亚获邀加入金砖国家组织，有利于金砖合作在该地区的进一步深化，协助地区内各国应对各类风险挑战。另一方面，来自该地区的不确定性进一步上升，给经济增长投下阴影。自 2023 年 6 月以来，由于欧佩克＋延长减产计划，国际石油价格上涨了约 25%。粮食价格居高不下，乌克兰危机升级、局部地区冲突升级等可能进一步扰乱粮食价格，给西亚非洲国家带来重大挑战。

参考文献

Alvarez Jorge, Alexandre Balduino Sollaci, Mehdi Benatiya Andaloussi, Chiara Maggi, Martin Stuermer, Petia Topalova, "Geoeconomic Fragmentation and Commodity Markets," IMF Working Paper 23/201, International Monetary Fund, Washington, DC, 2023.

Anderson Gareth, Jiayi Ma, Tokhir Mirzoev, Ling Zhu, Karlygash Zhunussova, "A Low-Carbon Future for the Middle East and Central Asia: What are the Options?" IMF Departmental Paper 22/018, International Monetary Fund, Washington, DC, 2022.

EIU, "Country Report," October, 2023.

IMF, "Regional Economic Outlook Update: Middle East and Central Asia," October, 2023.

IMF, "Regional Economic Outlook Update: Sub-Saharan Africa," October, 2023.

IMF, "World Economic Outlook," October, 2023.

International Monetary Fund (IMF), "Geoeconomic Fragmentation: Sub-Saharan Africa Caught between the Fault Lines," Analytical Note in Regional Economic Outlook: Sub-Saharan Africa, Washington, DC, April, 2023.

Y.10
中国经济：当前经济运行的
主要挑战是需求不足

张　斌　徐奇渊*

摘　要： 2023 年以来，中国宏观经济的突出特征是物价低迷、经济增长缓慢和就业压力三者同时出现，说明制约经济增长的主要挑战并非来自供给端，而是需求端，即总需求不足的挑战，具体表现为政府支出、企业支出和居民支出三者之间形成了负向循环，全社会信贷增长乏力。为此，需要进一步加大逆周期政策力度，通过充分降低利率、增长公共部门支出和一揽子房地产政策，我国有望实现更快、更健康的经济恢复。

关键词： 中国经济　需求不足　货币政策　财政政策　房地产市场

进入 2023 年，中国经济复苏过程仍面临来自外部环境、结构性问题和总需求不足的多重挑战，其中需求不足是主要挑战。需求不足主要表现为在政府支出、企业支出和居民支出三者之间形成了负向循环，全社会信贷增长乏力。为此，需要进一步加大逆周期政策力度，通过充分降低利率、增长公共部门支出和一揽子房地产政策，我国有望实现更快、更健康的经济恢复。

---

* 张斌，中国社会科学院世界经济与政治研究所研究员，主要研究方向：宏观经济、国际金融；徐奇渊，中国社会科学院世界经济与政治研究所研究员，主要研究方向：宏观经济、国际金融。

一　当前中国经济运行的主要特征

2023 年前三季度我国不变价 GDP 累计同比增长 5.2%，增速较上年同期提高了 2.2 个百分点，经济恢复态势总体平稳。但综合观察生产、内外需、就业和价格指标可见，我国经济复苏基础仍待筑牢，当前依然面临较突出的需求不足问题。

工业生产受汽车制造支撑，但消费品生产显著下滑。内需方面，居民消费温和改善，但消费的能力和意愿仍有待提升；房地产投资仍未见底部，成为拖累投资的最主要力量，制造业投资受制于内需不足而稳中有降，基建投资发挥支撑作用但内部出现分化。外需方面，受全球需求缩减影响走弱，出口负增长。

城镇调查失业率显示城镇就业有所改善，但就业景气数据表明整体就业压力依然较大。总需求不足问题在价格方面表现十分突出，CPI 进入"零增长"时代，核心 CPI 持续低位运行，PPI 持续为负。

（一）汽车制造支撑工业生产回升，消费品制造显著拖累工业生产

2023 年工业生产呈现稳健回升态势，规模以上工业增加值累计同比增速逐月小幅提高，1~9 月累计增长 4.0%，较 2022 年末抬升 0.4 个百分点，较 2022 年同期高 0.1 个百分点。作为工业部门的主体，制造业恢复则更为显著，1~9 月制造业规模以上增加值累计同比增 4.4%，较上年同期提高 1.2 个百分点。分行业看，新能源汽车的较强劲增加是制造业生产回升的最主要因素。1~9 月汽车制造业增加值累计增长 11.4%，在主要制造业行业中位居前列。其中，1~9 月新能源汽车产量累计同比增长 26.7%，大幅高于整体汽车产量 4.6% 的增速。同时，包含新能源汽车电池制造的电气机械及器材制造业在 1~9 月累计实现了 14.1% 的高增长，有力支撑了整体工业生产恢复。

相对而言，一般消费品制造业则受制于需求不足，生产出现明显的下滑。1~9 月，作为较具代表性的消费品行业，酒饮料和精制茶制造业、纺织服装业、家具制造业、计算机通信和其他电子设备制造业的规模以上企业增加值

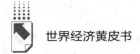

分别为 -0.2%、-8.8%、-9.1%、1.4%，均大幅低于整体规模以上工业增加值增速，对工业生产形成显著拖累。

（二）居民消费倾向持续回升，消费能力仍有待提高

1~9 月社会消费品零售总额累计同比增长 6.8%，走出了上年同期接近零增长的局面。居民消费的重要支撑因素是消费倾向在 2023 年持续回升。根据国家统计局的住户调查数据，居民消费倾向（人均消费支出 / 人均可支配收入）2023 年逐季度回升，1~9 月为 66.4%，较 2020~2022 年同期的平均水平高出 2 个百分点，较为接近 2019 年及以前的水平。但整体而言，6.8% 的社会消费品零售增速较 2017~2019 年的平均水平仍有 2.5 个百分点的差距，居民消费复苏仍显不足。

消费的结构数据也显示居民消费的能力和意愿不足。一方面，耐用品和房地产相关商品消费下滑明显，1~9 月家用电器和音像器材、家具、建筑装潢材料的限额以上零售企业销售额均负增长，累计同比增速分别为 -2.8%、-5.6%、-15.4%。另一方面，服务类消费在上半年出现较强劲反弹后，下半年表现略显疲态。得益于出行限制的变化和居民消费倾向的回升，加之低基数效应，2023 年 3~5 月的社会消费品零售中的餐饮收入当月同比增速均高于10%，但 6~9 月的同比增速则下滑至 6% 以下，后劲明显不足。

（三）房地产投资未见底部、制造业投资受制于内需不足稳中有降，基建投资内部分化

进入 2023 年，我国固定资产投资增速逐月下滑，1~9 月累计同比增速为 3.1%，分别比第一季度、第二季度末低 2.0 个和 0.7 个百分点。房地产投资仍在探底，是拖累投资的最主要因素。1~9 月房地产开发投资累计同比增速为 -9.1%，降幅较上年同期扩大 1.1 个百分点；7~9 月，房地产开发投资当月同比增速分别为 -17.8%、-19.1% 和 -18.7%，未见探底信号。

制造业投资 2023 年保持相对稳定，但稳中有降。1~9 月投资累计同比增 6.2%，较上年同期低 3.9 个百分点。制造业的韧性主要来自汽车以及工业中

间品制造业，汽车制造业、电气机械及器材制造业、仪器仪表制造业 1~9 月累计投资分别增长 20.4%、38.1%、24.3%，是除烟草和机械设备维修外，投资增速超过 20% 的 3 个行业。消费品行业投资则不太乐观，纺织服装、家具、文体娱乐用品行业累计投资增速均为负，酒饮、皮革制品等消费品行业投资增速也低于整体制造业投资增速。

基建投资内部出现分化，公共设备管理业投资成为拖累。2023 年的基建投资仍然发挥了稳定整体投资的作用，1~9 月基建投资（三大行业）累计同比仍保持 10% 左右的增速。但基建投资内部出现明显分化，财政压力和隐债治理使得公共设施管理业投资大幅下降。基建三大行业中，电力、热力、燃气及水的生产和供应业的投资增速始终保持高位，交通运输、仓储和邮政业的投资增速也维持在 10% 左右。但占整体基建投资一半以上的水利环境和公共设施管理业投资在第三季度出现大幅回落。水利环境和公共设施管理业投资增速在第二季度出现了大幅下降，并在 6 月转负。7~9 月该行业投资增速进一步下降，当月同比增速分别为 -6.7%、-7.1% 和 -3.1%。结构上看，带动这部分基建下降的关键原因是公共设施管理业投资增速出现了大幅下降，累计同比增速从第一季度末的 7.1% 降到第二季度末的 2.1%，并进一步在第三季度末降到 -1.2%。由于公共设施管理业相关投资与市政工程密切相关，这部分投资大幅回落在很大程度上印证了地方政府面临的财政压力不断加大，同时地方政府可用的融资渠道明显受限，使得这部分投资在第三季度出现了明显回落。

（四）外需走弱，出口表现下滑

2023 年 1~9 月，我国以美元计价的出口额累计同比增速为 -5.7%，比上年同期大幅下滑 17.4 个百分点。这与年初以来全球经济贸易减速态势相对应，数据显示，9 月摩根大通全球制造业 PMI 指数为 49.1%，较上月回升 0.1 个百分点，但延续了近 13 个月以来的收缩状态。在出口目的地上，我国对发达经济体的出口在 2023 年有大幅下降。1~9 月，对美国、欧盟、日本出口累计同比增速分别为 -16.9%、-10.9%、-8.6%，较上年同期降幅均超 15 个百分点；

中国对美日欧出口占全部出口额的比重在 1~9 月降至 34.6%，较上年同期低 3.1 个百分点。

对发达经济体出口下滑可能是由以下原因引致的：一是美日欧等经济体经济均面临不同程度的下行压力，需求走弱；二是疫情期间发达经济体对耐用品集中消费后，耐用品需求阶段性减退；三是地缘政治冲突因素也在影响中国对美日欧的出口。但其中最主要的因素可能是发达经济体自身的需求减弱，中国对东盟的出口也在下半年开始回落。从 2023 年 6 月开始，中国对东盟出口增速开始转负，前三季度累计增速较第一季度末下降 24.6 个百分点至 -6.7%。过去几年，在贸易冲突背景下，我国对东盟出口商品中有相当一部分为半制成品，在当地加工装配后出口欧美。但 2023 年下半年的贸易数据显示，主要东盟国家对欧美出口增速也普遍下滑，导致东盟国家从我国的进口相应下降。这或许说明，中国对发达经济体出口乃至整体出口的下滑，主要因素仍然是全球需求减弱。此外，值得注意的是，2023 年中国对俄罗斯出口激增，1~9 月累计同比增长 56.9%，主要是由于国际制裁加剧背景下俄罗斯将从欧洲等地的商品进口转向我国。

（五）失业率有所改善但就业景气程度依然不高

2023 年，城镇调查失业率整体持续下行，9 月为 5.0%。这一失业率相较 2022 年初峰值的 6.1%、2022 年末的 5.7% 都显著改善，与 2019 年全年的失业率相比也是较低水平。但需要注意的是，由于我国特殊的城乡二元结构和当前特定的发展阶段，我国城镇人口、城镇就业指标的代表性显然不足。根据已有研究，[①] 在企业用工视角下，用制造业 PMI 从业人员、非制造业 PMI 从业人员这两个指标可以计算出近似的中国非农就业景气指数：2023 年 9 月加权的从业人员景气指数为 47，明显低于 2019 年 48~49 的波动区间。从近几年的数据来看，2023 年 9 月的加权景气指数（47）仅仅高于 2020 年 2 月、2022 年 4 月和 5 月、2022 年 10 月至 2023 年 1 月这些特殊时间段。这说明在城镇就业指标有所改善的同时，我国实际面临的就业压力依然较大。

---

① 徐奇渊：《如何理解当前的就业形势》，《中国改革》2023 年第 6 期。

（六）CPI同比低增长，PPI持续负增长

2023 年 CPI 同比增速持续走低，4~9 月当月同比增速分别为 0.1%、0.2%、0、-0.3%、0.1%、0，于 6 月正式进入"零增长时代"，至 9 月维持在 0 值。核心 CPI（不包括食品和能源）处于低位，全年处于 1% 以下，反映出总需求不足问题仍未得到改善。截至 2023 年 9 月，PPI 已经连续 12 个月位于负值区间。但下半年以来，PPI 同比降幅有所收窄，9 月末 PPI 同比增速为 -2.5%，较 6 月末提高了 2.9 个百分点。高基数效应消退和石油、煤炭等大宗商品价格企稳回升是带动 PPI 增速出现边际改善的主要原因。目前 PPI 仍处于负增长区间，预计年底有机会回到零增长区间。低通胀是经济运行的结果，反映出国内依然存在比较明显的总需求不足问题。

二　当前经济运行的主要挑战及其表现

当前经济运行中存在多方面的挑战。有的来自外部环境变化，有的来自新冠疫情的影响，有的来自产业结构变化过程中的"破旧易、创新难"，有的来自产业政策跟不上新兴产业变化，还有的来自城市化过程中土地、公共管理和公共服务不配套，如此等等。其中很多都是结构性、深层次问题，能不能解决好这些问题关系到中国经济的长期发展。

然而就近期的经济表现而言，上述这些结构性、深层次问题未必是主要挑战。如果经济的主要挑战是供给端，是生产效率提升出了问题，宏观经济表现应该是经济增速下降的同时通胀上升。然而事实并非如此，2023 年宏观经济表现的突出特征是物价低迷、经济增长缓慢和就业面临压力三者同时出现，说明制约经济增长的主要挑战并非来自供给端，而是需求端，即需求不足。2023 年 7 月 24 日召开的中共中央政治局会议指出，当前经济运行面临新的困难挑战主要是国内需求不足。

需求不足可能部分来自以上提到的结构性、深层次问题，但同时也有其独立的、更主导性的原因。当各种各样的结构性、深层次问题加在一起的时

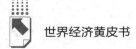
候，一个新的、独立的、对经济带来更大伤害的挑战出现了。这个挑战是居民、企业和政府三个部门支出下降形成的负向循环。

当前全社会总需求有以下三个表现。一是居民消费恢复较慢，不敢花钱；二是地方政府收支压力大，侧重于化解债务、减少开支；三是企业不敢借钱，不愿投资。这三个现象之间相互关联：居民不敢花钱，企业的销售收入和利润就不会好；企业的销售收入和利润不好，政府税收、居民收入和就业跟着不好；政府收入不好，政府支出就会下降，居民和企业的收入会受到影响。这样一来，就形成了三个部门支出下降的恶性循环。恶性循环中，由于居民和企业收入持续下降，居民和企业对未来的预期不断减弱又会进一步减少支出，放大矛盾。

与全社会购买力下降相关的直接证据是居民、企业和公共部门的融资规模都出现明显下降。2023年居民部门新增贷款逐季下降，第二季度居民部门新增贷款较第一季度大幅回落，新增人民币贷款1.09万亿元，较第一季度少增约7000亿元，第三季度较第二季度继续少增400亿元。前三季度居民新增贷款合计3.85万亿元，比2020年、2021年同期均低2万亿元以上，仅略高于2022年同期。

企业部门间接融资2023年同比表现优于往年，但环比表现与居民部门类似，出现逐季下降。前三季度企事业单位贷款新增合计15.7万亿元，较上年同期多增1.2万亿元，但这一多增幅度显著小于上年同期（4万亿元）。并且，2023年新增的企业贷款集中在第一季度，第二、第三季度企事业单位贷款额分别环比下降5.2万亿元和9500亿元。企业部门的直接融资则直接逊于往年，1~9月企业新增债券融资合计1.6万亿元，较上年同期少增6100亿元；新增股票融资较上年无明显变化。

公共部门发债融资也增长乏力，城投平台债务融资受限明显。1~9月，社会融资规模口径下，政府债券合计新增5.9万亿元，较上年同期基本无变化。城投平台的债券融资则受到分类监管要求，债务压力突出地区的城投基本失去了自主新增融资的能力，这也印证了除2023年第二季度以外公共设施管理业投资增速大幅下降。

当前，我国政府、企业、居民部门间的信贷和支出下降存在互相强化态势，政府尤其是地方政府因债务风险化解的压力而不得不压减支出，居民部门因就业压力和房地产市场下行而压低了收入预期、消费不足，企业部门在政府缩减支出和居民压抑消费的前提下，也难获投资动机。如果放任上述负向循环继续演化，全社会信贷和支出的螺旋下降会给经济运行带来更严峻的考验。

三 如何化解经济运行的主要挑战

打破负向循环的着力点在于让各部门有钱花，愿意花钱。负向循环的表现反映在钱上面：居民没钱花、不敢花钱消费；地方政府没钱；企业不敢借钱，也不愿意花钱投资。政府、企业和居民三个部门当中，必须要有一个部门站出来率先打破负向循环。这个部门只能是政府。这是政府经济管理职能所在，也只有政府才掌握这种政策资源。由政府打破负向循环局面，具体而言主要是以下三方面的工作。

一是降低政策利率。据保守估算[①]，通过充分降低政策利率，可以让居民、企业和政府每年减少利息支付不低于 6 万亿元，同时增加金融资产估值不少于 15 万亿元，这会极大地改善各个部门的现金流和资产负债表，让大家有钱花，有消费和投资的底气。

新冠疫情暴发以来，我国采取了多次降低政策利率的举措，但是利率下降幅度远小于物价下降幅度，真实利率不降反升，不能有效地支撑总需求恢复。2023 年第二季度，银行间市场利率回落。存款类金融机构 7 天质押式回购加权利率（DR007）8 月均值为 1.86%，较 3 月回落 19 个基点。伴随物价的快速下行，真实利率迅速向上攀升。用人民币贷款加权平均利率减去 GDP 缩减因子衡量的真实利率比上年底上升了 300 个基点，用人民币贷款加权平均利率减去 CPI 衡量的真实利率比上年底上升了 150 个基点。货币政策，特

---

① 张斌、朱鹤、钟益:《如果政策利率降到零》,《财经》2023 年 6 月 12 日。

别是政策利率调整还需要进一步发力，把真实利率充分降下去，才能为总需求增长制定合理的激励机制。

对降低政策利率的主要担心有两个方面，一方面对人民币汇率的担心，另一方面对银行利差的担心。这些担心都有其合理性，但应该看到，无论是人民币汇率还是银行的经营，最根本的保障还是经济，是避免经济陷入恶性循环。人民币汇率和银行经营的周期性波动不会对经济带来实质性伤害。解决了主要矛盾，对人民币汇率和银行业经营而言是更根本性的保障。①

二是增加公共投资支出。政府增加公共投资支出，对应的是政府增加购买企业的产品和各种服务，增加企业和居民收入。当企业和居民没钱花、不敢花钱的时候，通过政府花钱提高企业和居民收入，也是支持他们花钱、打破恶性循环的有效方式。我国的基础设施建设依然有很大空间，政府主导的投资依然大有可为。在传统交通基建领域，根据 Statista 的统计，截至 2021 年中国有 248 个民用机场（不含港澳台地区）。而 2020 年美国的公用机场就达到了 5217 个（另外还有 14702 个私人机场）。中国的高铁建设在近年取得长足进步，但《国际统计年鉴 2021》显示，我国铁路总里程 2019 年为 6.8 万公里，而美国铁路里程高达 15 万公里；我国 2019 年公路总里程为 501 万公里，同期美国为 664 万公里。也就是说，我国人口是美国的 4 倍有余、国土面积相当，但公路里程、铁路里程、机场数量分别仅为美国的 75%、50% 不到、10% 不到。市政基础建设也还有提升空间，停车场短缺、城市内涝是中国众多城市发展中的普遍问题，与此相关的停车场建设、道路规划和地下管廊建设仍需加力。信息服务、新能源业态建设等"新基建"也还存在较大短板，这对创新升级而言也至关重要。

政府收入不足不能成为抑制政府支出的理由，"量入为出"的思维在宏观经济管理中是顺周期行为，无法指导财政政策发挥逆周期调节功能。在收入不足的情况下，为了满足积极财政政策的需求，应该果断地增加政府显性债

---

① 张斌：《全球货币政策转向下的中国货币政策选择》，《清华金融评论》2022 年第 4 期。

务，无须过度担心政府会因此承担过多债务。[1] 政府支出大于收入，需要增加举债才能完成支出目标。对政府债务可持续性的最大保障不在于少借债，而在于把经济搞上去，经济好了，对政府债务安全是最大的保障。我国私人部门储蓄率高，储蓄远大于投资。这种情况下政府举债增加支出，是把私人部门没有利用的储蓄给充分利用起来，不会增加通胀压力。从国际比较看，即便是纳入地方政府隐性债务，我国政府的债务负担并不重，举债的空间远大于发达国家和绝大部分发展中国家。

三是稳定房地产市场。通过对我国社融和金融资产创造的分解来看，过去十年，我国企业、政府和居民新增的融资来源，有 2/3 来自房地产和平台公司创造的新增贷款和举债。我国房地产市场的下行固然要考虑房地产需求长期内减弱的缘故，但房地产销售、开工持续近 3 年的大幅下滑，并非能由需求下行的长期因素完全解释。应该正视仍有相当一部分城镇居民的刚性住房需求未被满足的事实，以及房地产企业破产蔓延可能带来的严重后果。

需要多管齐下稳定房地产市场，当务之急是支撑市场需求和稳定市场主体。支撑市场需求的政策包括：住房抵押利率折扣；对新市民和农民工购房的税收政策优惠；因城施策，取消各种类型的购房限制。稳定市场主体的政策包括：成立房地产稳定基金，帮助问题房地产企业资产重组；调整预售资金管理，救企业与救项目并重。

选对政策的着力点。打破恶性循环，不需要太多部门介入，不需要那么多政策一起上，关键是对症下药。问题的根子在钱上。通过政策利率、公共投资和房地产三类政策，把信贷撑住了，居民、企业和政府口袋里都有了钱，恶性循环自然就被打破了。在此之外的其他政策，无论是鼓舞士气也好，提振信心也好，只能起辅助作用。

政策力度要大过市场预期。面临市场的恶性循环局面，政策的支撑力度一定要远大于市场的下行力度，只有这样才能扭转局面，否则前前后后政策加在一起用了不少，但是效果不显著，还是不能打破恶性循环。这样让市场

---

[1]　徐奇渊：《全面理解宏观调控政策空间》，《中国金融》2022 年第 7 期。

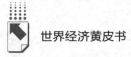

对政策的有效性有了质疑，政策空间会越来越小。

要干好也要说好。与市场的沟通非常重要。现阶段，职能决策部门要向市场明确宣布会用足政策，坚决实现这个目标，这样才能引导市场跟着政策方向一起走，最终需要用的政策反而会更少。

参考文献

徐奇渊：《全面理解宏观调控政策空间》，《中国金融》2022年第7期。

张斌：《全球货币政策转向下的中国货币政策选择》，《清华金融评论》2022年第4期。

张斌、朱鹤、钟益：《如果政策利率降到零》，《财经》2023年6月12日。

《中共中央政治局召开会议 分析研究当前经济形势和经济工作》，《人民日报》2023年7月25日。

专题篇

Y.11

国际贸易形势回顾与展望：
陷入低迷　有望回升

马盈盈　苏庆义 *

摘　要： 2021 年世界货物贸易因新冠疫情影响消退而强劲反弹之后，2022 年世界货物贸易增速放缓，实际增速为 3.0%，低于 2021 年的 9.6%。由于商品价格尤其是能源价格持续上涨，2022 年世界货物贸易名义增速依然高于实际增速。世界商务服务出口额为 7.04 万亿美元，增长 14.8%。2023 年上半年世界货物贸易增速为负，服务贸易增长较为平稳。2023 年下半年世界货物贸易增速将略有回升，服务贸易将维持较好的表现。预计 2023 年全年货物贸易实际增速在 0.5%~2.0%，相比 2022 年陷入低迷。2024 年世界货物贸易增速相比 2023 年会有所回升，但同时应警惕通胀反弹、乌克兰危机等不确定性事件带来的影响。

关键词： 货物贸易　通货膨胀　商品价格　服务贸易

* 马盈盈，中国社会科学院世界经济与政治研究所助理研究员，主要研究方向：国际贸易；
苏庆义，中国社会科学院世界经济与政治研究所研究员，主要研究方向：国际贸易。

一 2022年国际贸易形势回顾

（一）货物贸易

世界货物贸易在经历2021年强劲反弹之后，2022年大幅下滑，实际增速（贸易量的增长）为3.0%[①]。本报告在上一年度预测2022年的货物贸易实际增速为3%~4%，略高于实际呈现出来的增速（3.0%），原因在于，由于新冠疫情感染人数增加、主要经济体货币紧缩效果显现、全球商品价格上涨等因素，2022年第四季度贸易增速突然从前三季度的4.4%暴跌至0.3%。2010~2019年，世界货物贸易各年实际增速均为正，平均增速为2.7%。2020年，受新冠疫情等因素的影响，世界货物贸易出现十年来的首次负增长，下降5.0%。2021年，随着疫情防控形势向好，世界货物贸易强劲反弹，增速高达9.6%。但是，2022年，在乌克兰危机、通货膨胀、货币紧缩和普遍债务困境等多重因素影响下，世界贸易再次失去动力。

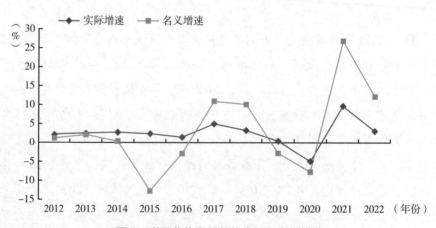

图1 世界货物贸易额的实际和名义增速

注：贸易增速是出口增速和进口增速的平均值，下同。

资料来源：2012~2019年数据来自世界贸易组织《2023年世界贸易统计评论》（World Trade Statistical Review 2023），2020~2022年数据来自世界贸易组织2023年10月发布的《全球贸易展望与统计》（Global Trade Outlook and Statistics）。

① 数据来源于世界贸易组织2023年10月发布的《全球贸易展望与统计》（Global Trade Outlook and Statistics）。另外，如无特别说明，本报告增速均指同比增速。

　　分区域来看（见表1），除中东外，各区域货物贸易增速均明显下降。得益于强劲的出口反弹以及稳定的进口增速，中东地区表现亮眼，2022年出口和进口增速均高于其他经济体，分别为7.7%和13.7%。北美的表现次之，进口和出口贸易增速均在4%以上，平均为5.1%。欧洲、中南美和加勒比的进口和出口增速也均为正，出口增速分别位居第三和第四。非洲出口增速为负，但进口增速仅次于中东。亚洲和独联体国家（CIS[①]）的表现最差，进出口增速均在1%以下。从对世界货物贸易的拉动来看，亚洲、欧洲和北美货物贸易增速下降，尤其是亚洲大幅下降，促使世界贸易增速整体放缓。

表1　2020~2022年世界代表性地区货物贸易的实际增速

单位：%

区域	出口			进口		
	2020年	2021年	2022年	2020年	2021年	2022年
北美	-8.9	6.5	4.2	-5.9	12.5	6.0
中南美和加勒比	-4.9	6.5	2.2	-10.5	26.2	3.6
欧洲	-7.7	8.0	3.4	-7.2	8.5	5.7
独联体国家	-1.0	-1.8	-4.5	-5.4	10.3	-5.5
非洲	-6.8	5.2	-0.8	-15.2	8.3	6.3
中东	-6.5	-0.4	7.7	-9.0	12.8	13.7
亚洲	0.6	13.1	0.4	-0.8	10.6	-0.5

资料来源：世界贸易组织2023年10月更新的《全球贸易展望与统计》。

　　2022年世界货物贸易增速下降主要源于需求因素。如往年的报告指出，需求因素和收入弹性是影响世界货物贸易增速的两大原因。需求因素指世界国内生产总值（GDP）增长对国际贸易的拉动，可以由GDP增速的变动来表示。收入弹性是指贸易收入弹性，即一单位经济增长拉动多少单位的国际贸

① 独联体国家包括亚美尼亚、阿塞拜疆、白俄罗斯、摩尔多瓦、哈萨克斯坦、吉尔吉斯斯坦、塔吉克斯坦、乌兹别克斯坦、俄罗斯。

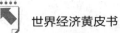

易增长。贸易收入弹性的变动代表了结构性因素对贸易增速的影响。结构性因素包括贸易保护程度、地缘政治风险等,还有经常被忽视的基期效应。可以用如下公式探讨 2022 年贸易增速提升的原因。假设贸易增速用 t 表示,经济增速用 g 表示,贸易的收入弹性用 e 表示,则:

$$
\begin{aligned}
t_{2022} - t_{2021} &= g_{2022}e_{2022} - g_{2021}e_{2021} \\
&= e_{2021}\left(g_{2022} - g_{2021}\right) + g_{2022}\left(e_{2022} - e_{2021}\right) \\
&= e_{2022}\left(g_{2022} - g_{2021}\right) + g_{2021}\left(e_{2022} - e_{2021}\right) \\
&= \underbrace{\frac{e_{2021} + e_{2022}}{2}\left(g_{2022} - g_{2021}\right)}_{\text{需求因素贡献}} + \underbrace{\frac{g_{2021} + g_{2022}}{2}\left(e_{2022} - e_{2021}\right)}_{\text{收入弹性贡献}}
\end{aligned}
$$

式中,t_{2022} 和 t_{2021} 分别表示 2022 年、2021 年的世界贸易增速,g_{2022} 和 g_{2021} 分别表示 2022 年、2021 年的世界 GDP 增速,e_{2022} 和 e_{2021} 分别表示 2022 年、2021 年的贸易收入弹性。

计算结果(见表 2)表明,需求因素是 2022 年货物贸易增速下降的最主要原因。需求因素导致贸易增速下降 4.46 个百分点,贡献度为 67.6%;收入弹性导致贸易增速下降 2.14 个百分点,贡献度为 32.4%,较上年高 32.1 百分点。也就是说,2022 年世界货物贸易增速下降依然由需求因素主导,主要是乌克兰危机、央行加息等导致的世界经济增速放缓和全球需求增速下降,但与此同时,结构性因素的影响明显上升。这与 2020 年世界贸易下滑的原理较为类似。综合来看,2021 年和 2022 年世界贸易增速的反弹和下降主要源于需求增速的反弹和下降。

表 2　2022 年贸易增速下降背后的因素分解

贸易增速下降幅度	GDP 增速下降幅度	贸易收入弹性下降	需求因素贡献	收入弹性贡献
6.6 个百分点	3.0 个百分点	0.46	4.46 个百分点 (67.6%)	2.14 个百分点 (32.4%)

注:贸易增速下降幅度和 GDP 增速下降幅度是指下降多少个百分点,贸易收入弹性下降则是指下降的绝对值。需求因素贡献是指 GDP 增速对贸易增速下降贡献多少个百分点,括号中分别是需求因素和收入弹性贡献的比重。2021 年和 2022 年世界贸易实际增速分别为 9.6% 和 3.0%,GDP 增速分别为 6.1% 和 3.1%,贸易收入弹性分别为 1.72 和 1.26。

资料来源:笔者根据世界贸易组织数据以及上述分解公式计算得出。

2022 年世界货物贸易额为 25.26 万亿美元，名义增速（贸易额的增长）为 12.4%，高于实际增速 9.4 个百分点。这主要源于商品价格尤其是能源和其他初级产品价格的上升。贸易额的名义增速主要受三个因素的影响：贸易实际增速、商品价格以及美元汇率。实际增速是支撑名义增速的重要原因，但因为贸易名义增速使用美元标价，美元及世界其他主要货币汇率走势也是影响名义增速的重要原因。根据国际清算银行（BIS）的数据，2022 年美元名义有效汇率上升 7.2%，其中，美元兑人民币、欧元和日元的汇率分别升值 4.4%、12.5% 和 19.7%，而美元升值会减少以美元计价的贸易额，因此汇率因素并非世界货物贸易额名义增速高于实际增速的原因。根据国际货币基金组织的数据[①]，2022 年全球商品价格上升 33.7%。其中，能源价格上升 63.6%，食品价格上升 14.8%，农业原材料价格上升 5.7%，原油价格上升 48.0%，非燃料商品价格上涨 7.9%。因此，世界货物贸易名义增速大幅高于实际增速的主要原因在于商品价格上升。

（二）服务贸易

与货物贸易相比，服务贸易表现相对较好，增速保持相对稳定。2022 年，世界商务服务进出口额平均为 6.78 万亿美元，增长 14.8%，略低于 2021 年的增幅（17.5%），但贸易额首次超过疫情前水平，比 2019 年高出 11.1%[②]。从贸易占比来讲，美国是世界第一大商务服务贸易大国，出口和进口占世界比重分别为 12.8% 和 10.3%。中国商务服务出口排世界第三位，进口排世界第二位，占世界比重分别为 6.0% 和 7.1%。从贸易增速来看（见表 3），由于经济增速、汇率波动和疫情防控政策等方面的不同，世界主要经济体的商务服务进出口表现差异较大。从出口来看，印度的出口最为强劲，出口增速高

[①] https://fred.stlouisfed.org/release?rid=365.

[②] 限于数据可得性，本报告对服务贸易的分析仅限于商务服务业，而且仅作回顾，不作展望分析。商务服务业实际上是现代服务业，主要为企业提供服务，是高附加值的服务业。根据世界贸易组织《2023 年世界贸易统计评论》中的定义，商务服务业包括除政府商品和服务外的所有服务类别，例如运输，旅游，与货物相关的服务业，电信、计算机和信息服务，个人、文化和娱乐服务，其他商业服务，使用知识产权的费用，建筑，金融，保险等。

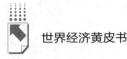

达 28.8%，美国的出口增速也超过 15%，欧盟、中国、英国和新加坡分别为 10.0%、8.1%、8.8% 和 9.3%，而日本的出口增速为负。从进口来看，印度、美国、英国的进口增速都超过 20%，欧盟、中国、新加坡增速相对较低，日本的进口增速仅为 0.4%。印度的亮眼表现主要得益于高经济增速，而日本的低迷表现是因为同时受汇率贬值和低经济增速的影响。分部门来看，所有部门均实现了不同程度增长。首先，旅游业的出口增速最高，为 74.8%，主要得益于全球范围内疫情的有效防控和各国政府旅行限制措施的逐步放松，但由于亚洲未放松限制措施，贸易额依然低于疫情前水平；其次，运输服务出口增速为 23.6%，低于 2021 年同期约 10 个百分点，但贸易额创历史新高；由于制造业活动的减少，货物相关服务的出口增速是 8.6%，其他商业服务增速为 3.2%。

表3　2022 年世界和代表性经济体的商务服务进出口增速

单位：%

项目	世界	美国	欧盟	日本	中国	印度	英国	新加坡
出口	14.8	15.7	10.0	-1.7	8.1	28.8	8.8	9.3
进口	14.8	25.7	10.1	0.4	5.3	27.5	22.0	6.5

资料来源：世界贸易组织国际贸易统计数据库。

二　2023 年国际贸易形势分析

（一）2023年上半年国际贸易形势分析

2023 年 1~6 月，受通胀、高利率政策、美元升值及地缘政治等多重因素影响，世界货物贸易呈下降趋势，增速为 -1.3%（见表 4）。其中，进口下降 2.4%，出口下降 0.2%。分季度来看，第一季度货物贸易下降 0.9%，第二季度货物贸易下降 1.7%。分月份来看，除 3 月外，其他月份货物贸易均为负增长，同比降幅为 0.8%~2.5%。

　　分地区和国别来看，新兴和发展中经济体的外贸表现略好于发达经济体。2023 年 1~6 月，发达经济体出口和进口分别减少 0.4% 和 3.0%，新兴和发展中经济体的出口增长 0.1%、进口下降 0.9%。在发达经济体中，美国和英国的出口表现相对较好，增速分别是 5.0% 和 4.3%；欧元区和日本出口分别下降 0.6% 和 2.0%。发达经济体的进口都呈现不同幅度的下降，英国进口下降幅度高达 11.4%[①]，欧元区、美国和日本的进口分别下降 1.5%、2.7% 和 2.8%。新兴和发展中经济体的出口虽然实现微弱正增长，但有较大的差异。中国内地、非洲和中东的出口表现较好，增速分别为 1.3% 和 1.4%，高于其他新兴和发展中经济体，而亚洲新兴经济体（中国内地除外）出口下降 3.3%。新兴和发展中经济体的进口表现同样分化明显。在中国内地、非洲和中东进口上升的同时，其他新兴和发展中经济体进口不同幅度下降，亚洲新兴经济体（中国内地除外）降幅最大，为 4.4%。

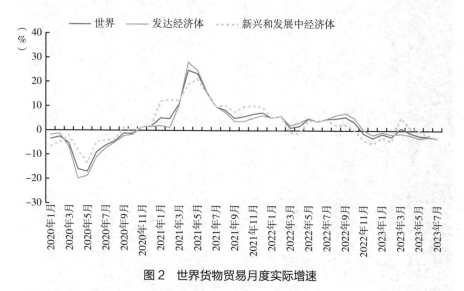

图 2　世界货物贸易月度实际增速

资料来源：荷兰经济政策分析局的世界贸易监测数据库。

---

①　英国出口表现好而进口却降幅最大，主要原因是基期因素。2021 年和 2022 年上半年，英国进口增速分别为 12.3%、16.5%，出口增速仅分别为 -1.7% 和 1%。进口增速远高于出口增速的原因是脱欧后英国对欧盟出口所面临的贸易壁垒增加，出口受阻；而英国担心通胀，并未对欧盟产品实质上履行边境检验等措施，导致欧盟和英国不对称壁垒的产生。2023 年上半年，英国和欧盟不对称贸易壁垒的影响有所下降。

表4 2023年1~6月国际货物贸易形势

单位：%

项目	1~6月	第一季度	第二季度	1月	2月	3月	4月	5月	6月
世界贸易	-1.3	-0.9	-1.7	-1.3	-2.5	1.1	-0.8	-2.0	-2.4
世界进口	-2.4	-2.2	-2.6	-1.8	-2.8	-1.8	-1.6	-2.8	-3.3
发达经济体	-3.0	-2.3	-3.7	-1.1	-2.2	-3.7	-2.6	-4.2	-4.3
欧元区	-1.5	-0.5	-2.5	0.8	0.1	-2.4	-1.3	-2.2	-3.9
美国	-2.7	-2.5	-2.9	0.5	-0.3	-7.4	-1.8	-3.2	-3.7
英国	-11.4	-13.5	-9.2	-14.8	-13.2	-12.6	-11.5	-9.5	-6.6
日本	-2.8	-1.9	-3.6	1.5	-5.4	-1.7	2.3	-8.3	-4.7
亚洲发达经济体（日本除外）	-6.2	-4.8	-7.6	-7.5	-6.4	-0.4	-6.4	-10.0	-6.4
其他发达经济体	-1.6	-0.7	-2.5	1.6	-1.1	-2.5	-2.1	-1.8	-3.5
新兴和发展中经济体	-0.9	-1.7	-0.1	-3.3	-4.2	2.5	0.5	0.4	-1.1
中国内地	2.8	0.4	5.3	-3.8	-3.0	8.6	7.0	1.3	7.9
亚洲新兴经济体（中国内地除外）	-4.4	-2.1	-6.5	-0.6	-1.9	-3.8	-9.0	0.0	-10.5
独联体国家	-3.1	-13.4	10.1	-22.4	-25.2	19.3	15.5	9.6	5.6
拉丁美洲	-3.3	-3.2	-3.5	-1.9	-4.5	-3.1	-1.8	-3.2	-5.5
非洲和中东	1.1	1.4	0.8	1.7	-0.1	2.5	2.0	0.3	-0.1

续表

项目	1~6月	第一季度	第二季度	1月	2月	3月	4月	5月	6月
世界出口	-0.2	0.4	-0.9	-0.7	-2.1	4.0	0.0	-1.2	-1.4
发达经济体	-0.4	0.3	-1.1	0.1	-0.9	1.6	-0.9	-1.8	-0.7
欧元区	-0.6	0.7	-1.8	0.2	0.2	1.7	-1.8	-1.9	-1.7
美国	5.0	8.1	2.0	9.6	6.6	8.1	0.2	3.0	2.9
英国	4.3	7.3	1.4	15.5	2.7	4.4	4.1	-4.6	4.9
日本	-2.0	-4.0	0.0	-3.9	-4.1	-4.0	2.4	-3.4	1.2
亚洲发达经济体（日本除外）	-7.3	-9.1	-5.4	-12.2	-11.2	-3.6	-5.7	-6.5	-3.8
其他发达经济体	2.2	3.3	1.1	4.5	2.4	3.2	2.4	0.7	0.1
新兴和发展中经济体	0.1	0.6	-0.4	-2.2	-4.4	8.5	1.7	-0.2	-2.5
中国内地	1.3	1.3	1.3	-6.3	-5.5	16.2	11.1	-5.1	-1.3
亚洲新兴经济体（中国内地除外）	-3.3	-0.1	-6.5	-0.2	1.1	-1.0	-11.4	0.2	-8.0
独联体国家	0.7	-4.9	6.5	-13.4	-13.4	15.7	3.4	10.7	5.5
拉丁美洲	0.3	1.1	-0.5	8.5	-8.9	4.4	-3.9	4.6	-2.1
非洲和中东	1.4	2.7	0.1	2.3	2.9	2.9	3.3	0.0	-2.9

注：根据荷兰经济政策分析局的统计，亚洲新兴经济体（中国内地除外）包括中国香港、印度、印度尼西亚、韩国、马来西亚、巴基斯坦、菲律宾、新加坡、中国台湾、泰国。

资料来源：荷兰经济政策分析局的世界贸易监测数据库。

2023 年上半年世界货物贸易名义下降幅度为 5.0%，其中，第一季度下降 1.5%，第二季度下降 8%。名义增速下降幅度大于实际下降幅度的部分原因是商品价格下降以及美元升值。2023 年上半年商品贸易价格平均下降 3.7%，其中，能源价格下降 36.0%，初级商品（能源除外）价格下降 20.2%。[①]2023 年上半年，美元兑人民币、欧元和日元的汇率分别升值 6.9%、1.1% 和 9.6%。

2023 年上半年世界货物贸易增速为负主要由全球高通胀高利率造成的政策不确定性和地缘政治紧张局势等结构性因素引起。受全球主要经济体紧缩货币政策影响，自 2022 年第四季度以来，世界贸易和产出急剧下降。2023 年上半年，紧缩货币政策叠加中国经济恢复不及预期、美欧通胀依旧顽固，以及新冠疫情和乌克兰危机等地缘政治因素的持续影响，导致全球对商业周期敏感的投资和耐用品消费低迷，贸易规模下降。图 3 表明，2023 年以来，美国经济政策不确定性呈现波动上升态势，而全球经济政策不确定性虽然呈现波动下降态势但是依然维持在历史较高水平，主要原因在于美欧和其他经济体持续高通胀促使其调整宏观政策。

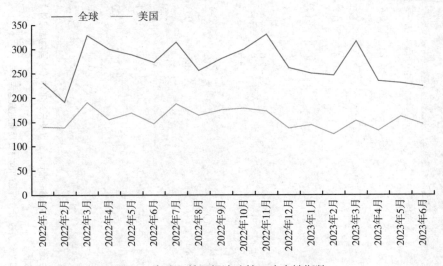

图 3　全球和美国经济政策不确定性指数

资料来源：经济政策不确定性指数数据库，http://policyuncertainty.com/index.html。

---

① 荷兰经济政策分析局的世界贸易监测数据库。

与货物贸易相反，疫情限制措施解除之后，服务贸易 [①] 持续走强，保持复苏态势。2023 年 1~7 月，全球服务贸易形势较好，但不及 2022 年同期的出口增速（见表 5），且不同经济体间存在较大差异。在主要经济体中，除日本由于基期因素 2023 年上半年平均增速达 17.3% 外，其余经济体 2023 年上半年平均增速均不及 2022 年同期，北美主要经济体表现略好于欧洲，而中国和韩国的服务出口降幅超过 10%。

表 5　2023 年 1~7 月代表性经济体的服务出口增速

单位：%

国别	1~6月	1月	2月	3月	4月	5月	6月	7月
巴西	13.2	29	24	10	5	11	0	15
加拿大	5.8	6	5	2	5	8	9	10
中国	−11.5	−27	−7	0	−12	−7	−16	−14
法国	1.5	5	−2	0	0	6	0	7
德国	−3.2	−6	−8	−1	−1	−3	0	0
日本	17.3	25	12	13	27	12	15	27
韩国	−10.5	−17	−10	−10	−15	−1	−10	
美国	7.8	11	10	8	6	6	6	6

注：表中统计的是服务出口增速，即名义增速。不同于货物贸易，限于数据，服务贸易仅统计名义增速。统计的是各经济体的服务总出口。

资料来源：世界贸易组织国际贸易统计数据库。

（二）2023年下半年国际贸易形势预测

2023 年下半年世界货物贸易预计会略有回升，好于上半年。其一，2022 年第四季度较低的基期会推高下半年的贸易增速。其二，世界贸易组织 2023 年 10 月预测，2023 年全球货物贸易增速为 0.8%，鉴于上半年增速为负，表明下半年大概率会实现正增长。其三，根据世界贸易组织的评估，2023 年 6

[①]　同上文的统计口径一致，此处服务贸易指除政府商品和服务外的所有服务类别，包括旅游、金融、运输等。

月货物贸易晴雨总指数①为99.1，高于3月的95.6，其中集装箱港口吞吐量、国际航空货运和电子元器件指数均有所上升，为贸易的好转带来了希望。但是只要出口订单指数依然疲弱，下半年上升势头依然有限。尤其是电子元器件指数只有91.5，电子信息产业的贸易形势不容乐观。服务贸易将继续保持上半年的复苏态势。2023年8月，服务业PMI为50.6。这表明世界服务贸易将继续增长，但增速有所放缓。

表6　最新的世界贸易展望指数

指数	2023年3月	2023年6月
货物贸易晴雨总指数	95.6	99.1
出口订单	102.7	97.6
国际航空货运	93.5	97.5
集装箱港口吞吐量	89.4	99.5
汽车生产和销售额	110.8	110.0
电子元器件	85.2	91.5
农业原材料	99.5	99.2

资料来源：世界贸易组织2023年8月和5月发布的"Goods Trade Barometer"。

（三）2023年全年国际贸易形势预测

鉴于地缘政治紧张局势、粮食和能源不安全、货币政策紧缩导致的潜在金融不稳定以及债务增加等风险仍然偏向下行，2023年货物贸易增速相比2022年将进一步放缓，结构性因素的影响将进一步增加。我们在上年度报告中预测2023年世界货物贸易增速低于2022年，增速回落的预测比较准确。10月世界贸易组织的预测认为，2023年世界贸易实际增速为0.8%，相比2022年10月和2023年4月的预测值分别下调0.2个和0.9个百分点。国际货币基金组织和世界银行对世界贸易增速最新的预测分别为2.0%和1.7%。

---

① 即原来的世界贸易展望指数（World Trade Outlook Indicator）。

鉴于上半年贸易增速为负，预计下半年贸易形势好于上半年，实际增速为1%~3%。2023年全年货物贸易实际增速为0.5%~2%。分区域来看，北美、独联体①和中东将会有较好的出口表现，独联体、非洲和中东将会有较好的进口表现。

三　2024年国际贸易形势展望

总的来看，2024年世界货物贸易实际增速要高于2023年。2023年10月世界贸易组织的预测表明，2024年贸易增速为3.3%，高于2023年增速2.5个百分点；国际货币基金组织预测2024年贸易增速为3.7%，高于2023年1.7个百分点；世界银行预测2024年贸易增速为2.8%，高于2023年1.1个百分点。平均而言，这三大国际组织预测2024年贸易增速为3.3%，高于2023年1.4个百分点（见表7）。基于这些国际组织的预测，我们认为，2024年世界贸易虽然不会强劲反弹，但增速高于2023年。分地区和进出口来看，北美、亚洲和独联体国家的货物贸易表现相对较好（见表8）。

表7　三大国际组织对国际贸易形势的预测	
	单位：%
国际组织	2024年预测值
世界贸易组织	3.3
国际货币基金组织	3.7
世界银行	2.8
平均值	3.3

资料来源：笔者根据世界贸易组织、国际货币基金组织、世界银行的预测整理得出。World Trade Organization, "Global Trade Outlook and Statistics," 2023年10月；International Monetary Fund, "World Economic Outlook," 2023年7月；World Bank, "Global Economic Prospects," 2023年6月。国际货币基金组织和世界银行的预测是货物和服务贸易，世界贸易组织的预测是货物贸易。

---

① 根据WTO统计，2023年上半年独联体出口增速为-3.5%，进口增速为33.7%。战争可能长期持续，但是其对贸易的负面影响减小。鉴于2022年较低的基期，WTO预测独联体2023年全球出口增速为3.0%，进口增速为25%。

表8　2024年世界货物贸易实际增速：分地区和分进出口

单位：%

项目	2022年	2023年（预测）	2024年（预测）
世界贸易	3.0	0.8	3.3
出口			
北美	4.2	3.6	2.7
中南美	2.2	1.7	0.6
欧洲	3.4	0.4	2.2
独联体国家	−4.5	3.0	1.9
非洲	−0.8	−1.5	4.1
中东	7.7	2.0	3.8
亚洲	0.4	0.6	5.1
进口			
北美	6.0	−1.2	2.2
中南美	3.6	−1.0	3.3
欧洲	5.7	−0.7	1.6
独联体国家	−5.5	25.0	−4.0
非洲	6.3	5.1	3.1
中东	13.7	12.5	4.6
亚洲	−0.5	−0.4	5.8

资料来源：世界贸易组织2023年10月发布的《全球贸易展望与统计》。

做出2024年贸易难以强劲反弹但增速回升的判断，主要是基于以下三个原因。

第一，经济增长仍然疲弱。当前，全球经济复苏放缓，同时，阻碍2023年经济增长的因素在2024年仍将存在。鉴于核心通胀居高不下，各主要央行为抗击通胀可能进一步采取加息政策，将继续拖累经济活动。根据世界贸易组织、国际货币基金组织和世界银行的预测，2024年世界经济增速分别为2.5%、3.0%和2.4%，分别高于2023年 −0.1个、0个和0.3个百分点，远低于2000~2019年的年均水平3.8%。[①] 因此，从周期性或需求因素来看，2024

① World Trade Organization, "Global Trade Outlook and Statistics," 2023年10月; International Monetary Fund, "World Economic Outlook," 2023年7月; World Bank, "Global Economic Prospects," 2023年6月。

年世界经济对贸易的拉动力依然较弱，与 2023 年基本相当。这是 2024 年世界货物贸易难以强劲反弹的主要原因。

第二，结构性因素也是影响贸易增长的重要因素，2023 年的结构性因素将延续到 2024 年。乌克兰危机、巴以冲突、中美关系等重要事件的影响继续存在。其中，乌克兰危机、巴以冲突短期内难以解决，中美关系缓和也并非一蹴而就的事，可能出现风险加剧从而导致全球通胀再次反弹。尽管世界卫生组织于 2023 年 5 月不再将新冠疫情视为"全球卫生突发事件"，但疫情对全球产业链和贸易的影响是长期的。产业链供应链本土化、区域化和联盟化趋势将继续拖累全球贸易增长。

第三，基期因素作为结构性因素之一是不可忽视的。历史经验表明，基期因素非常重要。2023 年世界贸易增速的超预期回落导致 2023 年基数较低，是 2024 年贸易增速回升的重要原因。

当然，做出上述判断不排除 2024 年可能发生的不确定性事件对贸易造成较大的正向或负向影响，从而导致 2024 年贸易明显好于或差于 2023 年。三大影响贸易形势的不确定性事件如下：一是地缘政治紧张局势。如果乌克兰危机、巴以冲突等地缘政治局势继续恶化，世界经济和贸易碎片化风险的可能性将上升，将对资本、技术和人员的流动造成更多阻碍，加剧大宗商品价格的波动，阻碍贸易增长。二是通胀。如果核心通胀下降速度快于预期，全球产出和贸易可能出现更快的增长。如果长期持续，则将继续拖累世界贸易。三是中国经济复苏情况。如果中国经济能够实现较好的复苏，将成为积极的推动因素；如果中国经济复苏表现不佳，则会成为不利因素。总之，这些事件的走向决定了世界贸易的最终走势。

四　总结

2021 年世界货物贸易因疫情影响的消退而强劲反弹，2022 年世界货物贸易增速回落，实际增速为 3.0%，略高于疫情暴发前二十年的平均增速。2022 年贸易增速回落主要源于需求因素，但结构性因素的影响明显上升。2022 年

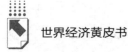

世界货物贸易名义增速高于实际增速，主要源于商品价格尤其是能源价格的大幅上升。2022年世界商务服务继续维持复苏态势，出口额为7.04万亿美元，增长14.8%。2023年上半年，紧缩货币政策叠加中国经济恢复不及预期，以及新冠疫情和地缘政治局势恶化的持续影响，世界货物贸易增速为负，服务贸易表现相对较好。预计2023年下半年世界货物贸易增速将略有回升，服务贸易将保持较好的增长态势。2023年全年货物贸易实际增速为0.5%~2.0%，相比2022年陷入低迷状态。预计2024年世界贸易略有回升，增速要高于2023年。通胀反弹、乌克兰危机等不确定性事件走势将给世界贸易发展带来较大不确定性。

参考文献

苏庆义：《国际贸易形势回顾与展望：增速回落 难有起色》，载张宇燕主编《2023年世界经济形势分析与预测》，社会科学文献出版社，2022。

International Monetary Fund，"World Economic Outlook，"2023年4月、7月。

World Bank，"Global Economic Prospects，"2023年6月。

World Trade Organization，"World Trade Outlook and Statistics，"2023年4月、10月。

World Trade Organization，"Goods Trade Barometer，"2023年5月、8月。

World Trade Organization，"World Trade Statistical Review 2023，"2023.

Y.12
国际金融形势回顾与展望：高利率考验金融市场

摘　要： 2023 年国际金融市场经历着一系列考验，全球央行加息进程持续，英、日、美、欧发达市场均不同程度地出现风险事件，新兴市场总体表现平稳，但面临风险偏好转向、资本市场重新定价和债务可持续性问题等挑战。全球长期国债收益率波动上行，美、英国债收益率倒挂；全球股市 2023 年出现明显反弹，且发达国家的股市表现显著优于发展中国家；美元指数触顶回调，主要货币兑美元呈现分化格局，人民币在年初小幅升值后呈波动下行。2024 年国际金融市场走势仍取决于市场对经济"软着陆"的信心。如果核心通胀黏性较强，更高利率持续更长时间，国际金融风险仍将上行。风险点包括：国债市场、银行业机构或非银机构的风险再现，房地产市场和企业部门出现新的风险，货币政策不协调风险和地缘政治冲突风险。

关键词： 国际金融风险　高利率　债券市场　股票市场　外汇市场

在《2023 年世界经济形势分析与预测》中，我们预判全球经济复苏的基本面仍较脆弱，国际金融形势面临诸多不确定性；全球央行同步加息，叠加多国财政政策收紧。这虽然有助于降低通胀，但也使得金融条件过度收紧，全球经济增速进一步放缓，带来全球金融不稳定，更多发展中国家陷入债务

---

*　杨盼盼，中国社会科学院世界经济与政治研究所副研究员，主要研究方向：国际金融、亚太经济；夏广涛，中国社会科学院世界经济与政治研究所副研究员，主要研究方向：国际金融、宏观经济。

困境。[①]2023 年全球经济与金融形势的变化，与我们的判断基本一致。在本年度的报告中，我们将首先分析 2022~2023 年国际金融风险，其次阐述全球长期国债市场、国际负债证券市场、全球股票市场和外汇市场的走势及其原因，最后展望未来国际金融市场走势。

一　国际金融风险

2023 年国际金融风险在发达市场和新兴市场中的表现明显不同。发达市场在高利率环境下出现多次金融风险事件，新兴市场因经济基本面和货币政策差异而出现明显的金融风险分化，低收入新兴经济体的债务可持续性风险上升。

（一）高利率环境下发达市场金融风险事件多次出现

在前期采取大规模宽松举措的全球主要央行于 2022 年初开启加息进程。2022 年 3 月，美联储首度将联邦基金利率提高 25 个基点，并在 2022 年合计加息 7 次，累计加息 425 个基点。进入 2023 年，美联储分别在 1 月、3 月、5 月和 7 月各加息 25 个基点，9 月决定放缓加息步伐，将联邦基金利率的目标区间维持在 5.25%~5.50%，加息进程进入尾声。欧洲央行在 2022 年 7 月首次加息，2022 年累计加息 4 次共 250 个基点，年末公布缩表安排。进入 2023 年，欧洲央行于 2 月和 3 月各加息 50 个基点，5 月、6 月、7 月、9 月分别加息 25 个基点。至此，欧洲央行累计加息 10 次，共计加息 450 个基点。9 月 20 日起主要再融资利率、边际借贷利率和存款机制利率分别为 4.50%、4.75% 和 4.00%。与美联储相比，欧洲央行对通胀黏性更为担忧，同时其前期的加息相对于美联储更为审慎（见图 1），因此，预计加息周期将会更长。日本央行保持低息政策不变，但 2022 年末将 10 年期国债收益率的波动上限上调至 0.50% 左右，此举被认为是紧缩政策。其他主要发达经济体的中央银行也同步采取加息政策。英格兰银行早在 2021 年 12 月 16 日就首次加息 15 个基点至 0.25%，2022 年加息 8 次，政策利率提升至 3.50%，

---

①　高海红、杨子荣：《国际金融形势回顾与展望：风险显现》，载张宇燕主编《2023 年世界经济形势分析与预测》，社会科学文献出版社，2022。

2023年2月、3月、5月、6月和8月五度加息，将政策利率水平拉高到5.25%；澳联储在2022年累计加息8次，2023年加息4次，6月加息后的利率水平为4.1%；加拿大央行累计加息10次，最近一次加息为2023年7月，当前的隔夜目标利率为5.0%；瑞士央行累计加息5次，6月加息25个基点，政策利率水平为1.75%；瑞典央行于2022年4月开始加息，累计加息8次，2023年9月的利率水平为4.0%。

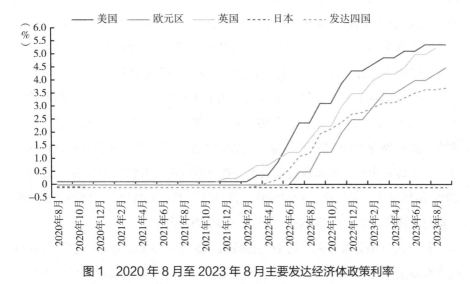

图1　2020年8月至2023年8月主要发达经济体政策利率

注：政策利率分别指美联储的联邦基金利率、欧洲中央银行的再融资利率、英格兰央行的银行利率、日本中央银行的基本贴现率。发达四国的数据为澳大利亚、加拿大、瑞典和瑞士各国官方利率的平均值。

资料来源：国际清算银行数据库。

在主要央行政策由低利率向高利率迅速提升的过程中，出现了三次较有代表性的金融市场风险事件，反映出利率政策快速转变给金融市场带来的额外压力。

第一次是在加息进程中英国长期政府债券收益率上升带来的市场压力蔓延。2022年9月22日，英格兰央行又宣布加息50个基点。9月23日，英国宣布大规模的减税计划，造成英国国债市场的大幅波动，中长期国债收益率迅速上涨，达到2008年国际金融危机以来的高位，10年期和30年期国债收益率曲线出现倒挂。金融市场上负债驱动型基金受到养老金的大规模抛售影响，不得不提供抵押品，以填补衍生品的损失。① 混乱还由英国国债市场向其他市场蔓延。9 月末，英国央行实施临时性长期政府债券购买计划予以应对，但直到 10 月 20 日，上任 45 天的英国首相特拉斯宣布辞职，英国国债市场的动荡才得以平息。

第二次是日本放宽 10 年期国债收益率波动上限带来的市场波动。2022 年 12 月下旬，日本央行突然放宽了收益率曲线控制（YCC）目标——10 年期国债收益率，波动区间上限从 0.25% 左右上调至 0.5% 左右。日本央行的举措本意是使收益率曲线控制更可持续，却带来市场对其进一步放开控制的预期，导致日本国债收益率上升，日本央行为此额外进行债券购买操作。日本此前并未同其他发达经济体央行一样进行加息，而是将利率维持在 -0.1% 的水平，在美联储大幅加息、十年期美债收益率大幅上升的背景下，日元面临贬值压力，2022 年 10 月，日元兑美元的贬值幅度较年初超 30%。在此背景下，日本央行选择提升 10 年期国债收益率的波动上限。尽管在短期内日本央行的举动平息了市场担忧，但市场波动表明，在日本政府公共债务对 GDP 之比超过 250% 的情况下，如果通胀大幅攀升，日银将不得不提高利率，而利率上升对日本的财政稳定造成严重威胁，② 引发市场抛售国债。

第三次是加息带来的银行业局部危机。2023 年 3 月，美国硅谷银行宣布破产和签名银行突然倒闭，全球系统重要性银行——瑞信银行因财务风险加大而出现危机，这是本轮加息以来全球金融市场遇到的最大风险和挑战。美国硅谷银行事件本来是一起相对较为独立的事件，却迅速蔓延至世界各地金融市场，引发风险资产抛售，还导致货币政策利率预期的大幅调整，其规模与 1987 年的"黑色星期一"相当。③ 但硅谷银行事件影响并未扩大，美联储、财政部和美国联邦存款保险公司（FDIC）密切合作，对两家机构的存款进行全额兑付，并推出"银行定期融资计划"（BTFP）提供额外流动性。瑞信银行危机则是由瑞士央行向瑞信银行提供了紧急流动性支持，最终由瑞士联合

---

① Barr Michael, "Monetary Policy and Financial Stability, Remarks at the Forecasters Club of New York," October, 2023.

② 余永定：《日银调整收益率曲线控制政策的理论机制与严峻挑战》，中国金融四十人论坛，2022 年 12 月 29 日。

③ IMF, "Global Financial Stability Report, April 2023: Safeguarding Financial Stability Amid High Inflation and Geopolitical Risks," April, 2023.

银行对瑞信银行进行了收购。上述风险事件因美联储和瑞士央行及时承担最后贷款人角色止于局部，但反映出的是加息带来的货币金融环境收紧，金融资产定价的变化后风险可能的发生路径和传导渠道，局部孤立的事件如果处理不当，就有可能通过信心渠道迅速蔓延至全球金融市场，带来风险偏好的转变和对风险资产的抛售。

从事后结果来看，本轮加息情形中讨论较多的美国经济衰退、全球金融系统性风险等情形虽然在 2023 年并未出现，但是上述风险事件表明，在高利率环境下，债券市场——尤其是国债市场以及银行体系承受的压力显著上升。如果通货膨胀持续时间更长，"工资—通胀"螺旋主导价格走势，高利率环境可能将持续更长时间，在连续多年流动性充裕和杠杆高企的背景下，这是否预示着更多的系统性风险可能出现，仍有待进一步观察。

（二）新兴市场金融风险分化

2023 年，新兴市场金融风险分化主要体现为以下两方面。

一是在主要新兴经济体中，经济基本面差异带来金融市场分化。从 2023 年 1~8 月主要新兴市场货币对美元的总体走势（见图 2）可以看到，投资者对于新兴经济体投资偏好的分化。在美元总体强势的背景下，主要新兴经济体货币在 2023 年仍面临贬值压力。尽管如此，对于基本面良好和政策空间较为充足的新兴经济体而言，其金融市场也表现良好。2023 年印尼卢比、巴西雷亚尔和墨西哥比索对美元小幅升值，印度卢比对美元基本保持平稳，这些国家资产市场的表现也较好。值得注意的是，这些国家也多是全球价值链调整的获益者，价值链因素同样体现在投资者的选择中。但是对于经济基本面表现较差、政策空间较小的经济体，其金融市场面临不小压力。2023 年贬值幅度最大的货币是土耳其里拉和俄罗斯卢布。土耳其里拉的贬值反映埃尔多安总统所持的货币政策理念对土耳其里拉的影响，其希望通过降息而非加息来应对通胀问题，这导致土耳其里拉大幅贬值，2023 年 8 月相较于 1 月贬值超过 30%。俄罗斯卢布贬值，反映大宗商品价格回调背景下俄罗斯国际收支恶化，也反映俄乌战争持续对俄罗斯经济基本面持续产生不利影响。

主要新兴经济体的货币政策也趋于分化。各国宏观经济、金融稳定、通

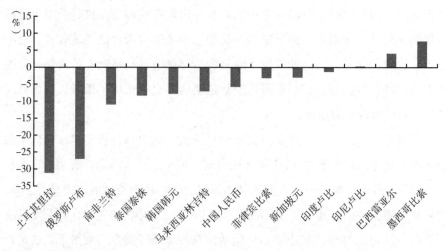

图 2　2023 年 1~8 月新兴经济体货币对美元汇率币值变动

资料来源：万德。

货膨胀等基础因素差异分化，带来货币政策偏好差异。新兴经济体平均官方利率仍在上行，从 2023 年 1 月的 7.4% 提高至 2023 年 8 月的 8.6%（见图 3），多国央行利率停留在高位，但已有不少国家选择停止加息或降息。其中智利、巴西和中国降息，韩国及捷克、匈牙利、波兰、罗马尼亚等中东欧国家停止加息，其他主要新兴经济体则继续提高官方利率。

二是新兴经济体中的低收入经济体面临的债务可持续性风险上升。低收入经济体在高通胀、高利率和流动性收紧时期面临风险上升，其债务不可持续的风险加剧。根据 2023 年上半年的数据，在 69 个低收入国家中有 37 国陷入债务困境，或面临陷入债务困境的风险，其几乎无法获得市场融资。[①]自疫情暴发以来，低收入经济体的主权信用评级被下调，融资成本上升，新兴经济体主权债务市场投资级和高收益债之间利差持续扩大，并且在 2023 年进一步上升。[②]这推高了低收入经济体的融资成本，加剧了债务不可持续问题。预计在未来几年主权债务压力仍将持续存在。

[①]　IMF, "Global Financial Stability Report, April 2023: Safeguarding Financial Stability Amid High Inflation and Geopolitical Risks," April, 2023.

[②]　IMF, "Global Financial Stability Report, October 2023: Financial and Climate Policies for a High-Interest-Rate Era," October 10, 2023.

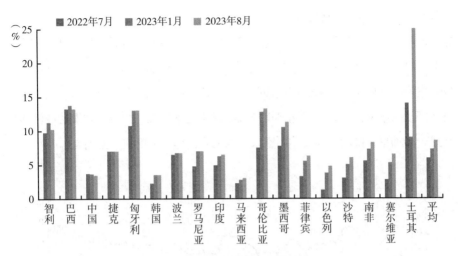

图 3　主要新兴经济体政策利率

注：各经济体按照 2023 年 8 月利率与 2023 年 1 月利率差值由低到高排列，因此，左侧经济体为降息或利率保持不变的经济体，右侧为加息经济体。新兴经济体平均利率为上述经济体官方利率平均值。

资料来源：国际清算银行数据库。

二　全球证券市场走势

2023 年全球金融风险凸显，经济复苏虽呈现一定韧性，但根基不稳。全球通胀风险尚未消除，主要发达国家通胀仍高于政策目标，美联储等央行持续大幅加息抑制通胀，利率仍处于较高水平，这显著提升了金融风险，引发以硅谷银行和瑞士信贷为代表的欧美银行业局部动荡，全球金融市场脆弱性进一步增加；新冠疫情影响虽逐渐消失，但俄乌冲突持续、气候相关风险事件频发、部分经济体复苏不及预期等因素对全球增长仍有负面影响；部分新兴和发展中经济体主权债务危机显现，并可能外溢。这些因素导致全球经济不确定性风险进一步上升，对全球证券市场走势产生重要影响。[①]

（一）全球长期国债市场

过去一年中，主要发达国家长期国债收益率呈波动式上升走势，经历了多

---

① IMF, "World Economic Outlook Update, July 2023: Near-Term Resilience, Persistent Challenges," July, 2023.

轮反复上升、回调、反弹的过程。2023 年 1~2 月，因市场情绪在对衰退担忧和预期通胀持续上行间摇摆，主要发达国家长期国债收益率回落后上行。自 2023 年 3 月起，硅谷银行倒闭和瑞士信贷危机引发全球金融市场动荡，投资者涌向国债等安全资产，主要发达国家长期国债收益率大幅回调。2023 年 5 月以来，因美国债务上限谈判陷入僵局，且发达经济体核心通胀处于高位，全球主要发达经济体央行进一步加息，推动主要发达国家长期国债收益率持续反弹（见图 4）。

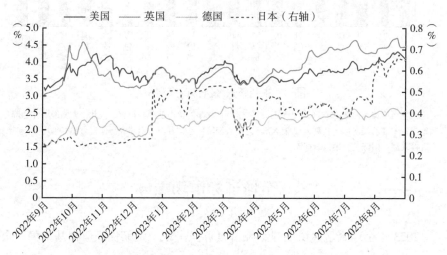

图 4 美国、德国、英国和日本四国 10 年期国债收益率

资料来源：美联储、德国央行、英格兰银行和日本财务省。

2022 年 9 月至 2023 年 8 月，主要发达国家国债市场收益率走势与相对变化表现出以下特征。首先，各国长期国债收益率均呈现波动式上升走势，经历了反弹、回调、再反弹的路径。2022 年 9 月至 2023 年 8 月，美国、英国、日本和德国的长期国债收益率均值分别从 3.51%、3.50%、0.27% 和 1.83% 上升至 4.17%、4.53%、0.64% 和 2.58%，增幅分别达 0.66 个、1.03 个、0.37 个和 0.75 个百分点。其次，各国长期国债收益率走势的驱动要素既有共性又有特性。共性方面，在经济衰退预期和央行加息引发的国债收益率上升以后，2023 年 3 月的硅谷银行倒闭等事件引发的全球金融市场动荡推动美、英、日、德四国长期国债收益率均大幅走低，该月内分别下降 0.53 个、0.31 个、0.14 个和 0.36

个百分点。特性方面，2022 年 9 月央行急剧加息引发的英国养老基金危机以
及英格兰银行对国债市场的干预应对措施导致英国长期国债收益率在 2022 年
9 月和 10 月大幅波动，月内最大振幅分别达 1.50% 和 1.05%。2022 年 12 月，
日本央行将收益率曲线控制（YCC）上限从 0.25% 调至 0.5%，导致日本长期
国债收益率显著上升且在 2023 年大幅波动；2023 年 7 月，日本央行宣布将
退出 YCC，导致长期国债收益率进一步大幅上升。最后，过去一年间美国 10
年期和 2 年期国债收益率持续倒挂，英国 10 年期和 2 年期国债收益率分别在
2022 年 9 月底和 10 月中旬出现短暂倒挂（见图 5）。

图 5　美国和英国 10 年期与 2 年期国债收益率差值

资料来源：美联储、英格兰银行。

除希腊外，欧元区主要国家长期国债收益率走势保持高度一致，均呈现
明显的波动式上升过程。2022 年 9 月至 2023 年 8 月，西班牙、意大利和法
国的长期国债收益率均值分别从 2.95%、4.15% 和 2.41% 升至 3.59%、4.24%
和 3.11%。到 2023 年 1 月，受欧元区经济前景黯淡以及市场对加息步伐减慢
的预期影响，欧元区国家长期国债收益率出现显著下降，但在 2 月欧洲央行
加息后反弹。 2023 年 3 月，欧美银行业动荡引发投资者涌向安全资产，推动

欧元区国家长期国债收益率下行。自 2023 年 4 月起，市场对经济收缩和央行加息的预期推动欧元区主要国家国债收益率呈波动上行走势。值得注意的是，与欧元区其他主要国家不同，进入 2023 年，希腊长期国债收益率呈波动式下降走势，主要原因是该国债务与 GDP 之比持续下降、欧洲复苏基金投资对经济的支持、政治稳定使其与区域内核心国家国债利差持续下降（见图 6）。

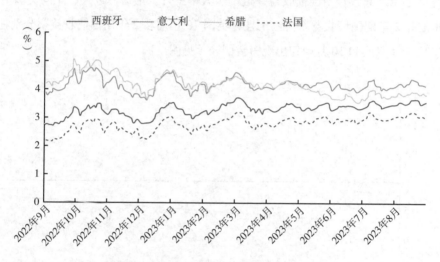

图 6　欧元区部分国家 10 年期国债收益率

资料来源：西班牙央行、意大利央行、希腊央行和法国央行。

（二）国际负债证券市场

2022 年第二季度至 2023 年第一季度，国际负债证券市场表现出以下两大特征。第一，发展中经济体在国际负债证券市场上的份额呈现先升后降走势，其未清偿债务余额占比在 2022 年第三季度升至 16.59% 后快速下降至 2023 年第一季度的 15.78%。发展中经济体未偿债务余额仍远小于发达经济体。第二，发达经济体与发展中经济体的国际负债存在结构性差异，金融机构为发达经济体国际负债的最主要持有部门，而政府则是发展中经济体国际负债的最主要持有部门。

从总量比较来看，2023 年第一季度末，发展中经济体未清偿余额占国际负债证券市场未清偿总额的 15.78%，较 2022 年第一季度下降 0.24 个百分点。从净发行额的变化来看，2022 年第一季度至 2023 年第一季度，发达经济体国际负债证券市场净发行额达 6356 亿美元，而同期发展中经济体的净发行额则为 -1298 亿美元。值得注意的是，2022 年第一季度至 2023 年第一季度，发达经济体和发展中经济体的国际负债证券市场净发行额均远低于上年同期水平，显示出加息对信贷扩张的负面影响（见图 7）。

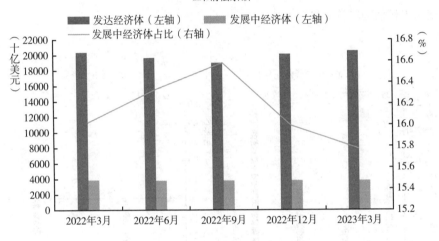

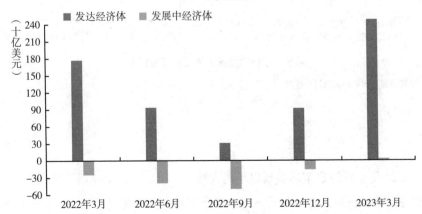

图 7　国际负债证券市场的未清偿余额及净发行额

资料来源：国际清算银行数据库。

从结构上看，2022年第二季度至2023年第一季度，发达经济体金融机构、企业和政府部门在国际负债证券市场上的净发行额分别为5258亿美元、-597亿美元和-64亿美元；而发展中经济体金融机构、企业和政府部门同期的国际负债证券市场净发行额分别为-581亿美元、-152亿美元和553亿美元。可以看出，这一期间金融机构是发达经济体在国际债券市场中的最主要发行部门，企业和政府则以去杠杆为主。而在加息引发的全球信贷紧缩周期中，发展中经济体金融机构和企业的评级和信誉度不足的劣势进一步显现，只能依靠主权债务融资（见图8）。

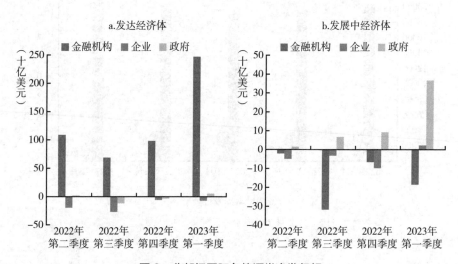

图8　分部门国际负债证券净发行额

资料来源：国际清算银行数据库。

（三）全球股票市场

2023年全球股票市场呈现以下两大特征。第一，在全球通胀仍高企、美联储等主要央行持续加息的背景下，受经济预期和市场情绪的影响，2023年全球股市表现逆转了2022年的预势，呈现出显著复苏态势；第二，与2022年发达国家与新兴市场国家股市出现相近幅度的回调不同，2023年发达国家股市复苏态势远强于新兴市场国家。

2023 年全球通胀仍处于高位，主要发达经济体央行持续加息，全球金融环境继续收紧，局部银行业金融风险显现，全球经济增速下行压力加大，不确定性因素增加，前景尚不清晰。但以 ChatGPT 为代表的人工智能产业崛起、欧洲能源问题减缓、美国公司利润与劳动力市场保持强劲等因素则成为推动全球股市复苏乃至上涨的重要力量。整体而言，2023 年全球股市表现更多由支持性因素主导，截至 2023 年 8 月末，MSCI 全球指数上涨 13.74%，MSCI 发达国家指数上涨 15%，MSCI 新兴市场国家指数上涨 3.87%（见图 9）。

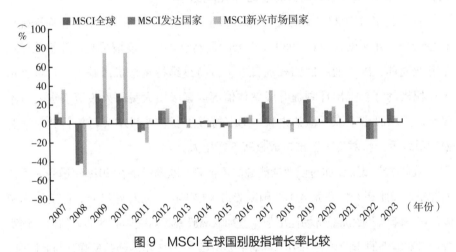

图 9　MSCI 全球国别股指增长率比较

注：2023 年数据截至 8 月末。

资料来源：MSCI 数据库。

2023 年 1~8 月，在选定的全球 11 个主要股市中，除英国外，其他国家的股市都有不同程度的上涨。其中，美国、日本和欧元区主要国家的股市均出现接近或超过 15% 的大幅上涨。巴西、俄罗斯、印度和中国等金砖国家股市的涨幅则稍逊于上述传统发达国家（见图 10）。

美国标普 500 指数在 2022 年 8 月中旬达到阶段性反弹高点后，美联储主席鲍威尔 8 月下旬在杰克逊霍尔的演讲中对待通胀的强硬态度触发市场抛售，标普 500 指数在 10 月中旬跌至年内最低点，市盈率仅为 18.45，显著低于 2019 年的 21.58 的均值水平。2022 年 10 月美国 CPI 同比增速不及预期触发市场乐观情绪，引导指数反弹。进入 2023 年，人工智能领域发展取得重要突破、美国公司利润和劳动力市场保持强劲、硅谷银行倒闭事件后美联储暂缓加息进程等多重正面因素叠加，推动标普 500 指数在 2023 年 3 月中旬后快速上涨，2022 年 8 月末已反弹至 2022 年 3 月美联储加息前水平，市盈率也升至 24.52，显著高于 2019 年均值。鲍威尔在 2023 年 8 月的杰克逊霍尔演讲中再次表现出对待通胀的强硬立场，若美联储为遏制通胀进一步加息，使金融环境进一步收紧，叠加美企利润增长降速，将可能推动美国经济在 2023 年末或 2024 年初进入衰退周期，美股也将从高位回调。

日本股市自 2023 年起进入牛市，截至 8 月末，日经 225 指数年内涨幅已高达 25%，并一度触及自 1989 年以来的最高点。日本疫情限制措施解除促进服务业复苏、国内通胀回归叠加日本央行持续维持宽松货币政策、日本上市公司积极制订和推出计划提升股票估值等因素吸引大量海外投资者进入日本股市，推动股市上涨。但如果日本通胀持续上行，使日本央行扭转其长期宽松货币政策，将对日本股市造成显著下行压力。

俄乌冲突爆发叠加对俄罗斯能源高度依赖，欧洲经济在 2022 年遭受显著负面冲击，通胀飙升，欧元区主要国家股市大幅下挫。进入 2023 年，随着国际能源价格下降以及欧洲经济韧性增强，叠加欧洲股票相对美国股票的低估值，触发投资者对欧洲股市的乐观情绪，带动主要市场在 2023 年内强劲反弹。与此同时，虽然英格兰银行持续加息对抗通胀，但英国进入 2023 年后高通胀持续，引发投资者对央行进一步加息的担忧，压制英国股市表现，2023 年内尚未实现反弹。

巴西和印度股市在 2023 年均出现了 "V" 形反转，在 2023 年第一季度后进入上涨区间。其中，2023 年 1 月卢拉政府上台后实施一系列新政，经济增速超预期、通胀显著下降，为央行采取宽松政策打下基础，并扭转了市场对 2023 年巴西增长和通胀的悲观预期，带动巴西股市 2023 年第一季度后持续上涨。而印度进入 2023 年后通胀压力减弱，印度央行在 2023 年 4 月停止加息，叠加市场对该国经济增长的乐观预期，带动印度股市在 2023 年第一季度调整后再次回到上涨区间。

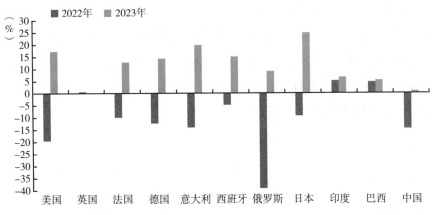

图10 2022年和2023年全球主要股市增长率

注：2023年数据截至8月末。

资料来源：各国证券交易所。

三 全球外汇市场走势及原因

2023年全球外汇市场表现出以下显著特征：第一，美元指数在2022年第四季度触顶后回调，呈现波动走势；第二，除美元指数外，各国利率、经济基本面等多重因素也成为推动其汇率变化的主要力量；第三，因货币政策和经济周期不同，人民币兑美元汇率与美元指数走势相反，年内人民币相对弱势。

2022年10月美元指数触及2008年国际金融危机以来最高点后快速回落，并在2023年呈现震荡走势，主要在100~105波动。截至2023年8月末，美元指数仅收涨0.11%。驱动美元指数自2022年10月快速回调，并在2023年波动震荡的主要因素有以下五点：第一，2022年10月后市场预期美国通胀降温，美联储加息步伐将放缓；第二，欧洲央行、英格兰银行等主要央行维持鹰派基调以及激进加息节奏，美欧、美英间利差持续缩小；第三，欧元区和日本等经济体经济和资本市场表现回暖，吸引大量资本从美国流出；第四，2023年美国硅谷银行破产、债务上限谈判僵局、财政和贸易双赤字持续等因素使市场对美国经济增长预期减弱；第五，俄乌冲突发生后全球去美元化潮流兴起。短期内，美国劳动力市场依然强劲，通胀仍处于高位，美联储维持鹰派态度不变，进一步加息预期增强，成为对冲上述因素、支撑美元指数的主要力量。中期来看，美国经济"软着陆"的概率逐渐增大，美元指数仍处于近 15 年的高位区域，其进一步下降的势能和动能均增大。美元指数的最终走势将取决于美国与其他主要发达经济体经济基本面和货币政策的差异以及全球金融风险的整体水平（见图 11）。

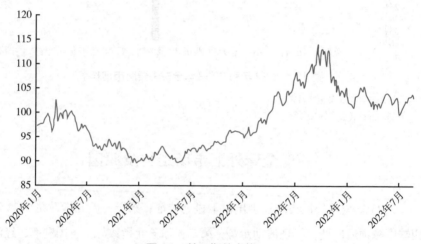

图 11　美元指数走势

注：美元指数选取 1973 年 3 月 =100。
资料来源：美联储。

　　2023 年欧元、英镑和瑞郎兑美元均升值（见图 12）。截至 2023 年 8 月末，欧元兑美元升值 1.3%，英镑和瑞郎兑美元升值均达到了 4.6%。同期日元兑美元则大幅贬值 11%，与其他主要发达经济体货币兑美元表现有显著差异。这是由于日本央行虽然在 2022 年 12 月放宽收益率曲线控制（YCC）上限，但仍维持宽松货币政策不变，美联储加息后日美利差进一步扩大。同为避险货币的瑞郎，则在瑞士央行在瑞士信贷危机发生后仍维持加息，并在市场中卖出外币等操作下，维持升值态势。而欧盟和英国央行维持激进加息，其与美国利差缩小，成为推动欧元和英镑兑美元升值的主要力量。

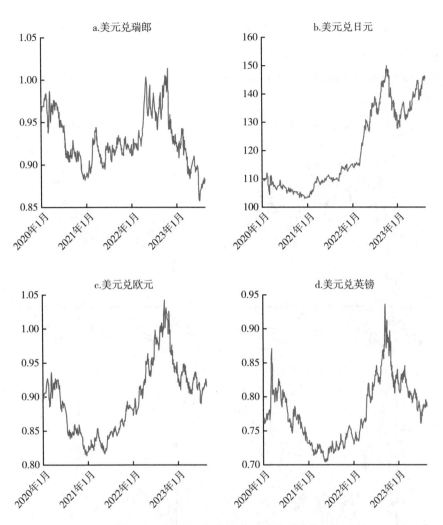

图 12　美元兑主要货币的汇率变化走势

资料来源：美联储。

　　2023 年金砖国家货币兑美元走势维持分化态势（见图 13）。截至 2023 年 7 月末，巴西央行维持基准利率在 13.75% 的高位，叠加新政府上台后经济复苏超预期，推动雷亚尔兑美元汇率继续升值，截至 2023 年 8 月末升值幅度达 6.7%。虽然南非央行于 2021 年领先于美联储加息，并在 2023 年维持加息进程，但由于南非高通胀风险持续上升，国内外融资需求上升，以及用电限制制约经济发展等

因素，兰特兑美元持续贬值，截至 2023 年 8 月末贬值幅度达 11.2%。尽管 2023
年印度经济和资本市场发展良好，但年内印度央行仅加息一次，为 25 个基点，
使其与美国利差不断增大，截至 2023 年 8 月末印度卢比兑美元小幅贬值 0.1%。

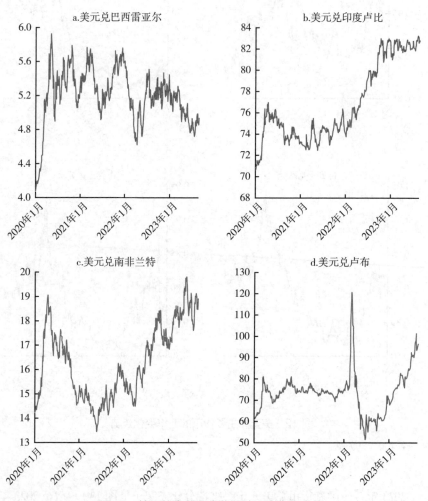

图 13　美元兑金砖国家货币的汇率变化走势

资料来源：美联储。

2023 年俄乌冲突持续，西方对俄罗斯制裁进一步收紧，加之俄罗斯军
事支出和财政赤字增加，国内出现各种不稳定因素等，推动卢布兑美元汇率

持续下跌，卢布汇率年内一度超过 100 卢布 / 美元，迫使俄罗斯央行 2023 年 8 月大幅加息 350 个基点以稳定卢布汇率。截至 2023 年 8 月末卢布已贬值 36.4%，成为全球表现最差货币之一。

2023 年 1 月人民币兑美元汇率经历了小幅升值后，在 2 月和 4~6 月经历了两波较为显著的贬值。第一波是 2023 年 2 月 2 日至 28 日，人民币兑美元贬值 3.6%；第二波是 2023 年 4 月 24 日至 6 月 30 日，人民币兑美元贬值 5.0%。其中，第一波贬值主要由美元指数反弹及中美利差扩大等外部因素驱动；第二波贬值则主要由我国固定资产投资增速回落、经济增速下行与内需不振、价格指数持续下行等内部因素驱动。截至 2023 年 8 月末，人民币兑美元汇率贬值幅度为 3.1%。随着美联储加息步伐减缓，我国经济增长持续恢复，将对人民币汇率起到支撑作用。

进入 2023 年，CFETS 人民币汇率指数经历了波动下降走势。其中，2023 年 1 月 6 日至 4 月 21 日，该指数在 99~100 小幅波动。4 月 28 日起，随着人民币兑美元汇率年内第二波贬值，CFETS 人民币汇率指数也跌破 99，并在 7 月 21 日跌至 96.96。随后，该指数小幅反弹至 8 月末的 97.14（见图 14）。

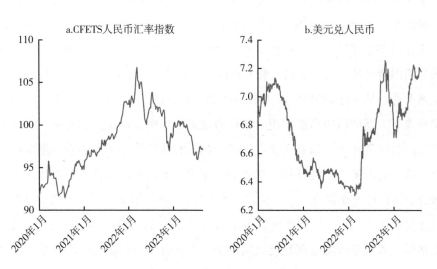

图 14　人民币汇率变化走势

资料来源：中国外汇交易中心、中国人民银行。

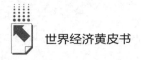

四　小结与展望

2022 年末至 2023 年，全球央行加息进程持续。在这一过程中，英、日、美、欧发达市场经济体均不同程度地出现了风险事件。尽管上述风险事件并未演变成系统性金融风险，但这在上一轮加息周期中是所未见的。正是因为上述风险事件并未进一步恶化，全球金融市场整体风险偏好较高，特别是在硅谷银行倒闭事件平息之后。在此背景下，新兴市场经济体的金融市场压力较 2022 年有所缓解，但经济基本面较弱和重债低收入经济体面临的风险仍较大。全球长期国债收益率在波动中上行，但美英还是维持了短期和长期国债收益率倒挂。全球股市虽在 2023 年出现反弹，但发达国家的复苏程度超过新兴经济体和发展中国家，美元指数触顶回落，主要货币兑美元呈现分化格局。

展望 2024 年，国际金融市场走势仍取决于市场对经济"软着陆"的信心，如果通货膨胀能够继续下行，同时更多国家开启降息进程，则金融市场将继续企稳，但如果核心通胀黏性较强，政策利率在更高水平维持更长时间，带来风险偏好向风险规避的转向，则全球金融市场将面临资产重新定价风险，也可能出现更严重的风险。具体来说，第一，本轮加息周期以来出现在发达经济体的多个风险事件反映出全球金融体系的脆弱性，目前出现过问题的领域包括国债市场、银行业机构和非银机构，在未来，如果通胀持续处于高位，金融条件仍然处于收紧状态，则上述领域的风险可能再次暴露。第二，高利率背景下，新的风险可能出现，包括房地产市场中家户部门的还贷压力和商业地产的融资压力，以及企业在过去低利率时期取得融资面临着再融资成本上升的压力。第三，全球央行加息步入尾声，但是不同步性进一步增加，一些经济体已经开始降息，这样的国家在 2024 年可能增多，而一些国家仍在加息或利率处于高水平，这意味着 2024 年全球央行的货币政策仍将持续呈现分化格局。若主要国家之间缺乏政策协调，国际合作机制功能受限，全球金融市场将面临更为剧烈的震荡。第四，地缘政治因素又添新的不确定性，新一轮巴以冲突如果进一步加剧，特别是如若扩散至中东地区，影响到原油等大宗商品，则全球通胀将增添新的压力，经济复苏进程可能中断，在这种情境下，全球金融市场可能面临新的调整压力。

参考文献

高海红、杨子荣:《国际金融形势回顾与展望：风险显现》，载张宇燕主编《2023年世界经济形势分析与预测》，社会科学文献出版社，2022。

余永定:《日银调整收益率曲线控制政策的理论机制与严峻挑战》，中国金融四十人论坛，2022年12月29日。

BIS, "BIS Quarterly Review, September 2023," Sep., 2023.

Y.13
国际直接投资形势回顾与展望：
多重因素作用下的衰减

陈逸豪　王碧珺[*]

摘　要： 2022 年，受到地缘政治局势紧张、能源与粮食价格高企和发展中经济体债务风险等因素影响，全球新增国际直接投资下跌 12% 至 1.29 万亿美元，处于 2007 年以来的历史性低点之一。为应对经济下行压力，众多经济体开始在投资政策方面主动求变，新颁布投资促进类政策数量较上年翻番，占全部新增投资政策的比重达到 74%，重回新冠疫情暴发前水平。其中，发展中经济体新增的投资促进类政策大多旨在对特殊产业部门或经贸区给予财政支持，而发达经济体主要面向能源安全、可再生能源和气候变化、战略产业安全等问题出台投资促进政策。《投资便利化协定》为全球国际直接投资治理展开新图景，将减少全球绝大多数国际直接投资所面临的制度型成本，开辟一条以投资便利化带动发展的新路径。但在大国博弈背景下，各类型国际直接投资遭受日益强化的国家安全审查和经营合规审查，发展面临挑战。

关键词： 国际直接投资　地缘政治博弈　《投资便利化协定》　国家安全　合规审查

受到乌克兰危机、能源与粮食价格高企、债务风险等多重因素的影响，全

---

* 陈逸豪，中国社会科学院世界经济与政治研究所助理研究员，主要研究方向为国际投资、国际产业政策、竞争政策；王碧珺，中国社会科学院世界经济与政治研究所副研究员，主要研究方向为国际投资。

球国际直接投资未能延续 2021 年的反弹态势，于 2022 年下跌 12% 至 1.29 万亿美元，为 2007 年以来的历史性低点之一，仅高于受到全球金融危机影响的 2009 年和受新冠疫情影响的 2020 年（见图 1）。这一下跌趋势同上年预期相一致。[①] 同时，国际直接投资的模式较 2021 年发生转变：国际项目融资交易金额同比下降 25%，跨国并购（M&A）金额下降 4%；[②] 跨国公司对于在海外建立生产型子公司的兴趣有所恢复，全球新增跨境绿地投资额 1.21 万亿美元，同比增长 64%，项目数同比增长 15%，对国际直接投资形成一定的支撑。国际直接投资在区域间和产业间的分配出现较明显的不平衡：区域层面，流向发达经济体和非洲地区部分最不发达国家的资金减少；产业层面，面临供应链重组压力的产业部门（如电子、汽车和机械）成为国际直接投资关注的重点领域。

图 1　2007~2022 年全球国际直接投资增长情况

资料来源：笔者根据联合国贸发会议数据库的数据整理（https://unctad.org/en/Pages/statistics.aspx）。

　　本文将从投资区位、国别投资政策和国际投资协定的角度，分析 2022 年国际直接投资形势，增加《投资便利化协定》相关介绍与分析，并展望国际直接投资前景。

---

①　王碧珺：《国际直接投资形势回顾与展望：复苏恐难持续》，载张宇燕主编《2023 年世界经济形势分析与预测》，社会科学文献出版社，2022。

②　UNCTAD，"World Investment Report 2023：Investing in Sustainable Energy for All，" New York and Geneva：United Nations Conference on Trade and Development，2023.

一 国际直接投资整体萎缩：发达经济体显著下滑，发展中经济体增长不均

2022 年，在外国直接投资流入量（FDI 流入）和对外直接投资流出量（OFDI）方面，发达经济体较发展中经济体出现更明显的下降，发展中经济体之间出现分化。2022 年，发展中国家占全球 FDI 流入的比重从 2021 年的 60% 大幅上升至 71%，增加 11 个百分点；占全球 OFDI 的比重也由 2021 年的 28% 上涨至 31%，增加 3 个百分点。但最不发达经济体受到宏观经济冲击的影响更大，获得的外国直接投资下降 16%。

（一）FDI流入

1. 发达经济体[①] 所获投资大幅萎缩，经济冲击带来巨大负面影响

2022 年，流入发达经济体的外国直接投资为 3783 亿美元，同比下降 37%。尽管个别发达经济体采取的投资促进政策在一定程度上扩大了本国吸引的外资规模，但地缘政治、金融部门风险等宏观冲击仍严重限制了其吸引外资的能力。

对美国而言，跨境并购规模减半，致使流向美国的外国直接投资锐减 26% 至 2851 亿美元。[②]2022 年全球前十大并购交易中，只有 1 起发生在美国，与 2021 年 100 亿美元以上的 18 起并购交易中 9 起发生在美国形成鲜明对比。针对具体产业，化学、计算机与电子设备业和金融业的外资流入均出现显著下降；信息与通信行业对吸引外国直接投资的贡献度最高，吸引外资 510 亿美元，同比增长 21%。

---

① 此处"发达经济体"的概念采用 UNCTAD《世界投资报告》中"Developed Economies"的表述，包含的国家和地区有：经济合作与发展组织（OECD）成员国（智利、哥伦比亚、哥斯达黎加、墨西哥和土耳其除外），非 OECD 成员国的欧盟成员国（比利时、克罗地亚、塞浦路斯、马耳他和罗马尼亚），阿尔巴尼亚、安道尔、白俄罗斯、百慕大、波斯尼亚和黑塞哥维那、列支敦士登、摩纳哥、黑山、北马其顿、摩尔多瓦、俄罗斯、圣马力诺、塞尔维亚、乌克兰，以及法罗群岛、直布罗陀、格陵兰、根西岛和泽西岛。

② UNCTAD, "World Investment Report 2023: Investing in Sustainable Energy for All," New York and Geneva: United Nations Conference on Trade and Development, 2023.

流向欧洲的外国直接投资规模明显受个别并购交易的扰动。2022 年，由于一家跨国电信运营商从卢森堡撤资，欧盟成员国出现约 1249 亿美元的净撤资。剔除卢森堡数据的影响后，流向欧盟的外国直接投资增加至 1971 亿美元，同比增长 55%。瑞典、法国和意大利均发生了针对当地企业较大规模的跨国并购，其中瑞典成为欧盟最大的外国直接投资流入国；法国积极获取外国直接投资，针对法国企业的跨国并购总金额为 2021 年同期的 6.7 倍，达到 310 亿美元，新增跨境绿地投资规模同比增长 43% 至 200 亿美元。俄乌冲突对两国冲击巨大。俄罗斯获得的外国直接投资由 2021 年净流入 386 亿美元，变为 2022 年净流出 187 亿美元。乌克兰吸收的外国直接投资也由 2021 年的 73 亿美元下降至 2022 年的 8 亿美元。

以发达经济体为东道国的绿地投资和国际项目融资保持韧性。2022 年，在发达经济体中开展的绿地投资总价值同比上升 37% 至 6390 亿美元；项目数同比增长 4%，占全部跨境绿地投资项目的比重超 60%。乌克兰危机和大国科技竞争成为发达经济体绿地投资增加的重要驱动力。发达经济体出于对科技安全和能源安全的考量，不仅加强了对相关行业跨境并购的安全审查，而且竭力吸引外资在本国开展绿地投资，以避免技术外流，同时促进本国就业。能源、电子与电气设备以及汽车等行业成为跨国资本的投资重点：电力与天然气供应业的绿地投资接近翻倍，达到 1960 亿美元；电子与电气设备行业绿地投资规模创历史新高，达到 1180 亿美元；汽车行业的绿地投资达到 370 亿美元。其中，2022 年发达经济体最大的绿地投资项目为台积电斥资 280 亿美元在美国建立工厂。2022 年发达经济体国际项目融资项目数同比增加 10%，但总价值减少 14%。可再生能源项目仍然为投资的主体，共计 855 个项目。

2. 发展中经济体① 再创历史新高，不同经济体的引资增速出现分化

2022 年，流向发展中经济体的外国直接投资同比增加 4% 至 9164 亿美元，

---

① 此处"发展中经济体"的概念采用 UNCTAD《世界投资报告》中"Developing Economies"的表述，包括除了前述"发达经济体"之外的所有经济体。沿用 UNCTAD《世界投资报告》中的做法，对中国内地、中国香港特别行政区、中国澳门特别行政区、中国台湾省的国际直接投资数据分别进行单独统计。

再创历史新高。这一增长几乎全部由拉丁美洲和加勒比地区所贡献。发展中经济体吸引的绿地投资项目数占全球总量的比重接近40%，总价值占全球比重为47%在全球国际直接投资格局中扮演重要角色。

区域层面，拉丁美洲与加勒比地区的FDI流入量同比增长51%至2085亿美元，占全体发展中经济体吸引外国直接投资总量的23%，远超新冠疫情暴发前水平。针对这一地区战略矿产（如铜矿、铁矿与烃类资源等）的资源导向型投资涌现。南美洲的FDI流入量同比增长73%至1601亿美元，其中巴西同比增长70%，达到861亿美元的历史次高水平。巴西更是成为2022年全球第五大国际项目融资交易成交国。巴西的绿地投资项目以商品、矿产与基础设施建设为主，如由巴西EcoRodovias公司和意大利Logistica公司联合投资23亿美元建设的高速公路项目。中美洲地区的主要外国直接投资项目均为美国对墨西哥的投资，包括美国联视控股公司（Univision Communication）以48亿美元收购墨西哥Grupo Televisa公司的部分业务，以及特斯拉在墨西哥投资50亿美元新建超级工厂等。

非洲国家的FDI流入同比下降44%，跌至449亿美元。这一下跌由高基数效应导致，即2021年下半年南非一公司发生一笔大额内部金融交易。剔除该交易的效应后，2022年流向非洲的外国直接投资增长7%。北非国家的FDI流入量同比增长58%至150亿美元。西非和中非国家的FDI流入出现下降，部分东非国家的外国投资规模也有所下滑。非洲传统意义上吸引外国直接投资较多的国家在2022年均出现新增投资减少或净撤资的情况，如尼日利亚（净撤资1.9亿美元）、塞内加尔（与上年持平）、埃塞俄比亚（同比下降14%）等。但外国对非洲进行绿地投资的热情高涨，总投资规模较2021年接近翻两番，达到创纪录的1950亿美元。绿地投资项目以资源导向型为主，集中在能源与天然气供应（1200亿美元）、采掘业（210亿美元）等部门，基础设施领域也备受关注（240亿美元）。这些领域的投资占2022年全球15个超大型绿地投资项目中的6席。

亚洲发展中经济体的FDI流入量相对稳定，较2021年小幅减少3亿美元，降至6618亿美元，仍为世界最大的外国直接投资流入地区，占全球FDI流入量的 51%、全部发展中经济体 FDI 流入量的 72%。这些外国直接投资主要流向区域内的高发展水平地区，如中国内地、中国香港、新加坡、印度、越南等。流入东亚地区的外国直接投资同比下降 3% 至 3236 亿美元，其中中国吸引的外资增长 5%。[①] 这一增长主要来自欧洲跨国企业，投向制造业和高新技术产业。例如，德国宝马公司投资 40 亿美元，增持华晨宝马股份至 75%。流向东南亚国家的外国直接投资同比增长 5% 至 2226 亿美元，创历史新高，其中绿地投资和国际项目融资分别同比增长 28% 和 49%，跨国并购规模则缩减75%。本区域内最大的绿地投资项目为阿联酋对马来西亚开展的房地产项目投资，价值 96 亿美元。印度的 FDI 流入量同比增长 10% 至 494 亿美元，成为全球第三大新增绿地投资东道国和第二大国际项目融资交易东道国。印度吸引的高新技术产业中的外国直接投资项目包括中国台湾鸿海集团和印度 Vedanta Resources 公司出资 190 亿美元成立的印度首家芯片制造厂、法国 TotalEnergies 和印度 Adani Group 出资 50 亿美元成立的氢能联合研发机构等。

（二）FDI流出

2022 年，发达经济体的跨国企业缩减对外投资规模，由 2021 年的 1.2 万亿美元下降至 1.0 万亿美元，减少 17%；占全球 OFDI 的 69%，较 2021 年下降 3 个百分点。这一下降同样受到前述卢森堡单笔并购交易的扰动。排除扰动后，发达经济体 OFDI 规模同比增长 9%。瑞典在 2022 年积极开展对外直接投资，规模达到 623 亿美元，为 2021 年的 2.3 倍。来自北美地区的 OFDI 进一步增加至 4523 亿美元，刷新历史极值。其中美国企业对外国企业的并购达到创纪录的 2730 亿美元，同比增长 21%。在全球价值超过 50 亿美元的并购中，由美国企业发起的并购占 38%。值得一提的是，2022 年日本和澳大利亚的跨国企业表现活跃。日本跨国企业在海外新增绿地投资的项目金额同比增长 47%，达到 440 亿美元；澳大利亚 OFDI 的增加主要来自澳大利亚 BHP 公司对英国 BHP 公司的并购。德国跨国企业的对外投资同比减少 13%，退居世

---

① UNCTAD, "World Investment Report 2023: Investing in Sustainable Energy for All," New York and Geneva: United Nations Conference on Trade and Development, 2023.

219

界第四大对外直接投资来源国。

发展中经济体跨国企业的对外直接投资总额下降 5% 至 4589 亿美元。其中，亚洲地区发展中经济体的 OFDI 同比下降 11%，但仍然贡献了全球 OFDI 总量的 27%。中国内地对外直接投资的总金额下降 18% 至 1465 亿美元，被日本超越，为世界第三大对外直接投资来源国。[①] 中国绿地投资项目增加 24% 至 410 亿美元。印度的对外直接投资呈现相似特征，OFDI 总量为 145 亿美元（同比下降 16%），但绿地投资总量大幅增加，为 420 亿美元（为 2021 年的 3 倍有余）。新加坡对外直接投资规模保持稳定（仍为 508 亿美元），马来西亚（133 亿美元，增长 1 倍有余）和印度尼西亚（68 亿美元，同比增长 75%）同样在海外投资方面取得进步。拉丁美洲及加勒比地区国家继续寻求拓宽对外直接投资的渠道，其中巴西 2022 年对外直接投资同比增长 23% 达到 252 亿美元，上升为世界第十四大对外直接投资来源国（见表 1）。

二 国别投资政策变化：
投资促进政策的复兴与投资限制措施的扩充

2022 年，为应对经济下行压力，众多经济体主动调整外国直接投资政策。66 个经济体调整本国的外国直接投资政策，新出台 146 项政策，两项数据均较 2021 年出现明显的增长（分别增长 25% 和 34%）。新冠疫情形势趋缓后，地缘政治冲突和宏观经济冲击对各经济体形成了新的挑战，各经济体的外国直接投资政策或将在未来迎来新一轮调整浪潮。

各经济体的外国直接投资政策既持续关注国家安全，又重新关注投资促进。2022 年，各经济体对外国直接投资的限制性/监管政策的新增数量基本保持稳定（39 项，2021 年为 40 项），而新出台的自由化/促进政策数量由 2021 年的 55 项增长至 2022 年的 102 项，接近翻倍。在不考虑中性政策的前提下，新出台的自由化/促进政策的比例重回 72%，接近 2019 年的水平（见图 2）。

---

① UNCTAD, "World Investment Report 2023: Investing in Sustainable Energy for All," New York and Geneva: United Nations Conference on Trade and Development, 2023.

表1 2022年全球前二十大FDI参与国和地区

单位：十亿美元，%

	FDI 流入					FDI 流出			
2022年位次	国家和地区	2021年	2022年	增速	2022年位次	国家和地区	2021年	2022年	增速
1	美国（1）	388	285	−26	1	美国（1）	350	373	7
2	中国内地（2）	181	189	5	2	日本（4）	147	161	10
3	新加坡（4）	131	141	8	3	中国内地（2）	179	147	−18
4	中国香港（3）	140	118	−16	4	德国（3）	165	143	−13
5	巴西（6）	51	86	70	5	英国（7）	85	130	53
6	澳大利亚（21）	21	62	195	6	澳大利亚（37）	3	117	3327
7	加拿大（5）	66	53	−20	7	中国香港（6）	96	104	7
8	印度（8）	45	49	10	8	加拿大（5）	97	79	−18
9	瑞典（19）	21	46	117	9	韩国（8）	66	66	1
10	法国（12）	31	36	18	10	瑞典（17）	27	62	130
11	墨西哥（11）	32	35	12	11	新加坡（12）	51	51	0
12	西班牙（17）	22	35	59	12	法国（13）	45	48	8
13	日本（15）	25	33	32	13	西班牙（52）	1	39	5151
14	波兰（13）	30	29	0	14	巴西（21）	20	25	23

续表

2022年位次	FDI流入 国家和地区	FDI流入 2021年	FDI流入 2022年	FDI流入 增速	2022年位次	FDI流出 国家和地区	FDI流出 2021年	FDI流出 2022年	FDI流出 增速
15	以色列（18）	21	28	29	15	阿联酋（20）	23	25	10
16	阿联酋（22）	21	23	10	16	比利时（14）	33	24	-27
17	印度尼西亚（20）	21	22	4	17	沙特阿拉伯（18）	24	19	-21
18	意大利（183）	-9	20	—	18	中国台湾（26）	11	16	44
19	智利（28）	13	20	50	19	芬兰（28）	9	15	63
20	韩国（16）	22	18	-18	20	印度（25）	17	15	-16

注：括号内为2021年排名。

资料来源：笔者根据联合国贸发会议数据库的数据整理（https://unctad.org/en/Pages/statistics.aspx）。

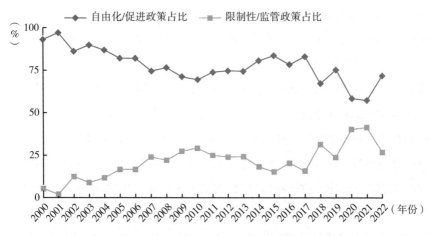

图2　2000~2022年国别投资政策变化

资料来源：笔者根据 UNCTAD 的数据整理。

发展中经济体与发达经济体投资促进政策的关注点出现分化。2022年，超过 70% 的投资促进政策由发展中经济体推动实施，以期为本国经济复苏注入动力。超过 40 个发展中国家推出更强有力的投资促进政策，贡献过半的投资友好型政策。具体而言，发展中经济体新增的投资促进类政策，主要涉及对特殊产业部门或经贸区给予的财政支持。如阿尔及利亚和沙特对本国自贸区或经济试验区给予税收优惠，阿根廷、埃及对在汽车等产业部门布局的外资给予税收优惠或补贴等。发达经济体投资促进政策的调整更具针对性，主要面向能源安全、可再生能源和气候变化、战略产业安全等问题而出台。如意大利和韩国等国对可再生能源、芯片、疫苗等行业的投资给予补贴或减税。此外，21% 的投资友好型政策为投资自由化政策，如中国缩减外商投资负面清单、埃塞俄比亚对电信部门进行部分私有化、菲律宾取消对外资控股当地中小企业的本地雇员比例不低于 50% 的要求等。

2022 年，越来越多的国家进一步强化对外国直接投资的安全审查。此类政策占全部投资限制类政策的 44%。16 个国家推出 24 项审查措施，其中 9 项旨在拓宽既有审查措施的覆盖范围。例如，法国、意大利、波兰和西班牙将新冠疫情期间实施的临时管控措施转变为长期措施，并将管控措施的关注重点由医疗部门扩张至所有与国防、电子信息通信等相关的战略产业部门；加拿大、日本、俄罗斯等 7 国进一步扩充触发安全审查的条件，如加强对国有企业的关注，扩充可能影响国家安全的产业部门列表等。此外，英国和菲律宾引入或实施新的外国直接投资安全审查制度，使得拥有外资安全审查制度的国家数量增加至 37 个，占全球 FDI 流量的 71%、存量的 68%。[①] 发展中经济体对外资的安全审查则更加关注国家安全和对战略资产的保护，如印度要求其陆上邻国的国民只有经过其内政部的安全许可，方可成为印度公司的董事等。

在能源危机和解除新冠疫情大流行状态的背景下，欧洲国家开始征收"暴利税"。这成为对外国直接投资的新型限制类措施。"暴利税"的征收目的包括：一是对在新冠疫情期间因商品资源短缺而获利的企业征税，以保障社会分配的公平性；二是对因能源价格飞涨而获利的企业征税，以补贴购买能源的消费者。例如，克罗地亚要求对 2018~2021 财年平均应税利润率超过 20% 的企业按 33% 的税率进行征税，葡萄牙对取得超额收益的能源与食品部门市场主体同样征收 33% 的"暴利税"。

三 国际投资协定：新旧协定的更替受到关注

2022 年，各经济体共缔结 15 个国际投资协定（International Investment Agreements，IIAs），其中双边投资协定（Bilateral Investment Treaties，BITs）10 个，含投资条款的经济协定（Treaties with Investment Provisions，TIPs）5 个。与此同时，84 个国际投资协定终止，终止数量连续三年超过新达成数量。其中，54 个为双边同意终止，1 个为单方面终止，3 个被新协定替代。与 2021 年的情况相同，绝大多数双边同意终止的协定为欧盟内部成员国之间的 BITs。1993~2022 年，全球累计终止的投资协定数量达到 569 个，

---

① UNCTAD, "World Investment Report 2023: Investing in Sustainable Energy for All," New York and Geneva: United Nations Conference on Trade and Development, 2023.

其中接近 69% 为过去 10 年失效。全球 IIAs 存量为 3265 个，包括 2830 个 BITs 和 435 个 TIPs。[①]

国际投资协定的改革因既有协定部分条款的存续而面临挑战。当前存续的国际投资协定规模庞大，广泛覆盖双边、区域和多边协定，接近 1500 组国家间的双边投资关系可能同时被多个国际投资协定所调整，接近 90% 的协定已有超过 20 年的历史，而新型投资协定中超 40% 与既有投资协定并行。[②] 由于既有协定中条款的存续期大多超过 10 年，或存在自动续签条款，故新签订条款往往难以对既有条款进行及时的排除与替代。事实上，2020~2023 年新签订的国际投资协定中，75% 的协定并未改变传统协定中包含的"保障东道国对投资的监管权"条款；在改革探索中，58% 的协定尝试对投资者—国家争端解决（ISDS）机制进行调整，38% 的协定切实提出了投资促进条款，29% 的协定将条款有效期限制在 10 年以下以便于调整，仅有 13% 的协定包含对投资者义务的规定，或是对既有协定的明确替代。由此，新签订的国际投资协定能否有效实现其改革目标，同时引入包括可持续发展等在内的新投资理念，仍有待观察。

在跨国企业与东道国的冲突方面，2022 年 ISDS 机制下新增投资仲裁 46 起，为 2010 年以来的历史最低水平。截至 2022 年底，至少已有 890 件 ISDS 仲裁被结案，其中 37% 支持东道国，28% 支持外国投资者，其余案件以和解或驳回等方式解决。但 ISDS 机制的有效性一直遭受东道国和跨国企业的质疑，近年来由于跨国企业胜诉的成功率不断下降，其作为东道国制度质量的信号作用也在削弱。[③] 因此各经济体也在寻求对这一机制进行调整。

[①] UNCTAD, "World Investment Report 2023: Investing in Sustainable Energy for All," New York and Geneva: United Nations Conference on Trade and Development, 2023.

[②] UNCTAD, "World Investment Report 2023: Investing in Sustainable Energy for All," New York and Geneva: United Nations Conference on Trade and Development, 2023.

[③] A. Kerner, K. Pelc, "Do Investor-state Disputes (still) Harm FDI?" *British Journal of Political Science*, 2022, 52(2).

四 《投资便利化协定》为全球国际直接投资治理

展开新图景

2023 年 7 月 6 日,《投资便利化协定》文本谈判在日内瓦成功结束,这是全球首个多边投资协定,也是中国自加入世界贸易组织(WTO)以来,首个在 WTO 牵头设置并成功结束谈判的重要议题。这一议题将通过明确国际投资领域的高标准国际规则,提振全球投资者信心,推动全球投资增长。

《投资便利化协定》的基本原则脱胎于 2016 年二十国集团(G20)杭州峰会发布的《二十国集团全球投资指导原则》(以下简称《指导原则》)。《指导原则》为国际投资体制的建立确定了九大基本原则,可以概括为:反对投资保护主义,倡导投资开放;非歧视;投资保护;透明度;可持续发展;政府对投资的监管权;投资促进及便利化;企业社会责任及公司治理;国际合作。[1]《指导原则》特别强调三大宗旨,即"营造开放、透明和有益的全球投资政策环境,促进国际国内投资政策协调,促进包容的经济增长和可持续发展"。[2]

与《指导原则》强调的宗旨相对应,《投资便利化协定》主要包括三项目标,即通过建立国际规则,在全球范围内提升投资政策透明度、简化和加快投资审批程序、促进国际合作。[3]根据中国商务部世贸司负责人的介绍,《投资便利化协定》包括范围与总则、透明度、简化和加快行政程序、国内监管一致性和跨境合作、发展中成员和最不发达成员的特殊和差别待遇、促进可持续投资、机构安排等 7 个章节 45 个条款,主体纪律包括提高投资措施的透

---

① 詹晓宁:《全球投资治理新路径——解读〈G20 全球投资政策指导原则〉》,《世界经济与政治》2016 年第 10 期。

② 《二十国集团全球投资指导原则》,二十国集团杭州峰会官网,http://www.g20chn.org/hywj/dncgwj/201609/t20160914_3459.html,2016 年 9 月 14 日。

③ 《112 个世贸组织成员就投资便利化谈判发布联合声明》,中国政府网,https://www.gov.cn/xinwen/2021-12/11/content_5660097.htm,2021 年 12 月 11 日。

明度和可预见性、简化和加快行政审批程序、促进可持续投资等。透明度章节主要关注投资审批及人员流动所涉及的程序、要求、材料和费用等事项上的透明，设置征询公众意见的时间。简化和加快行政程序章节则关注行政程序给投资者带来的时间成本和其他交易成本，保障投资监管措施应当合理、客观、公正。促进可持续投资章节则主要规定了投资者负责任的商业行为和反腐败措施，根据国际公认的部分商业行为原则、标注和指南等，对境内投资者和企业的行为加以鼓励和引导。[1]

除上述条款外，《投资便利化协定》拟议纪律之中还有三个亮点。[2]第一，在"范围与总则"部分，确定将市场准入、投资保护和ISDS机制等内容排除在协定适用范围之外；增加"防火墙条款"，使该协定同既有国际投资协定之间互不隶属。第二，在"国内监管一致性和跨境合作"部分，强调推动国内监管的一致性，建设国内供应商数据库，强化投资便利化的跨境合作。第三，在"发展中成员和最不发达成员的特殊和差别待遇"部分，设置了特殊和差别待遇一般原则等内容，并设置技术援助和能力建设支持条款。此类设置直面既有投资协定改革进程中的弊病，以软法形式对成员国的行为加以鼓励和引导。该协定尊重且不讨论其他投资协定所规定的硬性原则，而对硬性原则的透明度与执行便利化程度进行要求，具有一定"规则之规则"的属性。这也成为其最大的亮点。

《投资便利化协定》有三项突出的优势。[3]第一，其未实质性改变成员的投资政策，而关注投资政策的透明度、简化与高效，给予成员充分的政策空间，[4]更易获得认可与支持。第二，各经济体对于已达成共识的投资便利化规

---

① 《商务部世贸司负责人解读世贸组织投资便利化协定谈判成果》，中国政府网，https://www.gov.cn/govweb/zhengce/202307/content_6890493.htm，2023 年 7 月 7 日。

② WTO, "Investment Facilitation for Development in the WTO," https://www.wto.org/english/tratop_e/invfac_public_e/factsheet_ifd.pdf.

③ WTO, "Investment Facilitation for Development in the WTO," https://www.wto.org/english/tratop_e/invfac_public_e/factsheet_ifd.pdf.

④ N. Jansen Calamita, "Looking for Sustainable Development and Sustainable Investment in the WTO Draft Investment Facilitation for Development Agreement," https://www.iisd.org/itn/en/2023/04/02/looking-for-sustainable-development-and-sustainable-investment-in-the-wto-draft-investment-facilitation-for-development-agreement/#tabs-11, Apr., 2023.

则来降低跨国投资的制度性壁垒有共同需求，而该协定很好地回应了成员的相关诉求。第三，该协定具有包容与非歧视性。该协定获得超过 2/3 的 WTO 成员支持，包括 80 个发展中国家，其中 20 个是最不发达国家（LDCs）。为实现以外国直接投资带动欠发达经济体经济增长的目标，该协定专门设置特殊和差别待遇部分，予以发展中经济体和最不发达国家与其能力相匹配的规定，使得欠发达经济体更易通过参与该协定享受发展红利，同时得以保留自身对投资进行监管的权利。

《投资便利化协定》生效后，将为全世界各经济体开辟一条以投资便利化带动发展的新路径。首先，该协定将移除国家间的投资壁垒，使得全球福利增加 0.56%~1.74%，其中中低收入国家的福利提升效应将更加明显。[1] 该协定对于未缔约方也会产生正向溢出效应，而加入协定后获得的增益将更加显著。

其次，该协定将为世界各国的投资协定改革进一步探索创新空间。与传统投资协定不同，《投资便利化协定》设置"防火墙条款"，确保了其作为"规则之规则"的属性不被其他投资协定所限制。在该协定的框架下，各项投资协定可以在内容上"存异"，但在执行过程的透明、公开、便利化程度上"求同"，从而为开展实质性投资规则创新留有空间。

最后，该协定能够为我国企业参与对外直接投资提供多元化保障。一方面，在该协定的要求下，各参与方需要简化投资审批程序，提高审批效率，提升审批规则透明度，从而有利于帮助我国企业降低"走出去"的制度性成本，一定程度上降低企业在外经营面临的合规风险。另一方面，该协定正式生效后，将成为参加方在 WTO 框架下的国际条约义务。我国企业在参加方开展投资时，得以根据该协定的内容向所在国监管部门提出咨询，以更好地维护自身在海外的经营利益。

---

[1] E.J. Balistrer, O. Zoryana, "Economic Impacts of Investment Facilitation," Center for Agricultural and Rural Development, Iowa State University, https://www.idos-research.de/externe-publikationen/article/economic-impacts-of-investment-facilitation/, 2021.

五 国际直接投资前景展望

2023 年，国际直接投资仍将面临较大挑战，其下降趋势或将延续。[1]2022 年冲击性事件的后续影响可能会逐渐减弱，但恐将难以完全消除。乌克兰危机的不断持续和地缘关系的紧张局势使得商品价格居高不下，发展中经济体的债务风险对外资吸引力产生负面作用。全球经济形势的负面前景对国际直接投资形成较强的抑制，也将影响各经济体实施的投资促进政策的实际效果。[2]这令国际直接投资的下降趋势难以逆转。

大国博弈背景下的经贸规则博弈，将对国际直接投资产生长期且复杂的影响。美国作为世界最大 FDI 流入地和对外直接投资来源国，其针对国际直接投资的安全审查和针对跨国并购项目的合规审查，对全球各经济体形成较强的示范效应，将进一步筑高国际直接投资的壁垒。在强化对美投资安全审查的基础上，2023 年 8 月 9 日，拜登政府正式颁布《关于美国在受关注国家开展的某些国家安全技术和产品投资的行政命令》（Executive Order on Addressing United States Investments in Certain National Security Technologies and Products in Countries of Concern），通过对美国企业在关键领域开展的海外投资进行安全审查（即反向国家安全审查），提升相关产业部门在海外进行投资的成本，进一步阻断美国同其他经济体之间的投资往来。在反垄断合规审查方面，2022 年 12 月 29 日，拜登签署《外国并购补贴披露法案》，要求进行并购前企业在申报信息中填写自身在"受关注外国实体"获得的补贴信息，若有不合规情况将不予批准相关申报。这一法案对中资企业赴美并购造成较大负面冲击。欧盟也开始关注跨国并购中所涉及的补贴问题。2023 年 1 月 12 日，欧盟《外国补贴条例》（Foreign Subsidies Regulation）正式生效，针对获

---

[1] UNCTAD, "World Investment Report 2023: Investing in Sustainable Energy for All," New York and Geneva: United Nations Conference on Trade and Development, 2023.

[2] C. Jardet, C. Jude, M. Chinn, "Foreign Direct Investment under Uncertainty: Evidence from a Large Panel of Countries," NBER Workng Paper No. 29687, 2022.

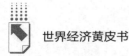

得外国补贴的企业在欧洲的并购、竞标等经济活动增加了新的监管机制。英国的《国家安全与投资法》生效。该法划定了 17 个敏感行业，设置相对容易触发的收购比例阈值，并否决了两起中资企业发起的并购。在各类型国际直接投资均开始面临安全审查和经营合规方面的审查时，企业开展跨国经营的成本上升。为应对这一现象，一方面跨国企业需要尽量降低合规风险；另一方面需加快推进《投资便利化协定》的生效实施，以降低国际直接投资所面临的壁垒。

参考文献

王碧珺:《国际直接投资形势回顾与展望：复苏恐难持续》，载张宇燕主编《2023 年世界经济形势分析与预测》，社会科学文献出版社，2022。

詹晓宁:《全球投资治理新路径——解读〈G20 全球投资政策指导原则〉》,《世界经济与政治》2016 年第 10 期。

UNCTAD，"World Investment Report 2023：Investing in Sustainable Energy for All," New York and Geneva: United Nations Conference on Trade and Development，2023.

WTO, "Investment Facilitation for Development in the WTO," https://www.wto.org/english/tratop_e/invfac_public_e/factsheet_ifd.pdf.

Y.14
国际大宗商品市场形势回顾与展望：波动下行

王永中　　周伊敏 [*]

摘　要： 受全球和中国经济增长放缓、主要经济体加息与美元升值、国际原油贸易流向调整基本完成、欧洲的暖冬和充足的天然气库存、农产品产量增长、黑海谷物协议签署、全球货物运输条件改善等因素的影响，大宗商品价格指数 2022 年 8 月至 2023 年 8 月下跌了 33%。本轮大宗商品价格下跌主要表现为能源价格下跌，而粮食、工业金属和能源转型金属的价格出现较大的波动。展望 2024 年，全球大宗商品价格预计会高位波动，大幅上涨或下降的可能性较小，但不排除能源价格因巴以冲突等地缘政治因素主导而暂时性上涨、粮食价格受极端气候条件和黑海谷物运输中断的驱动而上升，而能源转型金属价格可能因可再生能源行业快速发展而上涨，工业金属价格可能因全球经济持续放缓和中国房地产投资不振而下跌。预计 2024 年布伦特原油均价可能维持在 85 美元 / 桶的水平。

关键词： 大宗商品　市场　供给　需求价格

一　大宗商品市场总体状况

受全球和中国经济增长放缓、主要经济体加息与美元升值、国际原油贸易流向的调整、欧洲的暖冬和充足的天然气库存、农产品产量增长、黑海谷

---
* 王永中，中国社会科学院世界经济与政治研究所研究员，主要研究方向：统计学、经济学；周伊敏，统计学博士，中国社会科学院世界经济与政治研究所助理研究员，主要研究方向：统计学、经济学。

231

物协议签署、全球货物运输条件改善等因素的影响，国际大宗商品价格明显回落。国际货币基金组织（IMF）发布的以美元计价的大宗商品价格指数由2022年8月的峰值水平241.9大幅降至2023年6月的154.0，跌幅达36.3%（见图1），而后反弹至8月的161.5，上涨4.9%。

图1　2020年12月至2023年8月国际大宗商品价格指数

注：2016年价格为100。

资料来源：IMF。

尽管商品价格指数整体呈现明显的下跌走势，但不同类别商品价格的变化存在分化。本轮下跌主要由能源价格下跌主导，尤其是2022年8月至2023年2月，能源价格指数下跌约46%，而食品、工业金属、贵金属和能源转型金属价格指数分别上涨14.3%、1.7%、13.0%和3.3%。2023年3~6月，主要类别的商品价格指数出现不同程度的下跌，其中能源、食品、工业金属和贵金属价格指数分别下跌10.8%、11.6%、6.9%和10.3%；能源转型金属价格指数小幅上涨约1.6%。2023年6~8月，经济活动的减缓以及市场供给条件的改善导致食品、工业金属、贵金属及能源转型金属价格均出现小幅下跌，而能源价格指数上涨13.5%（见图2）。受能源价格上涨的带动，2023年6~8月大宗商品价格指数上涨约5%。

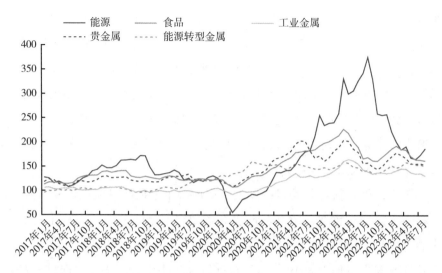

图2　2017年1月至2023年7月国际大宗商品分类价格指数

注：2016年价格为100。能源转型金属（Energy Transition Metals）主要包括铜、镍、钴和锂四种重要金属。

资料来源：IMF。

国际大宗商品价格走势与上年度报告的预测部分基本一致，我们准确预测了大宗商品价格整体呈波动下行走势，但高估了全球液化天然气（LNG）市场的供需紧张形势[①]，其主要受欧洲暖冬的影响。综合来看，本轮大宗商品价格的回调可主要归因于如下几点。

第一，经济增长放缓前景降低大宗商品需求预期。2022年下半年以来，在利率上升和全球贸易疲软的环境下，投资者对全球商品需求大幅放缓的担忧加剧。金融环境紧缩带来的高利率抑制了大宗商品价格，全球经济放缓风险的上升抑制了大宗商品需求。中国经济增长速度在过去一年未能达到市场预期也是大宗商品价格难以抬升的重要原因。

第二，乌克兰危机的影响缓解，大宗商品贸易流向调整展现出较强弹性。大宗商品价格指数的下跌主要是由能源价格下跌主导。2022年以来乌克兰危

---

① 王永中、周伊敏:《国际大宗商品市场形势回顾与展望：冲击与调整》，载张宇燕主编《2023年世界经济形势分析与预测》，社会科学文献出版社，2022。

机对能源、矿产以及粮食类大宗商品的供给造成严重干扰,其中对能源市场的冲击最大。现阶段,全球原油贸易体系在应对经济制裁方面显示出较强的弹性,欧洲主要用来自中东和美国的原油替代俄罗斯原油,而俄罗斯将原本输往欧洲的原油出口至印度等亚洲国家,因此,尽管欧洲基本停止从俄罗斯进口原油,但全球原油整体发货量平稳。不过,俄欧之间管道天然气贸易因管道走向锁定而缺乏调整余地,从而,欧洲大幅削减自俄罗斯管道天然气进口导致俄天然气出口损失较大。

第三,集装箱货运成本已接近疫情前水平,运输供应链恢复正常。据2023年9月航运咨询公司Drewry发布的数据,全球主要八条东西方货运航线的综合运费为每40英尺集装箱1561美元,比2021年9月峰值的10377美元低85%,但仍比2019年(疫情前)高出10%,其中,上海到鹿特丹、洛杉矶的集装箱运费已分别降至1299美元、2162美元。中国出口集装箱运价指数显示,2022年8月以来中国出口集装箱运价出现明显的回调趋势,2023年9月欧洲航线和地中海航线运价已跌至接近疫情前水平(见图3)。

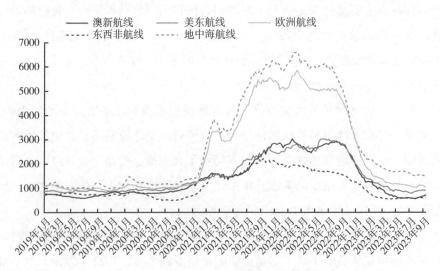

图3 2019年1月至2023年9月中国出口集装箱运价指数

资料来源:Wind和上海航运交易所。

二 能源、金属和粮食市场的形势

全球和中国经济放缓、美联储升息推动大宗商品价格整体波动下行，但大宗商品价格仍高于过去五年的平均水平。能源、工业金属和粮食市场出现分化。在乌克兰危机的影响虽有所消退但仍尚在的情形下，巴以冲突重新引发投资者对油气供应安全的关注。黑海谷物协议终止、极端天气频繁和部分国家限制粮食出口对全球粮食供应安全构成挑战。中国房地产部门投资放缓抑制了对工业金属的需求。

（一）能源市场

1. 原油

2022 年下半年以来，在乌克兰危机、主要发达国家央行升息、经济大幅放缓风险上升，特别是 2023 年 10 月以来的巴以冲突等因素共同作用下，国际原油市场大幅波动，走出一波先回落后反弹的震荡行情。2022 年第四季度，全球经济活动低迷和利率上涨引发市场对经济衰退的担忧，导致国际原油价格出现大幅下跌。在此期间，美国从战略石油储备中每天释放 100 万桶石油以应对供应短缺和油价高企的局面，推动了油价下行走势。布伦特原油价格在此期间由第三季度的约 100 美元／桶跌至 80 美元／桶，跌幅达20%。2023 年第一季度，中国调整防疫政策成为石油市场的主要看涨因素，但对全球经济衰退的担忧仍在抑制油价上涨，尤其是美国和欧洲的银行危机进一步加剧投资者对经济情景的担忧。在此期间，原油月均价格在 76~80 美元／桶波动。

2023 年第二季度，OPEC+ 于 4 月初意外宣布 2023 年 5~12 月再自愿减产 164.9 万桶／天，布伦特油价短暂涨至 88.4 美元／桶。随后，投资者对潜在的信贷紧缩风险的担忧加重，全球经济增长的悲观情绪重新浮现，国际油价未能守住涨势，5 月回跌至 74 美元／桶。为支持油价，OPEC+ 于6 月宣布将 4 月的减产措施延长至 2024 年底，导致石油市场短缺加剧。受供给紧缩和美国石油库存下降的影响，2023年6~9月，国际原油价格呈现回升趋势，布伦特原油现货价格由6月底的73美元/桶上涨至9月中旬的97美元/桶，涨幅达32.9%。9月下旬至10月初，美联储利率上升引发市场对原油需求的担忧，对油价造成下行压力，布伦特油价10月6日跌至85美元/桶。

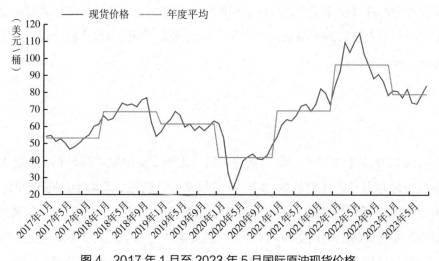

图4　2017年1月至2023年5月国际原油现货价格

注：原油现货价格为英国布伦特轻质原油、西得克萨斯轻质原油和迪拜原油的现货价格的平均数，三者权重相等。

资料来源：IMF。

乌克兰危机对国际油价的影响逐步下降。全球原油市场逐步消化了乌克兰危机带来的市场冲击，国际油价波动幅度较危机爆发初期已大幅缩小，其原因在于，全球原油贸易体系展示了较强的弹性，欧洲和俄罗斯均较成功地进行了石油贸易线路的调整。欧洲增加了从美国、中东、西非等地区的原油进口，而俄罗斯则将其石油出口目的地由欧洲转向中国、印度和其他新兴经济体市场。数据显示，俄罗斯的石油出口受乌克兰危机的影响不大，例如，2023年4月俄罗斯石油出口量达到830万桶/天，为乌克兰危机爆发以来的最高水平。随着全球原油贸易流向调整基本完成，布伦特和乌拉尔原油的价差由危机爆发初期 30 美元 / 桶降至 10 美元 / 桶左右，且乌拉尔原油价格已远远突破 60 美元 / 桶，表明美西方国家对俄罗斯原油出口限价政策的效果不佳（见图 5）。

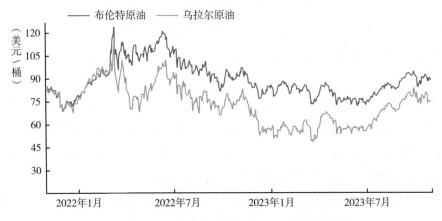

图 5　布伦特原油与俄罗斯乌拉尔原油的价格比较

资料来源：Tradingeconomics.com。

巴以冲突对全球原油市场产生了较大的负面冲击。2023 年 10 月 7 日，巴以冲突引发市场担忧情绪蔓延，布伦特油价在冲突发生后两周内约上涨 10% 至 92 美元 / 桶。投资者对于国际原油供应的关切主要体现以下两个方面：一方面，美伊关系和缓势头或将逆转，美国强化对伊朗石油出口制裁将导致全球原油供应受到较大负面影响。乌克兰危机爆发以来，美国出于稳定国际油价以抑制国内通货膨胀的考虑，放松了对伊朗石油出口的制裁，伊朗原油产量和出口量快速恢复，在全球原油市场的地位日益上升。据国际能源署估计，2023 年 1~8 月，伊朗原油增产量为 60 万桶 / 天，仅次于美国，且其 2023 年 8 月原油产量达 314 万桶 / 天，为 2018 年特朗普政府退出伊核协议以来的最高水平。截至目前，伊朗的原油出口量达到 190 万桶 / 天。[1] 另一方面，巴以爆

① Tagliapietra Simone, "Israel-Hamas War: Implications for the Global Oil Market," https://www.bruegel.org/first-glance/israel-hamas-war-implications-global-oil-market, October, 2023.

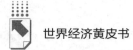

发冲突后，沙特停止了与以色列的关系正常化谈判。迫于国内反犹民意，以及对以色列强硬军事行动的回应，沙特政府在石油产量政策上将会显现出更强的独立性，难以配合美国要求增加石油产量。

2. 天然气

乌克兰危机对欧洲天然气市场的负面冲击在短期内显著缓解。2022年第四季度，欧洲天然气价格相较于第三季度的峰值水平明显下降。2022年12月底，欧洲基准TTF天然气期货的交易价格降至82欧元/兆瓦时，2023年6月最低价格达到25欧元/兆瓦时（约相当于8.25美元/百万英热单位），而2022年8月的峰值价格高达339欧元/兆瓦时（见图6）。欧洲天然气价格下跌主要有三方面的原因：第一，欧洲遭遇超级暖冬。欧洲2022年12月底至2023年2月初异常温暖，从瑞士到波兰再到匈牙利，多国出现创纪录的气温，这为能源危机下的欧洲提供了短期喘息的机会。第二，欧洲天然气库存充足。2022年10月欧盟天然气库存约占总储气容量的90%，相较于2021年同期（75%）明显提升。在暖冬和节能措施的共同作用下，2023年4月欧洲天然气库存占总储气容量的56%，而2015~2018年同期的库存占比通常位于18%~35%。第三，新能源供给增加。得益于有利的风、光条件，以及欧盟迅速的政策行动，欧洲2022年太阳能发电量相较于2021年增长24%，风能和太阳能发电量占发电总量的比重达到22%，首次超过天然气发电量。2023年5月欧洲风能和太阳能发电量占发电总量的比重达到31%，[①]超过化石能源发电量（占比约27%）。

不过，巴以冲突又对欧洲天然气市场产生了影响。荷兰TTF天然气价格大幅上涨，曾上探至54欧元/兆瓦时（约17.8美元/百万英热单位），在冲突爆发一周内飙升40%。以色列邻近的东地中海海域蕴藏着丰富的天然气资源，成为新兴的天然气生产地和出口地。巴以冲突导致年产量26亿~31亿立方米的塔玛（Tamar）天然气生产平台暂时关闭，部分天然气通过埃及输往欧

① https://ember-climate.org/press-releases/wind-and-solar-overtake-fossil-generation-in-the-eu/.

洲。该平台的关闭导致埃及从以色列的天然气进口量下降 20%。^① 尽管以色列向欧洲天然气出口量小，但塔玛平台关闭仍对欧洲天然气价格产生了较大影响，荷兰 TTF 价格 10 月 9 日飙升 15%，其原因在于，欧洲在大幅削减从俄罗斯进口天然气后，东地中海地区已成为其天然气的重要来源地之一，且欧洲天然气供应长期处于高度紧张状态，微小的不利变动均可能引发恐慌情绪。此外，连接芬兰与爱沙尼亚之间的天然气管道 2023 年 10 月 8 日发生泄漏，预计会对欧洲天然气价格上涨发挥推波助澜的作用。

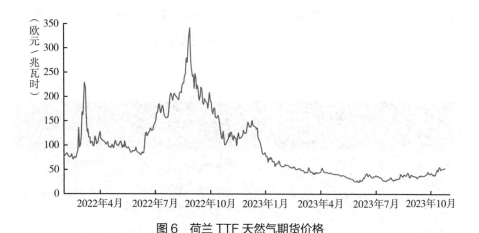

图 6 　荷兰 TTF 天然气期货价格

资料来源：Tradingeconomics.com.

美国天然气价格大幅回落。2022 年第四季度美国天然气平均价格为 5.5 美元 / 百万英热单位，相较于 2022 年 8 月下降 37%。2023 年第一季度，美国天然气平均价格进一步下跌至 2.7 美元 / 百万英热单位，显著低于 2021 年的水平，其主要原因有：一是美国国内天然气需求下降。相对温暖的冬季减少了美国大部分地区对室内供暖的需求，尤其是美国东北部和中西部等使用天然气供暖的地区气温高于往年同期水平。二是美国国内天然气产量持续增长。

① Exarheas Andreas, "Israel-Hamas Conflict Directly Impacts Oil and Gas Prices," https://www. rigzone.com/news/israelhamas_conflict_directly_impacts_oil_and_gas_prices_11-oct-2023- 174308-article, October 11, 2023.

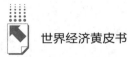

二叠纪地区天然气产能占美国天然气总产能的1/4，其产量在2023年全年预计将增加12%。

亚洲LNG价格也明显回落。受天然气需求低迷、暖冬以及核能发电量增加的影响，韩国和日本LNG库存高企，进口需求下降推动亚洲天然气价格下行。受前期天然气价格高企和经济放缓等因素的影响，中国2022年天然气进口需求明显下降，2023年1~8月天然气进口量恢复增长，但低于2020年同期水平。2023年7月，亚洲国家对LNG的需求升至年内最高水平，但被欧洲需求下降部分抵消。受欧洲天然气高库存的影响，叠加经济放缓抑制天然气消费需求，全球LNG市场整体呈现供给宽松局面，带动亚洲天然气价格下跌。在欧洲LNG进口需求有所降低的背景下，美国LNG重新流向亚洲地区，这给亚洲天然气价格带来下行压力。

表1　天然气的价格及价格指数

单位：美元/百万英热单位

项目	年度平均			季度平均			月度平均		
	2020年	2021年	2022年	2022年第四季度	2023年第一季度	2023年第二季度	2023年6月	2023年7月	2023年8月
价格指数	45.5	130.7	281.6	255.9	124.6	89.3	84.3	85.2	93.3
欧洲价格	3.2	16.1	40.3	36.9	16.8	11.3	10.4	9.6	11.2
美国价格	2.0	3.9	6.4	5.5	2.7	2.2	2.2	2.6	2.6
日本价格	8.3	10.8	18.4	20.7	18.2	13.5	12.7	13.0	12.9

注：2010年的天然气价格指数为100。欧洲价格指荷兰的TTF（Title Transfer Facility）天然气价格，美国价格指美国亨利中心天然气现货价格，日本价格指日本的LNG进口到岸价格。

资料来源：World Bank Commodities Price Data (The Pink Sheet), September 5, 2023。

3. 煤炭

受天然气市场缓和的传递效应影响，煤炭价格大幅回落。2022年8月以来，澳大利亚、南非出口的煤炭价格均下跌了65%。煤炭价格下跌反映了以下两方面的事实：一方面，欧洲对俄罗斯煤炭实施禁运对市场的影响有限。

煤炭属于固体燃料，其运输较天然气而言较为简单，在贸易流向转换方面不存在明显的限制。制裁生效后，欧洲增加了从哥伦比亚和南非的煤炭进口，俄罗斯增加了对亚洲国家的煤炭出口。另一方面，天然气供给紧张缓解推动煤价下行。在电力部门，煤炭和天然气两种燃料之间的替代性强。欧洲天然气价格已经低至将煤炭挤出电力部门的水平。此外，全球低碳转型持续抑制煤炭消费。中国煤炭在电力部门的占比持续下降，而新能源发电比例不断上升，而欧盟国家风力和太阳能发电量2023年首次超过化石燃料发电量，核能发电量也明显提升。这些因素推动了煤炭价格下行。

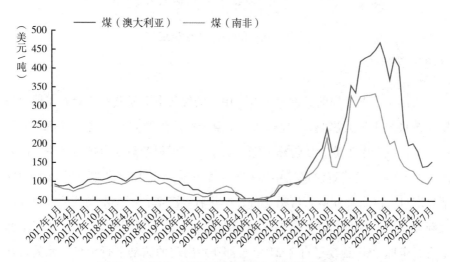

图7　2017年1月至2023年7月煤炭现货价格

资料来源：IMF。

（二）工业金属

2022年8月至2023年8月，工业金属价格整体呈现较大的波动，平均价格水平相较于上年有所下降。其中，铜、铁矿石、铝价格相较于上年的平均水平分别下降了10.7%、11.7%、18.9%。

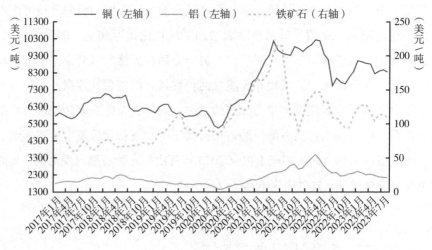

图8 部分工业金属的价格走势

资料来源：IMF。

中国是工业金属的关键需求方，中国的经济形势及其需求会对工业金属价格走势产生较大影响。中国2023年第一季度疫情防控平稳转段带来的积极信号，拉动了工业金属价格上涨。由于中国钢材产量在全球总产量中的占比超过50%，铁矿石价格受中国需求的影响最大。2023年第一季度，中国钢材产量上涨带动铁矿石价格上行。但此后经济增长不及市场预期，叠加澳大利亚和巴西发货量增加，铁矿石价格波动下行（见图9）。从全球基本面来看，全球PMI延续了自2021年5月开始出现的波动下行走势，尤其是在全球金融环境紧缩背景下，全球经济下行风险增加，对工业金属价格施加了下行压力。

（三）粮食市场

粮食价格整体呈现回落趋势，但2023年8月的粮食价格比2018~2019年高出至少20%。粮食价格仍受到供给不确定性（如地缘政治风险和极端天气风险）以及化肥成本高企的影响。2022年中以来，全球粮食供给在多个方面出现改善：在贸易方面，2022年7月至2023年7月，黑海谷物协议允许货船

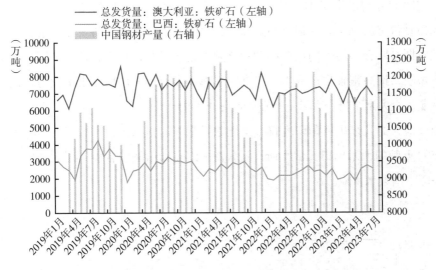

图9　中国钢材产量以及澳大利亚、巴西的铁矿石发货量

资料来源：Wind。

沿着黑海走廊航行，缓解了战争对乌克兰粮食出口的负面影响。俄罗斯的小麦出口量也创历史新高。在小麦市场上，由于进口商从澳大利亚、欧盟和加拿大寻找替代供应，黑海小麦出口减少的影响减弱。同时，天气条件良好导致粮食供给充足。巴西和美国玉米产量增长，出口竞争压低了玉米价格。在成本方面，能源价格下调导致粮食种植成本下降。能源价格回调既降低了粮食运输成本，也通过降低化肥生产成本间接降低了粮食种植成本。尽管化肥价格仍然处于高位，但较2022年的峰值大幅下降。尽管俄罗斯和白俄罗斯的化肥出口仍受阻，但部分大型化肥进口商找到了替代供应来源。例如，全球第二大钾肥进口国巴西增加了从加拿大的进口量，全球第四大氨进口国摩洛哥增加了从沙特阿拉伯和埃及的进口量。同时，全球市场上的化肥供应量增加。加拿大、摩洛哥以及尼日利亚增加了产量。俄罗斯化肥对印度等部分市场的出口量也大幅增长。

俄罗斯2023年7月退出黑海谷物协议，再度引发全球粮食供给短缺的恐慌情绪。小麦、玉米和葵花籽油三个受影响最大的农产品期货价格在一周左右的时间分别跳涨了 16.3%、11.7%、10.1%。随后，市场情绪有所回稳，国际粮食价格波动下行，但仍明显高于协议终止前的水平。协议终止也将导致俄罗斯与联合国签署的出口粮食和化肥的备忘录难以执行，这将加剧粮食供应短缺，推高粮食生产成本。乌克兰黑海小麦、玉米出口受阻引发的恐慌情绪蔓延至大米市场，大米价格在协议终止后的一周左右上涨 5.4%。7 月 20 日，全球最大的大米出口国印度宣布禁止除香米外的白米出口，意味着其将减少 1500 万吨的大米出口。俄罗斯、阿联酋相继宣布限制或暂停本国大米出口以保障本国大米供应。

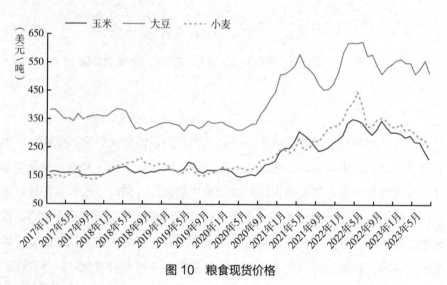

图 10 粮食现货价格

资料来源：IMF。

三 中国需求

中国是全球大宗商品最大的需求国。就表 2 列出的各类大宗商品而言，中国在 2022 年的进口额高达 8409.1 亿美元。2022 年，国际大宗商品价格高涨和中国经济大幅放缓导致中国的能源和金属矿产的进口量整体上出现明显下跌。由于进口成本显著上涨，中国大宗商品进口呈现数量增长率低于价值增长率，或数量负增长但价值正增长的特征。

品种	2022 年中国进口		2022 年中国进口额变化（基于 2021 年进口额的变化率，%）		2017~2020 年中国年均进口在全球份额中的占比（%）	
	价值（亿美元）	数量（万吨）	价值	数量	价值	数量
谷物	194.5		−2.5		5.7	
稻谷	26.2	615.8	19.9	25.1	6.2	7.9
玉米	71.0	2061.8	−11.5	−27.3	4.0	4.9
棉花	93.0		−12.2		22.4	
大豆	612.4	9108.1	14.4	−5.6	58.2	64.0
橡胶	40.3	263.6	4.4	10.5	22.9	30.2
原木	0.9	14.1	15.2	19.2	24.1	31.4
钢铁	436.6		0.2		7.3	
铁矿石	1281.0		−29.9		80.0	
铜及制品	687.1		4.0		27.4	
镍矿石	45.4	4001.8	2.6	−8.1	98.6	98.4
铝矿石	73.8	12547.1	43.8	17.0	81.3	85.4
氧化铝	9.8		−26.1	−100.0	6.1	6.6
铝及制品	116.9		−6.4		3.7	
铅矿石	14.5	101.3	−22.1	−15.6	34.9	50.8
锌矿石	47.7	412.8	20.7		24.6	39.5
煤	302.8	16273.9	11.9		14.6	17.6
原油	3655.1	50827.6	41.6	−0.9	23.9	24.5
液化天然气	521.9	6344.2	18.4	−19.5	22.4	20.8
管道天然气	178.3	4582.0	53.4	8.0	11.7	11.8
合计	8409.1					

注：表中产品名称均为对应的海关 HS 分类名称的简称。对应的代码分别为谷物 10、稻谷 1006、玉米 1005、棉花 52、大豆 1201、橡胶 4001、原木 4003、钢铁 72、铁矿石 2601、铜及制品 74、镍矿石 2604、铝矿石 2606、氧化铝 281820、铝及制品 76、铅矿石 2607、锌矿石 2608、煤 2701、原油 270900、天然气（液态）271111、天然气（气态）271121。

资料来源：联合国 COMTRADE 数据库和海关总署。

2023 年以来，大宗商品价格下调以及国内经济复苏，中国的能源和金属商品进口需求上升。2023 年 1~8 月，中国的原油、液化天然气、铁矿石、大豆的进口量分别为 3.8 亿吨、4484 万吨、7.7 亿吨、7651 万吨，同比增长 14.7%、10.5%、5.9%、16.8%；进口额分别达 2174 亿美元、289 亿美元、868 亿美元、442 亿美元，同比下降 9.3%、8.0%、4.6%、−8.0%（见图 11）。2023 年 1~8 月中国煤炭进口量同比增加了 1 倍，进口额仅增加 45%；中国进口的管道天然气数量相较于 2022 年同期增加 5.8%，但进口额增加 20.4%，这表明虽然 2023 年以来管道气进口价格持续下降，但进口单价仍高于 2022 年同期水平。总体而言，2023 年 1~8 月中国这些主要商品的进口需求相较于 2022 年同期增加，其中原油、煤炭和液化天然气进口量增幅超过 10%。

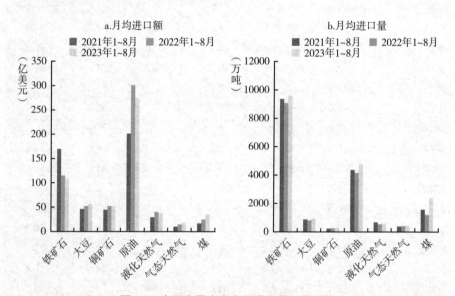

图 11　中国主要大宗商品进口量和进口额

资料来源：海关总署。

四　货币金融因素

在大宗商品市场金融化趋势日益凸显的情形下，货币金融因素是影响大宗商品价格走势的一个不可或缺的因素。美元是大宗商品的基础计价货币，美联储的货币政策和美元汇率的变动将不可避免地对大宗商品价格产生影响。而且，在大宗商品定价权方面，期货市场的重要性远高于现货市场。

（一）货币因素

当大宗商品市场没有明显的供需扰动时，美元指数与大宗商品价格之间通常存在反比关系。当美元兑其他主要货币走强时，商品价格趋于下跌，而当美元兑其他主要货币贬值时，商品价格普遍走高。当美联储实行宽松货币政策时，较低的利率和美元指数将支持大宗商品价格上涨；当美联储采取紧缩的货币政策时，较高的美元汇率将对大宗商品的价格上涨具有抑制作用。

2022年8月以来，大宗商品价格受供需基本面的影响较为突出。2022年8月至2023年6月，商品市场需求面的疲软占主导作用，导致大宗商品价格下跌；与此同时，美元指数受美联储加息和通胀回落等因素的综合影响，呈现先上涨后下跌的走势。2023年6~8月，受原油市场供给收缩的影响，大宗商品价格指数与美元指数同步上涨（见图12）。整体来看，大宗商品市场供需基本面的冲击较为强势，货币因素对大宗商品的影响有所弱化。

（二）商品期货市场

原油期货是大宗商品期货市场中交易最活跃的商品期货。原油期货市场的投资者对原油现货价格能产生重要影响。2022年第四季度原油期货持仓量延续了2022年初以来的下降走势。这表明原油市场的投资者情绪继续受到货币紧缩和经济衰退风险的影响，后续原油现货价格持续下跌（见图13）。2023年1~6月，市场活跃度开始上升，一方面受到需求侧中国疫情防控平稳转段后原油需求增加的提振，另一方面也受到供给侧OPEC+减产的刺激。2023年6~8月原油衍生品市场活跃度下降，预示着油价将回落。

图12 大宗商品价格指数、美国联邦基金利率和美元指数

资料来源：美联储和道琼斯。

图13 NYMEX 轻质低硫原油期货总持仓与现货价格

资料来源：美国商品期货交易委员会、Wind。

根据美国商品期货交易委员会的统计数据，2023 年 4 月初原油期货非商业的多头 / 空头持仓比率在 OPEC+ 宣布减产后迅速由 2.7:1 上涨至 3.8：1，但随后美联储与欧洲央行宣布加息引发能源需求下降的担忧，叠加美国原油库存增加的影响，原油期货市场看多情绪 2023 年 4~6 月出现明显降温，原油期货非商业的多头 / 空头持仓比率在 6 月下降至 1.8：1。此后，OPEC+ 延长减产至 2024 年底，或导致市场在第四季度出现 230 万桶 / 天的供应缺口。原油供给端缩量预期进一步加剧供需矛盾，市场看多情绪增加，9 月多头 / 空头持仓比例升至 4.2：1。多头、空头的力量对比在较大程度上决定着原油期货价格的走势。

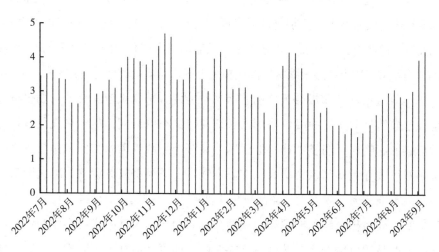

图 14　NYMEX 轻质低硫原油期货非商业的多头 / 空头持仓比率

资料来源：美国商品期货交易委员会。

五　国际大宗商品市场趋势展望

基于世界银行、IMF、OECD 和国际能源署等机构关于世界经济形势与国际大宗商品市场的预测，从需求、供给和货币等视角，对 2023~2024 年国际大宗商品市场走势作简要展望。

全球经济增长放缓将抑制大宗商品的需求。根据 IMF、OECD 和世界银行等国际组织的预测，全球经济复苏将显著放缓。IMF 2023 年 10 月的《世界经济展望》更新报告中预计，全球经济增长率将从 2022 年的 3.5% 降至 2023 年的 3.0%、2024 年的 2.9%，且大多数经济体的首要任务仍然是控制通胀并确保金融稳定。2023 年 9 月 OECD 的《OECD 经济展望》中期报告中预测，受宏观经济政策紧缩的抑制，2023 年和 2024 年全球 GDP 增长分别为 3.0% 和 2.7%，低于 2022 年水平。其中，美国 2023 年和 2024 年 GDP 增速分别为 2.2% 和 1.3%；欧洲 2023 年和 2024 年 GDP 增速分别为 0.6% 和 1.1%；中国 2023 年和 2024 年 GDP 增速分别为 5.1% 和 4.6%。据世界银行 2023 年 6 月的《全球经济展望》，2023 年全球经济增速预计将放缓至 2.1%。此外，发达国家紧缩性货币政策将加剧全球经济疲软状况，叠加外部需求低迷，新兴市场和发展中经济体的经济增长面临着严峻挑战。从而，未来大宗商品需求与全球和中国的经济增长、通胀控制程度（与货币金融紧缩状况高度相关）等宏观变量的趋势息息相关。

地缘政治冲突和极端天气因素将威胁能源、粮食供应安全，前期投资不足和低碳转型对金属商品价格形成长期支撑。在供给侧，尽管乌克兰危机对供应链的影响已经明显缓释，但巴以冲突等地缘政治风险和资源民族主义抬头仍有可能导致商品供应中断；在需求端，全球经济复苏疲软将继续降低大宗商品需求预期，成为大宗商品价格主要的下行风险。若 2024 年中国经济复苏加快，或将积极拉动能源和金属商品需求回升。天气因素将继续影响能源和粮食商品的供给安全，尤其对于能源商品而言，不利天气因素既会影响能源需求，又会对能源生产形成干扰。全球低碳转型将继续带动能源转型金属的需求增长。当前欧洲天然气短缺的危机暂时解除，但市场的脆弱平衡意味着欧洲能源危机存在再次被触发的可能性。

预计巴以冲突将加大中东油气供应不确定性风险，扩大国际油气价格波动幅度。巴以冲突对于全球油价的影响主要取决于两个因素：一是冲突是否波及整个中东地区，尤其是伊朗、沙特两个产油大国的反应或卷入的程度；二是冲突的持久性及烈度。鉴于伊朗、沙特等产油大国基于自身利益的考虑，无力或无心直接卷入巴以冲突，但由于巴以双方人员财产损失惨重，预计冲突会持续数月，甚至可能外溢至加沙以外地区。若冲突局限于加沙地带且烈度不高，其对全球油气市场的影响将有限，国际油气价格将温和波动上行，若伊朗等国直接卷入，国际油气价格将大幅上涨，布伦特油价可能会突破 100 美元 / 桶的关口。不过，在欧洲天然气供应高度紧张的背景下，以色列天然气产量和出口的下降、中东天然气出口中断风险和油价上涨的传导效应将可能导致欧洲天然气价格出现短暂恐慌性上涨。

原油价格在 2023 年第四季度上涨压力较大，2024 年均价或将回落至 85 美元 / 桶左右。巴以冲突和 OPEC+ 减产有可能推动原油价格 2023 年第四季度明显上涨。OPEC+ 的额外自动减产计划预计将导致 2023 年全球原油产量同比下降 40 万桶 / 天。[①] 欧洲冬季天然气和能源供应脆弱性加剧，不排除天然气供应短缺会推动国际油价上涨压力加大。然而，高油价局面难以维持。需求层面，全球经济不确定性风险加大不利于原油需求复苏，发达国家的石油需求将因制造业疲软而下降，中国石油需求增长将成为全球需求的关键因素。同时，高油价将抑制经济增长，进而冲击石油需求。供给层面，在高油价的激励下，美国原油产量将上涨，尽管该增长将相当温和；欧佩克可能会面临越来越大的政治压力，被要求放松减产；俄罗斯被制裁在短期内对石油产量和出口的影响不大。

2023~2024 年天气因素将主导 LNG 价格。由于 2025 年之前新增项目产能尚未上线，供给侧 LNG 产能增长趋于平缓，同时乌克兰危机影响下全球 LNG 市场贸易的调整已初步完成，这意味着市场价格的推动因素主要集中在需求侧。与原油市场相同，全球经济前景尚不支持 LNG 市场需求的大幅增长。2022 年下半年以来，LNG 市场未出现价格暴涨的主要原因在于北半球暖冬以及利于风、光发电的良好天气。若 2023~2024 年遭遇冬季寒流或夏季热浪等极端天气，则会再次导致 LNG 需求激增、价格暴涨，届时 LNG 短缺风险将由欧洲扩散至全球。若 2023~2024 年延续温和的天气，将有助于缓解市场供应担忧，LNG 市场价格将有望继续维持现有水平。

黑海谷物协议终止可能推高粮食价格。黑海谷物协议在维护全球粮食供

---

① International Energy Agency (IEA), "Oil Market Report, September 2023," 2023.

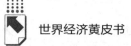
应稳定、平抑国际粮价、缓解非洲和中东等地区低收入国家粮食短缺问题上发挥了重要作用。协议终止将导致乌克兰粮食出口缩减、全球粮食供应下降、国际粮价上涨、粮食运输链条延长、粮食保护主义抬头、人道主义危机加重。据国际货币基金组织预测，黑海谷物协议终止将导致粮价上涨10%~15%。协议终止将恶化黑海地区的紧张局势，加剧全球粮食供应短缺。此外，地缘政治冲突问题将持续对能源价格和化肥出口等构成冲击，抬高粮食生产成本，进而影响粮食种植生产，导致粮食价格居高不下。

美欧加息潮可能进入尾声，为大宗商品价格提升创造有利环境。美元是大宗商品的计价货币，预测大宗商品价格走势需要考虑美元汇率变化。本轮周期里的美国长期利率和美元指数基本见顶，将减缓美元升值对大宗商品价格的压制。同时，美欧加息周期接近尾声，全球金融紧缩环境将有所改善，利率下降有利于大宗商品市场投资增长。但整体上这些因素的影响十分有限。尽管美元指数呈回调的趋势，但未来高位盘整依然是大概率事件，短期内可能不会出现大幅的下降。同时，美欧通胀压力犹存，加息预期将继续干扰大宗商品价格。

工业金属价格将受到2024年中国经济回暖的拉动，能源转型将继续支撑相关金属价格。中国一系列扩大内需、提振信心的稳增长政策效果持续显现，2024年经济有望整体回升。预计2024年在中国制造业和房地产业回暖的推动下，中国对工业金属需求将增加，但全球经济衰退前景将继续拉低2023年第四季度的工业金属价格。在脱碳背景下，能源转型金属所面临的长期供需错配问题没有改变，这意味着能源转型金属价格将在未来几年持续维持在较高水平。

综上所述，2024年，全球大宗商品价格预计会高位波动，大幅上涨或下降的可能性较小，不能排除能源价格因地缘政治因素主导而上涨、粮食价格受极端气候条件和黑海谷物运输中断的驱动而上升，而新能源金属价格因能源转型加速而可能上涨，基本金属价格因需求不振而可能下跌。供给侧，能源和工业金属领域存在前期投资不足问题，尤其是能源转型金属供给短缺凸显，这从供给端为商品价格提供了长期支持。黑海谷物协议终止、厄尔尼诺现象、部分国家粮食出口限制可能会助推粮食价格波动上涨。在需求端，中国经济 2024 年回稳向好预计会在一定程度上支撑工业金属和能源价格。在货币金融层面，2024 年美元指数见顶回调将在一定程度上支撑大宗商品价格。预计 2024 年布伦特原油均价将维持在 85 美元 / 桶左右。

参考文献

王永中、周伊敏：《国际大宗商品市场形势回顾与展望：冲击与调整》，载张宇燕主编《2023 年世界经济形势分析与预测》，社会科学文献出版社，2022。

International Energy Agency (IEA), "Oil Market Report, September 2023," 2023.

International Monetary Fund (IMF), "Navigating Global Divergences," World Economic Outlook, October, 2023.

OECD, "OECD Economic Outlook, Interim Report," September, 2023.

World Bank Group, "Weakening Growth, Financial Risks," Global Economic Prospect, June, 2023.

热 点 篇

Y.15

人工智能与经济发展

宋 锦 *

摘 要： 人工智能（AI）已成为推动经济发展的重要变革力量。它不仅显著提升了经济的潜在增长率和生产力，同时也推动了产业创新发展。通过改善现有的生产、交付流程，AI为经济环境带来了全方位的革新升级，提高了生产效率，显著拓展了产品和服务的范围，从而进一步提升了消费者的福利。同时，AI的应用还提高了资源利用效率，为实现环境保护和可持续发展目标做出了积极贡献。然而，AI的引入将给劳动力市场带来明显的冲击。AI具有同时增强和替代人类劳动的双重特性：在增强方面，能提高劳动者的工作效率；而在替代方面，带来了结构性失业的潜在威胁。尽管劳动生产率有所提高，但AI对劳动收入增长的影响仍然是复杂多面的。此外，由于发达国家和发展中国家在科技能力和生产方式上存在显著差异，AI将可能对全球经济格局产生深刻的影响，凸显了建立监管框架以确保技

* 宋锦，中国社会科学院世界经济与政治研究所研究员、发展研究中心主任，主要研究方向：发展经济学。

术创新能为世界带来共同繁荣的重要性。

关键词： 人工智能　经济发展　科技　就业　世界经济

　　新一轮科技革命正在如火如荼地展开，新兴产业如人工智能、区块链、生物技术等成为各国经济增长的新引擎。其中，人工智能（AI）格外值得关注。人工智能是计算机科学的一个研究领域，包括机器学习、计算机视觉、语言识别、专家系统等。其核心在于模拟人类智能的信息处理过程，并加以延伸、扩展和运用。最近几年，人工智能所依赖的核心技术取得了巨大进步。深度学习的神经网络和学习模型复杂性不断拓展，自主系统迅速演进；GPT等自然语言处理模型在理解和生成文本方面进展显著，能够高精度地执行语言翻译、内容生成和情感分析等任务；计算机视觉的发展使目标检测、图像分类、人脸识别甚至图像生成的准确性和速度都有所提高；强化学习技术借助强大的运算能力使得机器人在围棋等复杂游戏中已经超越人类。

　　人工智能充分依托大数据以软件程序的形式存在，可以在各种平台上实现运用。在医疗保健领域，AI能够分析医学图像、帮助进行疾病诊断和药物匹配、推荐治疗方案。在金融领域，AI被越来越广泛地用于风险评估、欺诈检测、算法交易和客户服务，提高决策效率。在气候变化领域，AI被应用于气候建模、能源优化以及预测环境变化等工作。在自然语言理解领域，Siri、Alexa和Google助手等AI驱动的虚拟助手能够更准确地理解和回应自然语言查询需求。除此之外，人工智能的重要应用形式是智能机器人，将人工智能技术与传统机器人相结合，使之能够完成人类智能才能完成的复杂工作，无须人工干预就能执行需要统筹协调的任务，不断从经验中学习，适应新情况，在各种场合取代人工，或在复杂、危险或特殊环境中完成人类不能完成的作业。例如，汽车的自动驾驶技术借助AI算法提供导航服务并根据车辆传感器收集的数据作出决策，特斯拉、Waymo等公司都在大规模地测试和布局自动驾驶汽车。

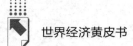

总之，AI 已经成为一股具有深远影响的变革力量，对全球经济发展和社会各领域均会产生重大影响。本文将探讨人工智能对经济增长的积极贡献，同时分析其对劳动力市场的冲击，以及在推动世界经济格局变化方面的作用，从多元化视角来审视人工智能对经济发展产生的多方面影响。

一　人工智能对经济增长的积极贡献

随着技术、产业、政策等日益成熟，人工智能已经跨过技术理论积累和工具平台构建的发力储备期，即将步入以规模应用与价值释放为目标的产业赋能阶段。[①] 这对经济发展的潜在影响是深刻且多方面的。人工智能将显著提高潜在增长率，推动创新，增加消费者福利，并助力经济实现可持续增长。

首先，人工智能将成为推动产业变革、提高潜在增长率的关键因素。潜在增长率体现了一个国家或经济体能够稳定实现的最高增长率，主要由劳动力增长、资本积累和技术进步等供给侧因素决定。人工智能的出现调整了供给侧各项因素在经济增长中的角色。人工智能带来的技术进步对生产和资源配置全流程起到了显著的推动作用。对于服务业，人工智能使劳动生产率显著提高；在制造业，人工智能将使自动化技术应用范围得以大幅拓展。一般而言，传统机器人能够实现自动控制、在多个轴上编程、用于工业自动化，在人工智能的加持下，智能机器人可以学习算法，通过训练数据学习任务实现动态规划。有研究认为，当前技术可以实现对 45% 的有偿劳动的自动化替代，人工智能的加持将使自动化程度大幅提高，零售行业的劳动力替代率将从 53% 提高到 60%，金融和保险行业将从 43% 提高到 66%，医疗和教育行业的生产和服务模式都会产生变革。[②] 在这一过程中，生产线能够得到实时监控和调整，且产品和服务质量大幅提高。在生产流程之外，人工智能能够通过

---

① 中国信息通信研究院：《深度学习平台发展报告 (2022)》，2022 年 7 月。

② M. Chui, J. Manyika, M. Miremadi, "Where Machines could Replace Humans—and Where They Can't (yet)," McKinsey Quarterly, 2016; World Economic Forum, "Future of Jobs Report 2023," 2023.

熟练处理和分析大数据集，改善企业的产品交付系统，使产品调配效率更高且交付速度更快，企业的生产成本和运营成本显著降低，资本积累速度提高，且在整体配置结构上引导资本向更具创新性的领域转移，使企业更多地投资研究和发展，为持续的经济增长创造空间。[①] 随着人工智能对生产方式的变革，生产对于劳动力的依赖度下降，这在全球人口增速放缓、人口老龄化程度提高的背景下具有积极意义，劳动者在生产方式的变革下从原来的例行性、重复性工作中解放出来，能够从事更高层次的创造性和战略性工作，提高平均劳动生产率。

其次，人工智能为创新活动的开展提供了便利条件。AI 的一个突出特征是简化复杂任务和处理庞大数据集，相较于传统的创新模式，能够在很短时间内搜索分析超大规模的数据，其知识储备和运算能力是人脑所无法比拟的。这种工作方式使其能够通过深度学习和预测分析解释复杂模式，并且做出预测，有助于实时决策，提高创新过程的速度和效率。与此同时，由于具有强大的跨领域数据搜索和处理能力，人工智能能够打破传统的领域间壁垒，促进多学科整合，为研发新产品、完善现代服务和创新商业模式提供便利，孕育新的机遇。[②] 这些创新性成果一方面通过创造性破坏模式强烈冲击既有行业，另一方面持续刺激经济增长。例如，在技术带来的生产力进步对于商品和服务价格形成显著冲击、提高实际购买力时，总体消费的需求弹性会发生变化，进而引致经济增长。[③] 除此之外，作为创新的主体，人才的培训和积累非常重要，人工智能显著改善了教育和技能培养的模式。在技术革命迅速演进时期，传统教育的人才培养内容固化且效率较低，不利于劳动者不断适应迅速变化的产业模式和劳动力市场调整需求。近年来，人工智能向教育系统显著集成，改变了标准化的学习内容和模式，能够实现从内容到方式的个性化学习，可

---

① E. Brynjolfsson, A. McAfee, "The Second Machine Age: Work, Progress, and Prosperity in a Time of Brilliant Technologies," W. W. Norton & Company, 2014.

② E. Brynjolfsson, A. McAfee, "The Second Machine Age: Work, Progress, and Prosperity in a Time of Brilliant Technologies," W. W. Norton & Company, 2014.

③ J. Bessen, "Artificial Intelligence and Jobs: The Role of Demand," in *The Economics of Artificial Intelligence: An Agenda,* University of Chicago Press, 2018.

以显著促进技能提升，有利于提高生产率，为创新活动的开展提供人才储备和应用条件支撑。[①]

再次，人工智能增进了消费者福利。如前所述，人工智能有利于改善制造业和服务业的生产和交付方式，提高产品和服务质量，优化供应链和交付体验，从而增进消费者福利。在 AI 的帮助下，企业成本得以降低，在竞争条件下，一部分降低的成本转化为产品和服务价格的下降，增加消费者剩余和整体福利水平，甚至引致更高水平的消费。[②] 以医疗服务为例，AI 在医疗保健方面的进步显著改变了诊断和治疗方式，在提高患者治疗效果的同时降低医疗成本，减轻患者的费用负担；[③] 同时，AI 驱动的预测分析可以帮助医院优化资源分配，减少患者住院时间，多渠道改善其福利水平。更重要的是，AI 通过复杂算法分析和解释用户数据，分析消费者的偏好，提供高度个性化的产品和服务，增强满意度。[④]

最后，人工智能提高了资源利用效率，有助于减排和环保，实现可持续性发展目标。由于人工智能算法能够进行较为准确的预测分析、实时监控、资源分配优化，生产、运输各环节的效率将显著提高且能源消耗将下降。交通运输业、制造业、建筑业、电力和水的生产和供应业、农业都是资源能源消耗较大的行业，随着 AI 的应用，智能交通系统有助于优化交通流量，减少燃料消耗，从而减少温室气体排放；制造业的供应链和生产流程优化，生产效率提高，且通过预测需求提高资源利用效率；建筑能源管理系统更加完善，提升建筑内能源利用率，减少能源浪费；智能电网可以优化能源分配，减少

① OECD, "Education at a Glance 2019: OECD Indicators," OECD Publishing, 2019.

② J. Bessen, "Artificial Intelligence and Jobs: The Role of Demand," in *The Economics of Artificial Intelligence: An Agenda,* University of Chicago Press, 2018.

③ E. J. Topol, "High-performance Medicine: The Convergence of Human and Artificial Intelligence," *Nature Medicine*, 2019, 25(1).

④ T.H. Davenport, *The AI Advantage: How to Put the Artificial Intelligence Revolution to Work*, The MIT Press, 2018; Y. Deng, F. Bao, Y. Kong, et al., "Deep Direct Reinforcement Learning for Financial Signal Representation and Trading," *IEEE Transactions on Neural Networks and Learning Systems*, 2016, 28(3).

能源浪费，节约电力和水；[①] 在农业部门，精准农业技术的应用可以优化水和肥料的资源使用，推动农业可持续发展。[②] 通过 AI 驱动资源效率的提高，能够降低生产对环境影响，提高使用能源的环境效能，既体现了经济价值，也响应了经济发展过程中保护环境的必要性。[③]

二　人工智能对劳动力市场的冲击

人工智能对经济发展的潜在好处巨大，但对于劳动力市场的冲击也是革命性的。人工智能对就业存在多个途径的影响，既体现出"增强人类"的创新特性（human-enhancing innovations），又具有"取代人类"的创新特性（human-replacing innvoations），这使其就业影响非常复杂。人工智能能够带来劳动生产率的提高，通过提供数据分析和决策建议显著增强劳动者的工作能力。[④] 对美国就业市场的最新研究表明，人工智能的就业冲击当前只集中在部分岗位，尚未给劳动力市场带来整体性影响。[⑤] 下文旨在从方向上讨论人工智能在未来广泛应用场景下可能对就业的冲击、催生的新业态和就业机会、这种破坏性力量和创造的机会在群体间的分布差异及其关涉的复杂社会问题。

首先，人工智能及智能机器人可能引发大规模失业，同时也会创造新的就业岗位，带来劳动力市场的深刻变革。近十余年，自动化技术对就业的替代引发学界关注，主要结论是自动化主要替代执行重复、手动任务的人力，制造业等行业在机器人自动化的冲击下对简单重复性劳动的人力需求显著减少。由于传统的机器人是基于预先编程的指令来操作的，其影响主要局限于

① World Economic Forum, "The Future of Jobs Report," 2018.

② M. Chui, J. Manyika, M. Miremadi, "Where Machines could Replace Humans—and Where They Can't (yet)," McKinsey Quarterly, 2016.

③ McKinsey Global Institute, "Notes from the AI Frontier: Applications and Value of Deep Learning," 2019.

④ E. Brynjolfsson, A. McAfee, "The Second Machine Age: Work, Progress, and Prosperity in a Time of Brilliant Technologies," W. W. Norton & Company, 2014.

⑤ D. Acemoglu, D. Autor, J. Hazell, P. Restrepo, "AI and Jobs: Evidence from Online Vacancies," NBER Working Paper, 2021.

物理劳动，对需要更高层次的认知技能和决策能力的知识型职业的影响有限。[1] 人工智能与此不同，AI 具有分析数据和做决策的能力，可能颠覆知识型职业，更广泛地影响包括需要认知和分析技能以及复杂决策的职业在内的更多类型的职业。AI 与机器人的整合进一步放大了这种影响，推动生产方式向更自动化、更高效的方向发展。与此同时，AI 能够与各种行业整合，比传统的自动化技术更有可能创造新的职业类别和就业机会。从 2010 年开始，AI 职位空缺快速增长，特别是 2015~2016 年显著加速。[2] 世界经济论坛的报告认为，随着人工智能的迅速发展和应用推进，2023~2027 年全球 23% 的就业岗位会受到冲击，涉及的结构性就业调整包括新增 6900 万个工作岗位，同时 8300 万个工作岗位消失；行业、职业之间的分布发生深刻变化。与技术相关的职业会产生大量岗位，人工智能和机器学习专家、机器人工程师等岗位需求增加幅度最大，紧随其后的是商业智能分析师、金融科技工程师、数据分析师等 ICT 领域新兴职业，以及可持续发展领域相关职业等；与之相对，文职或秘书职位迅速消失，其中银行出纳员和相关文员、邮政业务员以及收银员和售票员岗位将急剧减少。[3] 这表明劳动力市场正在经历结构性重组，其根源在于技术的智能化和自动化。

其次，被破坏与被创造的就业机会在不同劳动力群体之间的分布并不均衡，这可能带来严重的结构性失业问题。如前所述，普通机器人通常替代的就业是常规的、手工的"物理"劳动，如生产线工人、仓库工人、农业劳动者等，因而收入水平较低的低技能劳动者的就业受到显著影响。在就业机会显著减少又没有提高技能的手段或机会的情况下，低收入劳动者的收入进一步下降，收入不平等加剧，技术进步的成果会不成比例地惠及高技能工人。与之相比，人工智能主要针对认知任务，包括简单和常规任务，如客户支持、数据输

---

[1]　J. Manyika, K. Sneader, "AI, Automation, and the Future of Work: Ten Things to Solve for," Mckinsey Global Institute, 2018.

[2]　D. Acemoglu, D. Autor, J. Hazell, P. Restrepo, "AI and Jobs: Evidence from Online Vacancies," NBER Working Paper, 2021.

[3]　World Economic Forum, "Future of Jobs Report 2023," 2023.

入，也包括复杂和非常规任务，如财务预测、医疗诊断或法律咨询。[①] 它改变了工作的任务结构，替代了一些由人执行的任务，同时伴随新技能需求的增加而产生了新任务，这使其对收入的影响更为多元。数据输入等简单和常规的工作往往是中等收入的工作，而专业医生、设计师、财务分析师等往往是高收入的工作。[②] 即 AI 可能更明显地冲击中等收入和高收入的劳动者。相较于低技能低收入的就业岗位，很多原来充分借助人类智力的职业岗位被替代（如银行出纳员、数据录入文员），且不容易在新产生的职业岗位实现再就业（人工智能和机器学习专家、机器人工程师）。有文献表明，工资性收入差距在这一过程中显著缩小。[③] 就业冲击之后，劳动者从事非正规就业的概率显著提升。部分劳动者在就业冲击之下可能面临临时性失业，需要重新进行技能培训以寻找新的工作，另一部分适配能力较差的劳动者则可能会经历长期性失业甚至退出劳动力市场，这一方面与劳动者的禀赋特征相关，另一方面与其所处行业被技术的重塑程度相关。[④]

最后，人工智能和智能机器人能够显著提高劳动生产率，但是对于劳动收入增长不一定产生积极作用。人工智能专家等新增的岗位需求可能使部分行业的劳动者在短期内工资增长，但是因岗位被人工智能替代而失业的劳动者面临直接的收入下降，而那些保住了岗位的劳动者在大规模失业和劳动力过度供给的情况下，较易在劳资双方的谈判中处于不利地位，面临工资压力；在长期，劳动力供给基于新增的技能和岗位需求而逐步调整和集中，新增岗位的工资优势将不会维持。整体而言，普通机器人的引进使得收入从劳动一方转移到资本一方，而人工智能和智能机器人的发展可能使那些拥有资本、数据、创新算法和特定专业知识的群体更容易实现财富集聚。当然，自

①　S. Webb, "The Impact of Artificial Intelligence on the Labor Market," http://dx.doi.org/10.2139/ssrn.3482150, 2020.

②　M. Trajtenberg, "AI as the Next GPT: A Political-Economy Perspective," National Bureau of Economic Research, 2018.

③　S. Webb, "The Impact of Artificial Intelligence on the Labor Market," http://dx.doi.org/10.2139/ssrn.3482150, 2020.

④　M. Chui, J. Manyika, M. Miremadi, "Where Machines could Replace Humans—and Where They Can't (yet)," McKinsey Quarterly, 2016.

动化可能导致商品和服务成本降低，如果将这些成本的降低能够有效传递到消费者，既定收入的有效购买力将有所提高。全社会收入分布的最终变化取决于被替代的劳动者的再就业情况。如前所述，人工智能的发展催生了许多与技术相关的新职业，新的高收入群体可能在这些新的职业中产生，而存量的医生、财务分析师等高收入劳动者如果不能在 AI 的助力下及时进行就业岗位或就业形式的重新匹配，至少会面临阶段性的收入下降。在地域上，传统机器人对就业的冲击集中在高度依赖手工和重复任务的行业分布的地区，而由于人工智能以算法和软件为主要形式，其影响尽管也在一定程度上集中在技术密集型行业分布的地区，但是相较而言，其将广泛冲击各行业和各地域。

三 人工智能在世界经济格局变化中的角色

人工智能等技术的大发展对发达国家和发展中国家带来的影响并不相同，给世界经济格局带来了两方面的改变。一是大国科技竞争愈演愈烈，发展的科技壁垒愈筑愈高；二是发展中国家的人口红利空间严重缩水。

近年来，大国科技博弈更趋激烈化和复杂化，更高的创新能力和技术水平对于推动产业发展、提升国家竞争力而言至关重要，而发展中国家面对的发展科技壁垒则愈筑愈高。为抢占产业竞争制高点，美国、欧盟、日本等发达国家或地区纷纷出台各类科技发展计划和产业发展政策，将科技创新和数字化作为未来产业发展的关键驱动力，致力于培养和吸引高技能、高素质人才，推动人工智能、物联网、云计算等的发展，加快争夺全球科技治理、产业竞争主导权。如美国超前布局，重点发展包括人工智能在内的五个领域[①]，发布《关于加强美国未来产业领导地位的建议》《2020 年未来产业法案》等，要求确保未来产业的联邦研发投入，强调通过产业交叉融合带来溢出效应，带动上下游产业链转型升级；2019 年欧盟委员会发布《加强面向未来欧盟产

---

① 五个领域包括量子信息科学、人工智能、先进通信网络 /5G、先进制造和生物技术。

业战略价值链报告》，日本科技政策研究所发布《第11次科技预测调查综合报告》，德国出台《研究与创新为人民——高技术战略2025》《国家工业战略2030》《人工智能战略》等，都强调了人工智能对未来产业的战略部署。在战略人才储备上，发达国家充分利用其成熟的创新生态系统和高等教育机构，战略性地加强了对顶尖人才，特别是科学、技术、工程和数学（STEM）领域人才的培养和吸引。2020年美国STEM领域的博士生中国际留学生超过一半，其中73%的学生毕业后留在了美国，特别是中国和印度生源留在美国的比例很高；2020年所有在美国获得STEM专业博士学位的印度学生中，近90%选择留在美国。[①]2018年中美贸易摩擦之后，美国进一步阻断经济合作，限制技术交流、保护关键技术和敏感数据、强化技术脱钩以减少对外部的技术依赖性，使得发展中国家的人才培养、自主创新普遍面临严峻挑战。而发展中国家面对科技变革、科技领域的大国博弈、自身人才迅速流失的现实，实现自身发展的难度进一步增加。

与此同时，人工智能使得发展中国家的人口红利空间进一步缩小。近年来全球化、自动化趋势正在深刻重塑产业结构。在人工智能大发展并与自动化相结合的背景下，发展中国家的就业前景并不乐观。如前所述，AI强化了生产对人工需求的减少、降低了生产成本、驱动资本向创新研发、提高制造业和服务业的生产效率，使得发达国家对发展中国家丰富的低技能劳动力的需求下降，发展中国家面临投资短缺问题。与此同时，发达国家对高技术产业形成一定程度的垄断，这可能限制了发展中国家向更高附加值产业攀升的能力，就业分布向高技能工作的转移也随之停滞。在缺乏国内创新的情况下，发展中国家可能会过度依赖进口的AI技术，生产的脆弱性增强，且需支付额外费用，并因此陷入与技术相关的债务之中。发展中国家是世界人口增长的主体，在发展力量分化、发展机会垄断的国际背景下，人口供给不仅不能转换成地区经济增长潜力，反而可能带来所在地区大规模的人口失业、教育等

---

① National Center for Science and Engineering Statistics, Directorate for Social, Behavioral and Economic Sciences, National Science Foundation, "2020 Doctorate Recipients from U.S. Universities," (NSF 22-300) November, 2021.

机会剥夺、资源过度消耗。在国内，显著的失业问题、社会保障压力和不稳定因素使得发展中国家面临严峻的社会治理和财政负担问题；在国际上，发展中国家在国际事务中的发言权进一步下降。[①]

四 人工智能的应用挑战

在理论上，人工智能能够成为推动经济社会发展的重要力量，深刻影响全球经济格局和社会各领域，提升生产效率，促进产业结构变革和经济环境的系统性创新，增进消费者福利，有利于实现可持续发展目标。然而，在充分发挥其积极作用之前，人工智能与产业的结合仍面临诸多挑战。一方面，人工智能的技术仍有待完善，在强化学习和深度学习的过程中其所实现的类人智能的分析结果存在诸多错误，考虑到可靠的结果和稳定性对于产业实践而言至关重要，人工智能的应用速度会慢于其技术进步速度。另一方面，深度学习面临的显著争议是其结果产生的不透明性，医疗护理等人工智能的各应用场景对于输出结果背后的作用机制的透明度等都有严格要求，人类智能的理解速度会形成人工智能应用速度的约束条件，使之不会过快发展。

除此之外，人工智能可能带来重大的社会挑战和伦理问题。除了前文提到的就业的结构性冲击，人工智能技术的歧视性影响还可能源自其自身的运行机制。在很大程度上，人工智能的强化学习模式显著依赖其可得数据，在可得数据有偏的背景下，算法的偏见会超过人的偏见，从而带来生产和服务供给与匹配的扭曲；更有甚者，在缺乏有效监管的环境中利用人工智能技术伪造事实将对正常的经济和社会秩序带来威胁。人工智能运行的伦理准则、与人类之间的互动等仍面临很大争议。在技术上，人工智能面临数据隐私保护的巨大挑战。隐私数据存在泄露风险，一方面危及公共安全，另一方面会给潜在的犯罪行为提供"温床"。构建强有力的监管框架以管理 AI 的发展至

---

① J. Manyika, K. Sneader, "AI, Automation, and the Future of Work: Ten Things to Solve for," Mckinsey Global Institute, 2018; L.S. Reijnders, G.J. de Vries, "Technology, Offshoring and the Rise of Non-routine Jobs," *Journal of Development Economics*, 2018, 135.

关重要。[①]面对这些挑战，首先需要精心规划、投资，并负责任地开发、部署和监管 AI 技术。其次，要确保劳动者能平等地分享 AI 技术带来的红利，以实现公平的收益分配。此外，应针对 AI 可能导致的失业问题提供多维度的政策干预，以减轻收入不平等。政策措施可能包括：完善国家社会保障网络，以缓解技术发展带来的收入乃至机会不平等；实施积极的政策，促进有序的企业决策，提高劳动力的适应能力；制订有效的再培训和教育计划，提高劳动者的技能，使其能够逐渐适应并过渡到新的就业角色。

参考文献

中国信息通信研究院：《深度学习平台发展报告 (2022)》，2022 年 7 月。

E. Brynjolfsson, A. McAfee, "The Second Machine Age: Work, Progress, and Prosperity in a Time of Brilliant Technologies," W. W. Norton & Company, 2014.

M. Chui, J. Manyika, M. Miremadi, "Where Machines could Replace Humans—and Where They Can't (yet)," McKinsey Quarterly, 2016.

McKinsey Global Institute, "Notes from the AI Frontier: Applications and Value of Deep Learning," 2019.

---

① E. Brynjolfsson, A. McAfee, "The Second Machine Age: Work, Progress, and Prosperity in a Time of Brilliant Technologies," W. W. Norton & Company, 2014; D. Acemoglu, P. Restrepo, "Automation and New Tasks: How Technology Displaces and Reinstates Labor," *Journal of Economic Perspectives*, 2019, 33(2); E. J. Topol, "High-performance Medicine: The Convergence of Human and Artificial Intelligence," *Nature Medicine*, 2019, 25(1).

Y.16
通货膨胀治理与全球经济韧性

栾 稀[*]

摘　要： 2023 年，主要发达经济体为应对通货膨胀，继续加息，通货膨胀
随之出现了一定程度的下降。尽管面对持续的名义利率上升，全球经济依
然表现出较强的韧性，主要国际机构上调了早期对 2023 年世界经济增长的
预测值。但此轮全球经济复苏并非全面的经济复苏，增长呈现出的韧性主
要来自服务业，主要经济体经济周期明显错位，全球贸易量也没有随之上
升。发达经济体劳动力市场强劲，工资上涨仍在支撑通胀，"工资—通胀"
暂未呈螺旋式上涨的原因在于美联储对通胀预期的控制。当前，全球经济
增长依然面临通货膨胀、货币紧缩、地缘政治风险以及美国需求上升空间
有限、中国内需低迷等诸多挑战。

关键词： 经济增长　通货膨胀　总需求　货币紧缩

2023 年，在主要经济体为应对通货膨胀继续加息的压力下，全球经济展现
了一定的韧性，主要国际机构上调了早期对 2023 年经济增速的预测值。本文对
此轮全球经济复苏和通货膨胀的特征进行了分析，并在此基础上分析了当前全
球经济面临的主要风险。主要机构预测的 2024 年经济增速均低于 2023 年，货
币紧缩和通货膨胀依然是影响全球经济增长的主要因素，美国需求增长空间有
限、欧洲经济增速已经下滑，世界经济期待中国继续成为增长引擎。

---

[*]　栾稀，中国社会科学院世界经济与政治研究所全球宏观经济研究室助理研究员，主要研究方
向：货币政策。

一 主要经济体持续加息应对通货膨胀

主要经济体为应对通货膨胀持续加息。为应对 2022 年以来的高通胀，主要经济体货币当局纷纷加息。截至 2023 年 9 月，发达经济体中，美国联邦基金目标利率上升至 5.25%~5.5%，欧元区主要再融资利率上升至 4.5%；新兴经济体中，巴西央行从 2020 年 8 月起加息，将隔夜利率由 2% 加息至 2023 年 8 月的 13.25%，南非央行从 2020 年起加息，将回购利率由 3.5% 上调至 2023 年 10 月的 8.25%，菲律宾央行从 2022 年开始加息，将央行隔夜利率由 2.5% 上调至 2023 年 10 月的 6.75%。

受主要经济体加息和大宗商品价格下滑影响，2023 年全球通胀水平低于 2022 年。根据 IMF 的预测，全球通胀将从 2022 年的 8.7% 下降至 2023 年的 6.8%、2024 年的 5.2%，但高于疫情前（2017~2019 年）约 3.5% 的水平。主要发达经济体整体通胀下降幅度较大。截至 2023 年 8 月，美国整体 CPI 同比从 2022 年 6 月的 9.1% 下降至 3.7%，核心 CPI 同比从 2022 年 9 月的 6.6% 下降到 4.3%；2023 年 9 月，欧元区调和 CPI 同比由 2022 年 10 月的 10.6% 下降至 4.3%，核心调和 CPI 同比由 2023 年 3 月的 5.7% 下降至 4.5%。主要新兴经济体中，巴西全国消费者物价指数同比增速由 11% 的高点下降至 2023 年 8 月的 4%，南非 CPI 同比也由 8% 以上下降至 4.8%。

核心通胀下行速度慢于整体通胀，经济体间差异明显。从构成上看，主要发达经济体核心通胀在工资上涨的驱动下下行速度低于整体通胀，整体通胀在能源、粮食价格下降的影响下下降速度稍快一些。2023 年 8 月，美国核心 CPI 同比为 4.3%，较 2022 年同期下降 2 个百分点，而整体 CPI 较 2022 年同期下降 4.6 个百分点。欧洲发达经济体也呈现类似特征。从经济发展程度上看，发达经济体的通胀均较 2022 年有明显下降，但新兴经济体间通胀出现分化。伴随着高增长，印度的通胀率较 2022 年并未有明显下降。2023 年 8 月，印度 CPI 同比为 6.83%，较 2022 年同期下降不到 0.2 个百分点。而巴西在大宗商品价格下滑和央行大幅加息的影响下，通胀率下降明显。目前，巴西央

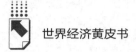

行已经停止加息开启降息。因内需疲弱，中国的通胀率和核心通胀率都处在低位。2023年8月，中国CPI同比、核心CPI同比分别为0.1%、0.8%。

二 货币紧缩下全球经济展现出韧性

2023年，尽管面对通货膨胀、主要经济体纷纷加息、银行业风险等诸多不利条件，但新冠疫情带来的扰动已经基本结束，发达经济体实际利率依然处在较低水平，全球经济表现出较强的韧性。

（一）实际利率较低支撑经济增长，劳动力市场强劲

如果用名义利率减去通货膨胀率代表实际利率的话，主要发达经济体实际利率处在历史低位，支撑经济增长。主要发达经济体通胀仍未降至2%的目标通胀水平，美联储抑制通胀的决心坚决，最新表态立场依然偏鹰派。美国作为世界第一大经济体，美联储抑制通胀的货币紧缩也未对美国经济造成严重打击。美国以及主要发达经济体的实际利率在加息的前半程处在历史低位，是此轮全球经济面对高利率依然保持较强韧性的主要原因。2021年5月至2023年5月，美国、欧元区的实际利率均为负值。因此，从数据上看，加息尚未对美欧经济造成严重的打击，实质的经济衰退尚未发生，美国和欧洲的劳动力市场依然表现强劲。8月，美国失业率为3.8%，较前值有所抬升，但依然处在较低水平；新增非农就业人数为18.7万人，高于前两个月；欧元区20国的失业率为6.4%，处在历史较低水平。

从美国长债收益率结构来看，此次美国长期利率的抬升主要来自实际利率，而非来自通胀预期。长期通胀预期自加息以来基本保持稳定。这也就意味着美国长期利率的抬升主要来自美国经济增长预期，名义利率的上升和经济增长的变化同步。随着美国经济逐渐复苏，实际利率由负转正，2023年10月美国10年期国债实际收益率也刚刚达到美国潜在经济增长水平（2%左右）。这也是此轮美联储持续紧缩对经济增长的打击较小且时滞较长的原因之一。

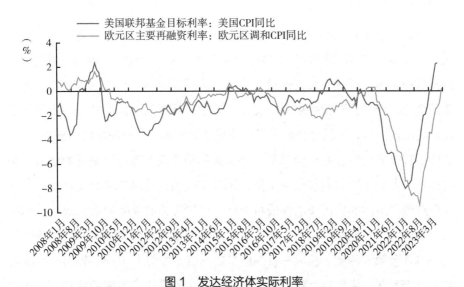

图1 发达经济体实际利率

资料来源：Wind 金融数据库。

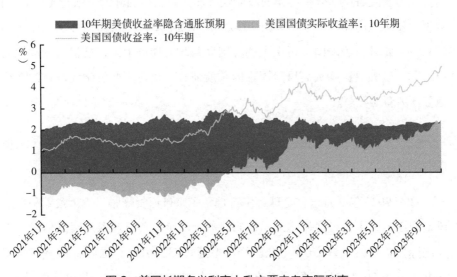

图2 美国长期名义利率上升主要来自实际利率

资料来源：Wind 金融数据库。

（二）高利率高债务条件下财政金融风险也未能持续扰动市场预期

金融风险方面，高利率使得部分问题银行和问题机构的债务风险迅速恶化，但2023年3月发酵的美欧银行业危机尚未进一步蔓延，各国应对银行业危机反应迅速，问题银行及时破产重组，央行及时向市场注入流动性。除了本土金融机构的流动性提供外，美联储还通过货币互换向全球金融市场提供美元流动性支持，市场对金融市场的隐忧暂时消退。目前尚未看出硅谷银行、瑞信银行等问题银行危机向其他大型金融机构乃至实体经济蔓延的信号。美国再一次上调了联邦政府债务上限，缓解了美债违约风险和流动性风险，进一步降低了金融部门出现动荡的可能性。尽管美债收益率曲线出现持续倒挂暗示衰退风险，但从风险资产价格来看，金融市场对全球经济的情绪依然乐观。2023年第三季度，美股标普500指数季度平均值为4458，较第一季度均值上升458点。从趋势上看，在加息、金融风险等诸多因素的扰动下，2022年美股较加息之前出现了大幅回调，但2023年又重回上升趋势。财政风险方面，高通胀缓解了部分经济体的政府债务压力。根据国际清算银行（BIS）的数据，发达经济体政府杠杆率由2020年的135.7%下降至2023年第一季度的104.9%。此外，美国国会再次上调美国联邦政府债务上限，疫情后南欧旅游业复苏、欧洲央行购买高风险国家的政府债务，也使主要发达经济体的政府债务压力暂时缓解。

（三）美国、印度经济增长强劲，主要机构上调2023年世界经济增长预期

截至2023年9月末，全球经济抵挡住了来自通货膨胀、货币紧缩和金融风险的压力。主要经济体均未出现明显的经济金融危机或深度衰退信号。主要国际机构纷纷上调2023年全球经济增速预期。10月，国际货币基金组织（IMF）预测2023年世界经济增速为3%，较其4月预测值上调0.2个百分点。其中，发达经济体、发展中经济体经济增速预测值分别为1.5%、4.0%，较4月预测值上调0.2个百分点、0.1个百分点。9月，经济合作与发展组织（OECD）

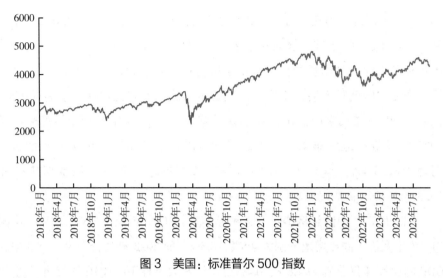

图 3　美国：标准普尔 500 指数

资料来源：Wind 金融数据库。

发布经济展望报告，将 2023 年全球经济增速预测值上调至 3.0%，此前预测值为 2.7%。

主要发达经济体中，美国经济复苏势头相对强劲，欧洲经济增速下滑接近于零。2023 年第一、第二季度，美国 GDP 不变价同比增速分别为 1.72%、2.38%，高于美国 2022 年下半年的经济增速，也明显高于 2022 年 10 月和 2023 年 4 月 IMF 对美国 2023 年经济增长的预测值（1.6%）。日本经济也表现较佳，2023 年第一、第二季度，日本 GDP 不变价同比增速分别为 2%、1.6%，较 2022 年全年增速（1%）明显抬升，超出市场预期。相对而言，发达经济体中，欧洲经济受能源供给、中心国德国需求低迷等因素影响，整体复苏力度屡弱。2023 年第一季度，欧元区 GDP（不变价、季调）当季同比增速为 1.2%，远低于 2022 年同期（5.4%）；第二季度，欧元区经济增速进一步下探，GDP 同比增速下滑至 0.5%，接近于零增长。

主要新兴经济体中，印度在高基数基础上保持了相对较高的增速，巴西经济增速上升。印度疫情后经济复苏势头强劲。根据印度统计局的数据，2023 年第一、第二季度，印度 GDP（不变价）同比增速分别为 6.06%、

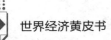

7.82%，并且这一增速是在2022年同期较高增速（第一季度3.96%、第二季度13.08%）的基础上实现的。从增长动能上看，2023年印度出口增速由正转负，此次高增长的拉动因素是国内投资和消费。按不变价，2023年第二季度，印度私人消费支出、固定资本形成总额同比增速分别为5.97%、7.96%。巴西在大宗商品出口和消费的支撑下，2023年上半年增速略高于2022年同期。2023年第一、第二季度，巴西GDP（不变价）同比增速分别为4%、3.4%，略高于2022年同期（2.43%、3.69%）。俄罗斯未公布2023年经济增长情况。

相对而言，中国经济增长动力稍显不足。2023年第一、第二季度，中国GDP（不变价）同比增速分别为4.5%、6.3%；而2022年第一、第二季度中国GDP同比增速仅分别为4.8%、0.4%。在低基数条件下，中国2023年上半年的经济表现并不强劲，出口增速下滑、投资和消费也较为低迷。中国经济在疫后的复苏力度明显弱于预期，主要有以下原因：一是由于宏观政策刺激力度低于市场预期，难以提振市场信心，导致内需持续低迷；二是疫情的"疤痕效应"导致经济主体预期不振，经济活力恢复至疫情前还需要时间，就业、居民收入增长放缓，也使得内需修复速度放缓；三是房地产风险、地方政府债务问题在经济增速放缓时更加严峻，高债务和低增长呈现负反馈，进一步拖累经济复苏。

三　此轮全球经济复苏和通货膨胀的特征

尽管此轮全球经济增长抵御住了通胀、加息和金融风险等诸多冲击，但此轮全球经济复苏并非全面复苏，而是由部分大型经济体内部消费需求带动的局部复苏，主要经济体经济周期不同步，贸易也没有跟随产出增加而上升。受工资上涨影响，核心通胀下滑速度缓慢。但由于货币通胀预期相对稳定，"工资—通胀"暂未出现螺旋式上升。

从产业上看，经济的韧性主要来自服务业，主要发达经济体制造业均处在景气线以下。从主要经济体PMI构成可以看出，此轮经济复苏的韧性主要来自服务业。国际货币基金组织在 2023 年 7 月发布的《世界经济展望》中指出，疫情后经济活动全面放开后，经济进一步提速的空间变得有限，包括制造业在内的非服务业 PMI 在 2023 年第二季度进一步放缓，表现疲弱。以美欧为例，2023 年美国制造业 PMI 一直处在 50 的景气线以下，而非制造业 PMI 依然持续处在扩张区间，并且在第二季度还有所抬升。日本经济景气度呈现出与美国相似的特征，服务业在疫情后持续处在扩张区间，而制造业的景气度略低于 50。与美国、日本经济服务业依然在扩张不同的是，欧洲经济 2023 年第二季度前尚有服务业支撑，但第三季度欧洲的服务业和制造业均已经全面转弱。2023 年 9 月，欧元区制造业、服务业 PMI 分别为 43.4、48.4，均低于 50 的景气线。从第三季度的数据看，欧洲在疫情后消费需求在服务业的反弹已接近尾声。

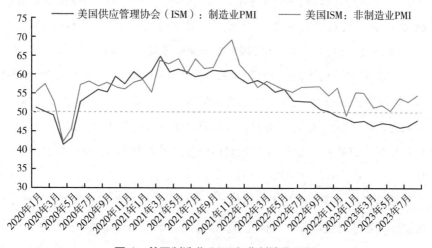

图 4　美国制造业 PMI 和非制造业 PMI

资料来源：Wind 金融数据库。

主要经济体经济周期出现明显错位。一是中美经济周期不同步。此轮美国经济复苏强劲，通胀上升、失业率处在较低水平，美联储主席鲍威尔在演讲中表示可以适当提高美国的潜在经济增速和自然利率。① 然而，中国经济却持续疲软。2023年初，中国疫情防控平稳转段，经济活动出现了反弹，但从消费增速、失业率等指标看，经济反弹力度弱于此前预期，净出口对经济的拉动作用也出现了下滑。二是发达经济体中，欧洲经济增长动力明显弱于美国。主要发达经济体中，欧洲受俄乌冲突带来的供应链中断、能源食品价格上涨影响最为严重，根据国际货币基金组织的预测，德国可能成为G7国家（七国集团）中唯一在2023年出现负增长的国家。从欧元区的经济数据也可以看出，2023年第二季度，欧元区经济景气指数、GDP增速均全面转弱。三是新兴经济体中，除中国以外的增长依然差异明显。印度增长强劲，而欧洲新兴经济体、拉美经济体增速多在2%左右或以下。根据国际货币基金组织在2023年7月的预测，预计2023~2024年61%的新兴经济体增长将提速。

全球商品贸易并没有跟随产出增长而上升。或受供应链中断、贸易保护主义上升以及地缘政治风险等诸多因素影响，与全球产出保持强劲相反，2023年上半年贸易增长速度低于预期。根据荷兰经济政策分析局的数据，2023年1~3月，全球贸易量与2022年同期基本持平、略有负增长，而前三个月的贸易平均价格均同比明显下滑，分别为-0.4%、-2.8%、-4.2%。根据OECD的报告，2023年上半年全球贸易强度有所下降，主要发达经济体商品贸易尤为疲软。截至2023年6月，全球商品贸易量同比下降2.5%。但服务贸易表现较好，这得益于旅游业在主要经济体放开严格的防疫政策后持续强劲反弹。

发达经济体劳动力市场表现强劲，工资价格上涨支撑核心通胀。尽管主要发达经济体复苏力度和程度各有差异，但劳动力市场均表现强劲。2023年7月，美国、欧元区20国、日本的失业率分别为3.5%、6.4%、2.6%，均接近2000年以来的历史最低水平。与强劲的劳动力市场相应的是劳动力薪资上涨。根据美

---

① J.H. Powell, "Inflation: Progress and the Path Ahead," at "Structural Shifts in the Global Economy," An Economic Policy Symposium Sponsored by the Federal Reserve Bank of Kansas City, Jackson Hole, Wyoming, https://www.federalreserve.gov/newsevents/speech/powell20230825a.htm, August 25, 2023.

国劳工部、欧盟统计局和日本内阁府的数据，2023 年 6 月，美国、欧元区、日本劳动力薪资（劳动力成本）分别同比上涨 4.40%、4.48%、2.45%。其中，美国、欧元区的疫情后薪资增速明显超过 2008 年以来的平均水平。工资上涨也成为驱动此轮发达经济体通胀上升的主要因素之一。根据亚特兰大联储的测算，3 个月移动平均的美国薪资增长指数与核心 CPI 同比基本同步。

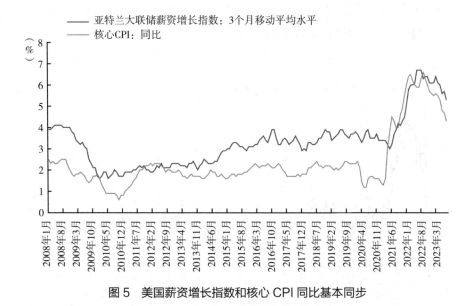

图 5　美国薪资增长指数和核心 CPI 同比基本同步

资料来源：Wind 金融数据库。

　　美联储鹰派态度强硬，通胀预期控制较好，未导致"工资—通胀"螺旋上升。20 世纪 70 年代美国形成"工资—通胀"螺旋的原因之一在于消费者通胀预期的持续上升。当时美联储还未明确通胀目标制并建立维持通胀稳定的信誉，货币政策存在动态不一致，[①] 美国消费者不相信美联储真的有控制通胀的决心，认为美联储的目标最终是充分就业，预期未来物价会持续上涨而要求加薪，工资持续较快增长，形成"工资—通胀"螺旋。但此次美联储通过

① F. Kydland , E. Prescott, "Rules Rather than Discretion: The Time Inconsistency of Optimal Plans," *Journal of Political Economy*, 1977, 85.

持续的鹰派表态和快速的加息有力地控制了通胀预期，避免了短期通胀预期的再度上涨，保持了中长期通胀预期基本稳定在 3% 左右（见图 6），从而避免了"工资—通胀"螺旋的形成。2023 年第三季度，美国再度发生罢工潮。虽然此次通胀和工资增速没有形成螺旋式上涨，但通胀持续时间过长也使得劳动者对工资增长的诉求增加。2023 年 10 月，受油价上升和工资上涨压力影响，美国密歇根大学通胀预期出现了较为明显的增长，由 9 月的 3.2% 上升至3.8%。在通胀压力犹存的情况下，美联储将对通胀预期的上升更加敏感，高利率可能维持更长时间（higher for longer）。

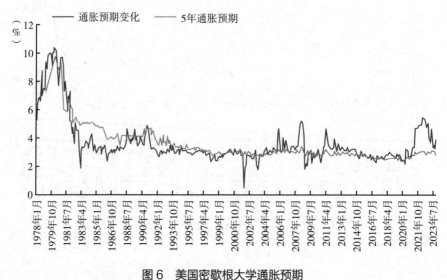

图 6　美国密歇根大学通胀预期

资料来源：Wind 金融数据库。

四　通货膨胀和货币紧缩依然是影响
全球经济增长的主要因素

尽管 2023 年全球经济增长势头比预期强劲，但根据 IMF 等主要国际机构的预测，2024 年全球经济增长将较 2023 年放缓。根据 OECD 的预测，2023

年和 2024 年全球 GDP 增长率仍将低于预期，分别为 3% 和 2.7%。根据 IMF 的预测，2023 年和 2024 年世界产出增长均为 3%，较 2022 年的 3.5% 下调，并未因 2023 年表现出的较强增长韧性上调 2024 年的经济增长预期。

通货膨胀依然是影响全球经济的主要因素。虽然整体通胀率正在下降，但受制于上升的劳动力成本，许多经济体的核心通胀率依然处在较高水平。并且，OPEC+ 持续减产，美国原油库存也超预期下降，原油价格近期有所回升，大宗商品价格依然可能成为通胀的支撑因素。预计 2023 年和 2024 年通胀率将逐步放缓，但大多数经济体的通胀率仍将高于其央行目标。根据 OECD 的预测，20 国集团经济体的整体通胀率预计 2023 年降至 6%，2024 年降至 4.8%，20 国集团发达经济体的核心通胀率将从 2023 年的 4.3% 降至 2024 年的 2.8%。而参考美联储等主要央行近期的表态，主要央行对待通胀的态度坚决，高利率至少将持续至 2024 年。如果出现更多超预期的冲击（包括乌克兰危机加剧和极端天气引发的冲击），通胀可能会保持高位甚至上升，从而引发货币政策的进一步收紧。持续的信贷收缩、上升的债务压力、较高的生产成本将再次拖累经济增长，金融市场也可能再次面临动荡。

持续货币紧缩对增长的影响正在显现。2023 年全球经济增长表现出韧性，但并不代表货币紧缩对增长没有负面影响。美国的实际利率已经达到 2008 年以来的最高水平，主要发达经济体私人信贷出现收缩。美国消费信贷环比折年率自 2022 年第二季度以来整体呈下滑趋势。2023 年 7 月，美国消费信贷环比折年率为 2.51%，较 2022 年 3 月的增长高点（10.09%）大幅下降。此外，2023 年 5 月美国消费信贷环比折年率出现负增长。截至 2023 年 7 月，德国 1 年期以上的居民贷款增速已持续同比负增长 5 个月。贷款拖欠和不良率也在上升。根据美联储的数据，2022 年第一季度至 2023 年第二季度，美国工商业贷款、消费贷款及所有贷款和租赁的撇账率持续上升。同时，美国、欧洲的制造业景气指数均在收缩区间，发达经济体经济活动出现下降迹象。预计美联储将保持高利率至 2024 年，欧洲央行在高通胀的约束下也很难因经济增长放缓而放松金融条件，持续的紧信用必然会成为约束增长的"地心引力"。

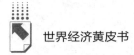

发达经济体需求增长空间有限，对新兴经济体的出口拉动作用下降。发达经济体紧缩货币政策的影响日益明显，企业和消费者信心转弱。美欧经济体制造业景气度不足、PMI持续处在收缩区间，密歇根大学的美国消费者信心指数降至70以下。发达经济体（尤其是美国）在疫情期间积累的超额储蓄正在减少，美国个人储蓄占可支配收入的比例已经降至3.9%的历史较低水平，这一方面意味着未来新增需求空间减小，另一方面也意味着用于抵御通胀和信用紧缩冲击的缓冲正在变小。尽管当前美国就业市场依然强劲、经济增速也保持稳定，但需求端增长动力不足，能持续拉动经济增长的动能有限。国际机构虽然在7月的预测相较于4月上调了2023年美国经济增速预测值，但对2024年的预期并不乐观。根据IMF于2023年10月的预测，美国经济增速将在2024年进一步放缓至1.5%。进一步地，发达经济体投资和产出的放缓也在拖累新兴市场的国际贸易。2023年，印度、越南、印尼等东南亚经济体的出口增速均转为负值。

地缘政治不确定性加剧，也会影响经济主体预期和国际贸易。从中美经贸摩擦、乌克兰危机等的影响来看，地缘政治风险已经成为影响全球经贸往来乃至区域经济发展的重要因素之一。经济增长疲软和地缘政治风险上升在某种程度上会形成负反馈，当经济增速放缓时，保护主义抬头，地缘政治风险上升，轻则双边和多边经贸摩擦增加、重则发生区域性冲突事件。而地缘政治风险上升又会进一步恶化所在区域的经济增长环境。一方面，地缘政治风险会使得相关经济体提高对经济金融安全的重视程度，制造更多有针对性的贸易壁垒，增加对贸易（特别是重要矿产等战略物资）、资金、技术和劳动力的跨境流动以及国际支付的限制，这在短期必然会抬高相关经济体的生产成本；另一方面，地缘政治风险也会影响金融市场和经济主体对所在区域未来经济增长的信心，间接对所在区域的需求恢复、直接投资和经贸往来造成负面影响。此外，地缘政治风险上升还会导致相关经济体国防开支增加，可能会对政府的投资性财政支出以及私人部门投资产生挤出效应。1985年以来，乌克兰危机带来的全球地缘政治风险指数仅次于苏联解体和伊拉克战争时期。虽然目前风险指数明显下滑，但俄乌事件尚未有定论，全球地缘政治风险依然明显高于冲突之前，需要关注地缘政治风险对区域以及世界经济增长的影响。

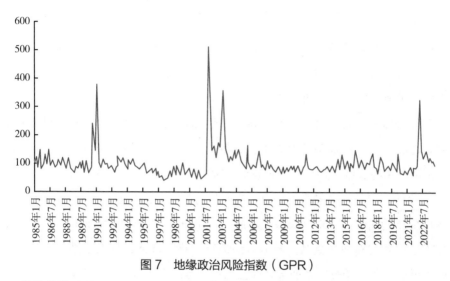

图 7　地缘政治风险指数（GPR）

资料来源：Caldara Dario, Matteo Iacoviello, "Measuring Geopolitical Risk," *American Economic Review*, April, 2022, 112(4)。

世界经济期待中国经济继续发挥增长引擎的作用。中国作为美国、欧洲、日韩等诸多重要经济体的主要贸易伙伴，其经济增长对全球经济而言至关重要，尤其是在发达经济体出现经济放缓迹象的节点上。中国宏观政策支持力度偏弱，同时受到疫情的"疤痕效应"和房地产市场风险的影响，消费需求恢复缓慢，通胀处在极低的水平，预防性储蓄居高不下，房地产风险和地方政府债务风险继续制约政策空间。根据 OECD 于 2023 年 11 月的预测，中国经济增长将受到消费需求低迷、房地产市场风险和地方政府债务问题的制约，2023 年放缓至 5.1%，2024 年放缓至 4.7%。2023 年第二季度以来，中国政府已宣布了降低政策利率、放松部分城市的房地产政策等多项支持经济活动的政策措施。由于政策效应存在时滞性，目前的经济数据尚不足以看出政策效果，但 8 月中国制造业 PMI 回到 50 的景气线以上，中国的经济出现向好迹象。如果内需得以修复，将带动主要贸易伙伴的产出增加。而如果中国经济增长进一步下探，也将产生负面的跨境溢出，全球经济增速放缓压力加大，一些经济体可能会再次陷入主权债务困境。

更加稳固的金融安全网是全球经济抵御货币紧缩的重要支撑。可以看到，迄今为止，全球经济和金融市场也已被证明对普遍收紧货币政策具有较强的抵御能力。尽管依然面临资本外流，但未有较大规模的新兴经济体因美联储加息而发生金融危机或货币危机。美欧金融管理部门对3月的银行业危机均做出了迅速反应，有效切断了风险在银行间蔓延。在2008年全球金融危机后，主要经济体均加强了金融监管，建立了更加稳固的金融安全网和危机应对机制。在高通胀、高债务的压力下，这将成为主要经济体抵御货币紧缩压力和内部债务风险、维持经济稳定运行的保障。

此外，如果中国采取更有力、更有效的政策措施并取得可观的政策效果，成功扭转近期国内需求增长放缓的趋势，也将给世界经济增长注入新的动力；如果近期全球石油产量减少趋势得到缓解，能源价格将再次下跌，也将避免通胀再度上扬，缓解主要经济体面临的货币紧缩压力。

五 小结

总体来看，为应对通货膨胀，主要发达经济体持续加息。在货币紧缩等不利条件下，2023年全球经济增长表现出一定的韧性，通货膨胀也出现了一定程度的下降，主要发达经济体劳动力市场表现强劲，但全球经济增长依然面临通货膨胀、货币紧缩、地缘政治风险等诸多挑战。由于2023年主要经济体经济增长的基期不同，国际机构对2024年主要经济体的经济增长预测各不相同，但对最大的发达经济体美国和最大的新兴经济体中国的经济增长预期均是普遍弱于2022年和2023年的。从这一角度来看，2024年全球经济增长压力依然较大。但如果主要经济体能够抵御住加息的压力、中国经济需求得以提振、产油国的有效能源供给增加、局部地缘政治风险出现缓和，全球经济增长有可能继续上涨，主要经济体的通胀率有可能回到目标区间，同时就业保持平稳、工资压力趋于减小。在这种情况下，2024年经济增长将明显好于主要国际机构的预期，通货膨胀压力也将在货币紧缩和供给恢复的影响下得到明显缓解。

参考文献

国际货币基金组织:《世界经济展望：短期韧性和持久挑战》，2023 年 7 月。

Caldara Dario, Matteo Iacoviello, "Measuring Geopolitical Risk," *American Economic Review*, April, 2022, 112(4).

F. Kydland, E. Prescott , "Rules Rather than Discretion: The Time Inconsistency of Optimal Plans," *Journal of Political Economy*, 1977, 85.

J.H. Powell, "Inflation: Progress and the Path Ahead," at "Structural Shifts in the Global Economy," An Economic Policy Symposium Sponsored by the Federal Reserve Bank of Kansas City,Jackson Hole, Wyoming,https://www.federalreserve.gov/newsevents/speech/powell20230825a.htm, August 25, 2023.

OECD, "Confronting Inflation and Low Growth," OECD Economic Outlook, Interim Report September 2023, https://www.oecd.org/economic-outlook/september-2023/, 2023.

Y.17
去美元化：形势、机制与展望

熊婉婷　吴立元[*]

摘　要： 美国以超常规货币和财政政策刺激经济、对俄罗斯实施金融制裁、美联储在面对高通胀压力下持续加息等事件的发生，使得很多国家都宣布要采取政策措施以减少对美元的依赖，形成了新一轮"去美元化"浪潮。尽管"去美元化"议题的讨论热度很高，但实际数据表明，美元依然是国际货币体系中使用和影响最为广泛的主导货币，只是在作为外汇储备和锚定货币等特定方面的使用出现了收缩。"去美元化"的本质是国际社会对美元霸权体系的深刻反思，反映出各国对更加公平、安全和有效的国际货币体系的强烈需求。美元霸权的持续依赖于美国在经济实力、金融市场和主权信用等方面保持着世界领先地位，这些因素的变化也会对美元的国际地位造成冲击。"去美元化"有持续的动能，但将是一个波动反复的长期过程，对我国而言既是机遇也是挑战。

关键词： 去美元化　国际货币体系　人民币国际化

一　引言

2023 年以来，"去美元化"议题越来越受到国际社会高度关注。自 1944

---

* 熊婉婷，中国社会科学院世界经济与政治研究所全球宏观经济研究室助理研究员，主要研究方向：全球宏观经济、债务问题；吴立元，中国社会科学院世界经济与政治研究所全球宏观研究室助理研究员，主要研究方向：货币政策、经济增长。

年布雷顿森林体系建立以来，美元一直是国际货币体系中具有主导性地位的货币，在国际贸易和金融交易中被广泛使用。2023 年以来，"去美元化"的 Google 搜索指数创下 2004 年有数据以来的最高水平。"去美元化"指的是各国减少对美元依赖的过程，包括将其作为储备货币、交易媒介和计价单位的使用，其目的通常是减少美国所出台的宏观经济政策及其所造成的美元币值和流动性变化对本国经济和金融活动的影响。"去美元化"是"美元化"的反义词，后者指的是美国以外的国家在其经济活动中广泛使用美元。一国"美元化"的背后通常有多种原因，包括对本国货币的不信任、美元的国际地位以及与美国的经济和贸易关系等。

"去美元化"热潮的出现反映出国际社会正在对由美元主导的国际货币体系进行深刻反思，也体现出地缘政治风险加剧背景下国家之间竞争与合作关系正在发生微妙变化。一方面，2022 年以来，美联储在高通胀压力下持续加息，新兴市场和发展中经济体普遍面临资本外流和本币贬值压力，美元流动性不足问题愈加严峻，促使各国寻求美元以外的其他替代方案。另一方面，乌克兰危机中美国对俄罗斯的制裁显示出其"武器化"国际货币体系的倾向，俄罗斯等经济体为提高自身参与国际贸易和投资的安全性，在探索和实施本币贸易计价、结算和清算体系方面付出了更多努力。

作为主导性国际货币，美元在其他国家的使用包括多个方面（见表1）。从货币的价值储藏功能看，美元是很多国家中央银行或主权财富基金作为国际储备的货币。从货币的交易媒介功能看，美元既是很多国家政府部门进行外汇干预的媒介货币，也是私人部门进行贸易和金融跨境支付的媒介货币。从货币的计价功能看，美元是私人部门开展国际贸易和金融交易的主要计价货币，也是很多国家货币所盯住的锚定货币。

表 1　美元作为国际货币在其他国家的使用		
货币的职能	政府	私人
价值储藏	央行或主权财富基金的外汇储备	本国货币的替代品（现金等）

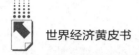
		续表
货币的职能	政府	私人
交易媒介	外汇干预的媒介货币	贸易和金融跨境支付的媒介货币
记账单位	小国货币可以挂钩的锚货币	贸易结算和金融交易中的计价货币

资料来源：根据资料整理。

"去美元化"会削弱美元作为国际货币的主导地位，并对世界经济造成多重影响。从积极的方面看，"去美元化"可以提高各国货币政策的自主性，减少美国货币政策对其他国家的负面溢出效应，还可能促进全球金融体系改革，催生一个更加多元和包容的全球金融治理和国际货币体系。从消极的方面看，"去美元化"很可能导致美元资产大幅贬值、引发金融市场动荡，增加全球供应链调整成本，加剧国家之间的地缘政治冲突和世界经济不确定性。对我国而言，"去美元化"既有可能是人民币国际化的机遇，也有可能带来汇率波动和金融市场不稳定等各类风险，因此有必要对其进行深入研究。本文试图对以下四个问题展开分析和探讨。一是世界各国"去美元化"的实际进展如何？二是各国采用了哪些手段降低对美元的依赖？三是哪些因素会对"去美元化"进程产生影响？四是美元作为主导性国际货币的地位可能发生怎样的变化？

本文其余内容安排如下。第二部分从数据和事实的角度梳理了主要经济体"去美元化"的具体政策措施和美元作为主导性国际货币地位的实际变化。第三部分从理论机制的角度分析了可能影响"去美元化"进程的各类因素，包括美元成为主导性国际货币的原因和威胁美元地位的各类因素。第四部分对未来国际货币体系可能发生的变化进行了展望，包括"去美元化"的短期和长期趋势以及人民币国际化的可能突破口。

二 本轮"去美元化"浪潮的最新形势

本部分试图从事实和数据的角度分析本轮"去美元化"浪潮的最新形

势，并回答以下问题：为何"去美元化"会在新冠疫情暴发后成为一个国际热点？各国采取了哪些具体政策措施来降低对美元的依赖？"去美元化"的实际进展如何？美元作为国际货币的使用是否有所减少？

（一）本轮"去美元化"浪潮出现的原因

尽管主要经济体一直有降低对美元依赖程度的内在需求，但一些特定事件的出现加剧了本轮"去美元化"浪潮。一是美联储持续加息导致发展中国家汇率贬值、资本外流和美元短缺压力普遍加大，多国宣布将采取措施以减少对美元的依赖。例如，在东南亚，印度尼西亚央行行长佩里·瓦吉约表示，印尼正在努力推动"本地货币交易"进程，已与中国、日本、马来西亚和泰国四国实现本币结算，并计划与韩国央行合作实现"本地货币交易"。马来西亚总理安瓦尔表示，马来西亚"没有理由继续依赖美元"，并与中国就双边贸易进行了谈判。在南美地区，巴西和阿根廷也宣布与中国达成协议，不再使用美元作为中间货币，而是以本币进行贸易结算。

二是美国近期的宏观经济政策和经济金融形势变化引发国际社会对美元信用的担忧。第一个变化是俄乌战争后美国对俄罗斯启动了一系列金融制裁，包括禁止俄罗斯主要银行使用 SWIFT 系统、冻结俄罗斯约 3000 亿美元储备等。美国对外经济政策"政治化"以及全球地缘政治风险加剧导致主要经济体央行不再愿意持有巨额美元。第二个变化是美国不断出现"债务上限"危机。由于采取了极度宽松的货币和财政政策以抗击新冠疫情所带来的负面冲击，美国出现了巨额财政赤字，政府债务规模也不断扩大。2020 年美国联邦政府财政赤字与 GDP 之比创下 15.9% 的历史新高，虽然 2022 年降至 5.5%，但仍高于疫情前水平（2002~2019 年均值为4.2%）。2023 年 9 月美国联邦债务总额首次突破 33 万亿美元，大约相当于 2022 年美国 GDP 的 121%。第三个变化是美联储持续加息增加了美国自身陷入衰退和出现金融脆弱性的可能性，如 2023 年初出现的系列中小银行危机。第四个变化是美国的相对经济实力呈现趋势性下滑。20 世纪 60 年代，美国在世界 GDP 中的占比曾一度高达 40%，2022 年下降至 25%，占比下降近一半。[①]

　　三是其他竞争货币的出现。对美元悲观情绪的兴起往往伴随着对其他竞争货币的热情上升。第一类竞争货币是美国以外国家的主权货币，如备受关注的人民币。中国经济实力和人民币保值能力的不断提升是支持人民币替代美元作为主要国际货币的重要原因。近期中国与其他国家的货币合作不断深化，如中国进出口银行与沙特阿拉伯国家银行成功达成的首笔人民币贷款、中海油与道达尔能源通过上海石油天然气交易中心平台完成首单以人民币结算的进口液化天然气（LNG）采购交易等。第二类竞争货币是数字货币，包括基于分布式账本技术的各类加密货币和各国央行所推出的数字货币。比特币和以太坊等加密货币的价值已上升至全球货币供应量的3%左右，90个国家正在探索央行数字货币，其中9个国家已经全面推出了自己的央行数字货币。相比传统主权货币，比特币等加密货币通常更具包容性，所面临的地缘政治风险更小。[②]Ferranti指出，对面临制裁风险的国家来说，将其央行的部分投资组合从美国国债分散到加密货币（特别是比特币）是明智的，[③]制裁的可能性让比特币在一些领域获得了一席之地，并赋予其基本的长期价值。不过，加密货币和央行数字货币虽然在部分领域取得了一席之地，但其在很多国家内部的使用依然十分有限，在国际的使用推广仍有待观察。第三类竞争货币是区域性共同货币，如已经被广泛使用的欧元和近期被提出的金砖货币。自1999年诞生以来，欧元的国际地位和使用率不断提高，在外汇储备、外汇市场交易中的占比均已成为仅次于美元的第二大币种。除了欧元以外，其他区域性经济体联盟也开始提出构建共同货币的倡议。2023年金砖国家也开始讨论建立一种新的共同货币，以促进金砖国家之间的经贸往来和降低对美元的依赖。

---

① 数据来自世界银行世界发展指标数据库，美国和世界GDP的单位均为现价美元。

② M. Sung, C.A. Thomas, "The Innovator's Dilemma and U.S. Adoption of a Digital Dollar," Brookings, https://www.brookings.edu/articles/the-innovators-dilemma-and-u-s-adoption-of-a-digital-dollar/, March, 2022.

③ M. Ferranti, "Hedging Sanctions Risk: Cryptocurrency in Central Bank Reserves," PhD Thesis, Chapter 2 of Department of Economics, Harvard University, May 3, 2023.

（二）主要经济体"去美元化"的具体实践

为了降低对美元的依赖，主要经济体采用了以下四类措施。

一是在国际贸易和投资中使用美元以外的货币或其他交易媒介进行结算。例如，2023 年 2 月，欧佩克第二大产油国伊拉克宣布使用人民币支付私人部门从中国进口的商品；3 月，拉美最大经济体巴西宣布与中国开通本币结算，东盟各成员国也宣布将加强本地货币使用；4 月，印度与马来西亚同意以印度卢比进行贸易结算；8 月，印度和阿联酋开始以卢比和迪拉姆结算能源交易。总的来说，这些国家选择美元以外货币进行贸易和投资结算的主要原因有：解决美元流动性短缺问题；降低外汇交易有关成本；提高金融安全性，绕开美国可能施加的金融制裁。除了美元以外的货币，部分国家还尝试了基于其他交易媒介的贸易结算，如委内瑞拉创建了支持石油进出口的数字货币"石油币"。此外，部分被制裁国家开始尝试易货贸易以规避对美元的依赖，如伊朗与俄罗斯达成"石油换商品"协议、土耳其和伊朗开启的"黄金交易石油"新法则。

二是绕开美国主导的跨境银行支付系统，转而建立新的独立支付系统。环球银行间金融通信协会（Society for Worldwide Interbank Financial Telecommunication, SWIFT）报文系统是一个全球性的金融信息传输网络，为银行间的跨境交易提供信息传输和加密等服务，是实现跨境金融交易的重要金融基础设施。虽然SWIFT 理论上是一个中立的国际组织，但受美国霸权影响，该组织在很多情况下成为美国对其他国家实施金融制裁的协助者，曾先后将朝鲜、伊拉克、伊朗、俄罗斯等国的金融机构排除在外。为了降低被 SWIFT 制裁的可能性，很多国家都开始建立独立的跨境支付系统。例如，德法英三国开发了"贸易往来支持工具"（Instrument in Support of Trade Exchanges, INSTEX）、中国研发了人民币跨境银行间支付系统（Cross-Border Interbank Payment System, CIPS）、俄罗斯打造了"金融信息传输系统"（System for Transfer of Financial Messages, SPFS）、金砖五国联合创建了金砖支付系统（BRICS Payment System, BRICS Pay）等独立于美国霸权的新生跨境支付系统。

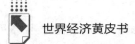

三是减持美元资产，寻求外汇储备的多元化。采取这一行动的国家中以俄罗斯尤为突出。自 2013 年开始，俄罗斯明显加快了"去美元化"进程，不仅大幅抛售美债，而且显著降低了其外汇储备中的美元占比。[①]2013 年俄罗斯持有高达 1763 亿美元的美债，2020 年降至约 40 亿美元。2018 年俄罗斯央行储备资产中美元的占比高达 46%，2022 年降至约 16%。俄罗斯还清空了国家主权基金和福利基金中的美元资产。考虑到美国对俄罗斯的金融制裁还包括冻结俄罗斯约 3000 亿美元储备，俄罗斯以外的国家也开始减少其外汇储备中的美元资产占比，增持黄金和其他储备货币资产，寻求外汇储备的多元化以增强资产安全性。2022 年各国央行黄金净购入量达 1136 吨，创下了 1950 年以来最高年度需求量。

四是与美国以外的国家开展双边货币互换。双边货币互换协议让交易两国可通过为对方提供流动性支持的方式来规避短期美元流动性不足的风险。2008 年国际金融危机爆发以来，与中国签署双边货币互换协议的国家数量不断增加，地理范围也从亚洲扩大到欧洲和拉美。截至 2021 年末，中国人民银行累计与 40 个国家和地区的中央银行或货币当局签署过双边本币互换协议，总金额超过 4.02 万亿元，有效金额 3.54 万亿元。[②]

（三）美元国际货币地位的实际变化

总体而言，本轮"去美元化"浪潮并未动摇美元在国际货币体系中的主导地位。根据美联储针对国际货币使用的综合指数，美元的重要性仍然是欧元的 3 倍，远远超过日元、英镑或人民币。不过，美元在官方外汇储备和作为汇率锚定货币方面的国际使用也出现了一些收缩。

1. 美元作为国际货币的综合地位仍保持绝对第一

为了衡量美元作为国际货币的使用情况，美联储基于美元作为国际储备货

① R.M. Nelson, K. M. Sutter, "De-dollarization Efforts in China and Russia," Congressional Research Service, https://crsreports.congress.gov/product/pdf/IF/IF11885, July 2021.
② 中国人民银行：《2022 年人民币国际化报告》，http://www.pbc.gov.cn/goutongjiaoliu/113456/113469/4666144/2022092318284744050.pdf，2022 年 9 月。

币、计价货币和外汇交易货币的使用设计了一个国际货币使用综合指数。[①] 该指数为五个指标的加权平均值，分别为美元在全球官方外汇储备中的占比（权重为25%）、在全球外汇交易量中的占比（权重为25%）、在全球外币债务发行量中的占比（权重为25%）、在国际银行跨境资产中的占比（权重为12.5%）、在国际银行跨境负债中的占比（权重为12.5%）。图1展示了美元、欧元、英镑、日元和人民币所对应的综合国际货币指数在20多年间的变化情况。该指数显示，2000年以来，美元的国际货币使用指数取值一直稳定在70上下，2022年取值为69，虽然较2016年的72.5的历史峰值下降了3.5个点，但仍远远领先于其他货币，甚至高于其2001年的取值（68.1）。欧元对应指数的取值为20~30，2022年取值为23.1。国际使用量提升最快且幅度最大的是人民币，自2009年的0.1上升至2022年的3，但2022年的取值仍然低于日元（7.3）和英镑（6.4）。

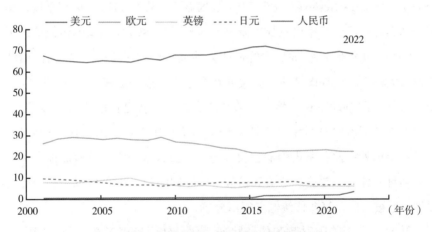

图1 美联储国际货币使用综合指数

注：该指数是每种货币在全球官方外汇储备（25%权重）、全球外汇交易量（25%权重）、全球外币债务发行量（25%权重）、国际银行跨境资产（12.5%权重）、国际银行跨境负债（12.5%权重）中所占份额的加权平均值。

资料来源：C. Bertaut, B. Beschwitz, S. Curcuru, "The International Role of the U.S. Dollar Post-COVID Edition," FEDS Note, https://www.federalreserve.gov/econres/notes/feds-notes/the-international-role-of-the-us-dollar-post-covid-edition-20230623.html, June, 2023。

[①] C. Bertaut, B. Beschwitz, S. Curcuru, "The International Role of the U.S. Dollar Post-COVID Edition," FEDS Note, https://www.federalreserve.gov/econres/notes/feds-notes/the-international-role-of-the-us-dollar-post-covid-edition-20230623.html, June, 2023.

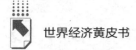
2. 美元在外汇储备和锚定货币等方面的使用份额有所收缩

虽然美元的综合国际地位仍然保持绝对第一，但在特定方面的使用出现了阶段性或趋势性收缩，主要体现为全球官方外汇储备中美元占比下降、跨境支付交易中美元占比下降、美国国债中外国投资者所占份额下降以及实施锚定美元的汇率制度的国家数量减少。

首先，出于对金融制裁和美元信用的担忧，各国央行普遍出现外汇储备多元化倾向，导致美元在全球官方外汇储备中的占比有所下降。随着美元霸权的"金融武器化"倾向加强，许多发展中国家（叙利亚、利比亚、伊朗、委内瑞拉、阿富汗、俄罗斯）的美元资产被冻结，越来越多的国家开始为其外汇储备寻求美元以外的投资方案。国际货币基金组织（International Monetary Fund，IMF）官方外汇储备货币构成（Currency Composition of Official Foreign Exchange Reserves，COFER）数据显示，截至 2022 年第四季度，美元在全球官方外汇储备中的占比已降至 58.4%，为 1995 年以来的最低值，不仅与 20 世纪 70 年代 85% 的历史峰值相去甚远，较 21 世纪初 71% 的阶段性高点也有大幅下降。如图 2 所示，美元在全球已分配外汇储备中的占比自 2000 年以来就一路波动下行。然而，值得注意的是，从更长期的历史经验来看，这也并非美元在全球外汇储备所占份额的第一次下跌。20 世纪 70~90 年代，美元在全球外汇储备所占份额也曾经历过一波大幅下跌，其份额损失主要被欧元和日元分享。与这一轮美元份额下跌不同的是，2000 年以来的美元份额损失主要被人民币等非传统储备货币分享。

其次，由于美国财政和债务状况恶化，外国投资者在美国国债中占比下降。与全球官方外汇储备中美元占比下降类似，美国国债中外国投资者占比下降也反映出外国投资者对美元信用的担忧。王晋斌、厉妍彤认为，在 2008 年全球金融危机和新冠疫情期间，美国均通过大规模财政和货币政策刺激的方式走出危机。这种方式透支了美元信用，导致美国经济走上了一条依赖美元货币体系"过度特权"支撑才能续行的路径。[1] 在此影响

---

① 王晋斌、厉妍彤:《"去美元化"与国际货币体系变革》,《国际金融》2023 年第 8 期。

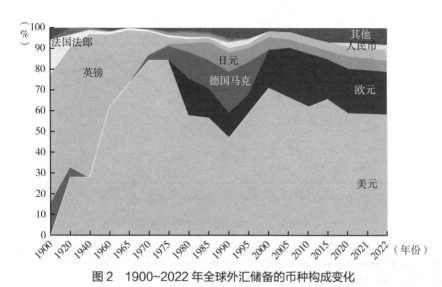

图2　1900~2022 年全球外汇储备的币种构成变化

注：1975~1999 年欧元数据对应的统计口径为欧洲货币单位（European Currency Unit），即由欧洲经济共同体会员国货币共同组成的一篮子货币，1999 年后被欧元取代。

资料来源：P. Vladimir, "US Dollar is Losing It Position of a Reserve Currency: How the BRICS Development Bank can Ensure the Soft Landing," MPRA Paper 118342, University Library of Munich, Germany, 2023。

下，国际投资者对美债需求边际递减。如图 3 所示，2008~2022 年，外国投资者在美国国债中的占比持续下行，从 56.5% 降至 31%，平均每年降低 1.7 个百分点。

最后，美元在全球汇率制度安排中的作用有所下降。国际货币基金组织报告显示，2013~2022 年，全球盯住美元的货币占比由 23.0% 下降至 19.1%，降低了 3.9 个百分点。货币锚定通常是各国央行实现价格稳定目标的中间目标，基金组织成员国中超过 40% 的国家实施了包含硬性或软性锚定目标的固定汇率制度安排。锚定美元的国家和地区占比虽然有所下降，但仍然远超欧元等其他单一货币。

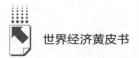

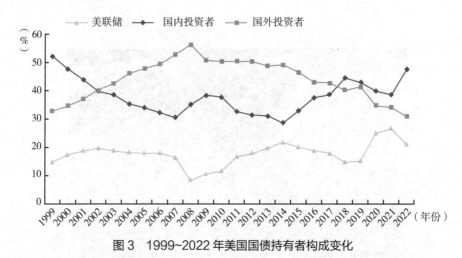

图 3　1999~2022 年美国国债持有者构成变化

资料来源：C. Bertaut, B. Beschwitz, S. Curcuru, "The International Role of the U.S. Dollar Post-COVID Edition," FEDS Note, https://www.federalreserve.gov/econres/notes/feds-notes/the-international-role-of-the-us-dollar-post-covid-edition-20230623.html, June, 2023。

表 2　2013~2022 年全球货币政策和汇率制度安排

单位：%

年份	锚定美元	锚定欧元	锚定货币组合	锚定其他货币	货币总量目标值	通胀目标制	其他*
2013	23.0	14.1	6.8	4.2	13.6	17.8	20.4
2014	22.5	13.6	6.3	4.2	13.1	17.8	22.5
2015	22.0	13.1	6.3	4.2	13.1	18.8	22.5
2016**	20.3	13.0	4.7	4.7	12.5	19.8	25.0
2017	20.3	13.0	4.7	4.7	12.5	20.8	24.0
2018	19.8	13.0	4.7	4.7	12.5	21.4	24.0
2019	19.8	13.0	4.2	4.7	13.5	21.4	23.4
2020	19.8	13.0	4.2	4.7	11.5	22.4	24.5

续表

年份	锚定美元	锚定欧元	锚定货币组合	锚定其他货币	货币总量目标值	通胀目标制	其他
2021***	19.2	13.5	4.1	4.7	13.0	23.3	22.3
2022****	19.1	13.4	4.1	5.2	12.9	23.2	22.2

注：如无特别说明，表中计算份额的基数包括190个基金组织成员国和以下地区：阿鲁巴岛、库拉索岛和圣马丁岛和中国香港特别行政区。"*"包括没有明确规定名义锚定目标但在实施货币政策时监测各种指标的国家。"**"包括瑙鲁共和国，该国于2016年4月12日成为国际货币基金组织成员。"***"包括安道尔，该国于2020年10月16日成为国际货币基金组织成员。"****"包括中国澳门特别行政区，2023年加入AREAER数据库。

资料来源：International Monetary Fund, "Annual Report on Exchange Arrangements and Exchange Restrictions 2022," July, 2023, https://www.elibrary.imf.org/supplemental/book/9798400235269/9798400235269.xml/AEIEA2022001-S001_SOURCE_PDF.pdf?code=imf.org。

3. 美元在外汇交易、跨境支付和外币借贷等方面的使用份额保持稳定

从作为全球外汇交易媒介货币的功能看，美元仍占绝对主导地位。如表3所示，根据国际清算银行对各国央行每三年一次的中央银行调查数据，截至2022年，美元在全球场外外汇交易中的占比高达88%，虽略低于2001年的90%，但在20多年来基本保持稳定，并且远高于其他货币，份额次高的欧元占比仅为31%。

表3 2001~2022年全球外汇市场交易的币种结构变化

单位：%

年份	美元	欧元	英镑	日元	人民币	其他
2001	45	19	6.5	12	0	17.5
2004	44	18.5	8	10.5		19
2007	43	18.5	7.5	8.5	0	22.5
2010	42.5	19.5	6.5	9.5	0.5	21.5
2013	43.5	16.5	6	11.5	1	21.5

						续表
年份	美元	欧元	英镑	日元	人民币	其他
2016	44	15.5	6.5	11	2	21
2019	44	16	6.5	8.5	2	23
2022	44	15.5	6.5	8.5	3.5	22

注：原始数据将外汇交易统计为买和卖两笔，因此每行之和为200%。为容易理解，对表中所有数据除以2，将各国占比之和标准化为100%。

资料来源：Bank for International Settlement, "Triennial Central Bank Survey of FX and OTC Derivatives Markets," December，2022, https://www.bis.org/statistics/rpfx22.htm。

从外币债务的计价功能看，美元作为计价货币的使用也占据绝对主导地位。

图4展示了外币债券发行市场在2005~2022年的币种结构变化。2010年以来，全球企业所发行的外币债券中美元占比一直在70%上下波动，并且远高于份额次高的欧元，后者常年保持在20%左右的水平。与外币企业债券市场类似，美元也是跨境银行贷款的主要计价货币（见图5）。截至2022年，全球跨境银行贷款中58%是以美元计价，其份额远高于排名第二的欧元（占比为22%）。

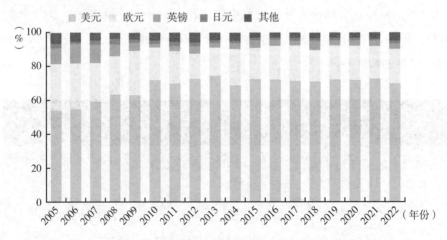

图4　2005~2022年全球外币债券发行的计价币种结构变化

资料来源：C. Bertaut, B. Beschwitz, S. Curcuru, "The International Role of the U.S. Dollar Post-COVID Edition," FEDS Note, https://www.federalreserve.gov/econres/notes/feds-notes/the-international-role-of-the-us-dollar-post-covid-edition-20230623.html, June, 2023。

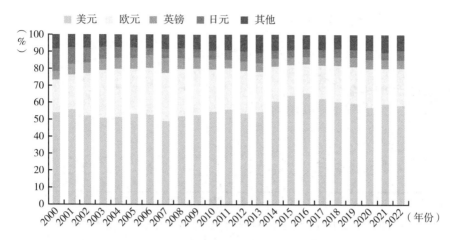

图5 2000~2022年全球跨境银行贷款的计价币种结构变化

资料来源：C. Bertaut, B. Beschwitz, S. Curcuru, "The International Role of the U.S. Dollar Post-COVID Edition," FEDS Note, https://www.federalreserve.gov/econres/notes/feds-notes/the-international-role-of-the-us-dollar-post-covid-edition-20230623.html, June, 2023。

从贸易和金融跨境支付的交易媒介功能看，美元在跨境支付中的占比变化不大，但与使用率次高的欧元份额已十分接近。图6展示了各类货币在SWIFT系统中跨境支付结算占比的变化。2015年以来，美元在全球跨境支付结算中的占比从45%的高点降至2021年的40%左右，但仍然高于2010年水平（略高于30%）。与此同时，欧元占比在2015年的下降幅度比较大，跌破30%，但随后波动上升，2021年接近40%，与美元所占份额已十分接近。

三 影响美元国际货币地位的主要因素

国际货币体系的发展演变有其客观规律。国际货币是国内货币的扩展，即不同国家都使用该种货币。一国货币成为国际货币，从根本上取决于该国货币能否有效承担国际货币职能。现有文献对国际货币体系以及美元的主导货币地位进行了长时期深入的研究。虽然该领域近年来仍是国际金融领域的

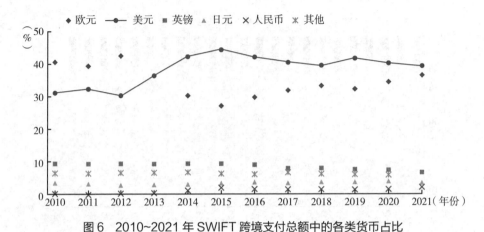

图6　2010~2021年SWIFT跨境支付总额中的各类货币占比

资料来源：International Monetary Fund, "Currency Usage for Cross-Border Payments," https://www.elibrary.imf.org/view/journals/001/2023/072/article-A001-en.xml March, 2023。

研究前沿，但关于美元主导地位的决定因素以及威胁美元国际地位的重要因素已经达成初步共识。

（一）美元成为主导性国际货币的决定因素

1. 强大的综合实力

经济实力是决定一国货币国际地位的首要因素。经济实力主要表现在经济总量与经济结构上。首先，经济总量与贸易规模密切相关。现代经济是高度开放的经济，世界上没有一个经济大国不是贸易大国，更没有一个重要经济体是封闭的。贸易是货币在国际上使用的重要渠道，较大的贸易规模直接提升了对该国货币的潜在需求。此外，大量研究表明，贸易计价还通过与金融渠道的相互作用大幅提升一国货币的国际地位。其次，货币各种职能发挥的基础都是国家信用，经济实力在很大程度上决定了信用。经济实力意味着更多的财政收入、更大的市场空间、更多的利益关切，因而往往有更高的信用。再次，经济实力决定了一国的经济、地缘方面的影响力与领导力。最后，在国际治理规则下，货币地位在一些情况下直接与经济总量密切挂钩。例如IMF份额与经济总量密切相关，而IMF份额又直接决定了一国货币在国际储备货币中的地位。历史上，荷兰盾被英镑替代与英镑被美元替代的关键相似之处之一便是荷兰与英国先后丧失了国际经济与贸易的主导地位，[①] 而人民币国际地位的提升显然主要来自中国经济地位的提升。Chahrour 和 Valchev 研究发现，1960 年，美国经济占世界经济比重相当大，美元作为唯一主导货币是唯一的稳定均衡。现在，美国经济占世界经济比重下降 15% 左右，美元作为唯一主导货币已经不是唯一的均衡，多个主导货币的均衡也成为可能的局部稳定均衡。[②] 这表明，美国经济地位的下降显著削弱了美元的国际地位。

2. 发达的国内金融市场

人们持有每个国家的货币不仅用于跨国商品与服务交易，还要进行金融交易与支付，并购买相应的资产以实现保值增值，即各种投融资活动。因此，一国货币成为国际货币需要成熟的金融市场作为支撑。[③] 无论是英镑代替荷兰盾，还是美元代替英镑，金融体系的发展都起到了关键作用。19 世纪 70 年代英国银行体系的发展导致国际贷款和分支机构快速增长。同时，来自殖民地的黄金供应，使得伦敦拥有世界领先的黄金市场，保证了英镑很容易兑换为黄金。此外，英格兰银行提供了作为最后贷款人的关键职能，保证了流动性。这些都使伦敦成为国际金融中心，保证了国际社会对英镑的信心。有研究表明，1913 年美联储成立之前，由于缺乏中央银行和限制性金融监管，英镑向美元的过渡最初受到限制。同时，允许美国商业银行开设国外分支机构也促进了美元国际化。[④]

金融市场是随着时代变化而不断发展的，因而货币国际化对金融市场的要求也是不断变化的。在现代经济中，金融体系需要为全球提供较为充足的

① D. Fried, "The US Dollar as an International Currency and Its Economic Effects," Working Paper 2023–04 (No. 58764), 2023.

② R. Chahrour, R. Valchev, "Trade Finance and the Durability of the Dollar," *The Review of Economic Studies*, 2022, 89(4).

③ M. Siranova, M. D. Rocha, "Determinants Shaping the International Currency System: Where do Currencies Stand Relative to Their Equilibria?" *The World Economy*, 2020, 43(2).

④ D. Fried, "The US Dollar as an International Currency and Its Economic Effects," Working Paper 2023–04 (No. 58764), 2023.

安全资产与优质风险资产，即规模巨大、流动性好、开放度高的货币市场、债券市场与股票市场。企业需要不断进行各种融资活动，以美元结算债务的便利性催生了新的美元发行，进而增加了以美元计价的货币市场工具的存量，扩大了可供其他发行人用来清偿债务的可用资产供应。美元债务催生美元债务，形成正反馈循环，形成货币主导地位。[①] 当前我国货币的国际地位与经济地位显然不相称，其中一个重要原因便是我国金融市场发展滞后。例如，我国国债规模不足 26 万亿元，而美国国债规模高达 31 万亿美元。Coppola 等强调了发展金融市场对人民币国际化的重大意义，认为为了使人民币国际化，中国政府需要开放资本账户，增强金融体系的流动性和金融创新，而不是简单地推广人民币贸易计价。[②]

3. 路径依赖

当一种货币在国际上扮演重要角色，尤其是成为主导货币时，会产生多方面的网络效应以强化其国际地位，即所谓的路径依赖。第一，国际贸易与国际金融的货币需求之间的互补性。Gopinath 和 Stein 强调了贸易计价与安全资产需求之间的互补性。由于大多数贸易都以美元计价，而汇率不断波动，即使美元与日元（或其他货币）计价的资产同样安全，人们也愿意更多持有美元安全资产，因为持有美元安全资产更能确定未来购买的商品数量。也就是说，当更多的国际贸易商品以美元计价时，对美元存款以及其他以美元支付担保金额的金融债权的需求将会更大。这就形成了国际贸易计价与国际金融资产需求之间的相互加强效应，强化了美元的国际地位，形成一种网络效应和路径依赖。[③]Chahrour 和 Valchev 强调了企业贸易融资与家庭户储蓄资产选择之间的互补性。跨国贸易合同是不完善的，违约时常发生，企业需要用安全资产为贸易提供担保，而获取担保资产存在信贷约束。当存在多种货币

---

① A. Coppola, A. Krishnamurthy, C. Xu, "Liquidity, Debt Denomination, and Currency Dominance (No. w30984)," National Bureau of Economic Research, 2023.

② A. Coppola, A. Krishnamurthy, C. Xu, "Liquidity, Debt Denomination, and Currency Dominance (No. w30984)," National Bureau of Economic Research, 2023.

③ G. Gopinath, J. C. Stein, "Banking, Trade, and the Making of a Dominant Currency," *The Quarterly Journal of Economics*, 2021, 136(2).

的安全资产可供选择时，企业倾向于选择信贷约束较小的一种。[1] 显然，家庭户资产组合中持有的美元资产最多，因而美元资产市场的信贷约束就最小。因此，企业倾向于借入美元资产。反过来，家庭户就会认为，持有美元资产更容易借出去从而获得投资收益。同时，企业之间也会受益于持有相同货币的担保资产。这就形成了一种相互加强的网络效应，使美元具有更强的优势。由于路径依赖，虽然欧元已经相当重要，但国际货币体系并没有立刻从美元主导转向美元与欧元共同主导的均衡，要实现这一转变还需要较大的冲击。第二，贸易定价之间的网络效应。Mukhin 发现，定价方面的互补性和各公司之间的投入产出联系产生了货币选择方面的互补性，使出口商在选择计价货币时倾向于选择同一种货币，而美元更有可能扮演这一角色，这得益于美国经济规模庞大、多国货币广泛盯住美元以及在货币选择方面的历史依赖性。[2]该模型使用世界投入产出表和汇率矩进行了校准，可以成功地复制有关全球、各国和一段时间内货币使用情况的关键经验事实。根据反事实的分析，其他经济体盯住美元的做法确保了美元不太可能因美国在世界经济中所占份额的下降而失去其全球地位，但在美国经济出现负面冲击的情况下，美元可以被人民币取代。第三，美元融资与美元外汇储备之间的相互作用。当一国的银行更多地以美元融资时，就会促使作为最后贷款人的央行持有更多的美元储备，因为持有美元储备可以在一定程度上对冲银行部门美元融资的风险。[3]

（二）威胁美元主导性国际货币地位的因素

大量研究不仅分析了美元作为主导货币的稳定性，也强调了多个可能威胁美元主导地位的因素。

1. 美元主导的国际货币体系仍面临"新特里芬两难"

要维持美元的主导货币地位，美国需要向全球提供充足的安全资产。由

---

[1]　R. Chahrour, R. Valchev, "Trade Finance and the Durability of the Dollar," *The Review of Economic Studies*, 2022, 89(4).

[2]　D. Mukhin, "An Equilibrium Model of the International Price System," *American Economic Review*, 112(2), 2022.

[3]　G. Gopinath, J. C. Stein, "Banking, Trade, and the Making of a Dominant Currency," *The Quarterly Journal of Economics*, 2021, 136(2).

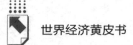

于全球经济增长与金融市场的扩大，对安全资产的需求也不断扩张。这就意味着国外持有的流动性美元安全资产，主要是美国国债，且越来越多。而美国国债的保障是美国的财政收入，这最终取决于美国的经济增长。因此，如果安全资产需求增长相对于美国经济增长较快的话，美债信用将越来越弱。这类似于布雷顿森林体系时代的特里芬难题，学者们称为"新特里芬两难"或"罗格夫双难"。① 如果遇到比较大的冲击，"新特里芬两难"将使美元的国际地位被严重动摇。需要强调的是，虽然当前美债的信用相对较好，但美国提供安全资产的能力已经开始出现一定问题。由于安全资产缺乏，安全资产利率非常低，会激励资金追逐准安全资产，如金融危机前美国房地产证券化产品等。但是，这些准安全资产毕竟不够安全。于是，这种追逐很容易演化为泡沫，造成全球金融体系的不稳定。② 此外，由于新兴市场国家私人部门越来越依赖美元融资，而政府借的本币债增加，政府宁可让主权债务违约也不愿意让本币相对于美元贬值，这提升了主权债务的潜在风险。③ 总之，"新特里芬两难"将持续威胁国际金融体系稳定并不断挑战美元的主导地位。可以看出，"新特里芬两难"导致美元主导地位崩溃的关键是美国经济增长大幅低于全球经济增长，因而新兴市场大国的经济快速增长才是挑战美元主导地位的根本因素。

2. 美国在贸易体系中地位的大幅下降

上文的分析表明，普遍性的贸易美元计价是美元主导地位的关键基础，并且具有路径依赖特征。美国在贸易体系中的地位受到巨大冲击可能会显著挑战美元霸权。Chahrour 和 Valchev 考虑了一种贸易冲击，即美国对其他国家发动贸易战。他们假设，美国向所有进口商品征收 15% 的关税，其贸易伙伴

① 张宇燕:《当前世界经济面临的八个问题》,《北京日报》2021 年 7 月 12 日; 张宇燕:《百年变局中的世界经济》, 中国金融四十人论坛, 2023。

② R. J. Caballero, E. Farhi, P. O. Gourinchas, "Financial Crash, Commodity Prices and Global Imbalances (No. w14521)," National Bureau of Economic Research, 2008.

③ W. Du, J. Schreger, "Sovereign Risk, Currency Risk, and Corporate Balance Sheets," Harvard Business School BGIE Unit Working Paper, 2016.

以同样方式进行报复，将对美国造成比其他国家更大的伤害。[①] 这虽然不能导致美元失去主导地位，但足以威胁美元的主导地位。这表明，美国支持自由贸易（包括商品与资产）的政策，在确立其在世界金融体系中的霸权地位方面发挥了相当大的作用。除普通货物与服务贸易外，用美元结算的石油贸易也是保证美元国际地位的重要支柱。如果石油美元贸易受到巨大冲击，美元地位也将受到较大影响。由于页岩油革命，美国对中东石油的依赖降低，而中国则成为最大的石油进口国。同时，沙特开始转向中国购买性价比更高的武器和军事装备，并减少持有美债和美国银行存款。如果大量的石油贸易不再使用美元定价结算，将显著削弱美元的国际地位。

3. 汇率盯住转向其他货币

Gourinchas 认为，就像美元的情况一样，我们应该预期，使用人民币进行贸易计价和结算将增加私营部门对人民币融资的需求，反之亦然；增加人民币计价和借款将增加一国货币与人民币挂钩的可取性，并持有人民币储备。相反，人民币与本地汇率的稳定和充裕的人民币储备将使以人民币计价和借款变得更可取。[②] 由于这些相互加强效应，一旦向人民币的过渡真正开始，就可能会加速。目前几乎没有国家将其汇率盯住人民币，在一定程度上是因为人民币在技术上虽然被认为是可自由使用的，但仍然不能自由兑换。另一个原因是，只要美元兑人民币汇率保持合理稳定，间接与美元挂钩就相当于与人民币挂钩。这一论点类似于布雷顿森林体系时期的英镑锚，无论出于何种意图和目的，英镑锚都是影子美元锚。一旦货币开始浮动，各国，尤其是亚洲国家，必须选择是继续盯住英镑，还是盯住美元。他们都选择了美元。Gourinchas 认为，与当年的英镑和美元类似，由于中国贸易规模已经很大，在区域中甚至已经处于经济中心地位，对一些国家来说，美元锚可能已经是"影子人民币锚"。如果两国之间汇率脱钩，这些国家就会转向人民币锚定，从而可能加速人民币区的出现。

[①] R. Chahrour, R. Valchev, "Trade Finance and the Durability of the Dollar," *The Review of Economic Studies*, 2022, 89(4).

[②] P. O. Gourinchas, "The Dollar Hegemon? Evidence and Implications for Policymakers," in The Asian Monetary Policy Forum: Insights for Central Banking, 2021.

四 总结与展望

（一）建立在美元霸权基础上的国际货币体系有内在缺陷，各国有持续性的"去美元化"动能

美元霸权基础上的国际货币体系存在内在缺陷。一方面，单一货币主导的国际货币体系必然面临该种货币发行国货币政策的负面外溢性，系统性危机发生的频率和所产生的影响高于多极货币体系。[①] 美国在 2008 年全球金融危机和新冠疫情期间的表现说明，霸权货币的发行国容易滥用其货币特权，包括形成过高的预算赤字、经常账户赤字和通货膨胀，以及频繁使用金融制裁手段。另一方面，美元过度特权的持续面临"特里芬难题"和"新特里芬两难"等多重矛盾。"特里芬难题"是指世界各国因扩大贸易而对美元流动性的需求不断上升，这要求美国不断扩大经常项目逆差，以便持续加大美元的供应，但美元供应的增加最终会导致美元贬值和货币动荡。"新特里芬两难"是指美元流动性提供与美元信用之间存在"两难"。这种"两难"的第一种表现是如果美元短期债券太少则会导致金融市场流动性不足；太多则会不被市场信任，乃至被市场抛弃。[②] 第二种表现是随着新兴市场经济体的崛起，美国在全球产出中的份额下降会对其国债发行产生限制，进而导致全球安全资产的供应不足。[③]

近期愈演愈烈的"去美元化"的国际呼声本质上是世界政治和经济格局变化的反思以及对更加安全、稳定和公平的国际货币体系的内在要求。对美国以外的经济体而言，尤其是那些地缘政治风险更高的国家，要实现国家安全和稳定发展，规避货币错配风险、汇率波动风险和金融制裁风险都是一种有持续动能的内在需求。

[①] 王晋斌、厉妍彤:《"去美元化"与国际货币体系变革》，《国际金融》2023 年第 8 期。

[②] Z. Pozsar, "Institutional Cash Pools and the Triffin Dilemma of the U.S. Banking System," IMF Working Paper, No.190, 2011.

[③] P. O. Gourinchas, "The Dollar Hegemon? Evidence and Implications for Policymakers," in The Asian Monetary Policy Forum: Insights for Central Banking, 2021.

（二）"去美元化"是一个长期过程，不可能在较短时间内完成

尽管目前的国际货币体系有着不可调和的矛盾和缺陷，但其他货币仍很难撼动美元的国际中心地位。一国主权货币能否充当国际货币主要取决于三方面因素。一是货币发行国的经济实力，包括经济总量、贸易总量、金融市场规模及其在全球 GDP 中的占比。二是金融市场流动性，即发行国能否提供足够的金融资产，这些金融资产能否实现跨境交易，即资本账户是否足够开放。三是主权信用，包括币值是否稳定、央行是否独立、法律和政治制度是否健全等。在未来较长的一段时间内，美国在上述三方面的优势呈弱化趋势，尤其是其相对经济实力将会随着新兴经济体的崛起而进一步下降。但是，经济规模不是唯一的决定性因素，金融市场发达程度、流动性、安全资产的提供能力以及给外国投资者提供的信心支撑等因素也至关重要，美国在这些方面仍将保持较强优势。作为挑战者的欧元和人民币对美元的替代也面临多重限制，前者主要受制于其经济表现，后者主要受制于有关金融市场的发展程度。

目前，国际社会的"去美元化"的宣示多于行动，有关政策实践也面临可持续性挑战。一方面，各国政府关于"去美元化"的表态更多体现为货币多元化，其目的是减少对美元的依赖而非避免使用美元。在其政策实践中，美元仍将是主要储备、计价和贸易结算币种，只是会通过增加贸易结算、外债计价和外汇储备中其他货币的占比来避免对美元的过度依赖。另一方面，基于双边贸易本币结算的制度安排可能因国家间的贸易失衡问题而难以持续。如果不能实现双边贸易平衡，即一方有逆差，另一方有顺差，那么顺差方必然需要获得大量以逆差方货币计价的金融资产。作为长期逆差方的美国是以持续扩大负债的形式为顺差方提供美元资产，这一安排本就可能因"新特里芬难题"而无法持续，其他试图替代美元的竞争货币也面临相同挑战。

历史经验表明，"去美元化"很可能是一个波动反复的长期过程。美元替代英镑成为国际货币体系主导货币的历史经验表明，即使在经济地位有所下降后，英镑在布雷顿森林体系成立后很长一段时间内仍占绝对主导地位。

在过去的 40 年里，一系列货币都曾被视作挑战美元霸权地位的候选货币，1973~1990 年是德国马克，1984~1991 年是日元，21 世纪 00 年代以来是欧元。这些经验表明，替代美元对于任何单一货币而言都不是一个简单的过程。

（三）"去美元化"对我国而言既是机遇也是挑战

一方面，"去美元化"有助于建立更加公平和安全的国际货币体系，提高我国货币政策的独立性和降低与美国金融制裁有关的地缘政治风险，并为人民币国际化创造更多机遇。首先，通过减少国际贸易对美元的依赖，中国可以更加有效地规避遭受美国金融制裁或贸易制裁有关的风险，减少与美元汇率有关的贸易和投资风险。其次，通过减少美元资产的持有量，我国可以实现外汇储备资产多元化，从而降低与美元资产价格波动有关的经济损失。最后，通过增加人民币在国际贸易和投资中的使用，我国可以与其他国家建立更为紧密的经贸联系，增强企业的议价能力，提高全球供应链的安全性。

另一方面，"去美元化"意味着国际货币体系的根本性变革，涉及各类资产定价和生产关系的重新分配，这个过程本身就可能出现多重经济金融风险。必须认识到，美元作为国际货币为其使用者提供了多重便利，既是一种流动性供应相对充足的交易媒介，也是一种货币价值稳定的安全资产。对美元的使用降低了不同国家之间开展贸易和金融交易的成本，并为很多国家提供了货币价值稳定的价值储藏工具（尤其在世界经济下行时期）。对一些陷入恶性通胀危机的国家而言，"美元化"甚至是一种恢复国内价格稳定和助力经济复苏的重要手段。"去美元化"的过程必然涉及包括外汇储备在内的各类资产组合的重新分配，以及贸易和投资交易中的价格机制更迭。这些变化不仅可能对美国经济造成负面冲击，还有可能引发全球资本流动和资产价格波动。在缺乏政策协调和风险管理措施的情况下，世界经济很可能因此面临金融不稳定性风险。

综合上述两方面考量，我国应稳慎推进人民币国际化，着力加强自身金融体系建设，稳步推进高水平对外开放，具体政策建议包括以下三个方面：一是加强金融安全网建设，维护我国经济金融稳定，落实跨境资本流动的宏观审慎管理。对出现问题的金融机构，采取融资渠道、短期流动性支持和债转股等方面的救助措施。加强全球金融管理部门协调配合，降低金融机构和大型企业破产对市场的系统性冲击，坚决守住不发生系统性风险的底线。二是应发挥浮动汇率对国际收支的自动稳定器作用，提高人民币汇率弹性，发展人民币汇率衍生品市场。三是推进资本市场的对外开放，完善有关宏观审慎监管制度，加强境内外资本市场的互联互通，为熊猫债市场扩容提供更多支持。

参考文献

Barry Eichengreen, Arnaud Mehl, Livia Chitu, *How Global Currencies Work: Past, Present, and Future*, Princeton University Press, 2018.

M. Ferranti, "Hedging Sanctions Risk: Cryptocurrency in Central Bank Reserves," PhD Thesis, Chapter 2 of Department of Economics, Harvard University, May 3, 2023.

P.O. Gourinchas, H. Rey, "From World Banker to World Venture Capitalist: US External Adjustment and the Exorbitant Privilege," NBER Working Paper, No. 11563, 2005.

Y.18
从"脱钩"到"去风险"：掩盖分歧、调和利益

石先进 *

摘　要： 本文从观察"脱钩"对美国经济和全球经济的危害出发，梳理了"脱钩"和"去风险"在过去数年内的语义变化。从语义上来看，"去风险"似乎比"脱钩"更加委婉、含糊，但这种故意的含糊其词可以起到掩盖美国及其盟友之间的分歧并调和利益的作用，对于美国而言，"去风险"足够模糊其政策内容，而且足够灵活；对于美国的盟友而言，不希望像美国那样在经济上与中国分离。中国在全球具有重要的市场地位，"脱钩"和"去风险"皆是虚妄，执意"去风险"不仅会牺牲他国利益，使全球市场风险上升，还会使美国及其盟友卷入地缘政治风波，使全球地缘冲突风险上升，同时引发的种族歧视也会反噬美国自身社会。欧美国家应该承担起防范自身政策带来风险的责任，不能只将风险归咎于其他国家，更不能以风险为借口采取保护主义和对抗性政策。应该团结各国关注人类社会共同面临的风险，比如经济危机、债务危机、网络安全、生态风险等，避免将风险政治化。

关键词： 脱钩　去风险　危害　责任主体

---

* 石先进，中国社会科学院世界经济与政治研究所国际贸易研究室助理研究员，主要研究方向：国际贸易。

一 引言

美国对华挑起的经贸摩擦已经持续了几年,给双方和全球经济造成巨大的损失。2018 年以来,美国政府持续推动的一系列"脱钩"政策,试图削弱中国在全球供应链中的地位,但美国"脱钩"政策的成本巨大,不仅不能达到政策预期,而且在损害中国利益的同时,也损害美国自身和全球经济利益,对美国也会产生明显的反噬效应。

从关税的通胀效应看,Hale 等测算了美国对华进口关税对通胀的影响,发现对所有中国进口产品全面征收 25% 的关税,将使美国消费者价格再上涨 0.3 个百分点,投资价格再上涨 1.0 个百分点。[1]PIIE 研究发现,等值关税的自由化措施将会使美国通胀降低 1.3 个百分点,尤其在美联储通胀目标为 2% 的情况下更应如此。[2]从关税的就业效应看,对华加征关税会导致更多的美国就业损失,Flaaen 和 Pierce 发现美国行业关税影响程度从 25% 上升到 75% 时,关税的进口保护效应仅仅贡献 0.3% 的就业,但产品投入成本上升会抵消 1.1% 的就业,报复性关税则会抵消 0.7% 的就业,关税对就业的总效应为负。[3]Li 等发现,当美国单边加征的关税率分别为 15%、30%、45%、60% 时,美国制造业就业增速分别为 −1.586%、−2.519%、−3.106%、−3.493%,当双边都加征上述关税时,美国制造业就业的损失将分别上升到 −3.009%、−4.237%、−4.846% 和 −5.187%。[4]从关税对经济增长的效应看,York 估算目前仍然生效的美国关税后发现,美国长期 GDP 因此减少 0.21%、工资减少 0.14%,[5]

---

[1] Galina Hale, et al., "Inflationary Effects of Trade Disputes with China," FRBSF Economic Letter, 2019.

[2] G. C. Hufbauer, M. Hogan, Y. Wang, "For Inflation Relief, The United States should Look to Trade Liberalization," Peterson Institute for International Economics Policy Brief, 2022(4).

[3] Aaron Flaaen, Justin R. Pierce, "Disentangling the Effects of the 2018-2019 Tariffs on a Globally Connected US Manufacturing Sector," FEDS Working Paper, No. 2019-86.

[4] Chunding Li, John Whalley, "Trade Protectionism and US Manufacturing Employment," *Economic Modelling*, 2021(96).

[5] Erica York, "Tracking the Economic Impact of U.S. Tariffs and Retaliatory Actions," *Tax Foundation*, July 7, 2023.

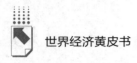

不仅美国自身会被关税产生的负效应所反噬，全球经济也会跟着遭殃（见表1）。

研究	美国经济变化（%）	世界经济变化（%）	冲击规模	模型类型
表1 美国关税的影响				
Freund 等	-1.6~-0.4	-1.7~-0.3	所有贸易 25% 关税，每单位投资下降 0.5%	EK+Armington，带有投资效应的 Armington 模型
Itakura	-1.4~-0.3	-0.3~-0.2	232 和 301 条款（包括 2000 亿美元规模 25% 的产品）	带有生产率效应的 Armington 模型
WTO	-1.66~-0.24	-0.5~-0.13	2019 年 10 月之前根据第 232 条和第 301 条宣布和实施的所有关税	带有不确定性效应的 Melitz 模型

资料来源：Caroline Freund, et al., "Impacts on Global Trade and Income of Current Trade Disputes," *MTI Practice Notes*, 2018(2); Ken Itakura, "Evaluating the Impact of the US‐China Trade War," *Asian Economic Policy Review*, 2020(1); WTO, "WTO Lowers Trade Forecast as Tensions Unsettle Global Economy," https://www.wto.org/english/news_e/pres19_e/pr840_e.htm, 2019/2023‐09‐26。

最近西方国家又提出新的"去风险"一词代替之前的"脱钩"政策，而且各国出面澄清不是要与中国"脱钩"，而是要去除与中国接触的风险。相比之下，"去风险"比"脱钩"更加委婉和模糊，其政策工具箱也会更加灵活和一般化，不仅容易被西方国家集团接受，也能被非西方阵营接受。这背后的原因是什么？"去风险"的危害是什么？为什么说欧美国家是全球风险的责任主体？

本文详细梳理了"脱钩"和"去风险"的语义转变，考察了从"脱钩"到"去风险"的原因，回答了上述问题，结构如下：第二部分是"脱钩"和"去风险"的语义演变，分析了两个概念在近几年适用范围的变化；第三部分研究了从"脱钩"到"去风险"背后的原因，即掩盖美国与盟友之间的分歧，调和彼此的利益；第四部分研究了西方国家"去风险"政策本身造成的风险，鉴于欧美宏观调控政策、外贸政策以及外交政策会显著引起全球政治经济动荡，从而欧美国家应该主动承担起自身政策对全球的外溢风险主体责任，不应只将风险归咎于其他国家，更不应以风险为借口采取保护主义和对抗性政策；第五部分为结语。

二 "脱钩"和"去风险"的语义演变

（一）脱钩

"脱钩"从描述经济周期的一种现象变为一种政策主张。美国计算机科学家理查德·史蒂文斯等使用"耦合"概念描述程序模块之间的相互关系，英文为 Coupling 或 Dependency，字面意思是"挂钩"或"依赖"，反义词是"解耦合"，英文为 De-coupling，为"脱钩"或"去依赖"。[1]21 世纪初期，"脱钩"一词描述的是"世界不同地区经济表现的明显差异，尤其是尽管美国以及其他工业国家的经济增长大幅放缓，但新兴市场经济体经济增长依然保持稳定的现象"。[2]2008 年国际金融危机前夕，随着美国房地产市场增速大幅放缓、许多金融市场出现动荡，美国和其他工业经济体商业周期表现得越来越不同步，人们开始反思欧洲和亚洲新兴经济体，与发达国家经济增长是否产生了周期上的"脱钩"。[3]2018 年美国对中国发起经贸摩擦，"脱钩"的潜在语义逐渐发生变化，美国将中国视为战略竞争对手，从经济、科技、政治和意识形态上全方位遏制中国，中美双方在贸易和技术领域的竞争与冲突加剧，美国通过加征关税和其他方式限制中国商品进入美国市场，同时加强对中国高科技产业的制裁和限制。在此背景下，"脱钩"一词的潜在语义逐渐演变为

① W. R. Stevens, G. Myers, L. Constantine, "Structured Design," *IBM Systems Journal*, 1974 (2).

② L. Kohn Donald, "Global Economic Integration and Decoupling: A Speech at the International Research Forum on Monetary Policy," Frankfurt, Germany, June 26, 2008. No. 416, Board of Governors of the Federal Reserve System (US), 2008.

③ C. D. Aenlle, "Decoupling: Theory VS. Reality," *New York Times*, Feb. 7, 2008; M. Ayhan Kose, Christopher Otrok, Eswar Prasad, "How much Decoupling? How much Converging?" *Finance and Development*, 2008(2).

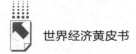

"去中国化"的含义。

2018 年以来，美国"脱钩"政策主要集中在以下几个方面：在高科技领域，美国采取出口管制、制裁、禁令等措施，限制中国获取先进的半导体、人工智能、生物技术等关键技术和设备，组建"半导体联盟"和"印太经济框架"，勾连盟友协同对华施压，构建"小院高墙"的科技体系。在供应链方面，美国推动"近岸外包"和"友岸外包"，鼓励本国和盟友企业将产业链从中国转移至其他国家或地区，以降低对中国市场的依赖，并对中国商品实施贸易限制或制裁，干扰中国与其他国家的经贸往来。在金融领域，美国利用自身在全球金融体系中的主导地位，对中国企业和个人实施金融制裁、监管审查、退市威胁等手段，阻碍中国参与全球金融市场，还试图打击中国在数字货币、跨境支付等领域的创新优势，阻止人民币国际化进程。

（二）去风险

同样，在欧盟委员会主席冯德莱恩发表对华关系的"去风险论"之前，"去风险"（de-risk）一词就出现于金融领域。应 G20 要求，2015 年世界银行与金融稳定委员会、CPMI 和 G20 金融普惠伙伴关系，合作开展对汇款公司和代理银行关系的风险调查，将全球金融机构终止或限制与某些地区的汇款公司和小型本地银行业务关系的做法称为"去风险"。[①] 美国国务院和欧盟委员会也有类似防范金融风险的定义。[②] 全球新冠疫情暴发之后，在中美经贸摩擦升级和后来的全球公共卫生危机冲击之下，跨国公司针对供应链领域的"去风险"讨论开始增多。[③] 各跨国企业重新定向供应链，将生产和供应链活动移

---

① World Bank Group, "De-risking in the Financial Sector," 2016-10-7.

② U.S. Department of State, " De-risking," https://www.state.gov/de-risking/; Council of Europe, https://www.coe.int/en/web/moneyval/implementation/de-risking, 2023-9-22.

③ Bakertilly, "De-risking Family Business Supply Chains," Aug. 24, 2020; Sapan Gandhi, "The Next Move: De-risking the Supply Chain Dependency on China (Part 1)," *Linkedin*, 2020-05-03; David Hoffman, "De-risking China: How Can Strong HQs Alignment on Risk Management in China Best Be Achieved?" The Conference Board, July 14, 2021.

近到国内或近岸市场，实施地理多样化布局，在不同地区建立生产和供应链基础设施来分散风险。

2022 年 11 月，德国外交关系委员会指出增强供应链稳定性的友岸外包、本土外包或国内生产，成本都会更高，而且会增加更大的风险，从而提出需要管理中欧经济风险。[①] 同月德国总理朔尔茨在《政客》杂志发表文章指出，"即使形势发生变化，中国仍然是德国和欧洲的重要商业和贸易伙伴——我们不想与之脱钩"，[②] 原因是德国和中国之间大量贸易产品不存在垄断风险，认为德国的立场是要"进行多元化和增强韧性，而不是保护主义和退出我们自己的市场"。2023 年 3 月 30 日，冯德莱恩正式从官方层面提出"去风险"的概念，"（欧洲）与中国脱钩是不可能的，（与中国）脱钩也不符合欧洲的利益。欧洲不应该用脱钩来切断与中国的经济联系，而应当通过去风险来维持和中国的关系"。4 月 27 日，美国国家安全顾问沙利文（Jake Sullivan）在华盛顿智库布鲁金斯学会演讲时，引用冯德莱恩观点，"我们赞成去风险和多样化，而不是脱钩"。2023 年 5 月 20 日，七国集团广岛峰会发布声明，称当前该集团的政策方阵不是脱钩或转向内部，而是去风险和多元化，从而形成西方对待中国"去风险"的政策主张。

三　从"脱钩"到"去风险"：掩盖分歧、调和利益

从语义上来看，"脱钩"意味着西方与中国彻底分离，尤其是在经济、科技等方面充斥着对立的味道。"去风险"似乎比"脱钩"更加委婉、含糊，意味着从更多元化的角度降低对中国的依赖，而不是断绝与中国的经贸联系，也想强调并非处于中国的对立面。但这种含糊其词是故意的，对于美国而言，"去风险"足够模糊其政策内容，而且十分灵活，便于掩盖美国与其盟友之间的分歧，同时也能起到制约中国的目的；对于美国的盟友而言，尤其是欧盟和日本，其不希望像美国那样在经济上与中国分离，所以"去风险"在某

---

① Claudia Schmucker,Guntram Wolff, DGAP, Nov. 3, 2022.

② Olaf Scholz, "We don't Want to Decouple from China, But Can't be Over Reliant," Politico, 2022.

种程度上起到利益调和的作用。因此,通过"去风险"的表态,既能迎合盟友、增强认同感,也可以避免盟友在是否与中国"脱钩"的选择上陷入僵持状态。

从贸易角度看,欧美及其盟友各自对华的贸易利益分歧较大,与中国价值链的分工与协作的差异性也较大,日本、韩国、东盟对中国的贸易依赖度较高,多个西方国家对华出口的高依赖度产品占比较高。

首先,G7对华出口依赖度超过20%的产品,占其对华出口比重的差异较大。总体上G7对中国市场的出口依赖度为7.4%,出口到中国的高依赖度产品①占其对华出口的16.7%,中国是该集团的第二大市场,在各国的市场地位中都居领先的位置。从国别看,日本对华出口依赖度为19.4%,居七国集团之首位,而且高依赖度产品占其对华出口的62.6%。如果日本对中国采取"脱钩"态度,日本遭到的反制也将会很严重。2023年6月日本政府发布的白皮书认为,在"脱钩"导致的最坏情况下,即各国设置相当于100%关税税率的非关税壁垒时,可能导致日本GDP比基准情景下降11.6%,美国下降12.0%,中国下降9.4%。②对华市场依赖度较高的还有美国(7.5%)、德国(6.8%)、英国(6.7%)。从对中国出口的产品依赖度看,加拿大对华的高依赖度产品占其对华出口的66.8%,英国也达到53.1%。

其次,亚洲和太平洋国家对中国的出口依赖度也较高,该地区产业链活动与中国关系较为密切,各国在经济上与中国利益关系更趋一体化。2022年,澳大利亚25.8%的产品出口到中国,其中高依赖度产品占其全球出口的比重为18.7%,占对华出口比重高达72.6%;韩国对华产品出口依赖度为22.8%,其中高依赖度产品占其全球出口的19.2%,占对华出口的84.3%;东盟对中国市场的依赖度为15.6%,其中高依赖度产品占其全球出口的11.1%,占对华出口比重的71.0%;印度对中国市场的出口依赖度相对较低,但高依赖度产品占其对华出口的32.5%,而且进口方面对中国产品依赖度较高,

---

① 高依赖度产品指的是对中国出口依赖度超过20%的产品。

② Nippon, "Decoupling to Hurt Both Democratic," Autocratic Economies: White Paper, 2023-06-27.

1022 亿美元的产品来自中国，占其全球进口的 14.0%，是其居首位的进口来源国。

区域	出口到中国市场的价值（亿美元）	占本国出口的份额（%）	中国的市场地位（排位）	高依赖度产品规模（亿美元）	高依赖度产品占其全球出口比重（%）	高依赖度产品占其对华出口比重（%）
G7	5131	7.4	第二	857	1.2	16.7
美国	1538	7.5	第三	432	2.1	28.1
日本	1456	19.4	第一	912	12.1	62.6
德国	1126	6.8	非欧盟第二（全球第四）	141	0.8	12.5
意大利	186	2.7	非欧盟第三（全球第十）	10	0.2	5.4
英国	354	6.7	第五	188	3.5	53.1
加拿大	220	3.7	第二	147	2.5	66.8
法国	250	4.1	非欧盟第三（全球第八）	13.6	0.2	5.4
欧盟	2372	3.4	非欧盟第三（全球第十）	127	0.2	5.4
东盟	3213	15.6	第一	2280	11.1	71.0
韩国	1558	22.8	第一	1314	19.2	84.3
澳大利亚	1039	25.8	第一	754	18.7	72.6
印度	151	3.3	第四	49	1.1	32.5

表2　2022年主要国家在中国的市场份额

资料来源：根据 ITC 数据计算。

最后，美国和欧盟的利益同中有异。2018 年以来，美国不仅升级对华贸易纠纷，而且四处构建"小院高墙"，从贸易和投资等多角度推进"去中国化"进程，企图拉拢盟友打造排除中国的"平行体系"。美国和欧盟都是西方世界的重要成员，虽然在政治、经济、文化、安全等方面有着共同的利益，但二者也有明显的利益冲突。在产业竞争领域，美国和欧盟在汽车、航空、数字经济、高新技术和绿色能源等领域都存在竞争，双方试图在这些领域获得竞争优势，欧盟认为美国《通胀削减法案》对欧洲的新能源汽车、可再生能源、电池和能源密集型产业构成歧视。双方在航空补贴和数字领域也有着分歧，美国的"长臂管辖"和关税战以及补贴政策对欧盟产业长期竞争力构成威胁。[①] 因此，如果欧盟奉行"硬脱钩"，美国和欧盟之间的利益裂痕会变得更加明显，西方世界与发展中国家的鸿沟也会加深。用"去风险"代替"脱钩论"，实现了话语表述方式的委婉转变，也调和了利益冲突。

因此，美国的"脱钩"政策不可能在全球范围内达成共识，这种政策没有考虑到其他国家的利益和意愿，也不符合全球发展和合作的趋势和需要，具体有三点原因：一是美国的"脱钩"政策是基于其对中国的战略竞争和遏制的目的，而不是基于全球公共利益或国际规则的考虑。这种政策无视中国在全球经济、科技、安全等领域的重要贡献和影响力，也无视其他国家与中国的合作需求。因此，美国的"脱钩"政策不具有普遍性和合理性，难以得到全球范围内的认同。二是美国的"脱钩"政策是一种单边主义和保护主义的体现，违背多边主义和自由贸易的原则和精神，损害美国自身经济利益的同时，也给全球产业链带来巨大冲击，其他国家担心美国的"脱钩"政策会导致全球经济分裂，影响世界科技进步。三是中美"脱钩"将加速全球经济格局的碎片化，推动"友岸外包""近岸外包"，寻求供应链"去中国化"，导致全球经济的碎片化和"脱钩"，加剧地缘政治的对抗分裂。在"脱钩"的情况下，其他国家被迫在美国和中国之间选边站队。中国是大多数国家的最大贸易伙伴，许多新兴经济体更依赖的是中国而不是美国，"脱钩"很可能迫使其他国家远离美国，增强中国在全球经济中的影响力。

从而，措辞从"脱钩"转变为"去风险"，更好地反映了西方国家在对华

---

① 李嘉宝：《美欧经贸争端的三大症结》，《人民日报海外版》2023 年 3 月 23 日。

政策立场上政策协调的需要。"去风险"一词较"脱钩"更为委婉，表明西方集团也意识到与中国保持经济交往的重要性，同时显示美国在对华政策上也会兼顾盟友利益，不会采取可能伤害盟友的强硬做法，以免加剧西方内部矛盾。从语义上看，"去风险"相对温和，反映各国在对华政策上的妥协立场。美国既不会与盟友对立，也不会完全要求盟友一致，各国通过"去风险"表达了一个模糊立场，仍会对中国采取制衡措施。美国主导对华强硬方向，但其他成员也可以基于经济利益和政治考量，采取更为温和灵活的策略，尤其是德国、法国及日本等持谨慎态度的国家。因此，"去风险"措辞是G7在对华政策上最容易达成共识的方式，既认知经济风险，也明白完全切断是不现实的。

四 "去风险"也有风险

（一）"去风险"的风险

美国经济学家法兰克·奈特（Frank Knight）在《风险、不确定性与利润》（*Risk, Uncertainty, and Profit*）中指出"风险"和"不确定性"的差别，风险是指某一特定危险情况发生的可能性和后果的组合，是概率和事件的对应关系。不确定性是指缺少预见性，缺乏对意外的预期与对事情的理解和意识。不确定性表明事物发展结果有多种可能性，但对每一事件的概率尚不清楚。从统计学角度来看，美西方集团错误地将"不确定性"和"风险"混淆。"去风险"意味着降低已知概率的事件发生，本身是一个中性的词语，随着全球化的推进，各种不确定性通过贸易、投资、人员交流和气候变化等散布在全球各国，各国应当携手应对全球性危机，但若在其前面加上针对中国的限定词，就变成了一个狭义的极具政治色彩和制度偏见的词语。什么是"去风险"，目标是什么，范围是什么？美欧政策制定者没有清晰的界定，而是一个政策黑箱。

历来美国总统都滥用"国家安全"借口来实施美国优先政策，美国政府在讨论与中国经济分离时最常见的借口就是国家安全，但这也是一个宽泛而模糊的概念。例如，美国商务部明确支持对中国实施"国家安全"出口管制，涉及"提高军事决策、规划和后勤的速度和准确性"的技术，也包括美国制造业和出口的大部分领域，涉及主要用于民用的研究和通信工具。[①]广义上讲，美国"去风险"有三个目标[②]：第一个目标是巩固美国作为世界技术领导者的地位。美国的一个关键假设是，在数字化、互联的世界中，技术将成为经济实力日益增长的决定性因素。拜登政府认为，中国科技公司缩小与美国同行的差距对美国的优势地位构成风险。换句话说，美国政策制定者正在接受这样的观点：到2040年中国将成为世界最大经济体，"去风险"目的是限制中国获得美国顶尖创新技术，阻止中国企业在科技创新方面超越美国。第二个目标是维护美国军事霸权。美国是世界领先的军事强国，"去风险"的目的是维护美国军事的对外威慑力，降低在未来冲突中美军损失的风险。第三个目标是在供应链领域减少关键商品对中国的过度依赖。中国是药品、医疗设备和其他重要商品的主要生产国，但是在全球公共卫生危机期间，美国经历了关键原材料和商品的短缺，通过将关键原材料和商品的生产转移到美国本土来降低风险是美国"去风险"计划的关键特征。

但是，针对中国的"去风险"政策，不仅不能降低欧美国家自身的风险，反而会加大全球特定领域风险。

一是牺牲他国利益，使全球市场风险上升。人为地干预市场规律，强行分割原本融为一体的全球产业链，导致产业冗余、成本增加、效率降低，损害全球经济增长潜力和韧性。以半导体行业为例，美国对中国半导体设备实施贸易制裁，不仅打击了美国的芯片设备供应商和消费者，也使得全球其他国家半导体产业受损。据世界半导体贸易统计组织统计，2023年1~7月，全球各大区域半导体收入整体呈下降趋势，美洲和亚太地区下降严重。欧洲情况相对较好，日本从3月开始有所下降。半导体产业协会（SIA）发布报告称，2023年第二季度全球半导体销售总额为1245亿美元，同比下降17.3%。美国IT企业的销售额、营业利润、净利润都有所减少，减幅在5%以内。而韩国

① Paul Gewirtz, "Words and Policies: 'De-risking' and China Policy," *Policy Commons*, 2023.
② Agathe Demarais, "What Does 'De-risking' Actually Mean? The Buzzword is Everywhere, but Defining the Concept of U.S.-China De-risking isn't so Easy," *FP Analytics*, 2023(8).

IT 企业的销售额减少 20% 以上，营业利润、净利润暴跌 100% 以上。比较韩美两国的 IT 企业巨头苹果和三星，2023 年上半年，苹果销售额同比减少 4.2%，营业利润减少 10%，净利润减少 9.2%。三星销售额同比减少 21.5%，营业利润减少 95.4%，净利润减少 86.9%，呈现出大幅下降趋势。[①]

表3　2023 年 1~7 月全球半导体收入增幅

单位：%

区域	1 月	2 月	3 月	4 月	5 月	6 月	7 月
美洲	-12.4	-14.8	-16.4	-20.3	-21.1	-14.6	-7.1
欧洲	0.9	-0.8	-0.7	2.4	6.5	8.2	5.9
日本	0.7	1.2	-1.3	-2.4	-5.2	-2.7	-4.3
亚太地区	-26.2	-28.8	-28.7	-27.6	-25.8	-21.7	-17.6
世界	-18.5	-20.7	-21.3	-21.3	-20.3	-15.8	-11.8

资料来源：世界半导体贸易统计组织（WSTS），https://www.wsts.org/67/Historical-Billings-Report。

二是将更多国家卷入地缘政治风波，使全球地缘冲突风险上升。过度强调"去风险"，加剧了西方与中国之间的对立和敌意，破坏双边和多边合作的基础，引发地缘政治冲突和危机。

三是加深种族歧视，使西方国家的社会动荡风险上升。美国加利福尼亚州立大学圣贝纳迪诺分校"仇恨与极端主义研究中心"针对不同群体歧视犯罪的研究显示，[②]2021 年美国针对亚裔群体的犯罪案件上升 167%，种族、区域、宗教以及性别仇恨犯罪事件正在美国社会呈上升趋势。同样，欧洲各国针对亚洲人的暴力犯罪事件也在持续上升。以针对中国的"去风险"为借口，限制中国在文化、教育、科研等领域的交流合作，将会削弱西方国家人民对中国的了解，加剧美欧社会对亚洲人士的歧视，损害民间友好人文交流。因

---

① 《今年上半年韩国企业较美国企业恶化明显，三星"崩盘"营业利润暴跌 95%》，《亚洲日报》2023 年 9 月 25 日。

② Center for the Study of Hate and Extremism, California State University, "Report to the Nation 2023: Faith Under Fire," 2023.

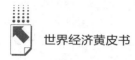

此，如果西方国家针对国别推行"去风险"政策，必然会助长国内的种族主义风气，导致不同群体间产生敌意，侵犯少数族裔基本人权，威胁到美欧自身社会稳定。

表4　美国针对不同群体仇恨的犯罪状况

单位：件，%

项目	2020年	2021年	同比增速
反黑人或非裔美国人	2871	3277	14
反白人	869	1107	27
反同性恋（男）	673	948	41
反犹太主义	683	817	20
反亚洲人	279	746	167
反西班牙裔或拉丁裔	517	698	35
反同性恋、双性恋或跨性别者	306	521	70
反其他种族/民族/血统	298	333	12
多重偏见	211	310	47
反变性者	213	245	15
反多重种族（团体）	211	196	-7
反女同性恋	103	187	82
反锡克教	89	185	108
反穆斯林	110	152	38
反美印第安人或阿拉斯加原住民	96	138	44
反阿拉伯人	71	105	48
反精神障碍	77	99	29
反天主教	73	97	33
反非常规性别	53	97	83

资料来源：Center for the Study of Hate and Extremism, California State University。

四是降低全球供应链效率，增加生产成本和市场不确定性。当前全球产业链已具有高度的专业化和互补性，各国根据自身的比较优势参与其中，实现了资源的高效配置。中国作为全球最大的制造业国家，是全球产业链中不可或缺的一环，如果美欧排他性地"去风险"或者"脱钩"，将会使得全球资源配置扭曲放大，导致产业链无效率重组和重复建设，造成效率下降和成本上升。同时，"去风险"政策也增加了全球供应链的脆弱性，如果美欧以去风险为借口，搞排他性的"友岸外包"（friend-shoring）或"印太新经济框架"（Indo-Pacific Economic Framework），试图构建与中国平行或对抗的供应链体系，将会导致贸易的规模经济效应减弱，降低全球贸易量，跨国公司全球生产网络和供应链布局也面临被迫调整，增加其运营成本。此外，美欧对技术出口管制也会使全球创新链合作受阻，特别是中、美、欧技术交流合作减少，不利于创新资源全球优化配置。美国对中国科技的围堵政策，导致全球科技供应链的分裂，影响全球科技创新和经济增长。

（二）美欧是全球首要的风险责任主体

当前全球经济面临的若干棘手问题是全球增长放缓、贸易体系遭到破坏以及地缘冲突不断加剧，这些势态的严重程度与欧美政策干预程度直接相关，如果非要在风险之前加上区域限定词，欧美应当是首要的风险责任主体，而非中国。

美欧是全球宏观调控风险的责任主体。美欧宏观调控政策有较强的同步性，[1] 当前复杂的跨国互动网络强化了美国货币政策的全球金融外溢性，美国货币政策是全球金融周期发生的显著原因。[2] 一旦美国货币政策与全球金融稳定性发生冲突，小型开放经济体为承受美国货币政策的影响，可能会实施资本管制。[3] 美国的货币政策通过资本流动、信贷增长和银行杠杆影响其他国家，货币政策立场与全球银行危机之间有显著的联系。[4] Bräuning 和 Ivashina

---

[1] Andrew Hodge, et al., "US and Euro Area Monetary and Fiscal Interactions During the Pandemic: A Structural Analysis," IMF, 2022.

[2] Stéphane Dées, Alessandro Galesi, "The Global Financial Cycle and US Monetary Policy in an Interconnected World," *Journal of International Money and Finance*, 2021(115).

[3] Eric Tong, "US Monetary Policy and Global Financial Stability," *Research in International Business and Finance*, 2017(39).

[4] Ceyhun Bora Durdu, Alex Martin, Ilknur Zer, "The Role of US Monetary Policy in Global Banking Crises," FED, 2019.

发现新兴市场经济体企业获得外国银行信贷与美国货币政策密切相关，而且所受的影响比发达国家更严重，美国收紧货币政策会导致新兴市场外国信贷大幅收缩。[①] 当美国与新兴经济体波动周期不同步时，尤其在全球经济衰退期间，大幅收紧货币政策将导致新兴经济体资金外流，全球借贷成本上升、经济增长放缓。2022 年以来，美联储为控制通胀大幅提高利率，导致新兴经济体资金外流，借贷成本上升，平均而言，非洲国家的借贷成本是美国的 4 倍，是最富裕的欧洲经济体的 8 倍，52 个国家（约占发展中国家的 40%）陷入严重债务问题。[②] 因此，鉴于欧美宏观调控政策对全球经济有较大的外溢影响，欧美应当是全球宏观调控风险的第一责任人，真正要去除全球金融市场风险，应首要关注新兴市场国家债务压力和资本短缺问题，将货币政策的全球负外部性考虑到货币政策目标中，承担好作为全球金融秩序维护者的角色，而不仅限于其国内政策目标。

美欧是全球自由贸易体系风险的责任主体。二战以来美国政府长期大幅削减关税，不仅促进了美国经济增长，也大幅提升美国财政金融政策的执行空间。[③] 但 2018 年以来，美国经贸政策从自由主义转向保护主义，通过高关税的贸易保护措施限制商品输入，通过加强资本审查限制外商投资进入，通过强化高科技产品出口管制阻碍科技的全球传播，阻碍 WTO 争端解决机制正常运行，破坏全球自由贸易体系的稳定性。美国还在多项对外经贸政策上协同欧洲实施保护主义，导致全球经贸摩擦不断，增加了全球经济的不确定性。这背后的政策来源于欧美国家，其是全球自由贸易风险来源的责任主体，所实施的保护主义政策使世界变得更缺乏弹性、更加不平等、更容易发生冲突，如果想要去除贸易领域的风险，就应该首先削减已经加征的

① Bräuning Falk, Ivashina Victoria, "US Monetary Policy and Emerging Market Credit Cycles," *Journal of Monetary Economics*, 2020(112).

② UN, "UN Warns of Soaring Global Public Debt: A Record $92 Trillion in 2022, 3.3 Billion People Now Live in Countries Where Debt Interest Payments are Greater than Expenditure on Health or Education," July 12, 2023.

③ G. C. Hufbauer, M. Hogan, Y. Wang, "For Inflation Relief, The United States should Look to Trade Liberalization," Peterson Institute for International Economics Policy Brief, 2022(4).

关税，进一步推动贸易自由化，对其自身政策空间和全球经济增长而言都是有利的。

欧美也是全球地缘政治冲突风险的责任主体。长期以来，美国外交政策奉行干预主义与孤立主义，1776~2023年，美国进行了近400次军事干预，其中一半行动发生在1950年以后，超过25%发生在冷战后时期，[①]2022年美国的全球军费开支高达8770亿美元，超过其后的10个国家军费开支的总和。2020~2021年，美国国家民主基金会在全球资助了价值约2.4亿美元的1854个项目，目的就是为达到某种程度上的内政干预。欧盟和G7成员与美国在军事、经济与科技方面保持高度一致，从历次中东战争到俄乌冲突再到近期的巴以冲突，都有大量欧美国家直接或间接参与的证据，可以说哪里有冲突，哪里就有欧美国家的身影。因此，欧美作为全球地缘政治冲突风险的责任主体，应当谨慎处理与其他大国的关系，避免挑起不必要的对抗，维护世界和平稳定，同时在处理国际事务时，应该秉持多边主义原则，通过国际组织和国际法来组织对话、解决争端，而不是凭借单边武力，更不应该搞双重标准。

五 结语

总的来说，从"脱钩"到"去风险"话语的转变，透露了美国及其盟友掩盖分歧、调和利益的目的。"去风险"是一个模糊而有误导性的概念，将中国视为西方国家面临的主要风险来源，而忽视了西方国家自身政策造成的全球经济、科技和地缘政治风险。这种偏见和敌意不利于全球合作和发展，也不符合西方国家的长远利益。在很大程度上，全球化将欧美内部风险传导至其他国家，多数风险的源头是欧美国家制定的不合理政策。因此，针对某个具体国家的"去风险"是狭义的，而且是错误的，"去风险"与"脱钩"本质上没有区别，都是试图在高技术和关键产品领域实现"去中国化"，打造针对

---

① Sidita Kushi, M. D. Toft, "Introducing the Military Intervention Project: A New Dataset on US Military Interventions, 1776-2019," *Journal of Conflict Resolution*, 2023(4).

中国的"小院高墙"。这种做法不仅损害了中国的正当权益，也削弱了全球供应链的效率，增加了生产成本和市场不确定性。

各国应当关注对人类社会造成的共同风险，比如降低国家间的经济对抗性风险，尤其是保护主义导致的经济紧张局势，避免将局部地区的地缘政治冲突发展成全面战争，应对发展中国家因货币政策紧缩而带来的债务危机；弥合发达国家与发展中国家之间的技术鸿沟，降低科技发展不平等风险；降低网络安全威胁，打击网络犯罪和对关键基础设施的攻击行为。降低气候变化和环境风险，减轻人类活动本身对自然生态系统带来的负担，减小气候变化的影响，解决生物多样性丧失和粮食安全问题。

欧美国家应该承担起风险防范和自身政策风险管理的责任，不能只将风险归咎于其他国家，更不能以风险为借口采取保护主义和对抗性政策。应该尽量避免将自身遇到的风险政治化，不同国家和地区应该本着互信、互利的精神，发挥世贸组织、IMF等国际组织在协调贸易和金融政策方面的作用，积极展开对话协商，制定应对全球共同风险的防控机制。

参考文献

Aaron Flaaen, Justin R. Pierce, "Disentangling the Effects of the 2018-2019 Tariffs on a Globally Connected US Manufacturing Sector," FEDS Working Paper, No. 2019-86.

Agathe Demarais, "What Does 'De-risking' Actually Mean? The Buzzword is Everywhere, but Defining the Concept of U.S.-China De-risking isn't so Easy," *FP Analytics*, 2023(8).

Andrew Hodge, et al., "US and Euro Area Monetary and Fiscal Interactions During the Pandemic: A Structural Analysis," IMF, 2022.

Bräuning Falk, Ivashina Victoria, "US Monetary Policy and Emerging Market Credit Cycles," *Journal of Monetary Economics*, 2020(112).

C. D. Aenlle, "Decoupling: Theory VS. Reality," *New York Times*, Feb. 7, 2008.

Caroline Freund, et al., "Impacts on Global Trade and Income of Current Trade Disputes," *MTI Practice Notes*, 2018(2).

Ceyhun Bora Durdu, Alex Martin, Ilknur Zer, "The Role of US Monetary Policy in Global Banking Crises," FED, 2019.

Chunding Li, John Whalley, "Trade Protectionism and US Manufacturing Employment," *Economic Modelling*, 2021(96).

David Hoffman, "De-risking China: How Can Strong HQs Alignment on Risk Management in China Best Be Achieved?" The Conference Board, July 14, 2021.

Eric Tong, "US Monetary Policy and Global Financial Stability," *Research in International Business and Finance*, 2017(39).

Erica York, "Tracking the Economic Impact of U.S. Tariffs and Retaliatory Actions," *Tax Foundation*, July 7, 2023.

G. C. Hufbauer, M. Hogan, Y. Wang, "For Inflation Relief, the United States should Look to Trade Liberalization," Peterson Institute for International Economics Policy Brief, 2022(4).

Galina Hale, et al., "Inflationary Effects of Trade Disputes with China," FRBSF Economic Letter, 2019.

Ken Itakura, "Evaluating the Impact of the US-China Trade War," *Asian Economic Policy Review*, 2020(1).

L. Kohn Donald, "Global Economic Integration and Decoupling: A Speech at the International Research Forum on Monetary Policy," Frankfurt, Germany, June 26, 2008. No. 416, Board of Governors of the Federal Reserve System (US), 2008.

M. Ayhan Kose, Christopher Otrok, Eswar Prasad, "How Much Decoupling? How Much Converging?" *Finance and Development*, 2008(2).

Olaf Scholz, "We don't Want to Decouple from China, but Can't be Over Reliant," Politico, 2022.

Paul Gewirtz, "Words and Policies: 'De-risking' and China Policy," *Policy Commons*, 2023.

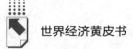

Sapan Gandhi, "The Next Move: De-risking the Supply Chain Dependency on China (Part 1)," *Linkedin*, 2020-05-03.

Sidita Kushi, M. D. Toft, "Introducing the Military Intervention Project: A New Dataset on US Military Interventions, 1776-2019," *Journal of Conflict Resolution*, 2023(4).

Stéphane Dées, Alessandro Galesi, "The Global Financial Cycle and US Monetary Policy in an Interconnected World," *Journal of International Money and Finance*, 2021(115).

W. R. Stevens, G. Myers, L. Constantine, "Structured Design," *IBM Systems Journal*, 1974 (2).

Y.19
气候变化：经济影响与全球行动

田慧芳[*]

摘　要： 2015 年的《巴黎协定》为全球应对气候变化设定了雄心勃勃的减缓和适应目标，但气候变化对经济和市场的影响仍变得越来越显著，一是以极端天气事件为代表的自然灾害事件所造成的物理和经济损害不断加剧，二是应对气候变化的技术变革和政策行动也面临巨大的交易成本和过渡成本。出于对气候风险的担忧，近年来各国政府、行业和投资者越来越多地将气候变化的成本纳入决策考量，制订了更具雄心的减排计划，同时加大了研发、投资和金融支持力度等，然而全球低碳转型之路依然面临重大挑战。经济增长放缓、财政障碍、基础设施和能力欠缺、资金缺口严重、技术传播受阻、地缘政治冲突以及全球治理的碎片化等都给全球气候行动与合作前景带来挑战。

关键词： 碳中和　绿色增长　转型风险　碳定价

政府间气候变化专门委员会（IPCC）2021 年发布的第六次气候变化评估报告发现，全球范围内破纪录的热浪、暴雨、洪水、干旱、野火及飓风等自然灾害的频率和强度显著增加，人们已经能够深切感受到气候变化的直接后果。气候相关风险在世界经济论坛《2023 年全球风险报告》中仍然占据主导地位，其中未能减缓气候变化、自然灾害、极端天气、生物多样性丧失和生

---

* 田慧芳，中国社会科学院世界经济与政治研究所副研究员，主要研究方向：气候政策、全球治理、可持续发展、CGE 建模等。

态系统崩溃都赫然位于世界前十大风险之列。

出于对气候风险的担忧，近年来，各国政府不断加强气候行动，包括制订更具雄心的减排计划、加大投资和金融支持力度、加快低碳技术研发与应用、动员更多力量参与等，然而全球低碳转型之路依然存在重大风险，经济增长放缓、财政障碍、基础设施和能力欠缺、资金缺口严重、技术传播受阻、全球治理碎片化等都给全球气候行动与合作前景带来挑战。

一 气候变化的经济影响

气候变化对经济的影响主要有两个传播渠道：一是物理风险，即气候变化引发的并以极端天气事件为代表的自然灾害事件对有形资产的直接破坏性影响；二是转型风险，即应对气候变化的技术变革和政策行动，包括实施碳定价、收紧环保政策、支持清洁能源或增强环保意识等，必然引发消费者和投资者行为的转变，面临巨人的交易成本和过渡成本。

（一）气候变化的物理风险

根据全球紧急事件数据库 EM-DAT 的记录，2022 年全球共发生 323 起自然灾害事件（见图 1），1.85 亿人受到影响，总经济损失约 2238 亿美元，仅飓风"伊恩"在美洲造成的损失就高达 1000 亿美元。世界气象组织 2022 年 8 月发布的综合报告也显示，与气候变化有关的灾害在过去 50 年增加了 5 倍，2022 年在亚洲发生的 81 起大型灾害事件中，83% 是洪水和风暴灾害，5000 多万人直接受灾，经济损失达 287 亿美元。2023 年上半年全球已经发生损失在 10 亿美元以上的自然灾害事件 25 起，总损失超 1940 亿美元，远高于 20 多年来的平均水平。在气候灾害面前，任何国家都无法幸免。美国国家海洋和大气管理局（NOAA）的统计数据显示，2022 年美国气候和天气灾害造成的经济损失超过 1650 亿美元，这还不包括生命损失、医疗费用以及对美国家庭和社区的影响。

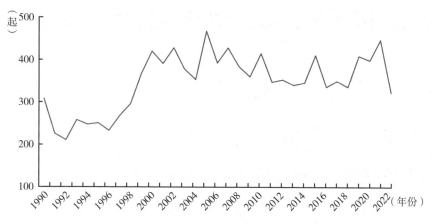

图 1　1990~2022 年有记录的自然灾害事件数量

注：自然灾害包括干旱、洪水、极端天气、极端温度、山体滑坡、山体运动、野火、火山活动和地震。

资料来源：EM-DAT, CRED / Université Catholique de Louvain, Brussels (Belgium)。

　　自然灾害造成的保险损失近年来不断上升。根据全球最大规模的保险集团怡安集团的数据统计，2021 年和 2022 年全球保险损失分别为 1050 亿美元和 1332 亿美元，2023 年上半年保险损失已达 530 亿美元，接近 2011 年创下的纪录。与自然灾害造成的经济损失相比，保险存在巨大缺口（见表 1）。可以预期，气候保险需求在未来几年将大幅上升。

表 1　2022 年全球前十大保险损失事件

单位：人，十亿美元

日期	事件	位置	死亡人数	经济损失	被保险人损失
2 月 18~19 日	风暴"尤妮斯"	西欧和中欧	17	4.5	3.4
2 月 23 日至 3 月 31 日	昆士兰州和新南威尔士州洪水	澳大利亚	22	8	4
3 月 16 日	福岛地震	日本	4	9.1	2.9
5 月 17 日至 10 月 31 日	印度季节性洪水	印度	2135	4.2	0.1
6 月 14 日至 10 月 30 日	巴基斯坦季节性洪水	巴基斯坦	1739	15	0.1
6 月 1 日至 9 月 30 日	中国季节性洪水	中国	195	15	0.4

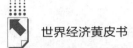

					续表
日期	事件	位置	死亡人数	经济损失	被保险人损失
9月27日至10月1日	飓风"伊恩"	美国、古巴	157	95.5	52.5
2022年	欧洲干旱	南欧、西欧和中欧	—	22	3.
2022年	美国干旱	美国	—	16	8
2022年	中国干旱	中国	—	7.6	0.2
其他事件			27100	115.6	57.4
总计			31369	312.5	132

资 料 来 源：Aon, "2023 Weather, Climate and Catastrophe Insight Report," https://www.aon.com/getmedia/f34ec133-3175-406c-9e0b-25cea768c5cf/20230125-weather-climate-catastrophe-insight.pdf, 2023.

极端天气事件、不规则降水模式、森林砍伐和高温引发日益严重的粮食安全和气候移民问题。Deutsch等建立的全球小麦、玉米和水稻产量损失模型显示，全球气温每升高1摄氏度，农业产量损失将增加10%~25%。[①] 联合国《2023年世界粮食安全和营养状况》也显示，气候冲击叠加新冠疫情延宕反复和频发的地区冲突导致全球饥饿人口从2019年的6.13亿上升到2022年的7.35亿，西亚、加勒比和非洲等贫困地区该问题最为凸显。频繁发生的极端天气事件还带来严重的"气候移民"潮。2021年全球至少有2370万人口的流离失所是由天气原因造成的。国际移民组织预测，到21世纪中叶气候移民将高达2亿。大规模移民不仅影响城市基础设施、执法以及当地政府资源，还会带来各种安全隐患。

（二）应对气候变化的转型风险

出于对气候风险的担忧，各国政府、企业和投资者越来越多地将气候变化的成本纳入经济决策，而这些举措往往会对经济增长、投资、就业、竞争力、收入分配、公共财政和货币稳定等产生影响。

对GDP和就业的影响。主要的气候政策工具有碳定价（碳税或碳市场）、

---

① Curtis A. Deutsch, Joshua J. Tewksbury, Michelle Tigchelaar , David S. Battisti , Scott C. Merrill, Raymond B. Huey, Rosamond L. Naylor, "Increase in Crop Losses to Insect Pests in a Warming Climate," *Science*, Vol.361, Issue 6405.

清洁技术补贴以及对化石燃料的限制政策等。多数研究肯定了碳定价对减排的有效性，但其对宏观经济的影响结论不一。Jean 发现，如果按 2019 年全球排放量计算，碳平均价格上涨至 100 美元 / 吨时，全球 GDP 将下降 3.7%，等同于 1974 年的石油危机。[①] 欧洲议会对《欧洲绿色协议》的影响评估则认为，面向碳中和的政策安排对欧盟 GDP 的影响有限。最坏情景下，到 2030 年 GDP 也只比基线低 0.4%。如果再配套以降低所得税、对弱势群体进行转移支付、增加对低碳技术的补贴等政策，潜在产出还可能增加。[②]IMF 也对类似一揽子气候政策进行了评估，结论是到 2030 年全球经济增长每年平均放缓 0.15%~0.25%，但各国受影响程度存在实质性差异：向清洁电力转型越困难的地区，以产出损失和高通胀为代价的宏观经济成本越高；过高的碳定价和过快的转型也伴随着较高的经济成本。国际可再生能源机构（IRENA）的研究认为，加快能源转型对全球总体经济活动的影响是积极的，到 2030 年，1.5℃路径 [③] 下的 GDP 水平将比预期高出 2.4%，虽然化石燃料和核工业会失去 1200 万个岗位，但可再生能源行业可以创造 8500 万个新岗位。要实现 IRENA 的转型目标，到 2030 年全球需每年平均增加 1000 吉瓦的可再生能源电力，而 2022 年全球仅增加了 300 吉瓦，但已是创纪录的水平。

对通胀的影响。向净零碳排过渡会对铜、镍、钴和锂等绿色金属价格形成冲击。IMF 预测锂价格可能会从 2020 年的 6000 美元 / 吨上涨到 2030 年的 15000 美元 / 吨。碳价格上涨还将导致边际电力成本上升，给能源价格带来上涨压力。此外用清洁能源替代化石能源将存在绿色溢价[④]。但对于这些价格冲击能否转化为更大范围的通胀尚存在争论。一方认为绿色大宗商品市场的价格上涨和对能源安全的担忧将推升通胀，且关键矿物引发的价格持续上涨时

① Jean Pisani-Ferry, "Climate Policy is Macroeconomic Policy, and the Implications will be Significant," Peterson Institute for International Economics(PIIE) Policy Briefs 21-20, https://www.piie.com/sites/default/files/documents/pb21-20.pdf, 2021.

② Gregor Semieniuk, Philip B. Holden,Jean-Francois Mercure, Pablo Salas, et al., "Stranded Fossil-Fuel Assets Translate to Major Losses for Investors in Advanced Economies, Nature Climate Change," *Nature*, Vol.12(6), June, 2022.

③ "1.5℃路径" 即到 2050 年将全球升温幅度控制在 1.5℃以内。

④ "绿色溢价" 是比尔·盖茨在其倡导零排放的新书《气候经济与人类未来》中提出的概念，即将现有化石能源或技术更新为零排放燃料或技术所带来的额外成本。

间要比食品或燃料引致的通胀持续时间更长。[1]另一方则认为推高全球通货膨胀预期主要是美国量化宽松和刺激性财政政策以及地缘冲突引发的供应链中断，与气候冲击相比，能源价格大幅上涨才是对货币当局的直接挑战。[2]现实层面，各国央行与监管机构已将环境和气候风险列为影响金融系统稳定性的重大风险之一。欧洲央行认为能源转型对其中期通胀基准预测已经构成可度量的上行风险。

对投资和公共债务的影响。麦肯锡预计，2021~2050年全球实现净零转型的累计资本支出为275万亿美元左右，年均支出约9.2万亿美元。[3]低收入国家投资需求更大，占GDP的5%左右。[4]中国为实现"双碳"目标的投资需求，根据中国绿金委的预测，未来30年累计将达487万亿元，其他机构的预测值略低，但平均每年也需要2万亿~4万亿元。[5]巨大的投资需求必然对公共预算产生影响。根据欧盟委员会的测算，实现欧盟2030年气候和能源目标至少需要每年额外投资2600亿欧元，这意味着欧盟长期预算（2021~2027年）和下一代欧盟复苏计划（NGEU）中至少有30%的资金必须用于气候行动。

对企业竞争力的影响。能源转型对化石能源行业的影响已经显现，包括资产贬值、项目中断、投资下降、雇员下岗等。Caldecott等发现未来发电行业搁浅资产规模将占总价值的25%~45%。[6]全球约1.4万亿美元的石油和天然气资

---

[1]　Isabel Schnabel, "A New Age of Energy Inflation: Climateflation, Fossilflation and Greenflation," https://www.ecb.europa. eu/press/key/date/2022/html/ecb. sp220317_2~dbb3582f0a.en.html, 2022; Ruchir Sharma, "Greenflation Threatens to Derail Climate Change Action," *Financial Times*, https://financialpost.com/financial-times/greenflation-threatens-to-derail-climate-change-action, Aug. 4, 2021.

[2]　Jeremy Lawson, Ken Akintewe, "Fears about Green Inflation Overblown," https://www.abrdn.com/en-gb/institutional/insights-and-research/green-inflation-sustainability, 2022.

[3]　McKinsey, "The Net-zero Transition: What It would Cost, What It could Bring," https://www.mckinsey.com/capabilities/sustainability/our-insights/the-net-zero-transition-what-it-would-cost-what-it-could-bring, 2023.

[4]　WB, "State and Trends of Carbon Pricing 2023," https://openkno wledge.worldbank.org/bitstreams/bdd449bb-c298-4eb7-a794-c80bfe209f4a/download, 2023.

[5]　中国绿金委课题组：《碳中和愿景下的绿色金融路线图研究》，http://www.greenfinance.org.cn/upfile/file/20211204222634_82821_73556.pdf, 2021。

[6]　Ben Caldecott, Elizabeth Harnett, Theodor Cojoianu, Irem Kok, Alexander Pfeiffer, "Stranded Assets: Environmental Drivers, Societal Challenges, and Supervisory Responses," *Annual Review of Environment and Resources*, Vol.46, October, 2021.

产存在搁浅风险。① 与化石能源密集相关的部门也会受到较大影响。欧洲银行业管理局（EBA）的分析发现欧洲银行对高碳行业的风险敞口较大，占银行资产的 25%，集中在制造业、电力、燃气、空调、建筑、交通、仓储和房地产等领域。中国工商银行的气候压力测试结果显示，在 2050 年全球升温 2℃情景下，需求下降、价格竞争加剧、融资成本上升将使中国煤电企业的违约概率从 2020 年的 3% 左右上升到 2030 年的 22% 左右。碳定价也会对企业竞争力产生影响，但影响大小取决于碳市场中配额的分配方式、碳收入的使用及贸易国的碳定价水平等。根据标准普尔和道琼斯指数的研究，自 2030 年起，标准普尔 500 指数成分股公司的内部碳定价将带来高达 1.3 万亿美元的成本。他国碳定价措施，比如欧盟碳边境调节机制的实施也会导致钢铁、铝等高碳出口企业的国际竞争力下降。②

二 应对气候变化的全球行动

近三年来，尽管面临全球能源危机和高通胀挑战，全球气候行动的势头一直在持续。越来越多的政府和非政府行为体加入碳中和行动中。

（一）主要经济体的气候政策进展

截至 2022 年 9 月，根据联合国气候变化框架公约（UNFCCC）国家自主贡献登记册中的记录，169 个缔约方中 142 个提交或更新了国家自主贡献（NDCs），其中 93% 的国家提高或计划提高减缓目标，93% 的国家纳入了更强有力的气候适应目标。截至 2022 年 11 月，推出或正考虑宣布净零目标的国家数量从 2021 年 5 月的 130 个上升到 140 个，覆盖了全球近 90% 的排放量。应对气候变化已经成为各国发展规划重要的政策优先事项。

---

① Gregor Semieniuk, Philip B. Holden,Jean-Francois Mercure,Pablo Salas, et al., "Stranded Fossil-fuel Assets Translate to Major Losses for Investors in Advanced Economies, Nature Climate Change," *Nature*, Vol.12(6), June, 2022.

② 庞军、常原华：《欧盟碳边境调节机制对我国的影响及应对策略》，《可持续发展经济导刊》2023 年 Z1 期。

1. 欧盟

欧盟近期气候目标变动集中体现在 2019 年底的《欧洲绿色协议》、2021 年的"fit for 55"一揽子计划、2022 年的 REPowerEU 一揽子建议以及最新通过的几项关键立法，包括碳排放交易体系（ETS）改革、修正碳边境调节机制（CBAM）以及设立社会气候基金等（见表 2）。

表 2　欧盟各部门的气候目标和政策进展	
行业	**进展**
能源电力	• 多数成员 2030 年淘汰煤电的计划未变，德国 2038 年、保加利亚 2038~2040 年、波兰 2049 年淘汰 • 2023 年 3 月将 2030 年可再生能源占总能源比重的目标从 32% 提高到 42.5%，并增加 2.5%"指示性"目标 • 2022 年 8 月八个波罗的海国家承诺到 2030 年将海上风电容量从 3 吉瓦增至 20 吉瓦 • 2023 年 4 月，同意将北海装机容量从 2022 年的 30 吉瓦增至 2030 年的 120 吉瓦和 2050 年的 300 吉瓦
工业	• 2023 年 3 月《净零工业法》要求到 2030 年至少 40% 的低碳技术在境内应用 • 绿色氢战略：到 2030 年欧盟要生产高达 1000 万吨的绿色氢。2023 年 3 月成立"欧洲氢能银行" • 2023 年 5 月 CBAM 进入过渡阶段，将从 2027 年起正式实施 • EU ETS 改革的核心：逐步取消某些部门的免费配额分配
交通	• 确定部门可再生能源目标，引入新车二氧化碳排放标准，减少运输部门碳排放 • 从 2027 年起，道路运输排放将被纳入欧盟排放交易体系 • 2023 年 3 月，欧洲议会就替代燃料基础设施部署发布指令，强制增加充电基础设施 • 确定重型车辆的排放标准，2023 年 2 月提案目标是 2030 年新卡车、公共汽车和拖车的减排目标从 30% 提高到 45%。到 2030 年运输部门的可再生能源要占最终能源消耗的 29% • 确定航空海事部门目标，要求可持续航空燃料份额要从 2025 年的 2% 逐步增加到 2050 年的 70%
建筑	• 2022 年 5 月 REPowerEU 计划要求从 2027 年起所有新建公共和商业建筑必须安装太阳能装置；2028 年起现有公共和商业建筑必须安装太阳能装置；从 2030 年起所有新建住宅建筑必须安装太阳能装置 • 从 2027 年起，建筑行业将被纳入排放交易计划（EU ETS Ⅱ）
农业	• 共同农业政策（CAP）是欧盟支持减排行动的主要机制之一。新的 CAP 有效将从 2023 年 1 月持续到 2027 年底，CAP 下 40% 的资金被指定用于气候行动

资料来源：根据欧盟官网文件整理。

2. 美国

美国最新的气候目标是 2030 年实现温室气体排放量在 2005 年的基础上减少 50%~52%，2035 年实现 100% 清洁电力，2050 年实现碳中和。其气候支持政策集中体现在 2021 年 11 月签署的 1.2 万亿美元《基础设施投资和就业法案》（IIJA）、2022 年 8 月签署的 3690 亿美元《通货膨胀减少法案》（IRA）和 2023 财年 5.8 万亿美元预算计划中（见表 3）。

表 3　美国各部门气候目标和政策进展	
行业	进展
能源电力	<ul><li>IIJA 中的 210 亿美元用于封堵和清理废弃的煤矿和油气井</li><li>2022 年能源部发起"建设更美好电网"倡议，还启动 60 亿美元信贷计划救助即将关闭的核电站</li><li>2022 财年预算中 16.5 亿美元、4.63 亿美元和 8.25 亿美元分别用于核能、电网和气候减缓</li><li>内政部宣布到 2030 年部署 30 吉瓦海上风电的计划，并提供 30 亿美元联邦贷款支持</li><li>31 个州和哥伦比亚特区颁布强制性可再生能源投资组合标准（RPS），10 个州建立碳市场</li></ul>
工业	<ul><li>2021 年 10 月首次设定氢氟碳化物限制目标，2021~2036 年逐步减少 85% 的氢氟碳化物生产和进口</li><li>2022 年宣布提供 2490 万美元支持"蓝色"氢研发；2023 年 3 月投入约 17.79 亿美元支持低碳能源研发，其中 7.5 亿美元支持制氢技术，目标是十年内将氢成本降低 80% 至每公斤 1 美元</li></ul>
交通	<ul><li>推进以轻型乘用车（LDV）电气化为重点的清洁交通。2022 年 4 月，美国国家公路交通安全管理局（NHTSA）要求 2024~2025 年轻型汽车燃油效率每年提高 8%，2026 年提高 10%</li><li>鼓励发展电动汽车产业和基础设施。2021 年 IIJA 中的 390 亿美元用于公共交通现代化，660 亿美元用于"气候友好型"铁路投资，1100 亿美元用于道路、桥梁和其他交通项目，75 亿美元用于清洁公共汽车和渡轮，75 亿美元用于电动汽车充电站</li><li>各州和汽车制造商设定 2030~2035 年 100% 新零排放汽车销售目标</li><li>2022 年授权使用《国防生产法》，促进电动汽车电池所用关键矿物的国内供应</li></ul>
建筑	<ul><li>发布新的联邦建筑能源法规，提出家用电器新标准</li><li>IIJA 中 30 亿美元的资金用于提高家庭能源效率和电气化升级</li></ul>
金融	<ul><li>设立新的"财政部气候中心"和"气候顾问"</li><li>白宫要求可比和准确地披露与气候相关的金融风险。证券交易委员会正就信息披露开展公众咨询</li></ul>
农业	<ul><li>承诺减少森林和农业排放，并通过实施从森林到农业土壤的一系列生态系统计划和措施加强碳汇</li><li>农业部制定气候智慧型农业和林业战略，鼓励自愿发展"气候智慧型"农业和林业</li></ul>

资料来源：根据美国白宫网文件整理。

3. 日本

2022 年 12 月出台"实现 GX 的基本方针"，提出五项关键举措以实现日本的绿色转型（GX）：建立以增长为导向的碳定价机制，包括未来十年发行20万亿日元左右GX转型债券并在2026财年全面开展碳排放权交易；2028财年起对化石燃料进口商征收逐渐增加的碳附加费；扩大绿色金融市场规模，发展转型金融推动高碳行业脱碳；成立亚洲零排放共同体，建立企业、政府、学术论坛自愿参与的GX联盟；重启核电站、开发新一代核电机组、支持氢氨的研究利用等，制定未来10年日本能源和环境政策路线图（见表4）。

表4　日本"实现GX的基本方针"的部门发展目标和政策	
行业	GX计划的目标/主要政策
能源	● 到2030年，可再生能源在国家电力结构中所占比例达到36%~38% ● 到2030年安装10GW海上风电和104~118GW太阳能发电 ● 重启核电，目标是到2030年核电占国家电力的20%~22% ● 到2024年建立氨/氢共烧的成功案例，以支持2025年开始的供应链发展 ● 到2030年实现成本降低（氢气：30日元/Nm³；氨：10~20日元/Nm³-H₂） ● 建立CCUS价值链，到2050年捕集1.2亿~2.4亿吨二氧化碳
运输	● 到2035年，新车销售100%实现电动汽车和混合动力汽车 ● 到2030年，电动汽车销量占商用车销量的20%~30% ● 加强充电基础设施建设，到2030年推出15万个电动汽车充电器和1000个加氢站 ● 通过引入氨/氢燃料船舶，到2030年航运业的二氧化碳排放量减少180万吨 ● 到2050年，航运业和航空业使用碳中和燃料
建筑	● 到2030年，新建房屋和建筑将实现零排放 ● 推广LCCM（生命周期减碳）和ZEH/ZEB（净零能耗房屋/建筑），目标是到2030年吸收560万吨二氧化碳
工业	● 到2030年，绿色钢铁供应量扩大到1000万吨 ● 到2030年，钢铁行业二氧化碳排放量在2013年的基础上减少30% ● 到2030年，碳中和水泥的供应量增加至200万吨
金融	● 通过监管和政策引导，发展混合金融（涵盖绿色、转型和创新投资） ● 根据ISSB和TCFD的建议，促进气候相关信息披露 ● 通过JCM Global Match促进脱碳项目的对接

资料来源：根据日本政府网站官方文件整理。

4. 中国

中国近年来密集出台了一系列气候政策支持"双碳"目标的实现，包括"十四五"能源和可再生能源规划、新的工业调峰实施计划和"十四五"绿色工业发展规划、国家氢能战略、"十四五"绿色交通发展规划、建筑节能与绿色建筑"十四五"规划等（见表5）。目前正通过发展天然气和可再生能源为后煤炭时代转型做准备，预计到2025年中国非化石能源总装机容量就将超过1500吉瓦，到2030年超过2500吉瓦。

表5 中国关键部门的气候目标和政策	
行业	进展
能源电力	• 2025年前"严格控制煤炭消费"，"十五五"（2026~2030年）期间"逐步减少煤炭消费" • 到2025年可再生能源占全国总装机容量的一半，并占电力需求增量的一半 • 终端行业电气化也是战略重点，到2025年电力在最终能源消费中的份额要达到30%
工业	• 电气化和提高效率，以满足需求并降低对化石燃料的依赖 • 水泥、钢铁和铝等关键排放行业很可能成为中国碳排放交易体系范围扩大的首批目标行业 • CCS/CCUS和氢解决方案是中国工业的优先战略领域。2022年发布国家氢能战略，确认了该技术在中国未来能源系统和减排努力中的关键作用，目标是到2025年适度生产10万~20万吨可再生氢，到2060年可达到1亿吨
交通	• 优先改善公共交通系统的可达性和电气化，完善国家高铁和地方电动公共交通系统 • 优先发展新能源汽车，包括纯电动汽车、插电式混合动力汽车和燃料电池电动汽车 • 到2035年将高铁网络再延长12万公里，到2025年覆盖95%以上人口超过50万的城市 • 启动城市试点计划，在2035年前采购约200万辆电动公共汽车
建筑	• 2025年的目标包括设定建筑运营能耗上限，新建公共和住宅建筑的能效分别提高20%和30% • 提出3.5亿平方米现有建筑节能改造和5000万平方米超低能耗或零能耗建筑建设的指标 • 到2025年增加新建筑太阳能和地热应用的指标，城市建筑消耗能源的一半以上来自电力
林业	• 到2025年每年种植36000平方公里新森林的目标，以增加国家森林覆盖率

资料来源：根据官方文件整理。

5. 其他

韩国2023年通过第10项基本电力计划，将可再生能源电力份额从2020年的6%提高到2030年的21.6%，核电份额升至32.8%，煤炭份额降到21.2%。澳大利亚制定了氢战略，同时寻求大规模碳捕获、利用与封存技术（CCUS）投资，降低能源密集部门排放。印度积极支持太阳能光伏和电池板制造的本地化和可再生能源的使用，启动"国家绿氢使命"计划。南非2022年7月宣布了一系列应对电力危机的行动，包括取消分布式能源发电许可要

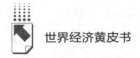

求、依托 COP26 上建立的公正能源转型伙伴关系（JETP）加速燃煤电厂关停、加快可再生能源部署等。

（二）碳定价

截至 2023 年 4 月，全球碳定价工具总数从 2022 年 4 月的 68 个增加至 2023 年 4 月的 73 个，涵盖 39 个国家和 33 个次国家管辖区，占全球温室气体排放量的 23%。2022 年有一半使用碳定价机制的国家提高了碳价格，欧盟 ETS 价格首次超过 100 欧元，全球 ETS 和碳税总营收达到创历史新高的 1000 亿美元，其中 70% 来自碳市场交易，30% 来自碳税。作为全球最大的碳市场，截至 2022 年 10 月 21 日，中国碳排放配额累计成交量 1.96 亿吨，累计成交额 85.8 亿元人民币。

（三）绿色金融

除碳定价工具外，各国监管机构也加强了对气候信息的披露要求。2023 年 6 月国际可持续准则理事会（ISSB）发布第 1 号和第 2 号两份国际财务报告可持续披露准则，对报告主体如何规范披露气候信息做出要求。欧盟推出《可持续金融分类方法》和《可持续金融信息披露条例（SFDR）》，规范金融机构的 ESG 信息披露，并坚决打击金融"洗绿"行为。美国证券交易委员会 2022 年发布的《上市公司气候数据披露标准草案》对上市公司碳排放核查、气候目标和转型计划、内部碳价格等的定期披露提出强制性要求。中国人民银行也发布《金融机构环境信息披露指南》加强对金融机构信息披露的引导，中国证监会也修订上市公司年度报告准则，鼓励碳排放和碳减排措施的披露。

监管举措的不断完善还促进了可持续融资工具的增加与创新。根据气候债券倡议组织市场资讯平台（CBMI）的数据，全球绿色、社会、可持续及可持续发展挂钩债券（GSSSB）2022 年达到 8634 亿美元，占全球债券市场的 5%，其中绿色债券发行总额为 4871 亿美元，占标售总额的一半以上，其余为可持续发展债券（1664 亿美元）、社会债券（1302 亿美元）、可持续发展挂钩债券（763 亿美元）和转型债券（35 亿美元）。标准普尔全球评级预测，

2023 年全球 GSSSB 的发行量有望增至 9000 亿～10000 亿美元，绿色债券将继续占据主导地位。中国的绿色信贷和绿色债券余额均居全球前列。截至 2023 年 6 月，中国绿色贷款余额超 27 万亿元人民币，境内外绿色债券存量规模约 3.5 万亿元。中国人民银行还推出碳减排支持工具，截至 2022 年底发放的碳减排再贷款超 3000 亿元。

（四）清洁能源

为应对全球能源危机，清洁能源技术投资加大。2021～2023 年全球清洁能源投资平均每年增长 24%，到 2023 年全球清洁能源投资规模将超过 1.7 万亿美元（见图 2），包括可再生能源、电动汽车、核电、电网、储能等，其中太阳能和风能投资将占总电力投资的近 90%。

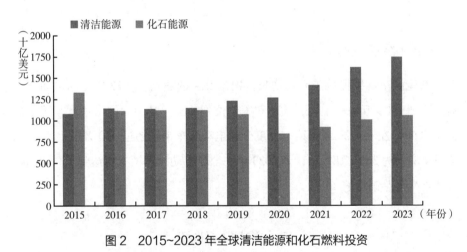

图 2　2015～2023 年全球清洁能源和化石燃料投资

资料来源：IEA，"World Energy Investment 2023，" https://www.iea.org/reports/world-energy-investment-2023，2023。

可再生能源在世界电力生产中的份额也继续增加，水电仍是最大的可再生能源，其次是风能和太阳能（见图 3）。中国是可再生能源装机容量的领导者，装机容量从 2015 年的 250 吉瓦升至 2022 年的 1160 吉瓦，呈现出指数级增长轨迹；美国位居第二，装机容量约为 352 吉瓦。

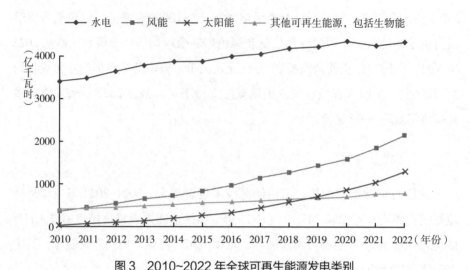

图3　2010~2022年全球可再生能源发电类别

资料来源：Ember的年度电力数据，欧洲电力评论，能源研究所世界能源统计评论。

（五）绿色交通

新能源车继续保持了高速增长。根据IEA的数据，2022年全球电动汽车销量达到1000万辆，中国、欧洲和美国位列前三，其中中国电动汽车销量占全球的60%左右。2023年第一季度全球电动汽车销量超过230万辆，比2022年同期增长约25%。IEA预计到2023年底全球电动汽车销量将达到1400万辆，占全年汽车总销量的18%。

三　前景与挑战

最近的气候行动进展表明，将应对气候变化纳入国家和企业发展战略已成为一种常态。各国经济和环境优先事项越来越趋同，包括逐步减少化石能源消费，大力发展可再生能源，促进低碳交通基础设施和智慧城市建设等。联合国气候变化全球气候行动门户网站（GCAP）提供的最新气候行动数据显示，截至2022年2月28日，全球超过26000个利益相关者的气候行动被认可，涉及 11191 个城市、283 个次国家区域、9979 家公司、1441 家投资机构和 3219 个组织。由 COP26 轮值主席国和高级别气候领袖发起的"奔向净零"（Race to Zero）运动截至 2022 年 9 月吸引了 1309 个非国家行为体加入，包括 8307 家跨国公司、595 家金融机构、1136 个城市、52 个州和地区、1125 家教育机构和 65 家医疗机构，致力于最迟在 2050 年实现净零碳排放。此外，越来越多的企业开始设定科学的减排目标，并催生了低碳解决方案和新市场。根据科学碳目标倡议（SBTi）[①] 的统计，截至 2023 年 5 月，SBTi 的参与企业达 5017 家，占全球经济市值的 1/3 以上，覆盖了 15 亿吨二氧化碳，其中 1097 家企业设定了净零目标，大多来自服务业、制造业和基础设施行业。2022 年，在极端天气、冲突、经济和政治不稳定的严格条件下，依然有 130 家公司设定了净零排放目标。尽管前景光明，但脱碳"不是'一刀切'的努力"，转型涉及的努力巨大，需要从根本上改变经济增长和社会运作方式，还需要制定全面而具体的时间框架和路线图，这对所有国家而言都是机遇与挑战并存，对新兴和发展中经济体来说挑战更为严峻。

与气候冲击相比，如何从 2020~2022 年的危机中走出来，实现包容、可持续和韧性的增长是当前各国面临的首要挑战。尽管经济数据显示出积极的复苏迹象，包括经济回暖、就业改善、企业利润增长，但依然存在不均衡和不确定性。联合国贸易和发展会议（UNCTAD）预计，世界经济增长预计将从 2022 年的 3% 放缓至 2023 年的 2.4%，2024 年的反弹也较为有限。各国需要增强国家和区域风险管理能力，提升对宏观经济、环境和卫生、各种非传统安全风险和紧急情况冲击的应对能力，但利率上升、货币贬值、出口乏力以及严重的债务负担挤压着发展中国家的财政空间。地缘政治紧张局势、通胀压力、贸易保护以及气候变化等也对全球经济稳定增长形成挑战。

在全球面临巨大财政挑战之际，如何应对大规模气候融资挑战，也是政策制定者不得不考虑的关键问题。2023~2030 年中低收入国家每年可能需要 1.6 万亿美元的气候融资规模，占其 GDP 的 4.5% 左右，在融资能力不足的情况

---

① 科学碳目标倡议由世界自然基金会（WWF）、全球环境信息研究中心（CDP）、世界资源研究所（WRI）、联合国全球契约组织（UNGC）于 2015 年联合发起。

下，减让性或赠款融资对中低收入国家解决资金缺口而言尤为重要。但哪些投资和干预措施能够产生巨大的气候影响、需要多少优惠融资、可能的资金来源在哪里，依然是全球气候融资的痼疾所在。

低碳技术的部署也面临成本之外的多重障碍，比如技术标准认同、金融和供应链障碍、转移机制不顺畅、市场需求不足等。这需要政府和行业加强合作，建立包容和有弹性的清洁能源供应链机制，形成市场扩张和成本降低相辅相成的循环；还要在信息、知识共享、能力建设和伙伴关系方面进行投资，促进跨国学习和创新方面的区域合作，并消除知识产权障碍，加大向发展中国家转让绿色技术的力度。

向碳中和过渡还考验政府的经济治理能力。过快向碳中和经济过渡必然产生直接的影响，假装成本微不足道无疑是危险的。它需要政府非常智慧地把控低碳转型的速度和节奏。渐进式和可靠的气候减缓政策有助于企业制定长期战略，实现缓慢、平稳的调整。更透明的气候风险披露有助于降低投资的不确定性。有效气候治理还需要鼓励地方和各利益攸关方的积极参与。

脱碳过程对一国内政和外交政策都有深远的影响，很可能产生重要的地缘政治后果。美国 2022 年在 COP27 上发起"净零政府倡议"（NZGI），要求满足下列三个条件的国家方可加入倡议，即在 2050 前实现净零排放、在 COP28 前制定净零承诺路线图、确定中期目标并发布路线图。目前该倡议联盟成员已有 21 个。COP28 是《巴黎协定》全球盘点的重要时间节点，美国在全球推动构建新的绿色联盟体系，将对以联合国为主平台的全球气候治理体系构成新挑战。各国政府需要通过外交和协商促进全球气候合作，维持国际贸易与投资的稳定性，企业则需要开展多元化合作并制订风险管理计划，以灵活应对不确定性。

参考文献

中央银行与监管机构绿色金融网络（NGFS）:《气候变化对宏观经济和金融稳定

性影响报告》，2019。

Ben Caldecott, Elizabeth Harnett, Theodor Cojoianu, Irem Kok, Alexander Pfeiffer, "Stranded Assets: Environmental Drivers, Societal Challenges, and Supervisory Responses," *Annual Review of Environment and Resources*, Vol.46, October 2021.

Curtis A. Deutsch, Joshua J. Tewksbury, Michelle Tigchelaar , David S. Battisti , Scott C. Merrill, Raymond B. Huey, Rosamond L. Naylor, "Increase in Crop Losses to Insect Pests in a Warming Climate," *Science*, Vol.361, Issue 6405.

IMF, "World Economic Outlook October 2022 Update", https://www.imf.org/en/ Publications/WEO/Issues/2022/10/11/world-economic-outlook-october-2022, 2022.

IRENA, "World Energy Transitions Outlook 1-5C Pathway," https://www.irena.org/ publications/2022/Mar/World-Energy-Transitions-Outlook-2022, 2022.

Kingsmill Bond, Sam Butler-Sloss, James Newcomb, "Reality Check: The Green Inflation Myth," https://rmi.org/reality-check-the-green-inflation-myth/, 2022.

S&P Global Ratings, "Credit Trends: Global Financing Conditions: Market Resilience Supports Stronger-ThanExpected Issuance in 2023," https://www.spglobal.com/_assets/ documents/ratings/research/101585823.pdf, 2023.

WB, "Country Climate and Development Reports (CCDRs)," https://www.worldbank. org/en/publication/country-climate-development-reports, 2021.

Y.20
全球智库重点关注的经济议题

吴立元　常殊昱 *

摘　要： 2022~2023年，高通胀迫使美联储与欧洲央行货币政策大幅紧缩。货币紧缩推动通胀下行，但也加剧了金融风险。同时，在地缘政治风险上升的背景下，全球产业链面临重塑甚至断裂风险，出现明显的地缘经济碎片化倾向。本文的智库热点主要选题于中国社会科学院世界经济与政治研究所全球宏观经济研究室编译的《全球智库半月谈》，选题的时间范围为2022年10月至2023年9月，主要聚焦以下三个在选题期间被全球智库广泛讨论的热点问题。第一，欧美通胀形势与货币政策问题。智库文章主要关注了推动通胀的主导因素、通胀走势与货币政策选择。第二，金融风险与金融危机问题。智库文章主要关注了金融风险加剧的概况、原因与影响。第三，产业链重塑与全球地缘经济碎片化问题。智库文章主要关注了导致地缘经济碎片化的相关政策、表现与经济影响。

关键词： 通货膨胀　货币政策　金融风险　地缘经济

2022年，通胀飙升与乌克兰危机让全球经济复苏进程充满曲折与不确定性。2023年，在欧美等央行货币政策大幅紧缩的背景下，全球通胀显著下行，但也呈现出了明显的顽固性和不确定性。在收紧的金融条件下，全球金

---

* 吴立元，中国社会科学院世界经济与政治研究所助理研究员，主要研究方向：国际金融、货币政策、经济增长；常殊昱，中国社会科学院世界经济与政治研究所助理研究员，主要研究方向：开放宏观、国际金融。

融风险显著加剧。同时，美国继续加码相关经贸政策来打压中国高科技发展，甚至试图与中国"脱钩"，全球地缘经济碎片化趋势明显。本文回顾了 2022 年 10 月至 2023 年 9 月全球主要智库重点关注的全球经济热点问题，包括欧美通胀形势与货币政策、金融风险与金融危机、产业链重塑与全球地缘经济碎片化。

一　欧美通胀形势与货币政策

2021 年以来，美国与欧洲通胀大幅上升，达到 20 世纪 80 年代以来的最高水平。为控制通胀，美联储与欧洲央行持续紧缩货币政策。2022 年 3 月至 2023 年 9 月，美联储加息 11 次，累计加息 525 个基点；2022 年 7 月至 2023 年 9 月，欧洲央行加息 10 次，累计加息 450 个基点。当前，美欧 CPI 同比增速显著下降，但核心通胀呈现出明显的顽固性，未来通胀走势与货币政策仍存在较大的不确定性。通胀与美欧货币政策选择仍是智库关注的重点问题。

（一）通胀大幅上升的原因

研究者一致认同，美欧通胀大幅上升的主要原因是政策刺激带来的强劲需求冲击与新冠疫情、供应链断裂、绿色转型等带来的供给冲击，关键争论点在于各种冲击的相对重要性与持续性。Blanchard 和 Bernanke 通过一个关于价格、工资、短期通胀预期和长期通胀预期的简单动态模型来分析产品市场和劳动力市场冲击对价格和名义工资的直接和间接影响，并量化美国疫情期间通货膨胀和工资增长的来源。研究发现，与早期担忧通胀由过热的劳动力市场推动相反，从 2021 年开始大部分通胀飙升是给定工资水平下价格冲击的结果。这些冲击包括商品价格的急剧上涨和部门价格飙升——前者反映出强劲的总需求，后者由需求水平和部门构成的变化以及部门供给约束等因素导致。然而，尽管到目前为止，劳动力市场紧张并不是通胀的主要驱动因素，但劳动力市场过热对名义工资增长和通胀的影响比产品市场冲击的影响更持久。因此，控制通胀最终需要在劳动力需求和供给之间实现更好的平衡。[①]

　　类似于核心通胀（Core Inflation），纽约联储经济学家 Almuzara 等用工人层面时间序列数据研究了如何估计核心工资通胀（Core Wage Inflation）。用时变参数的动态因子模型（Dynamic Factor Model with Time-varying Parameters），工资通胀的变化可以分解为所有工人共同的持续性因素、各个类型工人所特有的持续性因素以及暂时性因素。分解结果表明，工资通胀中的大多数周期变化都是持久的，而这个持久组成部分的演变是由其共同持久性因素驱动的，这种共同的潜在因素在 2021 年通胀激增期间尤为突出。[②]

　　纽约联储经济学家 Negro 等构建了一个包含"污染部门"和"绿色部门"两部门的新凯恩斯模型来分析气候政策的通胀效应。研究发现，气候政策不会迫使央行容忍更高的通胀，但可能让央行在稳定通胀和产出两大目标之间形成一种权衡。这种权衡的存在和规模取决于"污染"和"绿色"部门相对于经济其他部门的价格弹性程度，以及气候政策是否包括税收或补贴等内容。[③]

（二）通胀顽固性与未来走势

　　美联储主席 Jerome Powell 在 2023 年 8 月 Jackson Hole 年会上的报告中分析了美国通胀进展和未来走势。他将美国通胀分解为四个部分：食品和能源、核心商品（不包括食品和能源）、住房、非住房服务。2021 年和 2022 年，在食品和能源价格飙升的带动下，几乎所有物价都强劲上涨。2023 年，能源价格大幅下降，食品通胀也有所放缓。核心商品价格已经大幅下降，尤其是汽车等耐用品价格。加息显著抑制了购车需求，2022 年以来，车贷利率已经翻了 1 倍。密歇根大学消费者调查数据表明，多数受访者认为，由于利率过高，现在不是买车的好时机。除汽车价格外，其他核心商品价格通胀也普遍下降。但是 12 个月

①　Olivier J. Blanchard, Ben S. Bernanke, "What Caused the U.S. Pandemic-Era Inflation?" https://www.nber.org/papers/w31417.

②　Martín Almuzara, Richard Audoly, Davide Melcangi, "A Measure of Core Wage Inflation," https://www.newyorkfed.org/research/staff_reports/sr1067.

③　M. Del Negro, J. Di Giovanni, K. Dogra, "Is the Green Transition Inflationary?" FRB of New York Staff Report, (1053), https://www.newyorkfed.org/research/staff_reports/sr1053, 2023.

平均核心通胀仍显著高于疫情前水平，因此还需要进一步保持货币政策紧缩。住房是对利率高度敏感的部门，加息初期，货币政策效应就已经显现。2022 年，住房抵押贷款利率翻了 1 倍，导致房屋新开工与销售下降，房价增速大幅放缓，市场租金增速也很快见顶并稳步下降，但是房价与市场租金增速下降充分传导至 PCE 通胀指标还需要时间。美联储仍将密切关注市场租金价格的变化。教育、医疗、交通、休闲酒店等非住房服务占美国核心 PCE 通胀的一半以上。非住房服务多为劳动密集型，由于劳动力仍然紧张，这部分价格最近几个月才开始缓慢下降。Powell 认为，货币政策紧缩将在未来通胀的进一步下降中发挥越来越重要的作用，通胀回到疫情前水平需要经济增速低于趋势性增速一段时间，同时劳动力市场变得宽松。货币紧缩已经让经济有所降温，但近来仍然强劲，住房市场甚至有恢复增长的势头。如果经济增速继续高于趋势性增速，将需要进一步货币紧缩。劳动力市场供求恢复已经有所进展，多种指标测量的工资增速都在下降。Powell 还分析了美国通胀面临的不确定性。首先是两大传统的不确定性，即自然利率难以准确估计与货币紧缩的时滞效应。目前，美国实际利率已经转正，甚至超过主流估计的自然利率，因而货币政策已经开始产生实质性紧缩效应，但由于自然利率很难准确估计，这一实际利率仍然有可能过低。同时，货币政策对经济活动与通胀的影响存在显著的时滞效应，因而美联储难以及时确定其政策效果。除了这些传统的不确定性外，本轮周期中特有的供需错位增加了政策的复杂性。例如，在失业率没有增加的情况下，职位空缺率大幅下降，这是一个非常受欢迎但在历史上不同寻常的结果。而且，通胀对劳动力市场的反应似乎比过去几十年更加敏感了。这些动态变化可能会持续，也可能不会持续，而这些不确定性凸显了制定灵活政策的必要性。[1]10 月 19 日 Powell 在纽约经济俱乐部的讲话中表示，通胀虽然已经显著下行，但还不能确定这一趋势会持续下去并达到 2% 的通胀目标。[2]

---

[1] Jerome H. Powell, "Inflation: Progress and the Path Ahead," https://www.federalreserve.gov/newsevents/speech/powell20230825a.htm.

[2] Jerome H. Powell, "Opening Remarks at the Economic Club of New York Luncheon," https://www.federalreserve.gov/newsevents/speech/powell20231019a.htm.

（三）货币政策应对

美联储委员 Bowman 分析了美国通胀形势与未来货币政策，认为目前经济数据喜忧参半，通胀下降速度可能会很缓慢，需要进一步加息才能及时使通货膨胀率恢复到 2%。9 月联邦公开市场委员会会议发布的经济预测摘要显示，与会者预计通胀率至少在 2025 年底之前都将保持在 2% 以上。[①]

Humann 等讨论了反通货膨胀政策与中央银行融资。由于大多数发达经济体的央行为银行准备金支付利率，低资产回报率与不断上升的负债成本之间的不匹配引发了对金融的担忧。例如，英国、瑞士、美国、加拿大和澳大利亚的中央银行最近都报告了损失。欧元体系的央行也面临风险，德国联邦审计署（Federal Audit Office）2023 年 6 月警告称，德国央行（Bundesbank）可能需要用预算资金进行资本重组。自 2021 年以来，利率的快速上升已导致一些发达经济体的央行在资产负债表上出现亏损。Humann 等研究了 20 世纪70、80 年代十个发达经济体央行的财政状况，这是一个汇率和利率大幅波动的时期。研究发现，20 世纪 80 年代的反通胀措施实际上增加了央行的利润，因为当时央行没有向银行准备金支付利息，也没有在低利率环境下大规模购买资产。中央银行需要明确其操作框架，以避免当前损失被视为对其信誉的威胁。[②]

Brandao-Marques 等研究了较高的政府债务水平是否对遏制通货膨胀构成挑战。他们通过评估发达经济体和新兴市场经济体政府债务意外增加对通胀预期的影响来探讨这一问题。研究发现，政府债务意外增加会持续提高新兴市场经济体的通胀预期，而发达经济体则不会，这是因为新兴市场经济体稳定通胀的信誉更低，人们更加担忧央行会通过提高通胀来解决债务问题。当初始债务水平很高时，较高的通胀水平与债务美元化程度会扩大这种影响。相比之下，在实行通胀目标制的经济体中，债务意外增加只会产生有限的影

[①] Michelle W. Bowman, "Brief Remarks on the Economy and Monetary Policy," https://www.federalreserve.gov/newsevents/speech/bowman20230922a.htm.

[②] Theodore Humann, Kris Mitchener, Eric Monnet, "Disinflation Policies and Central Bank Finances," https://cepr.org/voxeu/columns/disinflation-policies-and-central-bank-finances.

响。因此，对于债务水平高且美元化，以及货币政策框架较弱的新兴市场经济体而言，债务水平增加可能会使其抗击通胀的斗争更趋复杂化。[①]

二 金融风险与金融危机

在 2008 年国际金融危机与新冠疫情的冲击下，各国都采取了大规模的刺激政策，全球债务与金融脆弱性显著上升。2022 年以来，随着美欧等主要央行大幅紧缩货币政策，金融稳定受到严峻考验，金融风险与金融危机成为备受关注的重要问题。

（一）金融风险加剧的概况与原因

金融风险加剧的典型表现。2023 年全球金融风险加剧体现在如下几个方面。一是美欧系列银行倒闭事件。2023 年 3 月，银门银行（Silvergate Bank）、硅谷银行（Silicon Valley Bank）、签名银行（Signature Bank）等相继倒闭，第一共和银行也被接管，百年投行瑞士信贷也因财务与法律问题而爆雷破产。3月，穆迪下调美国银行系统评级展望至"负面"。8 月，惠誉将美国主权信用评级从最高级别的"AAA"下调至"AA+"。[②] 二是部分国家爆发货币金融危机。黎巴嫩面临世界上最严重的经济危机，2023 年 3 月 14 日，黎巴嫩本币黎镑对美元平行市场（黑市）汇率跌破 100000。2023 年以来，阿根廷比索兑美元汇率暴跌 97%。土耳其里拉兑美元汇率暴跌 45%。三是部分脆弱领域危机，如英国养老金危机、LTX 加密货币危机、欧洲能源公司危机等。[③] 四是新兴市场与发展中国家债务问题加剧。Mazarei 分析了中东和北非国家的债务

[①] Luis Brandao-Marques, Marco Casiraghi, R. G. Gelos, Olamide Harrison, Gunes Kamber, "Is High Debt Constraining Monetary Policy? Evidence from Inflation Expectations," https://www.imf.org/en/Publications/WP/Issues/2023/06/30/Is-High-Debt-Constraining-Monetary-Policy-Evidence-from-Inflation-Expectations-534708.

[②] 原文是 "Long-Term Foreign-Currency Issuer Default Rating"（长期外币发行人违约评级），在此特指美国主权信用评级。

[③] Timo Löyttyniemi, "Financial Instability in 2022-2023: Causes, Risks, and Responses," https://cepr.org/voxeu/columns/financial-instability-2022-2023-causes-risks-and-responses.

风险。埃及、约旦和突尼斯政府债务占 GDP 比重均超过 80%，处于岌岌可危的境地，其经济稳定也受到债务问题的巨大威胁。[1]亚洲开发银行报告对亚太地区主权债务进行了监测，评估了各国的主权债务脆弱性。从债务比例上看，斯里兰卡、马尔代夫、不丹、老挝政府债务比例均已超过 100%，印度也已超过 80%，疫情以来老挝、斐济和菲律宾债务比例增幅超过 20%。从利率偿还压力来看，利息支付占财政收入比例最高的国家有斯里兰卡（63%）、巴基斯坦（41%）、印度（29%）、老挝（21%）。从总融资需求[2]方面看，总融资需求占国内生产总值的比例最明显的国家是泰国（25%），其次是马尔代夫（20%）、斯里兰卡（19%）、巴布亚新几内亚（18%）、基里巴斯（18%）、不丹（18%）和斐济（16%）。从外债来看，外债占国内生产总值的比例最高的国家有蒙古国（209%）、老挝（132%）、不丹（127%）、吉尔吉斯斯坦（99%）、格鲁吉亚（91%）、马尔代夫（79%）、亚美尼亚（78%）、柬埔寨（75%）、哈萨克斯坦（74%）。[3]增长放缓与利率上升会对新兴市场债务产生巨大压力，意外的冲击很容易引发金融危机。

货币政策是导致金融风险加剧的重要因素。Sumner 讨论了是不是美联储引发了银行业危机。他认为，美联储的确是引发银行业危机的重要原因，但引发银行业危机的关键是前期货币政策过于宽松，而不是后来的货币紧缩。[4]IMF 研究者 Adrian 和 Oura 也强调了货币政策紧缩对加剧金融风险的重要作用。货币政策的迅速收紧可能会使债券和利率衍生品市场波动。即使是安全的美国国债，当收益率上升 400 个基点时，其价值也会下跌高达 30%。[5]Darvas 讨论

① Adnan Mazarei, "Debt Clouds Over the Middle East," https://www.imf.org/en/Publications/fandd/issues/2023/09/debt-clouds-over-the-middle-east-adnan-mazarei.

② 总融资需求是指一个国家为弥补财政赤字（包括利息支付）和即将到期的本金偿还而提出的借款要求，即主权债务滚动再融资的需求。

③ Benno Ferrarini, Suzette Dagli, Paul Mariano, "Overeign Debt Vulnerabilities in Asia and the Pacific," https://www.adb.org/publications/sovereign-debt-vulnerabilities-asia-pacific.

④ Scott Sumner, "Did the Fed Cause the Banking Crisis?" https://www.econlib.org/did-the-fed-cause-the-banking-crisis/.

⑤ Tobias Adrian, Hiroko Oura, "Tracking Global Financial Stability Risks From Higher Interest Rates," https://www.imf.org/en/Blogs/Articles/2023/08/08/tracking-global-financial-stability-risks-from-higher-interest-rates.

了通货膨胀上升和货币紧缩对各国公共债务可持续性的影响。报告强调，利率上升会引发人们对公共债务可持续性的担忧，尤其是在债务水平高的国家。文章还考察了负债率变化的构成要素，包括利率变化、GDP 平减指数变化、实际 GDP 发展、税率变化、基本支出变化和存量流量调整变化。意外的通货膨胀比利率变化对负债率的影响更大，而其他因素对负债率的影响相对较小。[1]

（二）金融风险的影响

银行业动荡的影响。Brooks 和 Fortun 分析了硅谷银行倒闭三个月后美国银行体系的状况。在最初银行系统存款流出之后，目前银行存款已经稳定了近 2 个月，银行放贷速度比 3 月初 SVB 出事前慢得多，商业和工业贷款以及消费者贷款的放缓速度尤为明显。此外，商业和住宅房地产贷款看起来比之前更好。市场对银行贷款的"突然停止"并没有剧烈反应，只认为是经济衰退的潜在推动因素之一。这些迹象支持对"软着陆"的预测，但不能排除"硬着陆"风险。[2]Dynan 认为，通胀持续和银行动荡给全球经济蒙上阴影。随着银行对存款外流、更严格的监管以及可能的监管变化做出反应，最近的破产、被迫出售和增加的银行压力可能会导致信贷状况收紧。这种紧缩的程度很难衡量和预测，但它可能只会对经济活动造成温和的额外拖累——因此，美联储很可能仍需要再加息两次 25 个基点，才能将通胀降至目标水平。[3]

美国债务突破上限风险的影响。Rengifo-Keller 认为将债务上限作为政治博弈工具可能会产生严重后果。[4] 如果美国国会在 2023 年拒绝提高或暂停

① Zsolt Darvas, "The Implications for public Debt of High Inflation and Monetary Tightening," https://www.bruegel.org/blog-post/implications-public-debt-high-inflation-and-monetary-tightening.

② Robin Brooks, Jonathan Fortun, "Global Macro Views-The US Banking System-Three Months after SVB." https://www.iif.com/publications/publications-filter/c/global%20macro%20views.

③ Karen Dynan, "Persistent Inflation, Banking Turmoil Cloud Global Economic Outlook," https://www.piie.com/blogs/realtime-economics/persistent-inflation-banking-turmoil-cloud-global-economic-outlook.

④ Lucas Rengifo-Keller, "Breaching the Debt Ceiling is not the Same As a Government Shutdown," Its Consequences could be Dire, https://www.piie.com/blogs/realtime-economics/breaching-debt-ceiling-not-same-government-shutdown-its-consequences-could.

债务上限，势必会迫使某个地方大幅削减债务。无论由谁承担这种削减，信心都将受到严重损害。如果削减部分落在债券持有人头上，那将构成美国现代史上首次大规模的联邦债务违约。债务违约将使美国经济动荡，其影响将波及全球。美国的信誉将受到严重损害，引发包括美国国债在内的美元资产的恐慌性抛售，推高利率，并可能引发金融市场崩盘，最终可能是全球金融危机。

企业债务风险的影响。Perez-Orive 和 Timmer 发现，从 2022 年 3 月美国货币政策大幅收紧以来，陷入财务困境的非金融公司所占比例已达到高于 20 世纪 70 年代以来大多数紧缩时期。文章研究了高比例的陷入财务困境的公司（接近违约的公司）对货币政策的传导效果的影响。研究发现，当企业陷入困境时，企业投资和就业对紧缩性货币政策反应强烈。相比之下，对于没有陷入困境或面临宽松的货币政策冲击的公司来说，对投资和就业的反应较小。因此，随着陷入财务困境的公司占比上升，货币紧缩对经济的影响更大。[①]

全球风险的传染。美联储经济学家 Bodenstein 等研究了全球风险的传导问题。2023 年初美国和欧洲银行业的动荡给金融市场带来了不安，并加剧了人们对全球避险事件的担忧。避险时期，即全球避险情绪增强的时期的特点是信贷利差急剧扩大、股市大幅波动以及储备货币升值。文章用超额债券溢价（EBP）数据来识别全球风险情绪变化。结果表明，首先，EBP 的变化可以预测 VIX 指数或 BBB 企业利差等流行风险指标的变化。其次，利用结构向量自回归（SVAR）发现 EBP 中确定的创新对全球经济具有统计上显著且相当大的影响。在全球风险冲击后的一年里，EBP 每上升 1.5 个百分点——就像互联网泡沫破裂之前，或者从 2007 年夏季到贝尔斯登（Bear Stearns）濒临破产期间——全球通胀下降 1 个百分点，世界 GDP 水平下降 2%。他们提出了一种基于对安全资产的差异化需求来解释这些影响。[②]

---

① Ander Perez-Orive, Yannick Timmer, "Distressed Firms and the Large Effects of Monetary Policy Tightenings," https://www.federalreserve.gov/econres/notes/feds-notes/distressed-firms-and-the-large-effects-of-monetary-policy-tightenings-20230623.html.

② Martin Bodenstein, Pablo Cuba-Borda, Albert Queralto, "The Transmission of Global Risk," https://www.federalreserve.gov/econres/notes/feds-notes/the-transmission-of-global-risk-20230627.html.

（三）金融风险管理与化解

风险测量与监控。IMF 报告介绍并分析了其金融部门评估项目（Financial Sector Assessment Program, FSAP）。文章指出，在高利率环境与金融风险加剧的背景下，金融风险评估应做出以下三方面的改进：①风险分析应更多地关注潜在脆弱的小型金融公司，从评估商业模式和风险管理相关问题开始。例如，美国当局在 2019 年放松了对中小银行的压力测试要求，这在 2020 年美国 FSAP 建议中遭到了批评。因此，美联储的年度压力测试和 2020 年美国金融市场评估计划（US FSAP）忽略了硅谷银行和其他地区性银行。②分析应密切调查资产市场压力、金融公司盈利及其运营风险之间的相互联系，特别是对银行而言。标准的 FSAP 压力测试考虑了银行资本压力和运行风险，但没有完全考虑到它们之间的相互作用。③应继续努力，更好地了解金融公司之间的融资风险溢出——称为系统范围的流动性风险。例如，债券市场动荡可能会增加一些公司的流动性压力，然后在其出售资产、压低价格并相互撤资的过程中传导到整个经济的生态系统。几次典型的 FSAP 应用了一种简单的、新的全系统流动性压力测试工具，包括针对土耳其、约旦、智利和菲律宾的 FSAP。此外，2022 年墨西哥 FSAP 进行了更有针对性的评估，考察了全球政策利率和金融状况收紧对资本外流的影响。同样，2020 年美国 FSAP 调查了投资基金、银行和保险公司如何加剧或缓解公司债券市场的动荡，度量宏观灾难风险，[①] Admati 等分析了瑞士信贷挤兑及其最终被瑞银（UBS）收购的细节，凸显了官方声明与瑞士信贷和瑞士当局实施的措施之间的多重差异。报告认为，2007~2009 年危机后采取的改革措施仍不足以解决系统重要性机构问题。当局必须能够在失败风险变得过于严重之前迅速采取行动并实施纠正措施。监管机构倾向于将其干预限制在验证资本和流动性要求是否得到满足。巴塞尔规则的所谓第二支柱和相关法律允许更积极的干预，但监管机构通常

[①] Tobias Adrian, Hiroko Oura, "Tracking Global Financial Stability Risks from Higher Interest Rates," https://www.imf.org/en/Blogs/Articles/2023/08/08/tracking-global-financial-stability-risks-from-higher-interest-rates.

不愿干预银行的活动。以瑞士信贷为例，2022 年秋季，监管机构警告该银行增加流动性缓冲，但他们似乎没有对该银行的巨额持续亏损做出反应，尽管这些亏损正在威胁其生存能力。2023 年 4 月 5 日，监管机构负责人宣布，干预银行的战略与监管机构无关。①

Stulz 评估了当前对危机风险的认知及其对风险管理的影响。2008 年全球金融危机以来，数据质量和数据可得性的提高深化了我们对危机风险的理解。这些数据表明，当考虑到风险之间的相互作用时，某些类型的危机变得可预测。具体而言，当出现高信贷增长和高资产估值时，在接下来的几年很可能发生金融危机。然而，其他一些类型的危机似乎无法预测。没有证据表明经济和金融危机发生的频率在增加。现有数据表明，政治危机使得经济危机更有可能发生，因此，正如"多重危机"概念所表明的，非经济危机和经济危机之间的反馈可能很重要，但对于气候事件没有类似证据。增强公司经营和财务灵活性的战略似乎成功地减少了危机对公司的不利影响。

货币政策与宏观审慎、微观监管政策的配合。Sumner 强调，防控银行业危机需要强调银行系统与货币政策并行，而不只是依赖货币政策。一个运行良好的银行系统（如加拿大）可以经受住 NGDP 的不稳定性，而美国没有运转良好的银行体系，NGDP 的不稳定性会造成周期性银行危机。如果可以修复银行系统，也可以调整货币政策，那为什么不两个都解决呢？②Perotti 指出，应该从硅谷银行的非受保存款挤兑中吸取教训。文章建议，当资金流出规模变大时，通过闸门（临时或部分暂停赎回）和浮动定价相结合，可以应对未投保存款的挤兑问题。这将确保企业获得所需的流动性，而不会造成资金流出升级，同时也避免提供绝对安全的保障。在任何银行挤兑中，允许资金始终以面值流出，自然会稀释未提款人的利益。因此，一旦资金开始外流，所有存款人都有挤兑的动机。所谓浮动定价，是指对稀缺的流动性进行定价，

① Anat Admati, Martin Hellwig, Richard Portes, "Credit Suisse: too Big to Manage, too Big to Resolve, or Simply too Big?" https://cepr.org/voxeu/columns/credit-suisse-too-big-manage-too-big-resolve-or-simply-too-big.

② Scott Sumner, "Did the Fed Cause the Banking Crisis?" https://www.econlib.org/did-the-fed-cause-the-banking-crisis/.

以增加面值的折扣。[①]

大量智库研究认为，应该反思并修正当前的监管体系。Löyttyniemi 认为，每次危机虽然比较相似，但各不相同，当前规则与框架未必适合未来。如有必要，应当审查和修订规则与监管实践，以确保其有效性。银行系统的当前架构需要重新评估和修订，以解决系统漏洞。基于从危机中吸取的教训，必须对衍生品市场的改革进行审查和更新。[②]Dewatripont 等认为，尽管硅谷银行的倒闭似乎是银行管理和监管失败的一个例子，但它也提供了有关审慎监管的见解。文章总结了两个主要教训。一是会增强公共当局进一步改善欧盟解决方案框架的决心。二是无论是在欧洲还是在世界范围内，无论是大公司还是小公司，对其日常业务所依赖的短期存款的保护程度都存在缺陷，需要加以调整。[③]

2017 年，时任英国央行行长、金融稳定委员会主席马克·卡尼（Mark Carney）说："在过去十年中，G20 金融改革修复了导致全球金融危机的源头性问题。"Danielsson 探讨了自 2008 年金融危机以来实施的金融监管及其在减少未来危机上的有效性。文章提出了对当今"一刀切"监管政策的反对意见，认为这类政策限制了市场对短期波动风险的响应。同时，质疑当今预测金融风险的模型以及各种单一指标，认为其制造了风险在控制之下的假象。文章提出了监管的"三难"问题，强调了在稳定性、效率和一致性之间取得平衡的必要性，并建议采取更多样、灵活的监管措施。[④]

债务风险化解的协调与规则。发展中国家的债务风险与危机既是全球金融体系的潜在威胁，也是相关国家发展面临的困扰。普遍共识是，解决发展中国家债务问题既需要相关国家自身的努力，也需要基于协调与规则的国际援助。Diwan 等探讨了几个低收入和中低收入国家正在进行的债务重组计划，

---

① Enrico Perotti, "Learning from Silicon Valley Bank's Uninsured Deposit Run," https://cepr.org/voxeu/columns/learning-silicon-valley-banks-uninsured-deposit-run.

② Timo Löyttyniemi, "Financial Instability in 2022–2023: Causes, Risks, and Responses," https://cepr.org/voxeu/columns/financial-instability-2022-2023-causes-risks-and-responses.

③ Mathias Dewatripont, Peter Praet, André Sapir, "The Silicon Valley Bank Collapse: Prudential Regulation Lessons for Europe and the World," https://cepr.org/voxeu/columns/silicon-valley-bank-collapse-prudential-regulation-lessons-europe-and-world.

④ Jon Danielsson, "The Illusion of Control," https://cepr.org/voxeu/columns/illusion-control.

并讨论如何在各类债权人之间分配损失。文章以73个国际开发协会客户国为重点。研究结果表明，19~23个国家将需要进行某种债务重组，才能将公共债务的现值恢复到可持续的水平。多边体系可以发挥作用，但要合理分配努力，必须对如何确定捐款数量及其实施有一个清晰的概念。文章为"待遇可比性"制定了新的公平规则。当各国获得的贷款优惠程度差别很大，甚至考虑到过去的赠款时，就需要这样的规则。还考虑了多边开发银行在此事中的作用，包括对其优先债权地位的质疑。[①]

三 产业链重塑与全球地缘经济碎片化

随着美国将中国视为战略竞争对手，全球地缘政治风险显著上升，影响了全球化进程。新冠疫情对全球供应链的冲击进一步提升了各国对产业链弹性的关注度。美国更是不断泛化安全概念，推动产业链重塑，试图打压遏制中国，导致地缘经济走向碎片化。2023年，大量智库文章关注了产业链重塑的政策、表现与经济影响。

（一）各国推动产业链重塑的政策

最近几年，美国采取各种政策推动产业链重塑，实行"小院高墙"，试图排斥中国。具体来说，美国采取设置贸易壁垒甚至直接进行贸易限制、投资限制等政策，同时通过积极推动印太经济框架试图破坏中国在亚太区域的供应链主导格局。

1. 贸易壁垒与限制政策

2018~2019年，美国对华发起经贸摩擦，对从中国进口的60%以上的产品征收关税，税率多数在25%的水平。[②] 除此之外，美国还对华实施高科技

① Ishac Diwan, Brendan Harnoys-Vannier, Martin Kessler, "IDA in the Debt Crisis: Exploring Feasible Deals Through Comparability of Treatments and New Loans," https://www.publicdebtnet. org/pdm/MARKETS/Debt-Crisis/Documents/Document-240820231355.html.
② Chad P. Bown, "US-China Trade War Tariffs: An Up-to-Date Chart," https://www.piie.com/ research/piie-charts/us-china-trade-war-tariffs-date-chart.

出口限制。2022 年 10 月 7 日，美国商务部工业和安全局（BIS）宣布对《出口管理条例》（EAR）进行一系列重大更新，重点是围绕半导体、集成电路（IC）、相关制造设备、先进计算和超级计算机的出口管制，主要针对中国。

2. 投资限制政策

美国以国家安全为由实施了一系列投资限制政策，包括收紧中国对美投资审查、限制对华投资、补贴在美国本土投资等。Chorzempa 分析了美国政府制定的限制对华技术转让和投资政策，认为这些政策可能导致很多问题，例如当前的管控手段很难面面俱到，管控范围的划分可能导致对中国的影响有限，更重要的是美国的过度管制可能影响其他投资者对美国的信心，从而使其失去金融中心地位。他认为，该举措需要缓步慎行，并不断通过数据来验证效果。[1]

3. 印太经济框架

印度—太平洋繁荣经济框架（IPEF）于 2022 年 5 月由美国发起，旨在促进投资和贸易、增强供应链韧性、减缓气候变化等，以实现 14 个参与国之间的可持续发展和公平增长。与通过降低进口壁垒以寻找新的市场准入机会的传统贸易协定不同，IPEF 寻求促进劳工、环境和数字贸易的共同规则，并通过分享信息，帮助参与者制定联合方案，以应对第三国的经济威胁，管理供应链中断问题。该倡议由美国设计和领导，其内容的四大支柱为贸易、供应链韧性、清洁经济、包括反腐败和打击金融犯罪在内的公平经济实践。这一框架的关键在于将这些问题集中在 IPEF 成员国家内部，并在没有亚洲最大国家——中国的参与下实现。[2]

除上述经济和政治政策外，美国还通过煽动意识形态、挑动台海地缘政治风险等方式来推高企业投资隐性成本与风险，推动资本撤出中国。

---

[1] Martin Chorzempa, "New Rules Curbing US Investment in China will be Tricky to Implement," https://www.piie.com/blogs/realtime-economics/new-rules-curbing-us-investment-china-will-be-tricky-implement.

[2] Yeo Han-koo, "It's Time for IPEF Countries to Take Action on Supply Chain Resilience," https://www.piie.com/blogs/realtime-economics/its-time-ipef-countries-take-action-supply-chain-resilience?gclid=CjwKCAjwgsqoBhBNEiwAwe5w02_J4GF0UDCN0tLYYv3mQHq5WyiFCux5zm9WYrjfaYRwhegaa2g4rRoCKGIQAvD_BwE.

（二）产业链重塑与地缘经济碎片化的表现

关于产业链重塑与地缘经济碎片化的表现，最广受关注的问题莫过于中美是否真的正在发生"脱钩"，"脱钩"到什么程度？

中美"脱钩"。Bown 和 Wang 基于中美经贸摩擦五年以来的贸易数据分析了两国是否发生"脱钩"现象。2022 年，中美贸易额再创新高，显示出中美并未出现"脱钩"迹象。但文章分析发现，美国对中国的出口在 2018~2019 年特朗普总统执政期间陷入困境，目前仍在遭受冲击。中国正在将一些外国商品的采购从美国转移到其他国家。双方都有同样的担忧：对方会突然以安全的名义切断进出口。2022 年发布的数据显示，美国出口正越来越远地落后于同样向中国市场销售的外国同行。美国曾经的主要制造业出口——如汽车和波音喷气式飞机——几乎消失了。由于美国新的出口管理政策，半导体行业的销售额 2022 年有所下降，而且可能不会再恢复。美国服务业出口在疫情期间暴跌，至今仍未恢复。①

Freund 等基于 2017~2022 年美国的进口数据来探究中美是否"脱钩"问题。它表明，"脱钩"的某些方面是真实存在的：在征收美国关税的一系列产品中，美国从中国的进口增长明显慢于美国从其他国家的进口增长。但没有始终如一的证据表明进口产品回流或多样化。事实上，供应链——尤其是战略产品的供应链——仍然与中国交织在一起。在美国市场上取代中国的出口商也增加了对中国的进口依赖。②

Lardy 和 Huang 认为，中美"脱钩"正朝着危险的方向发展。贸易方面，美国减少了对中国的出口。根据美国贸易代表办公室的数据，2020 年，美国公司对中国的累计直接投资达到 1240 亿美元。但美国商会发布的第 25 次中

---

① Chad P. Bown, Yilin Wang, "Five Years into the Trade War, China Continues Its Slow Decoupling from US Exports," https://www.piie.com/blogs/realtime-economics/five-years-trade-war-china-continues-its-slow-decoupling-us-exports.

② Caroline Freund, Aaditya Mattoo, Alen Mulabdic, Michele Ruta, "US-China Decoupling: Rhetoric and Reality," https://cepr.org/voxeu/columns/us-china-decoupling-rhetoric-and-reality, Aug. 31, 2023.

国年度商业调查显示，由于紧张局势加剧，将中国视为优先投资对象的美国企业比例不断下降。中国的私营和国有企业在美国面临更严格的审查，加上贸易碎片化和"小院高墙"，技术"脱钩"可能会在全球范围内导致重大经济损失。[①]

国际货币基金组织在《世界经济展望报告》中分析了地缘碎片化与外商直接投资的变化。分析发现，外商直接投资明显比过去更易受到地缘因素的影响。流向亚洲的战略性外商投资 2019 年开始显著下降，尤其是流向中国的战略性投资显著下降。[②]

（三）逆全球化及其相关政策的影响

1. 对特定国家的影响

Chorzempa 首先概述了全球半导体供应链以及美国对华出口管制的瓶颈，然后分析了韩国公司在美国对中国的出口管制中的损失与收益。中国的大型芯片生产设施为韩国公司生产约 40% 的存储芯片，由于美国限制升级这些设施所需的新技术，未来几年这些生产设施将会失去竞争力，可能会关闭或出售，韩国公司将需要巨额（尽管有补贴）资金以建立新设施，在未来几年内摊销在中国运营的沉没成本。与此同时，这些管制为 SK 海力士、三星等其他韩国公司创造了巨大的利益，阻止了中国就其内存业务展开竞争，并有可能回填美光的订单，以及通过为中国提供帮助来占领中国市场。[③] Schott 和 Hogan 讨论了 IPEF 四大支柱的进展，探讨了未来可能的结果将如何推动或限制韩国的政策，并评估了该框架对韩国与该地区主要贸易伙伴的经济关系可能产生的影响。IPEF 为韩国创造了一些新的经济机会，特别是与美国和东南

[①] Nicholas R. Lardy, Tianlei Huang, "Is US - China Decoupling Heading in a Dangerous Direction?" https://www.eastasiaforum.org/2023/07/07/is-us-china-decoupling-heading-in-a-dangerous-direction/.

[②] IMF, "Geoeconomic Fragmentation and Foreign Direct Investment," Chapter 4 in World Economic Outlook, 2023.

[③] Martin Chorzempa, "How US Chip Controls on China Benefit and Cost Korean Firms," https://www.piie.com/publications/policy-briefs/how-us-chip-controls-china-benefit-and-cost-korean-firms.

亚国家联盟（ASEAN）成员国等关键盟友的合作。但这也给韩国和其他 IPEF 合作伙伴在管理与中国的广泛商业关系方面带来挑战。[①]

Wolff 批评拜登 2 月国情咨文演讲时只提到政治合作，没有强调经济合作，认为美国的全球领导力正被其经济政策所削弱。美国缺乏与其他国家的合作，几十年来倾向于购买国产商品、禁止任何外国成分的做法近期更为严重。这场演讲并不是拜登政府第一次表明与其他国家合作不同的立场。2022 年签署的《通胀削减法案》也歧视外国商品，包括来自盟友的商品。该法案对美国生产的电动车提供歧视性补贴，这与美国的国际义务背道而驰，而且会遭到其他国家的反对。同样，2022 年的《芯片和科学法案》提供了 500 亿美元来支持美国的半导体生产。这两项法案都有广受欢迎的目标，一是通过减少温室气体排放来保护环境，二是避免在最先进的计算机芯片方面过度依赖亚洲的两个国家，但缺少考虑的是通过与其他国家合作来实现这些目标。[②]

2. 产业链断裂与逆全球化的成本

目前对地缘经济碎片化损失进行量化的研究仍处于初级阶段。Bolhuis 等讨论了地缘经济分裂对全球经济的负面影响。文章考虑了两个典型情境：第一种典型情境是，俄罗斯与美国和欧盟之间的所有贸易断裂，以及中国与美国和欧盟之间高科技部门的贸易断裂。这样的战略分离将导致全球 GDP 永久性损失 0.3%，大致相当于挪威的年产出。这种全球性负面影响存在异质性。实际上，只要其他国家继续与俄罗斯、中国、美国和欧盟开展自由贸易，一些国家的经济甚至可能会出现小幅增长。例如，那些最终可以取代俄罗斯成为关键供应商的大宗商品出口国收入将增加。如果半导体供应链从中国转移出去，一些亚洲国家也将受益。第二种典型情境是，所有国家被迫在美国—欧盟或中俄阵营之间做出选择，并且这两个阵营之间没有贸易往来。在这种

①　Jeffrey J. Schott, Megan Hogan, "Korea Faces Opportunities as Well as Risks Under the Indo-Pacific Economic Framework," https://www.piie.com/publications/policy-briefs/korea-faces-opportunities-well-risks-under-indo-pacific-economic.

②　Alan W. Wolff, "America's Global Leadership is Being Undercut by US Economic Policies," https://www.piie.com/blogs/realtime-economics/americas-global-leadership-being-undercut-us-economic-policies.

情况下，全球 GDP 的永久性损失最高可达 2.3%，相当于法国的经济规模。其中，发达经济体和新兴市场经济体的永久性损失将在 2%~3%，低收入国家 GDP 将减少 4% 以上。[①] Campos 等估计，如果世界分裂为三个贸易集团，即西方、东方和中立集团，将对它们之间的贸易产生重要影响，在最极端的情况下，贸易流动将减少 22%~57%。东方国家福利损失将是最大的，其中位数福利损失将高达 3.4%。[②]

Aiyar 和 Ilyina 回顾了估计地缘碎片化经济成本的以下研究。[③] 尽管每项研究都对碎片化的性质、地缘政治和贸易集团的组成、集团之间设置的壁垒类型以及供应商之间的替代弹性作出了不同的假设，但还是出现了一些共同的主题。第一，碎片化程度越深，成本就越大。每篇论文都考虑了一系列情况，壁垒越多，国家选择越少，产出损失就越大。例如，在国际货币基金组织中，随着非关税贸易壁垒从仅限于特定部门扩大到所有商品部门，损失会更大。[④] 而在 Cerdeiro 等的研究中，如果"不结盟"国家被迫选择立场，只与一个占主导地位的集团进行贸易，而不是自由地与多个占主导地位的集团进行贸易，损失就会更大。[⑤] 第二，技术脱钩导致的知识扩散减少是贸易渠道的强大放大器。明确考虑技术脱钩引起的动态效应的研究成果，比那些只考虑贸易壁垒的研究结果显示影响更大，如 Goes 和 Bekkers[⑥]、Cerdeiro 等[⑦] 的研究。这是因为，支撑各国提高经济福祉潜力的生产率在很大程度上取决于能否获

[①] Marjin A. Bolhuis, JiaQian Chen, Benjamin Kett, "The Costs of Geoeconomic Fragmentation," https://www.imf.org/en/Publications/fandd/issues/2023/06/the-costs-of-geoeconomic-fragmentation-bolhuis-chen-kett.

[②] Rodolfo Campos, Julia Estefania Flores, Davide Furceri, Jacopo Timini, "Geopolitical Fragmentation and Trade," https://cepr.org/voxeu/columns/geopolitical-fragmentation-and-trade.

[③] Shekhar Aiyar, Anna Ilyina, "Geo-economic Fragmentation and the World Economy," https://cepr.org/voxeu/columns/geo-economic-fragmentation-and-world-economy.

[④] IMF, "Regional Economic Outlook: Asia and Pacific," https://www.imf.org/en/publications/reo?sortby=Region&series=Asia+and+Pacific,2022.

[⑤] D. A. Cerdeiro, J. Eugster, D. Muir, S. Peiris, "Sizing Up the Effects of Technological Decoupling," IMF Working Paper 2021/069.

[⑥] C. Goes, E. Bekkers, "The Impact of Geopolitical Conflicts on Trade, Growth, and Innovation," WTO Staff Working Paper ERSD-2022-09.

[⑦] D. A. Cerdeiro, J. Eugster, D. Muir, S. Peiris, "Sizing Up the Effects of Technological Decoupling," IMF Working Paper 2021/069.

得技术、知识和流程。第三，新兴市场和低收入国家往往最容易受到贸易和技术碎片化的影响。由于它们距技术前沿较远，当获得具体技术和研发的机会受到阻碍时，它们会遭受不成比例的损失。一般而言，损失取决于整体贸易开放程度、对其他集团分裂前的贸易敞口，以及贸易敞口集中在替代弹性较低的部门。第四，转型成本可能相当高。贸易替代的短期弹性比长期弹性小得多，重新配置供应链需要时间和精力。这意味着，贸易碎片化的短期成本可能远远大于长期成本。同时，知识扩散减少造成的生产力损失可能需要时间积累，从而增加技术脱钩的长期成本。第五，这里提出的估计不应被视为上限，因为其没有反映通过几个地缘经济碎片化传播渠道可能产生的影响。没有关于上述所有渠道支离破碎的综合影响的估计，包括劳动力和资本流动的减少以及全球公共产品供应的恶化。此外，不同渠道的相互作用，以及政治经济考虑，如政策不确定性，也可能放大潜在的损失。[1]

四 小结

本文通过对中国社会科学院世界经济与政治研究所编译的《全球智库半月谈》进行回顾，总结了智库和国际组织在以下三个方面的关注热点，分别为欧美通胀形势与货币政策、金融风险与金融危机、产业链重塑与全球地缘经济碎片化。欧美通胀在大幅货币紧缩背景下显著下行，但仍呈现出黏性与不确定性。货币紧缩也显著增加了全球金融风险，局部金融动荡加剧。同时，在美国的推动下，全球产业链加速重构，地缘经济碎片化趋势显现，将给世界经济带来较大成本。上述问题既是2023年全球智库重点关注的经济议题，也是当前世界经济面临的重点问题。

---

[1]　Shekhar Aiyar, Anna Ilyina, "Geo-economic Fragmentation and the World Economy," https://cepr.org/voxeu/columns/geo-economic-fragmentation-and-world-economy.

世界经济统计与预测

Y.21
世界经济统计资料

熊婉婷[*]

目 录

---

* 熊婉婷，博士，中国社会科学院世界经济与政治研究所全球宏观研究室助理研究员，主要
研究方向：全球宏观经济、债务问题。

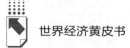

说　明

一　统计体例

1. 本部分所称"国家"为纯地理实体概念，而不是国际法所称的政治实体概念。

2. 除非特别说明，2023 年及以后的数据为估计值或预测值。未来国际组织可能会对预测做出调整，本部分仅报告编制时能获得的最新数据。

3. "1996~2005 年"意为 1996~2005 年的平均值，两年度间的平均值表示法以此类推。"—"表示数据在统计时点无法取得或无实际意义，"0"表示数据远小于其所在表的计量单位。

4. 部分表格受篇幅所限无法列出所有国家和地区，编制时根据研究兴趣有所选择。

二 国际货币基金组织的经济预测

本部分预测数据均来自国际货币基金组织（IMF）的世界经济展望数据库（World Economic Outlook Database），预测的假设与方法参见报告原文。数据访问时间是 2023 年 10 月。

三 国家和地区分类

《世界经济展望》将国家和地区分为发达经济体、新兴市场和发展中国家两大类。为了便于分析和提供更合理的集团数据，这种分类随时间变化亦有所改变，分类标准并非一成不变。详见国际货币基金组织网站[①]介绍。

（一）世界经济形势回顾与展望

表 1-1　世界产出简况（2019~2028 年）

单位：%，十亿美元

类别	2019 年	2020 年	2021 年	2022 年	2023 年	2024 年	2028 年
实际 GDP 增长率							
世界	2.8	-2.8	6.3	3.5	3.0	2.9	3.1
发达经济体	1.7	-4.2	5.6	2.6	1.5	1.4	1.7
美国	2.3	-2.8	5.9	2.1	2.1	1.5	2.1
欧元区	1.6	-6.1	5.6	3.3	0.7	1.2	1.3
日本	-0.4	-4.2	2.2	1.0	2.0	1.0	0.4

[①]　https://www.imf.org/external/pubs/ft/weo/2021/02/weodata/groups.htm.

续表

类别	2019 年	2020 年	2021 年	2022 年	2023 年	2024 年	2028 年
其他发达经济体 *	2.0	−1.6	5.7	2.6	1.8	2.2	2.2
新兴市场和发展中国家	3.6	−1.8	6.9	4.1	4.0	4.0	3.9
亚洲新兴市场和发展中国家	5.2	−0.5	7.5	4.5	5.2	4.8	4.5
欧洲新兴市场和发展中国家	2.5	−1.6	7.3	0.8	2.4	2.2	2.4
拉美与加勒比地区	0.2	−7.0	7.4	4.1	2.3	2.3	2.5
撒哈拉以南非洲地区	3.2	−1.6	4.7	4.0	3.3	4.0	4.3
人均实际 GDP 增长率 **							
发达经济体	1.3	−4.7	5.5	2.2	1.1	1.1	1.5
新兴市场和发展中国家	2.3	−3.1	5.7	3.5	2.9	2.9	2.8
世界名义 GDP							
基于市场汇率	87326	84961	96488	100135	104476	109734	133783
基于购买力平价	135825	133452	148175	163837	174790	183947	224380

注：①"*"指除美国、欧元区国家和日本外的发达经济体。②"**"指按购买力平价计算。③表中2023 年及以后为预测值。

资料来源：IMF，World Economic Outlook Database，2023 年 10 月。

表 1-2　GDP 不变价增长率回顾与展望：部分国家和地区（2015~2024 年）									
								单位：%	
国家和地区	2015 年	2016 年	2017 年	2018 年	2019 年	2020 年	2021 年	2022 年	2023 年	2024 年
阿根廷	2.7	−2.1	2.8	−2.6	−2.0	−9.9	10.7	5.0	−2.5	2.8
澳大利亚	2.3	2.7	2.4	2.8	1.9	−1.8	5.2	3.7	1.8	1.2
巴西	−3.5	−3.3	1.3	1.8	1.2	−3.3	5.0	2.9	3.1	1.5
加拿大	0.7	1.0	3.0	2.8	1.9	−5.1	5.0	3.4	1.3	1.6
中国大陆	7.0	6.9	6.9	6.8	6.0	2.2	8.5	3.0	5.0	4.2
埃及	4.4	4.3	4.2	5.3	5.5	3.6	3.3	6.7	4.2	3.6
芬兰	0.5	2.8	3.2	1.1	1.2	−2.4	3.2	1.6	−0.1	1.0
法国	1.0	1.0	2.5	1.8	1.9	−7.7	6.4	2.5	1.0	1.3
德国	1.5	2.2	2.7	1.0	1.1	−3.8	3.2	1.8	−0.5	0.9
希腊	−0.2	−0.5	1.1	1.7	1.9	−9.0	8.4	5.9	2.5	2.0
中国香港	2.4	2.2	3.8	2.8	−1.7	−6.5	6.4	−3.5	4.4	2.9
冰岛	4.4	6.3	4.2	4.9	1.9	−7.2	4.5	7.2	3.3	1.7

续表

国家和地区	2015 年	2016 年	2017 年	2018 年	2019 年	2020 年	2021 年	2022 年	2023 年	2024 年
印度	8.0	8.3	6.8	6.5	3.9	−5.8	9.1	7.2	6.3	6.3
印度尼西亚	4.9	5.0	5.1	5.2	5.0	−2.1	3.7	5.3	5.0	5.0
爱尔兰	24.5	1.8	9.3	8.5	5.3	6.6	15.1	9.4	2.0	3.3
意大利	0.8	1.3	1.7	0.9	0.5	−9.0	7.0	3.7	0.7	0.7
日本	1.6	0.8	1.7	0.6	−0.4	−4.2	2.2	1.0	2.0	1.0
韩国	2.8	2.9	3.2	2.9	2.2	−0.7	4.3	2.6	1.4	2.2
马来西亚	5.0	4.5	5.8	4.8	4.4	−5.5	3.3	8.7	4.0	4.3
墨西哥	2.7	1.8	1.9	2.0	−0.3	−8.7	5.8	3.9	3.2	2.1
新西兰	3.7	3.9	3.5	3.5	3.1	−1.5	6.1	2.7	1.1	1.0
尼日利亚	2.7	−1.6	0.8	1.9	2.2	−1.8	3.6	3.3	2.9	3.1
挪威	1.9	1.2	2.5	0.8	1.1	−1.3	3.9	3.3	2.3	1.5
菲律宾	6.3	7.1	6.9	6.3	6.1	−9.5	5.7	7.6	5.3	5.9
葡萄牙	1.8	2.0	3.5	2.8	2.7	−8.3	5.5	6.7	2.3	1.5
俄罗斯	−2.0	0.2	1.8	2.8	2.2	−2.7	5.6	−2.1	2.2	1.1
沙特阿拉伯	4.7	2.4	−0.1	2.8	0.8	−4.3	3.9	8.7	0.8	4.0
新加坡	3.0	3.6	4.5	3.6	1.3	−3.9	8.9	3.6	1.0	2.1
南非	1.3	0.7	1.2	1.6	0.3	−6.0	4.7	1.9	0.9	1.8
西班牙	3.8	3.0	3.0	2.3	2.0	−11.2	6.4	5.8	2.5	1.7
瑞典	4.5	2.1	2.6	2.0	2.0	−2.2	6.1	2.8	−0.7	0.6
瑞士	1.6	2.1	1.4	2.9	1.2	−2.3	5.4	2.7	0.9	1.8
中国台湾	1.5	2.2	3.3	2.8	3.1	3.4	6.5	2.4	0.8	3.0
泰国	3.1	3.4	4.2	4.2	2.1	−6.1	1.5	2.6	2.7	3.2
土耳其	6.1	3.3	7.5	3.0	0.8	1.9	11.4	5.5	4.0	3.0
英国	2.4	2.2	2.4	1.7	1.6	−11.0	7.6	4.1	0.5	0.6
美国	2.7	1.7	2.2	2.9	2.3	−2.8	5.9	2.1	2.1	1.5
越南	7.0	6.7	6.9	7.5	7.4	2.9	2.6	8.0	4.7	5.8

注：表中 2023 年及以后为预测值。

资料来源：IMF，World Economic Outlook Database，2023 年 10 月。

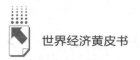
表 1-3　市场汇率计 GDP：部分国家和地区（2016~2024 年）

单位：亿美元

2022年位次	国家和地区	2016年	2017年	2018年	2019年	2020年	2021年	2022年	2023年	2024年
1	美国	186951	194774	205331	213810	210605	233151	254627	269496	279666
2	中国大陆	112269	122653	138418	143406	148626	177593	178863	177009	185600
3	日本	50037	49308	50409	51180	50507	50119	42375	42309	42862
4	德国	34689	36895	39762	38896	38846	42813	40857	44298	47009
5	印度	22948	26515	27029	28356	26716	31503	33897	37322	41054
6	英国	27097	26856	28818	28587	27065	31232	30819	33321	35878
7	法国	24723	25942	27922	27292	26453	29584	27801	30490	31835
8	俄罗斯	12806	15751	16530	16957	14881	18366	22442	18625	19043
9	加拿大	15280	16493	17253	17437	16476	20015	21379	21178	22386
10	意大利	18766	19611	20929	20115	18957	21158	20120	21861	22841
11	巴西	17966	20635	19169	18733	14761	16496	19200	21268	22651
12	澳大利亚	12635	13817	14171	13855	13608	16453	17026	16877	16857
13	韩国	14994	16231	17254	16514	16447	18184	16739	17092	17848
14	墨西哥	11122	11907	12563	13052	11207	13126	14659	18115	19941
15	西班牙	12332	13128	14223	13945	12771	14466	14189	15821	16765
16	印度尼西亚	9321	10155	10427	11195	10625	11877	13188	14174	15424
17	沙特阿拉伯	6660	7150	8466	8386	7343	8686	11081	10694	11095
18	荷兰	7838	8336	9145	9103	9091	10304	10102	10927	11579
19	土耳其	8693	8589	7802	7605	7202	8183	9058	11546	13407
20	瑞士	6876	6954	7258	7218	7411	8124	8185	9057	9779
21	中国台湾	5431	5907	6092	6114	6732	7757	7605	7519	7916
22	波兰	4697	5248	5888	5960	5995	6814	6907	8422	8801
23	阿根廷	5568	6439	5244	4518	3891	4874	6306	6218	6326
24	瑞典	5157	5410	5555	5339	5471	6397	5912	5971	6207
25	挪威	3710	4017	4398	4087	3676	4903	5794	5468	5677
26	比利时	4759	5026	5435	5359	5248	5947	5791	6275	6581

续表

2022 年位次	国家和地区	2016 年	2017 年	2018 年	2019 年	2020 年	2021 年	2022 年	2023 年	2024 年
27	爱尔兰	2985	3371	3869	3990	4283	5137	5336	5896	6296
28	以色列	3210	3572	3752	3997	4117	4897	5250	5217	5398
29	阿联酋	3693	3905	4270	4180	3495	4152	5071	5092	5368
30	泰国	4134	4564	5068	5440	5005	5056	4954	5122	5432
31	尼日利亚	4046	3757	4217	4481	4294	4414	4774	3900	3949
32	埃及	3514	2468	2632	3179	3825	4233	4752	3984	3578
33	奥地利	3957	4171	4552	4447	4349	4807	4710	5262	5523
34	新加坡	3190	3433	3769	3768	3484	4238	4668	4973	5210
35	孟加拉国	2652	2938	3214	3512	3739	4163	4602	4463	4552

注：2023 年及以后为预测值。

资料来源：IMF，World Economic Outlook Database，2023 年 10 月。

表 1-4 人均 GDP：部分国家和地区（2022~2024 年）

市场汇率计人均 GDP（美元）				购买力平价计人均 GDP（国际元）			
2022 年位次	国家和地区	2022 年	2023 年	2024 年	2022 年位次	国家和地区	2022 年	2023 年	2024 年
1	卢森堡	126598	135605	140308	1	卢森堡	141333	143304	145826
2	挪威	105826	99266	102459	2	爱尔兰	132359	137638	143179
3	爱尔兰	103311	112248	117979	3	新加坡	127563	133108	138545
4	瑞士	93657	102866	110246	4	卡塔尔	109160	114210	118148
5	卡塔尔	83521	81968	84899	5	瑞士	86262	89537	92519
6	新加坡	82808	87884	91728	6	阿联酋	84657	88962	92954
7	美国	76343	80412	83063	7	圣马力诺	79633	84135	86894
8	冰岛	74591	78837	87865	8	挪威	78014	82236	84851
9	丹麦	68295	71402	72940	9	美国	76343	80412	83063
10	澳大利亚	64814	63487	62596	10	丹麦	71332	74958	77480

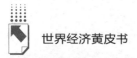
续表

市场汇率计人均GDP（美元）				购买力平价计人均GDP（国际元）			
2022年位次	国家和地区	2022年	2023年	2024年	2022年位次	国家和地区	2022年	2023年	2024年
11	荷兰	57428	61770	65195	11	荷兰	70728	73317	75541
12	瑞典	56188	55216	56894	12	文莱	70576	72610	76864
13	加拿大	55037	53247	55528	13	中国台湾	69290	72485	76326
14	以色列	54337	53196	54059	14	中国香港	67880	72861	76154
15	圣马力诺	52447	58541	61493	15	冰岛	67176	69833	72492
16	奥地利	52192	58013	60594	16	奥地利	66889	69069	70821
17	阿联酋	51400	50602	52407	17	沙特阿拉伯	66836	68453	71365
18	芬兰	51030	54507	56157	18	安道尔	66155	68232	69042
19	比利时	49843	53657	56085	19	瑞典	66091	66209	67530
20	德国	48756	52824	56037	20	德国	64086	66038	68129
40	巴林	28781	28464	29081	40	西班牙	47711	50472	52272
41	斯洛文尼亚	28527	32350	34914	41	立陶宛	47107	49245	52200
42	爱沙尼亚	28136	30998	33018	42	爱沙尼亚	44630	45236	47383
43	捷克	26832	30475	32391	43	波兰	43624	45538	47700
44	立陶宛	24989	28482	31119	44	圭亚那	42699	61099	78841
45	葡萄牙	24540	26879	28123	45	葡萄牙	42692	45227	46903
46	阿曼	23240	21266	21381	46	匈牙利	42121	43601	46037
47	拉脱维亚	21947	24929	26952	47	巴哈马群岛	42023	44950	46299
48	斯洛伐克	21263	24471	26714	48	波多黎各	40285	41682	42755
49	特立尼达和多巴哥	21253	19622	20739	49	斯洛伐克	40211	42228	44259
50	希腊	20960	23173	24513	50	克罗地亚	40128	42873	45087
—	—	—	—	—	70	哥斯达黎加	25000	26809	28025
70	中国大陆	12670	12541	13156	76	中国大陆	21404	23309	24839
100	厄瓜多尔	6389	6500	6630	100	秘鲁	15310	15894	16534

续表

市场汇率计人均GDP（美元）				购买力平价计人均GDP（国际元）				
2022年位次	国家和地区	2022年	2023年	2024年	2022年位次	国家和地区	2022年	2023年	2024年
120	阿尔及利亚	4307	4875	5130	120	萨尔瓦多	11097	11717	12172
180	苏丹	723	534	526	180	基里巴斯	2271	2381	2457
185	尼日尔	592	631	696	185	乍得	1724	1807	1863

注：表中仅列出部分国家和地区，排名时以所展示年份有数据的国家和地区为准。各国家和地区购买力平价（PPP）数据参见IMF，World Economic Outlook Database，IMF并不直接计算PPP数据，而是根据世界银行、OECD、Penn World Tables等国际组织的原始资料进行计算。表中2023年及以后为预测值。

资料来源：IMF，World Economic Outlook Database，2023年10月。

（二）世界通货膨胀、就业形势回顾与展望

表2-1 通货膨胀率回顾与展望：部分国家和地区（2018~2028年）

单位：%

2022年位次	国家和地区	2018年	2019年	2020年	2021年	2022年	2023年	2024年	2028年
1	津巴布韦	10.6	255.3	557.2	98.5	193.4	314.5	222.4	20.8
2	委内瑞拉	65374.1	19906.0	2355.1	1588.5	186.5	360.0	200.0	—
3	黎巴嫩	6.1	2.9	84.9	154.8	171.2	—	—	—
4	苏丹	63.3	51.0	163.3	359.1	138.8	256.2	152.4	39.0
5	阿根廷	34.3	53.5	42.0	48.4	72.4	121.7	93.7	32.5
6	土耳其	16.3	15.2	12.3	19.6	72.3	51.2	62.5	37.4
7	苏里南	6.9	4.4	34.9	59.1	52.4	53.3	30.9	5.0
8	伊朗	30.2	34.7	36.4	40.2	45.8	47.0	32.5	25.0
9	斯里兰卡	4.3	4.3	4.6	6.0	45.2	—	—	—
10	埃塞俄比亚	13.8	15.8	20.4	26.8	33.9	29.1	20.7	12.6
20	爱沙尼亚	3.4	2.3	-0.6	4.5	19.4	10.0	3.8	2.5
22	立陶宛	2.5	2.2	1.1	4.6	18.9	9.3	3.9	2.4
25	拉脱维亚	2.6	2.7	0.1	3.2	17.2	9.9	4.2	2.3
29	捷克	2.1	2.8	3.2	3.8	15.1	10.9	4.6	2.0

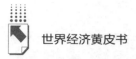

续表

2022年位次	国家和地区	2018年	2019年	2020年	2021年	2022年	2023年	2024年	2028年
31	匈牙利	2.8	3.4	3.3	5.1	14.5	17.7	6.6	3.1
32	波兰	1.8	2.2	3.4	5.1	14.4	12.0	6.4	2.5
40	俄罗斯	2.9	4.5	3.4	6.7	13.8	5.3	6.3	4.0
48	斯洛伐克	2.5	2.8	2.0	2.8	12.1	10.9	4.8	1.8
52	智利	2.3	2.2	3.0	4.5	11.6	7.8	3.6	3.0
53	荷兰	1.6	2.7	1.1	2.8	11.6	4.0	4.2	2.0
64	比利时	2.3	1.3	0.4	3.2	10.3	2.5	4.3	2.0
71	希腊	0.8	0.5	−1.3	0.6	9.3	4.1	2.8	1.9
72	巴西	3.7	3.7	3.2	8.3	9.3	4.7	4.5	3.0
77	英国	2.5	1.8	0.9	2.6	9.1	7.7	3.7	2.0
78	斯洛文尼亚	1.7	1.6	−0.1	1.9	8.8	7.4	4.2	1.9
81	意大利	1.2	0.6	−0.1	1.9	8.7	6.0	2.6	2.0
82	德国	1.9	1.4	0.4	3.2	8.7	6.3	3.5	2.0
84	奥地利	2.1	1.5	1.4	2.8	8.6	7.8	3.7	2.0
85	丹麦	0.7	0.7	0.3	1.9	8.5	4.2	2.8	2.0
88	西班牙	1.7	0.8	−0.3	3.0	8.3	3.5	3.9	1.7
90	冰岛	2.7	3.0	2.8	4.5	8.3	8.6	4.5	2.5
94	卢森堡	2.0	1.7	0.0	3.5	8.1	3.2	3.3	2.0
95	葡萄牙	1.2	0.3	−0.1	0.9	8.1	5.3	3.4	2.0
97	爱尔兰	0.7	0.9	−0.5	2.4	8.1	5.2	3.0	2.0
98	瑞典	2.0	1.7	0.7	2.7	8.1	6.9	3.6	2.0
99	美国	2.4	1.8	1.3	4.7	8.0	4.1	2.8	2.1
102	墨西哥	4.9	3.6	3.4	5.7	7.9	5.5	3.8	3.0
110	新西兰	1.6	1.6	1.7	3.9	7.2	4.9	2.7	2.0
111	芬兰	1.2	1.1	0.4	2.1	7.2	4.5	1.9	2.0
117	加拿大	2.3	1.9	0.7	3.4	6.8	3.6	2.4	2.0
120	印度	3.4	4.8	6.2	5.5	6.7	5.5	4.6	4.0
123	澳大利亚	1.9	1.6	0.9	2.8	6.6	5.8	4.0	2.6
131	新加坡	0.4	0.6	−0.2	2.3	6.1	5.5	3.5	2.0
136	法国	2.1	1.3	0.5	2.1	5.9	5.6	2.5	1.6

续表

2022年位次	国家和地区	2018年	2019年	2020年	2021年	2022年	2023年	2024年	2028年
142	挪威	2.8	2.2	1.3	3.5	5.8	5.8	3.7	2.0
153	韩国	1.5	0.4	0.5	2.5	5.1	3.4	2.3	2.0
163	以色列	0.8	0.8	−0.6	1.5	4.4	4.3	3.0	2.1
169	印度尼西亚	3.3	2.8	2.0	1.6	4.2	3.6	2.5	1.6
181	瑞士	0.9	0.4	−0.7	0.6	2.8	2.2	2.0	1.5
187	日本	1.0	0.5	0.0	−0.2	2.5	3.2	2.9	1.6
188	沙特阿拉伯	2.5	−2.1	3.4	3.1	2.5	2.5	2.2	2.0
190	中国	1.9	2.9	2.5	0.9	1.9	0.7	1.7	2.2

注：表中以消费者物价指数衡量的通货膨胀率，年度平均值。按照当年的数值从高到低进行排序，排序仅考虑在当年有相应数据的国家。表中2023年及以后为预测值。

资料来源：IMF，World Economic Outlook Database，2023年10月。

表2-2 失业率：部分发达经济体（2018~2028年）

单位：%

国家和地区	2018年	2019年	2020年	2021年	2022年	2023年	2024年	2028年
澳大利亚	5.3	5.2	6.5	5.1	3.7	3.7	4.3	4.9
奥地利	5.2	4.8	5.5	6.2	4.8	5.1	5.4	5.0
比利时	6.0	5.4	5.6	6.3	5.6	5.7	5.7	5.4
加拿大	5.9	5.7	9.7	7.5	5.3	5.5	6.3	6.0
塞浦路斯	8.4	7.1	7.6	7.5	6.8	6.7	6.4	5.5
捷克	2.1	1.9	2.4	2.7	2.1	2.8	2.6	2.2
丹麦	5.1	5.0	5.6	5.1	4.5	5.0	5.0	5.0
爱沙尼亚	5.4	4.4	6.8	6.2	5.6	6.7	7.1	6.4
芬兰	7.4	6.7	7.8	7.6	6.8	7.3	7.4	6.8
法国	9.0	8.4	8.0	7.9	7.3	7.4	7.3	6.7
德国	3.2	3.0	3.6	3.6	3.1	3.3	3.3	3.0
希腊	19.3	17.3	16.3	14.8	12.4	10.8	9.3	5.7
中国香港	2.8	2.9	5.8	5.2	4.3	3.2	3.1	2.8
冰岛	3.1	3.9	6.4	6.0	3.8	3.4	3.8	4.0

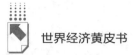
世界经济黄皮书

续表

国家和地区	2018 年	2019 年	2020 年	2021 年	2022 年	2023 年	2024 年	2028 年
爱尔兰	5.8	5.0	5.8	6.3	4.5	4.1	4.2	4.6
以色列	4.0	3.8	4.3	5.0	3.8	3.5	3.9	4.0
意大利	10.6	9.9	9.3	9.5	8.1	7.9	8.0	8.3
日本	2.4	2.4	2.8	2.8	2.6	2.5	2.3	2.3
韩国	3.8	3.8	3.9	3.7	2.9	2.7	3.2	3.2
拉脱维亚	7.4	6.3	8.1	7.6	6.9	6.7	6.6	6.4
立陶宛	6.1	6.3	8.5	7.1	5.9	6.5	6.3	6.0
马耳他	3.7	3.6	4.4	3.4	2.9	3.1	3.2	3.3
荷兰	4.9	4.4	4.9	4.2	3.5	3.7	4.1	5.2
新西兰	4.3	4.1	4.6	3.8	3.3	3.8	4.9	4.4
挪威	3.9	3.7	4.6	4.4	3.3	3.6	3.8	3.8
葡萄牙	7.2	6.7	7.1	6.6	6.1	6.6	6.5	6.2
圣马力诺	8.0	7.7	7.3	5.2	4.3	4.0	3.9	3.9
新加坡	2.1	2.3	3.0	2.7	2.1	1.8	1.8	1.7
斯洛伐克	6.5	5.7	6.6	6.8	6.2	6.1	5.9	5.9
斯洛文尼亚	5.1	4.5	5.0	4.7	4.0	3.6	3.8	4.0
西班牙	15.3	14.1	15.5	14.8	12.9	11.8	11.3	11.0
瑞典	6.5	7.0	8.5	8.8	7.5	7.5	8.1	7.5
瑞士	2.5	2.3	3.2	3.0	2.2	2.1	2.3	2.4
英国	4.1	3.8	4.6	4.5	3.7	4.2	4.6	4.2
美国	3.9	3.7	8.1	5.4	3.6	3.6	3.8	3.5

注：表中 2023 年及以后为预测值。
资料来源：IMF，World Economic Outlook Database，2023 年 10 月。

（三）世界财政形势回顾与展望

表 3-1　广义政府财政余额与 GDP 之比：发达经济体（2016~2028 年）										
									单位：%	
国家和地区	2016 年	2017 年	2018 年	2019 年	2020 年	2021 年	2022 年	2023 年	2024 年	2028 年
澳大利亚	-2.4	-1.7	-1.3	-4.4	-8.7	-6.5	-2.3	-1.4	-2.2	-1.2
奥地利	-1.5	-0.8	0.2	0.6	-8.0	-5.8	-3.2	-2.4	-2.0	-1.5

372

续表

国家和地区	2016 年	2017 年	2018 年	2019 年	2020 年	2021 年	2022 年	2023 年	2024 年	2028 年
比利时	−2.4	−0.7	−0.9	−2.0	−9.0	−5.5	−3.9	−4.9	−4.8	−5.5
加拿大	−0.5	−0.1	0.4	0.0	−10.9	−4.4	−0.8	−0.7	−0.6	−0.2
塞浦路斯	0.3	1.9	−3.6	1.3	−5.8	−2.0	2.1	1.9	1.7	0.9
捷克	0.7	1.5	0.9	0.3	−5.8	−5.1	−3.6	−4.1	−2.3	−1.4
丹麦	−0.1	1.8	0.8	4.1	0.4	4.1	3.4	1.8	0.9	0.0
爱沙尼亚	−1.0	−1.0	−1.1	0.1	−5.5	−2.4	−0.9	−3.9	−3.2	−2.5
芬兰	−1.7	−0.7	−0.9	−0.9	−5.6	−2.8	−0.9	−2.6	−2.5	−1.1
法国	−3.6	−3.0	−2.3	−3.1	−9.0	−6.5	−4.8	−4.9	−4.5	−3.6
德国	1.2	1.3	2.0	1.5	−4.3	−3.6	−2.5	−2.9	−1.7	−0.5
希腊	0.3	0.9	0.8	0.0	−10.5	−7.7	−2.3	−1.6	−0.8	−1.2
中国香港	4.4	5.5	2.4	−0.6	−9.2	0.0	−6.6	−3.9	−1.0	1.3
冰岛	12.5	1.0	1.0	−1.6	−8.9	−8.5	−4.1	−0.9	−1.2	−0.9
爱尔兰	−0.8	−0.3	0.1	0.5	−5.0	−1.6	1.6	1.7	1.8	0.9
以色列	−1.7	−1.2	−3.6	−3.9	−10.8	−3.7	0.6	−1.6	−2.1	−3.7
意大利	−2.4	−2.4	−2.2	−1.5	−9.7	−9.0	−8.0	−5.0	−4.0	−2.5
日本	−3.6	−3.1	−2.5	−3.0	−9.1	−6.2	−6.9	−5.6	−3.7	−3.3
韩国	1.6	2.2	2.6	0.4	−2.2	0.0	−1.6	−1.2	−0.9	0.0
拉脱维亚	−0.4	−0.8	−0.7	−0.4	−3.7	−5.4	−3.7	−3.7	−1.8	−0.9
立陶宛	0.3	0.5	0.6	0.3	−7.2	−1.0	−0.6	−1.8	−1.4	−1.0
马耳他	1.1	3.3	2.0	0.5	−9.5	−7.7	−5.7	−5.2	−3.9	−1.6
荷兰	0.1	1.4	1.5	1.8	−3.7	−2.3	−0.1	−2.1	−1.9	−2.5
新西兰	1.0	1.4	1.3	−2.5	−4.4	−3.5	−3.5	−3.4	−3.5	0.0
挪威	4.0	5.0	7.8	6.5	−2.6	10.0	25.3	15.1	14.4	9.8
葡萄牙	−1.9	−3.0	−0.3	0.1	−5.8	−2.9	−0.4	−0.2	−0.1	−0.2
圣马力诺	−0.2	−3.5	−1.6	−0.1	−37.6	−16.4	−0.4	−2.7	−1.8	−0.4
新加坡	3.3	5.3	3.7	3.8	−6.8	1.2	0.8	3.2	2.8	2.7
斯洛伐克	−2.6	−1.0	−1.0	−1.2	−5.4	−5.4	−2.0	−5.5	−4.4	−3.9
斯洛文尼亚	−1.9	−0.1	0.7	0.7	−7.6	−4.6	−3.1	−3.5	−2.7	−1.7
西班牙	−4.3	−3.1	−2.6	−3.1	−10.1	−6.8	−4.7	−3.9	−3.0	−3.4
瑞典	1.0	1.4	0.8	0.6	−2.8	−0.1	0.7	−0.4	−0.6	0.4

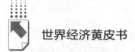
续表

国家和地区	2016年	2017年	2018年	2019年	2020年	2021年	2022年	2023年	2024年	2028年
瑞士	0.2	1.1	1.3	1.3	-3.0	-0.3	0.9	0.1	0.4	0.2
英国	-3.3	-2.4	-2.2	-2.2	-13.0	-8.3	-5.5	-4.5	-3.9	-3.5
美国	-4.4	-4.8	-5.3	-5.7	-14.0	-11.6	-3.7	-8.2	-7.4	-7.0

注：广义政府财政余额对应的英文统计口径为 General Government Net Lending/Borrowing，等于政府财政收入和财政支出之差。取值为正代表财政盈余，为负代表财政赤字。表中 2023 年及以后为预测值。

资料来源：IMF，World Economic Outlook Database，2023 年 10 月。

表3-2　广义政府财政余额与GDP之比：部分新兴市场和发展中国家（2016~2028年）

单位：%

国家和地区	2016年	2017年	2018年	2019年	2020年	2021年	2022年	2023年	2024年	2028年
阿根廷	-6.7	-6.7	-5.4	-4.4	-8.6	-4.3	-3.8	-4.0	-3.7	0.1
孟加拉国	-3.2	-4.2	-4.1	-5.4	-4.8	-3.6	-4.1	-4.5	-4.5	-5.0
玻利维亚	-7.2	-7.8	-8.1	-7.2	-12.7	-9.3	-7.1	-5.7	-5.7	-4.0
巴西	-7.6	-8.5	-7.0	-5.0	-11.9	-2.5	-3.1	-7.1	-6.0	-4.4
智利	-2.7	-2.6	-1.5	-2.7	-7.1	-7.5	1.4	-1.6	-1.3	0.2
中国	-3.4	-3.4	-4.3	-6.1	-9.7	-6.0	-7.5	-7.1	-7.0	-7.8
埃及	-11.8	-9.9	-9.0	-7.6	-7.5	-7.0	-5.8	-4.6	-10.7	-7.8
印度	-7.1	-6.2	-6.4	-7.7	-12.9	-9.6	-9.2	-8.8	-8.5	-7.2
印度尼西亚	-2.5	-2.5	-1.8	-2.2	-6.1	-4.5	-2.3	-2.2	-2.2	-2.0
伊朗	-1.8	-1.6	-1.6	-4.5	-5.8	-4.2	-4.1	-5.5	-5.7	-6.9
伊拉克	-14.5	-1.5	7.8	0.8	-12.9	-0.4	7.6	-7.7	-7.8	-9.6
马来西亚	-2.6	-2.4	-2.6	-2.0	-4.9	-5.8	-5.9	-4.7	-4.4	-4.2
墨西哥	-2.7	-1.0	-2.1	-2.3	-4.3	-3.8	-4.3	-3.9	-5.4	-2.7
蒙古国	-15.3	-3.7	2.9	1.0	-9.2	-3.0	0.7	-0.7	-2.8	-2.4
缅甸	-3.9	-2.9	-3.4	-3.9	-5.6	-11.0	-5.1	-4.5	-4.6	-3.4
菲律宾	-0.7	-0.8	-1.5	-1.5	-5.5	-6.2	-5.5	-4.8	-4.3	-2.3
罗马尼亚	-2.5	-2.9	-2.7	-4.6	-9.6	-6.7	-5.8	-6.3	-6.0	-5.5
俄罗斯	-3.7	-1.5	2.9	1.9	-4.0	0.8	-1.4	-3.7	-2.6	0.3
南非	-3.7	-4.0	-3.7	-4.7	-9.6	-5.5	-4.7	-6.4	-6.5	-6.7
泰国	0.6	-0.4	0.1	-0.8	-4.5	-7.0	-4.6	-2.9	-2.7	-2.4

续表

国家和地区	2016 年	2017 年	2018 年	2019 年	2020 年	2021 年	2022 年	2023 年	2024 年	2028 年
土耳其	-2.3	-2.2	-3.8	-4.7	-5.1	-4.0	-1.7	-5.4	-3.7	-3.4
乌克兰	-2.5	-2.4	-2.1	-2.1	-5.9	-4.0	-15.7	-19.1	-17.8	-2.0
阿联酋	-3.1	-0.2	3.8	2.6	-2.5	4.0	9.9	5.1	4.4	3.1
乌兹别克斯坦	0.7	1.1	2.0	-0.3	-3.3	-4.6	-4.2	-4.6	-3.9	-2.9
委内瑞拉	-8.5	-13.3	-30.3	-10.0	-5.0	-4.6	-6.0	—	—	—
越南	-3.2	-2.0	-1.0	-0.4	-2.9	-1.4	0.3	-1.3	-1.7	-2.0

注：广义政府财政余额对应的英文统计口径为 General Government Net Lending/Borrowing，等于政府财政收入和财政支出之差。取值为正代表财政盈余，为负代表财政赤字。表中 2023 年及以后为预测值。

资料来源：IMF，World Economic Outlook Database，2023 年 10 月。

表 3-3 广义政府债务与 GDP 之比：部分国家和地区（2016~2028 年）

单位：%

2022 年位次	国家和地区	2016 年	2017 年	2018 年	2019 年	2020 年	2021 年	2022 年	2023 年	2024 年	2028 年
1	黎巴嫩	146.4	150.0	155.1	172.3	150.6	349.9	283.2	—	—	—
2	日本	232.4	231.3	232.4	236.4	258.6	255.1	260.1	255.2	251.9	252.8
3	苏丹	109.9	149.5	186.7	200.2	275.2	187.9	186.2	256.0	238.8	244.6
4	希腊	183.7	183.2	190.7	185.5	212.4	200.7	178.1	168.0	160.2	145.3
5	新加坡	106.5	107.8	109.4	127.8	149.0	147.7	167.5	167.9	168.3	170.2
6	委内瑞拉	138.4	133.6	174.6	205.1	327.7	248.4	159.5	—	—	—
7	意大利	134.8	134.2	134.4	134.2	154.9	149.9	144.4	143.7	143.2	140.1
8	老挝	54.5	57.2	60.6	69.1	76.0	92.4	128.5	121.7	118.8	103.1
9	不丹	117.3	111.7	113.4	106.5	122.8	132.4	127.3	123.4	122.8	116.8
10	佛得角	115.4	112.8	112.0	110.0	144.6	147.6	127.3	113.1	109.7	90.6
12	美国	107.2	106.2	107.4	108.7	133.5	126.4	121.3	123.3	126.9	137.5
17	葡萄牙	131.5	126.1	121.5	116.6	134.9	125.4	113.9	108.4	104.0	89.7
18	法国	98.0	98.1	97.8	97.4	114.7	113.0	111.8	110.0	110.5	110.8
19	西班牙	102.7	101.8	100.4	98.2	120.3	116.8	111.6	107.3	104.7	103.8
20	加拿大	92.4	90.9	90.8	90.2	118.9	115.1	107.4	106.4	103.3	94.7
21	比利时	105.0	102.0	99.9	97.6	112.0	109.1	105.1	106.0	106.8	115.9

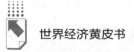

续表

2022年位次	国家和地区	2016年	2017年	2018年	2019年	2020年	2021年	2022年	2023年	2024年	2028年
22	英国	86.6	85.6	85.2	84.5	104.6	105.2	101.9	104.1	105.9	108.2
38	巴西	77.4	82.7	84.8	87.1	96.0	90.1	85.3	88.1	90.3	96.0
39	阿根廷	53.1	57.0	85.2	88.8	102.8	80.8	84.7	89.5	79.9	69.5
42	印度	68.9	69.7	70.4	75.0	88.5	83.8	81.0	81.9	82.3	80.5
46	奥地利	82.5	78.6	74.1	70.6	82.9	82.3	78.5	74.8	74.0	68.2
50	中国	50.7	55.0	56.7	60.4	70.1	71.8	77.0	83.0	87.4	104.3
58	匈牙利	74.9	72.1	69.1	65.3	79.3	76.6	73.3	68.7	65.7	57.6
59	斯洛文尼亚	78.5	74.2	70.3	65.4	79.6	74.4	72.6	68.5	66.5	61.3
60	芬兰	68.0	66.0	64.8	64.9	74.7	72.5	72.5	73.6	76.5	80.3
65	冰岛	82.5	71.7	63.2	66.5	77.7	75.4	68.9	61.2	54.6	41.8
72	德国	69.0	65.2	61.9	59.5	68.7	69.0	66.1	65.9	64.0	57.5
82	以色列	61.8	59.8	60.1	59.2	70.9	67.8	60.7	58.2	56.8	56.9
90	斯洛伐克	52.3	51.5	49.4	48.0	58.9	61.0	57.8	56.7	56.5	63.0
98	墨西哥	55.0	52.5	52.2	51.9	58.5	56.9	54.1	52.7	54.7	56.3
100	韩国	41.2	40.1	40.0	42.1	48.7	51.3	53.8	54.3	55.6	57.9
109	澳大利亚	40.6	41.2	41.8	46.7	57.2	55.9	50.7	51.9	55.6	54.9
112	荷兰	61.9	57.0	52.4	48.5	54.7	51.6	50.1	49.5	48.6	50.3
116	波兰	54.5	50.8	48.7	45.7	57.2	53.6	49.1	49.8	52.2	58.6
121	新西兰	33.4	31.1	28.1	31.8	43.3	47.4	46.4	46.1	49.9	47.7
126	爱尔兰	74.4	67.4	62.9	57.1	58.1	54.4	44.4	42.7	39.0	29.5
127	捷克	36.6	34.2	32.1	30.0	37.7	42.0	44.2	45.4	44.4	42.9
136	瑞士	40.9	41.8	39.8	39.6	43.2	41.1	40.9	39.5	37.7	32.6
137	拉脱维亚	40.4	39.0	37.0	36.5	42.0	43.7	40.8	40.6	39.5	36.0
140	印度尼西亚	28.0	29.4	30.4	30.6	39.7	41.1	40.1	39.0	38.6	37.2
145	立陶宛	39.9	39.3	33.7	35.8	46.3	43.7	38.1	36.1	34.4	30.1
146	智利	21.1	23.7	25.8	28.3	32.4	36.3	38.0	38.4	41.2	42.1
149	挪威	37.9	38.3	39.4	40.6	46.1	42.8	37.1	37.4	36.3	34.5
157	瑞典	42.3	40.7	39.2	35.5	39.8	36.4	32.7	32.3	32.6	29.7
160	土耳其	27.9	27.9	30.0	32.6	39.6	41.8	31.7	34.4	31.9	32.2
164	丹麦	37.2	35.9	34.0	33.7	42.3	36.0	29.7	30.1	29.0	28.6

续表

2022年位次	国家和地区	2016年	2017年	2018年	2019年	2020年	2021年	2022年	2023年	2024年	2028年
168	卢森堡	19.6	21.8	20.9	22.4	24.6	24.5	24.8	27.6	29.3	30.4
171	沙特阿拉伯	12.7	16.5	17.6	21.6	31.0	28.8	23.8	24.1	22.4	16.9
176	俄罗斯	14.8	14.3	13.6	13.7	19.2	16.5	18.9	21.2	21.8	18.2
177	爱沙尼亚	10.0	9.1	8.2	8.5	18.6	17.8	18.5	21.6	24.0	30.5

注：表中按照当年的数值从高到低进行排序，排序仅考虑在当年有相应数据的国家。表中2023年及以后为预测值。

资料来源：IMF，World Economic Outlook Database，2023年10月。

（四）世界金融形势回顾与展望

表4-1 广义货币供应量年增长率：部分国家和地区（2018~2022年）

单位：%

国家和地区	2018年	2019年	2020年	2021年	2022年
阿根廷	40.5	21.9	63.9	53.3	70.1
爱尔兰	5.1	16.0	21.0	8.2	3.4
爱沙尼亚	10.5	9.5	19.4	20.2	1.1
奥地利	7.9	4.4	9.3	4.7	3.0
巴西	10.4	8.7	29.0	8.1	18.1
比利时	5.0	5.1	7.9	5.1	1.7
冰岛	8.0	3.7	22.5	16.4	7.5
丹麦	3.2	5.0	10.0	0.6	9.7
俄罗斯	11.0	9.7	13.5	13.0	24.4
法国	5.6	7.5	15.9	6.8	5.8
芬兰	1.8	3.8	14.4	6.3	1.2
韩国	6.7	7.9	9.8	12.9	4.0
加拿大	5.2	7.7	17.8	8.7	3.5
捷克	5.6	7.0	10.7	7.0	5.0
美国	3.6	6.7	24.9	12.5	−1.0
墨西哥	5.0	5.8	11.3	10.0	9.7

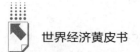

续表

国家和地区	2018 年	2019 年	2020 年	2021 年	2022 年
南非	3.2	4.8	15.0	5.1	6.5
挪威	5.3	4.2	12.1	10.4	5.6
欧盟	4.3	5.8	10.9	7.1	3.9
日本	2.4	2.1	7.6	3.2	2.5
沙特阿拉伯	2.2	7.6	9.7	4.9	6.0
土耳其	19.1	26.1	36.0	53.6	60.7
新加坡	5.1	4.4	10.7	9.7	7.8
新西兰	6.4	4.7	12.2	7.1	1.8
匈牙利	12.5	9.5	21.3	16.0	5.9
以色列	2.0	6.3	26.0	17.5	4.9
意大利	2.7	5.5	11.0	7.4	0.0
印度	14.0	12.4	19.4	16.2	7.7
印度尼西亚	6.3	6.5	12.5	14.0	8.4
英国	3.1	1.2	14.7	6.1	3.0
智利	10.7	10.3	4.9	12.2	2.6
中国	8.1	8.7	10.1	9.0	11.8

资料来源：CEIC 数据库，2023 年 10 月。

表 4-2　汇率：部分国家和地区（2016~2023 年）

单位：本币 / 美元

币种	2016 年	2017 年	2018 年	2019 年	2020 年	2021 年	2022 年	2023 年
欧元	0.90	0.89	0.85	0.89	0.88	0.85	0.95	0.92
日元	108.79	112.17	110.42	109.01	106.77	109.75	131.50	137.98
英镑	0.74	0.78	0.75	0.78	0.78	0.73	0.81	0.80
阿根廷比索	14.76	16.56	28.09	48.15	70.54	94.99	130.62	—
澳大利亚元	1.35	1.30	1.34	1.44	1.45	1.33	1.44	1.49
巴西雷亚尔	3.49	3.19	3.65	3.94	5.16	5.39	5.16	5.01
加拿大元	1.33	1.30	1.30	1.33	1.34	1.25	1.30	1.35
人民币	6.64	6.76	6.62	6.91	6.90	6.45	6.74	7.03

续表

币种	2016 年	2017 年	2018 年	2019 年	2020 年	2021 年	2022 年	2023 年
印度卢比	67.20	65.12	68.39	70.42	74.10	73.92	78.60	82.38
韩元	1160.77	1131.00	1100.16	1165.36	1180.27	1143.95	1291.45	1300.38
墨西哥比索	18.66	18.93	19.24	19.26	21.49	20.27	20.13	17.82
俄罗斯卢布	67.06	58.34	62.67	64.74	72.10	73.65	68.48	—
南非兰特	14.71	13.32	13.23	14.45	16.46	14.78	16.36	18.35
土耳其里拉	3.02	3.65	4.83	5.67	7.01	8.85	16.55	—

注：2016~2022 年为年内均值，2023 年为前三季度均值。
资料来源：IMF 国际金融统计，2023 年 10 月。

表 4-3　股票价格指数：全球主要证券交易所（2018~2022 年）

国家	指标名称	2018 年	2019 年	2020 年	2021 年	2022 年
美国	标准普尔 500 指数	2746	2913	3218	4273	4099
英国	金融时报 100 指数	7363	7276	6276	7003	7357
法国	CAC40 指数	5294	5458	5078	6427	6434
德国	DAX 指数	12270	12109	12339	15210	13875
瑞士	苏黎士市场指数	8904	9748	10143	11681	11350
比利时	BFX 指数	3772	3644	3412	4082	3829
荷兰	AEX 指数	543	559	560	737	702
挪威	OSEAX 指数	976	978	922	1205	1366
意大利	ITLMS 指数	23724	23380	21891	27516	25782
西班牙	SMSI 指数	971	922	753	863	822
瑞典	OMXSPI 指数	576	610	675	924	818
俄罗斯	RTS 指数	1163	1312	1259	1611	1174
以色列	TA-100 指数	1396	1483	1438	1782	1992
日本	日经 225 指数	22311	21697	22705	28837	27258
印度	孟买 Sensex30 指数	35400	38355	37941	53796	57833
菲律宾	马尼拉综合指数	7740	7909	6341	6853	6665
马来西亚	吉隆坡指数	1780	1631	1514	1563	1505
印度尼西亚	雅加达综合指数	6087	6296	5249	6229	6959

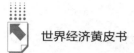
					续表
国家	指标名称	2018 年	2019 年	2020 年	2021 年	2022 年
韩国	KOSPI 指数	2325	2106	2220	3111	2522
新加坡	海峡时报指数	3318	3220	2711	3110	3236
澳大利亚	普通股指数	6104	6539	6238	7451	7283
新西兰	股市 NZ50 指数	8728	10310	11547	12788	11584
加拿大	多伦多 S&P/TSX 综合指数	15748	16315	16017	19828	20178
墨西哥	MXX 指数	47200	42972	39127	49505	50124
巴西	IBOVESPA 指数	81639	100660	98706	116891	109624
阿根廷	MERV 指数	30355	34330	42381	65378	115719
中国大陆	上证综合指数	2943	2920	3128	3540	3226
中国香港	恒生指数	28850	27576	25302	27093	20346
中国台湾	台湾加权指数	10620	10790	12075	16938	15623

资料来源：Wind 数据库，2023 年 10 月。

（五）国际收支形势回顾与展望

表 5-1　国际收支平衡表：部分国家和地区（2018~2022 年）

单位：亿美元

国家	2018 年	2019 年	2020 年	2021 年	2022 年
美国					
经常项目差额	−4399	−4417	−5971	−8315	−9716
货物贸易差额	−8787	−8573	−9129	−10835	−11830
服务贸易差额	3001	2979	2600	2419	2318
主要收入差额	2553	2474	1810	1499	1486
次要收入差额	−1165	−1298	−1252	−1398	−1690
资本项目差额	−43	−65	−56	−25	−46
金融项目差额	−3029	−5584	−6689	−7888	−8048
直接投资—资产	−1307	1149	2867	3941	4263
直接投资—负债	2147	3160	1384	4931	3881
证券投资—资产	3819	−115	4064	7115	3725
证券投资—负债	3031	2335	9466	6142	8102

续表

国家	2018 年	2019 年	2020 年	2021 年	2022 年
金融衍生品差额	−204	−417	−51	−390	−807
其他投资—资产	1736	2075	2571	234	360
其他投资—负债	1944	2828	5380	8857	3664
储备资产变动	50	47	90	1143	58
误差与遗漏	1413	−1101	−662	451	1714
中国					
经常项目差额	241	1029	2488	3529	4019
货物贸易差额	3801	3930	5111	5627	6686
服务贸易差额	−2922	−2611	−1525	−1012	−923
主要收入差额	−614	−392	−1182	−1245	−1936
次要收入差额	−24	103	85	159	191
资本项目差额	−6	−3	−1	1	−3
金融项目差额	−1538	−266	891	2199	3142
直接投资—资产	1430	1369	1537	1788	1497
直接投资—负债	2354	1872	2531	3441	1802
证券投资—资产	535	894	1512	1253	1732
证券投资—负债	1604	1474	2468	1766	−1079
金融衍生品差额	62	24	108	−102	58
其他投资—资产	1418	549	3363	4197	−1386
其他投资—负债	1214	−437	911	1625	−932
储备资产变动	189	−193	280	1895	1031
误差与遗漏	−1774	−1292	−1596	−1331	−874
日本					
经常项目差额	1773	1766	1500	1972	910
货物贸易差额	106	14	266	167	−1174
服务贸易差额	−92	−100	−342	−385	−412
主要收入差额	1941	1978	1818	2405	2687
次要收入差额	−182	−126	−241	−216	−191
资本项目差额	−19	−38	−19	−39	−9
金融项目差额	1830	2271	1299	1540	541

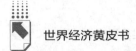

					续表
国家	2018 年	2019 年	2020 年	2021 年	2022 年
直接投资—资产	1602	2583	1501	2100	1754
直接投资—负债	253	400	626	347	475
证券投资—资产	1883	1849	1602	−56	−1749
证券投资—负债	953	982	1243	1900	−366
金融衍生品差额	11	34	79	200	387
其他投资—资产	1478	−95	1571	801	2692
其他投资—负债	2176	965	1672	−115	1937
储备资产变动	239	247	86	628	−498
误差与遗漏	77	543	−182	−393	−360
德国					
经常项目差额	3169	3179	2759	3300	1725
货物贸易差额	2633	2459	2192	2306	1186
服务贸易差额	−186	−151	85	60	−313
主要收入差额	1322	1439	1103	1631	1576
次要收入差额	−600	−568	−622	−697	−725
资本项目差额	13	−41	−106	−15	−195
金融项目差额	2881	2241	2231	2947	2437
直接投资—资产	1959	1728	1549	2147	1789
直接投资—负债	1669	740	1608	959	474
证券投资—资产	1011	1589	1920	2072	193
证券投资—负债	−754	769	1649	−310	−61
金融衍生品差额	268	232	1065	712	456
其他投资—资产	1662	−485	3683	4372	1070
其他投资—负债	1109	−692	2728	6081	706
储备资产变动	5	−6	−1	375	47
误差与遗漏	−301	−897	−422	−338	907

资料来源：IMF 国际收支统计，2023 年 10 月。

表 5-2　经常项目差额与 GDP 之比：部分国家和地区（2018~2028 年）

单位：%

国家和地区	2018 年	2019 年	2020 年	2021 年	2022 年	2023 年	2024 年	2028 年
阿根廷	-5.2	-0.8	0.7	1.4	-0.7	-0.6	1.2	1.0
澳大利亚	-2.2	0.4	2.2	3.0	1.1	0.6	-0.7	-0.9
巴西	-2.9	-3.6	-1.9	-2.8	-2.8	-1.9	-1.8	-2.2
加拿大	-2.4	-2.0	-2.2	-0.3	-0.3	-1.0	-1.0	-2.1
中国大陆	0.2	0.7	1.7	2.0	2.2	1.5	1.4	0.7
埃及	-2.3	-3.4	-2.9	-4.4	-3.5	-1.7	-2.4	-2.7
芬兰	-1.8	-0.3	0.5	0.4	-3.6	-1.7	-0.9	-0.4
法国	-0.8	0.5	-1.6	0.4	-2.0	-1.2	-1.3	-0.4
德国	8.0	8.2	7.1	7.7	4.2	6.0	6.6	6.1
中国香港	3.7	5.9	7.0	11.8	10.6	7.1	6.3	5.2
冰岛	4.3	6.5	0.9	-3.0	-2.0	-0.7	-0.4	1.0
印度	-2.1	-0.9	0.9	-1.2	-2.0	-1.8	-1.8	-2.3
印度尼西亚	-2.9	-2.7	-0.4	0.3	1.0	-0.3	-0.6	-1.5
意大利	2.6	3.3	3.9	3.1	-1.2	0.7	0.9	2.1
日本	3.5	3.4	3.0	3.9	2.1	3.3	3.7	3.2
韩国	4.5	3.6	4.6	4.7	1.8	1.3	1.7	3.1
马来西亚	2.2	3.5	4.2	3.9	3.1	2.7	2.8	3.0
墨西哥	-2.1	-0.4	2.0	-0.6	-1.2	-1.5	-1.4	-0.9
新西兰	-4.2	-2.9	-1.0	-6.0	-9.0	-7.9	-6.5	-4.2
菲律宾	-2.6	-0.8	3.2	-1.5	-4.5	-3.0	-2.6	-1.1
葡萄牙	0.6	0.4	-1.0	-0.8	-1.2	1.3	1.1	0.2
俄罗斯	7.0	3.9	2.4	6.6	10.5	3.4	4.0	2.3
沙特阿拉伯	8.5	4.6	-3.1	5.1	13.6	5.9	5.4	0.5
新加坡	15.7	16.2	16.5	18.0	19.3	16.6	15.2	11.8
南非	-2.9	-2.6	1.9	3.7	-0.5	-2.5	-2.8	-2.1
西班牙	1.9	2.1	0.6	0.8	0.6	2.1	2.0	1.8
瑞典	2.5	5.3	5.9	6.8	4.8	5.4	5.4	4.0
瑞士	5.6	3.9	0.4	8.6	10.2	8.0	8.0	8.0

续表

国家和地区	2018	2019	2020	2021	2022	2023①	2024	2028
中国台湾	11.6	10.7	14.4	15.2	13.3	11.8	12.1	10.9
土耳其	−2.6	1.4	−4.4	−0.9	−5.3	−4.2	−3.0	−2.3
英国	−4.1	−2.8	−3.2	−1.5	−3.8	−3.7	−3.7	−3.5
美国	−2.1	−2.1	−2.8	−3.6	−3.8	−3.0	−2.8	−2.4
越南	1.9	3.8	4.3	−2.2	−0.3	0.2	0.7	1.1

注：表中 2023 年及以后为预测值。

资料来源：IMF，World Economic Outlook Database，2023 年 10 月。

（六）国际贸易形势回顾

表 6-1 货物贸易进出口：部分国家和地区（2019~2022 年）

单位：亿美元

2022年位次	国家和地区	货物出口				2022年位次	国家和地区	货物进口			
		2019年	2020年	2021年	2022年			2019年	2020年	2021年	2022年
	世界	190171	176533	223658	249258		世界	193410	178786	226028	256701
1	中国大陆	24995	25900	33582	35935	1	美国	25674	24069	29353	33758
2	美国	16432	14249	17543	20643	2	中国大陆	20784	20660	26867	27162
3	德国	14894	13825	16367	16576	3	德国	12340	11718	14215	15708
4	荷兰	7086	6746	8400	9667	4	荷兰	6357	5951	7574	8983
5	日本	7056	6413	7560	7469	5	日本	7210	6355	7690	8972
6	韩国	5422	5125	6444	6836	6	英国	6962	6383	6946	8239
7	意大利	5377	4998	6156	6570	7	法国	6547	5813	7151	8183
8	比利时	4469	4218	5489	6352	8	韩国	5033	4676	6151	7314
9	法国	5710	4886	5850	6179	9	印度	4861	3732	5731	7204
10	中国香港	5349	5488	6699	6099	10	意大利	4750	4269	5674	6893

续表

2022年位次	国家和地区	货物出口				2022年位次	国家和地区	货物进口			
		2019年	2020年	2021年	2022年			2019年	2020年	2021年	2022年
	世界	190171	176533	223658	249258		世界	193410	178786	226028	256701
11	加拿大	4488	3908	5076	5991	11	中国香港	5778	5698	7124	6676
12	俄罗斯	4197	3335	4944	5883	12	墨西哥	4671	3933	5225	6263
13	墨西哥	4606	4172	4948	5782	13	比利时	4289	3980	5271	6237
14	阿联酋	3894	3353	4252	5328	14	加拿大	4630	4206	5040	5819
15	英国	4600	3995	4705	5302	15	西班牙	3728	3262	4197	4934
16	新加坡	3908	3625	4574	5158	16	新加坡	3593	3298	4062	4756
17	中国台湾	3306	3472	4477	4778	17	中国台湾	2872	2881	3821	4358
18	印度	3243	2764	3954	4534	18	阿联酋	2884	2470	3475	4205
19	西班牙	3340	3083	3800	4184	19	波兰	2653	2616	3421	3812
20	澳大利亚	2710	2508	3449	4126	20	土耳其	2103	2195	2714	3637
21	沙特阿拉伯	2616	1739	2762	4112	21	越南	2534	2627	3325	3591
22	瑞士	3139	3193	3802	4017	22	瑞士	2778	2920	3241	3565
23	越南	2643	2826	3360	3713	23	澳大利亚	2216	2118	2612	3092
24	波兰	2666	2738	3406	3605	24	泰国	2363	2062	2669	3032
25	马来西亚	2382	2348	2994	3525	25	马来西亚	2050	1909	2382	2943
26	巴西	2211	2092	2808	3341	26	巴西	1932	1663	2347	2922
27	印度尼西亚	1677	1633	2315	2920	27	俄罗斯	2539	2401	3040	2804
28	泰国	2463	2316	2720	2871	28	印度尼西亚	1713	1416	1962	2374

资料来源：WTO Statistics Database Online，2023年10月。

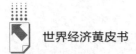
表 6-2　服务贸易进出口：部分国家和地区（2019~2022 年）											
										单位：亿美元	
2022 年位次	国家和地区	服务出口				2022 年位次	国家和地区	服务进口			
		2019 年	2020 年	2021 年	2022 年			2019 年	2020 年	2021 年	2022 年
	世界	62366	51553	61346	70435		世界	59644	48864	56699	65087
1	美国	8686	7043	7782	9000	1	美国	5693	4417	5341	6714
2	英国	4254	3937	4524	4921	2	中国大陆	4970	3775	4381	4615
3	中国大陆	2817	2781	3906	4223	3	德国	3749	3138	3855	4576
4	德国	3507	3131	3817	4062	4	爱尔兰	3758	3728	3465	3728
5	爱尔兰	2572	2906	3469	3548	5	英国	2813	2113	2563	3125
6	法国	2951	2456	3007	3363	6	法国	2669	2247	2582	2858
7	印度	2141	2025	2397	3087	7	荷兰	2654	2178	2490	2636
8	新加坡	2195	2138	2662	2909	8	新加坡	2063	2116	2426	2584
9	荷兰	2740	2267	2489	2704	9	印度	1783	1527	1950	2485
10	西班牙	1562	897	1187	1675	10	日本	2175	1964	2064	2073
11	日本	2050	1600	1660	1633	11	瑞士	1417	1398	1586	1573
12	阿联酋	893	773	1008	1537	12	比利时	1244	1189	1361	1435
13	瑞士	1336	1186	1370	1461	13	加拿大	1255	1053	1144	1352
14	比利时	1210	1182	1351	1370	14	韩国	1289	1029	1229	1348
15	卢森堡	1121	1202	1476	1337	15	意大利	1214	935	1161	1330
16	韩国	1030	888	1204	1323	16	卢森堡	915	981	1199	1112
17	丹麦	830	755	951	1259	17	瑞典	747	674	789	979
18	意大利	1217	845	1025	1231	18	丹麦	762	719	830	971
19	加拿大	1139	985	1101	1222	19	阿联酋	869	605	747	953
20	波兰	702	662	809	953	20	西班牙	857	613	743	866
21	瑞典	773	700	811	941	21	巴西	695	504	569	776
22	以色列	555	535	719	908	22	奥地利	657	555	668	736
23	土耳其	664	379	611	899	23	沙特阿拉伯	552	385	620	701
24	奥地利	760	642	690	805	24	俄罗斯	977	636	750	697
25	中国台湾	515	410	518	582	25	泰国	566	452	576	625
26	挪威	427	340	411	505	26	澳大利亚	700	383	398	623

续表

2022年位次	国家和地区	服务出口				2022年位次	国家和地区	服务进口			
		2019年	2020年	2021年	2022年			2019年	2020年	2021年	2022年
	世界	62366	51553	61346	70435		世界	59644	48864	56699	65087
27	希腊	448	258	413	500	27	波兰	434	401	495	573
28	澳大利亚	701	488	437	500	28	挪威	525	394	419	533
29	俄罗斯	618	479	555	483	29	墨西哥	394	280	385	465
30	葡萄牙	398	253	321	463	30	中国台湾	563	369	391	446

资料来源：WTO Statistics Database Online，2023年10月。

表6-3　原油进出口量：部分国家和地区（2015年和2022年）

单位：千桶/天，%

2022年位次	国家和地区	2015年		2022年		2022年位次	国家和地区	2015年		2022年	
		进口量	占世界比重	进口量	占世界比重			出口量	占世界比重	出口量	占世界比重
	世界	43118	100.0	44640	100.0		世界	40223	100.0	41228	100.0
	OECD	26232	60.8	23853	53.4		OECD	6026	15.0	9766	23.7
1	中国	6731	15.6	10189	22.8	1	沙特阿拉伯	7163	17.4	7364	16.9
2	美国	7363	17.1	6278	14.1	2	俄罗斯	4899	11.9	4780	11.0
3	印度	3936	9.1	4581	10.3	3	伊拉克	3005	7.3	3712	8.5
4	韩国	2782	6.5	2752	6.2	4	美国	465	1.1	3604	8.3
5	日本	3234	7.5	2733	6.1	5	加拿大	2301	5.6	3350	7.7
6	德国	1843	4.3	1776	4.0	6	阿联酋	2441	5.9	2717	6.2
7	西班牙	1307	3.0	1281	2.9	7	科威特	1964	4.8	1879	4.3
8	意大利	1263	2.9	1257	2.8	8	挪威	1235	3.0	1558	3.6
9	荷兰	1056	2.4	1071	2.4	9	尼日利亚	2114	5.1	1388	3.2
10	泰国	874	2.0	914	2.0	10	巴西	736	1.8	1346	3.1
11	英国	855	2.0	836	1.9	11	哈萨克斯坦	1229	3.0	1315	3.0
12	新加坡	806	1.9	835	1.9	12	安哥拉	1711	4.2	1085	2.5
13	法国	1146	2.7	822	1.8	13	墨西哥	1247	3.0	1012	2.3
14	土耳其	506	1.2	674	1.5	14	阿曼	788	1.9	922	2.1

续表

2022年位次	国家和地区	2015年		2022年		2022年位次	国家和地区	2015年		2022年	
		进口量	占世界比重	进口量	占世界比重			出口量	占世界比重	出口量	占世界比重
	世界	43118	100.0	44640	100.0		世界	40223	100.0	41228	100.0
	OECD	26232	60.8	23853	53.4		OECD	6026	15.0	9766	23.7
15	加拿大	565	1.3	648	1.5	15	利比亚	288	0.7	920	2.1
16	比利时	648	1.5	558	1.2	16	伊朗	1081	2.6	901	2.1
17	希腊	446	1.0	442	1.0	17	英国	595	1.4	540	1.2
18	瑞典	406	0.9	378	0.8	18	哥伦比亚	667	1.6	487	1.1
19	马来西亚	179	0.4	317	0.7	19	阿尔及利亚	642	1.6	477	1.1
20	印度尼西亚	374	0.9	311	0.7	20	卡塔尔	491	1.2	475	1.1
21	白俄罗斯	462	1.1	285	0.6	21	阿塞拜疆	663	1.6	441	1.0
22	巴西	252	0.6	274	0.6	22	委内瑞拉	1974	4.8	438	1.0
23	巴林	218	0.5	215	0.5	23	厄瓜多尔	433	1.1	313	0.7
24	阿联酋	38	0.1	187	0.4	24	澳大利亚	222	0.5	244	0.6
25	南非	421	1.0	187	0.4	25	刚果	227	0.6	243	0.6
26	罗马尼亚	136	0.3	179	0.4	26	马来西亚	338	0.8	203	0.5
27	澳大利亚	318	0.7	163	0.4	27	加蓬	206	0.5	185	0.4
28	智利	171	0.4	146	0.3	28	巴林	0	0.0	152	0.3
29	保加利亚	121	0.3	142	0.3	29	苏丹	166	0.4	116	0.3
30	菲律宾	189	0.4	130	0.3	30	赤道几内亚	182	0.4	81	0.2
31	埃及	92	0.2	118	0.3	31	埃及	156	0.4	71	0.2
32	委内瑞拉	33	0.1	71	0.2	32	越南	144	0.3	55	0.1
33	克罗地亚	47	0.1	44	0.1	33	特立尼达和多巴哥	29	0.1	54	0.1
34	厄瓜多尔	0	0.0	16	0.0	34	中国	57	0.1	41	0.1
35	乌克兰	5	0.0	16	0.0	35	印度尼西亚	315	0.8	40	0.1
36	特立尼达和多巴哥	78	0.2	0	0.0	36	文莱	112	0.3	39	0.1

注：数据包括转口数据，每个地区只列出主要的而非全部国家和地区。

资料来源：OPEC Annual Statistical Bulletin 2023, Interactive Version, www.opec.org, 2023年10月。

（七）国际投资与资本流动回顾

表 7-1 国际投资头寸表：部分国家和地区（2018~2022 年） 单位：亿美元					
项目	2018 年	2019 年	2020 年	2021 年	2022 年
美国					
资产	251068	288452	320232	350219	316318
对外直接投资	74174	86688	93494	109255	92770
证券投资	113225	131242	143993	163139	140739
股本证券	78996	94780	106150	120613	103060
债务证券	34229	36462	37842	42526	37680
金融衍生品	14496	17904	25460	19830	25433
其他投资	44683	47474	51012	50872	50306
储备资产	4491	5144	6273	7123	7069
负债	349026	405116	467442	538051	478041
外商直接投资	83935	104547	118756	148826	122627
证券投资	188442	217636	251719	289716	247641
股本证券	75392	92962	118346	152506	120542
债务证券	113049	124673	133373	137210	127099
金融衍生品	14075	17703	25527	19609	24738
其他投资	62574	65231	71440	79899	83035
中国					
资产	74327	78464	88791	95216	92580
对外直接投资	20015	22366	25807	27852	27950
证券投资	5065	6575	9030	9791	10335
股本证券	2786	3853	6048	6477	5902
债务证券	2279	2722	2982	3314	4433
金融衍生品	62	67	206	165	304
其他投资	17505	17226	20184	23139	20925
储备资产	31680	32229	33565	34269	33065
负债	53252	55468	65923	73356	67267

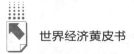

续表

项目	2018 年	2019 年	2020 年	2021 年	2022 年
外商直接投资	28271	27964	32312	36035	34956
证券投资	11628	14526	19558	21477	17810
股本证券	7506	9497	12607	13386	11243
债务证券	4122	5029	6951	8091	6567
金融衍生品	60	65	129	104	183
其他投资	13294	12913	13923	15740	14318
日本					
资产	91853	99927	110894	110067	100887
对外直接投资	16411	18710	20226	20508	20712
证券投资	40688	45361	50718	50780	40052
股本证券	16318	19049	20766	22256	18387
债务证券	24370	26312	29953	28523	21665
金融衍生品	2900	3143	4313	3112	5787
其他投资	19201	19481	21759	21510	22110
储备资产	12653	13231	13879	14157	12226
负债	61049	67223	76194	73477	69328
外商直接投资	2768	3146	3878	3563	3480
证券投资	31687	36313	41112	41262	34544
股本证券	15907	19238	21199	21363	17063
债务证券	15780	17075	19913	19898	17481
金融衍生品	2770	3052	4087	3074	5835
其他投资	23823	24712	27118	25578	25469
德国					
资产	100519	108280	128710	129901	127592
对外直接投资	24707	26177	29825	30599	31022
证券投资	34367	38677	45000	45864	37397
股本证券	12143	14921	17984	21533	17987
债务证券	22223	23756	27016	24331	19410
金融衍生品	4875	7022	10310	8068	14848
其他投资	34589	34166	40887	42409	41377

续表

项目	2018 年	2019 年	2020 年	2021 年	2022 年
储备资产	1982	2238	2688	2960	2947
负债	80359	85460	102034	101303	97811
外商直接投资	17556	18086	21257	20787	20151
证券投资	31993	34932	40026	38211	30327
股本证券	11203	13209	14514	15041	10957
债务证券	20790	21723	25511	23170	19371
金融衍生品	5092	7387	10427	8095	14266
其他投资	25719	25056	30324	34209	33067

资料来源：IMF 国际收支统计，2022 年 10 月。

表 7-2　跨境直接投资流量：部分国家和地区（2020~2022 年）

单位：亿美元

国家和地区	流入量（FDI）			流出量（ODI）		
	2020 年	2021 年	2022 年	2020 年	2021 年	2022 年
世界	9620	14781	12947	7319	17291	14898
发达经济体	3155	5972	3783	3499	12442	10309
发展中经济体	6465	8809	9164	3819	4849	4589
澳大利亚	136	209	616	60	34	1166
比利时	68	116	−17	104	330	242
巴西	283	507	861	−129	205	252
加拿大	269	657	526	424	970	793
中国	1493	1810	1891	1537	1788	1465
塞浦路斯	−245	−357	49	−330	−409	−13
埃及	59	51	114	3	4	3
法国	114	309	364	216	447	480
德国	562	465	111	506	1652	1430
匈牙利	70	76	86	44	40	42
印度	641	448	494	111	173	145
印度尼西亚	186	211	220	44	38	68
爱尔兰	766	−49	15	−525	580	53

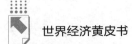

续表

国家和地区	流入量（FDI）			流出量（ODI）		
	2020 年	2021 年	2022 年	2020 年	2021 年	2022 年
意大利	−236	−90	199	−21	280	−19
日本	107	247	325	957	1468	1615
韩国	88	221	180	348	660	664
马来西亚	32	122	169	24	47	133
墨西哥	282	315	353	23	−16	128
荷兰	−865	−775	−673	−1895	235	−17
秘鲁	−4	58	117	4	1	4
菲律宾	68	120	92	36	23	39
俄罗斯	104	386	−187	68	641	104
沙特	54	193	79	49	239	188
新加坡	729	1312	1412	384	508	508
瑞士	−503	−882	133	−400	−715	−230
英国	582	−712	141	−781	849	1296
美国	959	3878	2851	2045	3500	3730
越南	158	157	179	4	4	27

资料来源：联合国贸发会议数据库。

表 7-3　跨境直接投资存量：部分国家和地区（2020~2022 年）						
					单位：亿美元	
国家和地区	流入存量（FDI）			流出存量（ODI）		
	2020 年	2021 年	2022 年	2020 年	2021 年	2022 年
世界	419194	470793	442528	401435	426672	398529
发达经济体	300299	328162	290930	315552	335652	302673
发展中经济体	118895	142631	151597	85883	91019	95856
澳大利亚	7797	7552	7580	6107	6304	6609
比利时	6043	5557	5239	6837	6773	6737
巴西	5953	7296	8156	2779	3023	3275

续表

国家和地区	流入存量（FDI）			流出存量（ODI）		
	2020 年	2021 年	2022 年	2020 年	2021 年	2022 年
加拿大	11848	14423	14398	18578	21556	20330
中国	19188	36333	38224	25807	27852	29317
塞浦路斯	4909	4250	583	4886	4156	254
埃及	1325	1375	1489	85	88	92
法国	9529	9448	8968	15569	15258	14898
德国	11531	10580	10075	20229	20316	19290
匈牙利	1021	1048	1043	361	397	417
印度	4801	5141	5107	1909	2081	2226
印度尼西亚	2406	2597	2629	888	966	1039
爱尔兰	13847	13949	14087	12011	14393	11844
意大利	4902	4500	4485	5878	5616	5321
日本	2501	2411	2254	18848	19357	19486
韩国	2608	2801	2723	5154	6051	6476
马来西亚	1707	1873	1992	1284	1309	1377
墨西哥	5444	5922	6493	1919	1896	1960
荷兰	27213	27445	26836	35722	34725	32494
秘鲁	1120	1178	1295	104	99	101
菲律宾	1034	1115	1130	630	656	673
俄罗斯	4491	4977	3791	3811	3746	3153
沙特	2418	2611	2689	1288	1515	1675
新加坡	19860	21695	23684	13793	14630	15954
瑞士	11833	10384	10369	15171	14230	13519
英国	26566	26900	26986	22218	23769	22031
美国	102924	130564	104617	82259	97659	80481
越南	1769	1926	2105	115	119	145

资料来源：联合国贸发会议数据库。

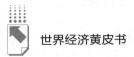
（八）全球大公司排名

表 8-1　2023 年《财富》全球 50 强公司排名

单位：百万美元

2023 年排名	2022 年排名	2021 年排名	公司名称	营业收入	利润	总部所在地
1	1	1	沃尔玛（Walmart）	611289	11680	美国
2	6	14	沙特阿美公司（Saudi Aramco）	603651.4	159069	沙特阿拉伯
3	3	2	国家电网有限公司（State Grid）	530008.8	8191.9	中国
4	2	3	亚马逊（Amazon.Com）	513983	−2722	美国
5	4	4	中国石油天然气集团有限公司（China National Petroleum）	483019.2	21079.7	中国
6	5	5	中国石油化工集团有限公司（Sinopec Group）	471154.2	9656.9	中国
7	12	23	埃克森美孚（Exxon Mobil）	413680	55740	美国
8	7	6	苹果公司（Apple）	394328	99803	美国
9	15	19	壳牌公司（Shell）	386201	42309	英国
10	11	8	联合健康集团（Unitedhealth Group）	324162	20120	美国
11	10	7	Cvs Health 公司（Cvs Health）	322467	4149	美国
12	19	31	托克集团（Trafigura Group）	318476.4	6994.2	新加坡
13	9	13	中国建筑集团有限公司（China State Construction Engineering）	305884.5	4234	中国
14	14	11	伯克希尔－哈撒韦公司（Berkshire Hathaway）	302089	−22819	美国
15	8	10	大众公司（Volkswagen）	293684.7	15223.2	德国
16	—		Uniper 公司（UNIPER）	288309.2	−19961.3	德国
17	17	21	Alphabet 公司（ALPHABET）	282836	59972	美国
18	16	12	麦克森公司（Mckesson）	276711	3560	美国
19	13	9	丰田汽车公司（Toyota Motor）	274491.4	18110	日本
20	27	—	道达尔能源公司（Totalenergies）	263310	20526	法国
21	23	34	嘉能可（Glencore）	255984	17320	瑞士
22	35	18	英国石油公司（Bp）	248891	−2487	英国

续表

2023 年排名	2022 年排名	2021 年排名	公司名称	营业收入	利润	总部所在地
23	37	—	雪佛龙（Chevron）	246252	35465	美国
24	21	17	美源伯根公司（Amerisourcebergen）	238587	1698.8	美国
25	18	15	三星电子（Samsung Electronics）	234129.3	42397.7	韩国
26	26	27	开市客（Costco Wholesale）	226954	5844	美国
27	20	22	鸿海精密工业股份有限公司（Hon Hai Precision Industry）	222535.3	4751	中国
28	22	20	中国工商银行股份有限公司（Industrial & Commercial Bank Of China）	214766.3	53589.3	中国
29	24	25	中国建设银行股份有限公司（China Construction Bank）	202753.4	48145.1	中国
30	33	33	微软（Microsoft）	198270	72738	美国
31	29	—	Stellantis 集团（STELLANTIS）	188887.5	17668.5	荷兰
32	28	29	中国农业银行股份有限公司（Agricultural Bank Of China）	187061.1	38523.7	中国
33	25	16	中国平安保险（集团）股份有限公司（Ping An Insurance）	181565.8	12453.8	中国
34	36	30	嘉德诺健康集团（Cardinal Health）	181364	−933	美国
35	30	28	信诺集团（Cigna Group）	180516	6668	美国
36	49	—	马拉松原油公司（Marathon Petroleum）	180012	14516	美国
37	74	143	Phillips 66 公司（PHILLIPS 66）	175702	11024	美国
38	31	—	中国中化控股有限责任公司（Sinochem Holdings）	173834	−1.4	中国
39	34	35	中国铁路工程集团有限公司（China Railway Engineering Group）	171668.8	2034.7	中国
40	82	164	瓦莱罗能源公司（Valero Energy）	171189	11528	美国

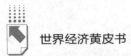

续表

2023年排名	2022年排名	2021年排名	公司名称	营业收入	利润	总部所在地
41	52	—	俄罗斯天然气工业股份公司（Gazprom）	167831.5	17641.4	俄罗斯
42	65	—	中国海洋石油集团有限公司（China National Offshore Oil）	164761.5	16987.7	中国
43	39	42	中国铁道建筑集团有限公司（China Railway Construction）	163037	1799.6	中国
44	44	—	中国宝武钢铁集团有限公司（China Baowu Steel Group）	161698.4	2492.8	中国
45	41	—	三菱商事株式会社（Mitsubishi）	159371.1	8722.8	日本
46	53	47	福特汽车公司（Ford Motor）	158057	−1981	美国
47	38	24	梅赛德斯－奔驰集团（Mercedes-Benz Group）	157781.7	15251.6	德国
48	43	41	家得宝（Home Depot）	157403	17105	美国
49	42	39	中国银行股份有限公司（Bank Of China）	156923.5	33811	中国
50	64	49	通用汽车公司（General Motors）	156735	9934	美国

注：表中"—"代表未进入500强，因此排名未知。

资料来源：财富中文网，http://www.fortunechina.com。

（九）世界开放指数排名

表9-1　世界开放指数排名：部分国家和地区（2015~2022年）

国家和地区	2015年	2016年	2017年	2018年	2019年	2020年	2021年	2022年
新加坡	1	1	1	1	1	1	1	1
德国	4	3	3	3	3	2	2	2
中国香港	3	2	2	2	2	3	4	3
爱尔兰	5	4	4	4	4	4	3	4
马耳他	14	14	12	9	9	9	6	5
荷兰	6	8	7	12	7	11	10	6
澳大利亚	12	9	9	7	6	6	8	7
瑞士	8	5	6	5	8	8	9	8

续表

国家和地区	2015 年	2016 年	2017 年	2018 年	2019 年	2020 年	2021 年	2022 年
塞浦路斯	32	32	25	15	15	15	12	9
英国	7	6	5	6	5	7	11	10
比利时	15	15	16	14	14	14	14	11
加拿大	10	11	11	10	11	5	7	12
法国	13	12	13	11	13	13	15	13
韩国	17	10	9	8	10	10	13	14
奥地利	20	21	20	21	20	21	18	15
新西兰	16	16	18	16	17	17	17	16
卢森堡	9	20	14	35	16	12	5	17
瑞典	23	23	24	24	25	24	22	18
希腊	58	58	58	54	34	30	24	19
丹麦	22	22	22	22	23	25	20	20
日本	11	13	15	13	12	16	16	21
意大利	18	17	17	17	18	20	19	22
美国	2	7	10	19	22	23	21	23
匈牙利	21	19	23	25	19	18	23	24
立陶宛	50	41	35	33	28	31	28	25
爱沙尼亚	27	29	29	27	30	27	25	26
西班牙	24	24	21	23	26	28	27	27
拉脱维亚	34	30	32	32	32	32	30	28
哥斯达黎加	31	28	30	29	31	26	29	29
捷克	25	26	27	28	29	29	32	30
中国澳门	33	34	31	26	24	41	34	31
芬兰	37	36	37	37	39	38	35	32
挪威	26	25	28	31	33	36	37	33
葡萄牙	39	39	40	39	36	35	33	34
墨西哥	29	27	26	20	27	22	31	35
中国大陆	43	42	41	42	40	39	39	39
秘鲁	48	49	33	30	35	33	36	40
智利	40	44	43	34	38	37	41	43

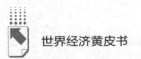
续表

国家和地区	2015 年	2016 年	2017 年	2018 年	2019 年	2020 年	2021 年	2022 年
斯洛伐克	46	45	45	46	44	47	47	44
波兰	53	53	50	51	49	51	48	47
斯洛文尼亚	56	57	57	58	54	54	53	50
马来西亚	49	52	53	47	52	50	51	51
越南	79	77	75	73	70	65	64	64
赞比亚	67	66	69	70	64	66	68	65
阿根廷	91	83	54	48	73	75	74	73
沙特阿拉伯	64	65	66	66	66	69	70	74
俄罗斯	60	63	65	65	71	77	77	75
泰国	86	86	86	84	72	72	71	76
印度尼西亚	82	82	85	81	82	82	81	78
菲律宾	78	79	78	79	79	79	80	79
印度	85	85	84	82	84	84	84	84
南非	96	94	95	92	93	91	93	93
埃及	110	109	94	93	98	98	96	95
肯尼亚	90	92	92	94	97	94	90	100
巴西	88	88	87	86	87	93	101	103
巴基斯坦	116	116	115	117	118	119	118	118
坦桑尼亚	117	118	120	120	121	121	121	121
埃塞俄比亚	123	123	125	125	125	123	122	122
加纳	121	121	123	121	120	122	123	123
布隆迪	129	129	129	129	129	129	129	129

资料来源:《世界开放报告 2023》,2023 年 11 月。

Abstract

World economic growth in 2023 continued the downward trend of 2022. Despite the improvement in the global employment situation and the easing of inflationary pressures, global debt risks are high and trade and investment growth is weak. At the same time, the increasing divergence of world economic growth, the profound and complex impact of disruptive technologies, the accelerated emergence and spread of discriminatory regionalism, the increased decoupling risks of the global economy due to de-risking policies, and the opening of a new golden decade by the Belt and Road Initiative are issues that deserve attention. The "re-globalization" of the world economy, the digitalization of global production and exchange, the decarbonization of global economic development, the politicization of international economic and trade relations, and the diversification of the international monetary system have become far-reaching trends. Looking ahead, there are still many short- and long-term factors contributing to the downturn of the global economy, and one of the key variables is whether major economies such as China and the United States can work together to address the various global economic challenges.. According to the current international economic and political environment and the world economic situation, the world economy will still be on a medium-low growth track in 2024, with an expected growth rate of 2.7%.

Keywords: World Economy; International Trade; International Invest; International Finance

Contents

I Overview

Abstract: World economic growth in 2023 continued the downward trend of 2022. Despite the improvement in the global employment situation and the easing of inflationary pressures, global debt risks are high and trade and investment growth is weak. At the same time, the increasing divergence of world economic growth, the profound and complex impact of disruptive technologies, the accelerated emergence and spread of discriminatory regionalism, the increased decoupling risks of the global economy due to de-risking policies, and the opening of a new golden decade by the Belt and Road Initiative are issues that deserve attention. The "re-globalization" of the world economy, the digitalization of global production and exchange, the decarbonization of global economic development, the politicization of international economic and trade relations, and the diversification of the international monetary system have become far-reaching trends. Looking ahead, there are still many short- and long-term factors contributing to the downturn of the global economy, and one of the key variables is whether major economies such as China and the United States can work together to address the various global economic challenges. According to the current international economic and political environment and the world economic situation, the world economy will still be on a medium-low growth track in 2024, with an expected growth rate of 2.7%.

Keywords: World Economy; Growth Divergence; "De-risking" Policies; Discriminatory Regionalism; "The Belt and Road"

II   Country / Region Study

Abstract: In the first half of 2022, the U.S. economy fell into a "technical" recession. Under the pressure of high inflation, the Federal Reserve was forced to continue to raise interest rates, sparking widespread fears of an impending recession in the U.S. economy. However, since the second half of 2022, the U.S. economy has returned to above-trend growth, and the economy has shown greater resilience than expected. At the same time, the U.S. unemployment rate remained low while headline inflation moved down significantly, opening up room for a "soft landing". Currently, consumption in the United States remains strong, corporate investment is tentatively stabilising, and industrial policy is beginning to work, suggesting that the U.S. internal growth momentum remains robust. The banking turmoil in the US triggered by the failure of Silicon Valley Bank in March 2023 was temporarily calmed by the Federal Reserve's timely response, suggesting that the US financial system is both risky and resilient. Considering that the U.S. federal funds rate has been at a "sufficiently restrictive" level, the Federal Reserve's interest rate hiking cycle will soon come to an end, but core inflation has shown strong stickiness, which makes it possible for the Federal Reserve to maintain a tight monetary policy for a longer period of time. During this period, the U.S. economic fundamentals and the financial system will continue

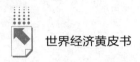

to be under pressure, the probability that economic growth will fall back below trend levels, and potential risks may be exposed one after another, and ultimately whether to achieve a "soft landing" remains to be seen.

Keywords: U.S. Economy; Inflation; Banking Crisis; Economic Resilience

Y.3 The European Economy: Low Growth Continues

Lu Ting / 043

Abstract: TDue to the persistent impacts of the Ukraine conflict, the European economy has broadly stagnated since the latter part of 2022. Energy supply disruptions, coupled with rising price pressures have increasingly dampened domestic spending and production. To ensure a timely return of inflation to the medium-term target, the European Central Bank has embarked on its most assertive interest rate hike campaign in history, raising key interest rates to an all-time high. This, in turn, tilts the economic growth risk to the downside. Meanwhile, global trade momentum continues to moderate, which diminishes the role of foreign trade in supporting the economic recovery. Overall, the European economy is expected to remain subdued in 2023, with annual real GDP growth projected to range from 0.2% to 0.5%, before a gradual recovery to a range of 0.6% to 0.9% in 2024.

Keywords: European Economy; Energy Crisis; Economic Growth

Y.4 Japanese Economy: Stable Recovery after the Pandemic

Zhou Xuezhi / 063

Abstract: Since 2022, the impact of the COVID-19 on the Japanese economy gradually decreased, and the Japanese economy began to recover steadily. In the four quarters from the second half of 2022 to the first half of 2023, the Japanese economy achieved year-on-year GDP growth of more than 1.0% in three quarters. During this period, the Bank of Japan has turned monetary policy slightly, and although the yield of Japanese 10-year government bonds has risen, there is still a large gap compared to the yield of US 10-year government bonds. The Yen continued to depreciate in the second half of 2022, rebounding against the US dollar in the fourth quarter of 2022, but resuming its decline after January 2023. Japan experienced significant price increases between the second half of 2022 and the first half of 2023, with CPI reaching more than 4.0% year-on-year. As global energy prices rebound significantly in the second half of 2023, the pullback in Japan's year-on-year CPI may face some resistance. Japan's economic growth is expected to be around 1.5% in 2023 and 1.2% in 2024.

Keywords: Exchange Rate; Inflation; Japan

Y.5 Asia-Pacific Economy: Bottoming out

Yang Panpan, Ni Shuhui / 084

Abstract: The Asia-Pacific economy entered the recovery track in 2022 under multiple shocks such as the Ukraine crisis, high inflation and global economy slowdown; its recovery trend was slightly worse in the first half of 2023, and bottomed up significantly in the second half. The pressure of weak global demand tended to be moderate, the Asia-Pacific economy was expected to bottom out in 2023, and the overall growth momentum was stronger than the previous year. In 2023, the weighted average economic growth of 17 countries in the Asia-Pacific region was expected to be 4.5%, 0.5 percentage points higher than previous year and 1.5 percentage points higher than global average. Inflation decreased in the Asia-Pacific region in 2022, while showing a certain stickiness due to the impact of food prices. Affected by

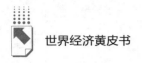
strong US dollar, the currencies of most economies in the Asia-Pacific region had depreciated against the US dollar. Current accounts were diverged due to commodity prices declining, with commodity exporters deteriorating and commodity importers improving. Looking forward to 2024, the Asia-Pacific economic recovery still faces certain pressure, but the trend of weak external demand is expected to ease, strong internal demand, regional trade agreements will effectively drive the regional economy, and the Asia-Pacific economy will play a more active role in the global economic recovery process.

Keywords: Asia-Pacific Region; Domestic Demand; Inflation

Y.6　Indian Economy: Continuing Recovery

Jia Zhongzheng / 101

Abstract: In the fiscal year of 2022-2023, the Indian economy maintained a recovery trend, with a real GDP growth rate of 7.2%, making it one of the fastest growing emerging economies. In the first eight months of 2023, India's inflation rate decreased by 1 percentage point year-on-year, but in the past 12 months, it has still exceeded the upper limit set by Indian central bank in 6 months. The unemployment rate in India in September was 7.1%, a record low since September 2022. The Indian Rupee's real effective exchange rate has significantly rebounded, but has slightly depreciated relative to the US dollar. The Indian stock market continues its uptrend, with the Sensex index rising to 67838.63 on September 15th, reaching a record high. Fiscal expenditure continues to expand, with a significant increase in capital expenditure. The scale of central government debt is gradually expanding, and the fiscal deficit rate is relatively high. The pace of monetary policy tightening in India has significantly slowed down. The external factors that affect India's economic prospects include global economic recovery, international commodity prices such as crude oil and food, global trade and demand, geopolitical situation, and climate change; The internal factors include final consumer spending, government capital expenditure and private investment, service industry activity, and change of inflationary pressure and so on. Taking all factors into account, this report expects India's real GDP growth rate to be around 6.4% in FY2023-2024, and is expected to remain around 6.4% in FY2024-2025.

Keywords: Economic Recovery; The Stock Index Reaching a Record High; Slowing Down Pace of Interest Rate Hikes; Fiscal Policy Expansion

Y.7 Russian Economy: Sanctions and Resilience

Lin Shen, Wang Yongzhong / 118

Abstract: Affected by factors such as stable domestic consumption demand, growth in government defense spending, high energy and food prices, relatively successful adjustments in oil export destinations, and timely fiscal and monetary policy adjustments, the Russian economy has shown strong resilience. In 2022, it fell by 2.1%, and in the first and second quarters of 2023, it grew by -2.3% and 3.6% respectively, significantly better than expectations. However, it faces challenges such as the depreciation of the ruble, a rebound in inflation rates, and an increase in fiscal deficits. As for the future of Russia's economy, there are both positive factors such as strong economic resilience, stable consumer demand, potential growth in energy and food exports, and increases in government spending and manufacturing investment, but also many negative factors such as the crowding out of private investment by defense spending, high inflation rates, exchange rate fluctuations in the ruble, Western sanctions limiting access to technology and equipment, and labor shortages. We predict that the Russian economy will likely grow by around 2.0% in 2023 and by around 1.5% in 2024.

Keywords: Economic Growth; Wartime Economy; Energy; Food; Russian

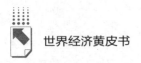
Y.8　Latin American Economy: Recovery Slows

Abstract: The economy of Latin America and the Caribbean has maintained a sluggish growth in 2023, and economic growth is projected to decelerate from 3.8% in 2022 to 1.7% and could decline further in 2024. Under the continuous tightening of monetary policy, the inflation level in Latin America and the Caribbean has fallen, but inflationary pressure still exists. Although monetary policy in some economies has been adjusted, it is still tight in general. As economic growth decelerates, the fiscal deficit is expected to expand further, and the risk of government debt, especially external debt, will also rise. Latin America and the Caribbean still need to deal with the balance between economic growth promotion and debt problem resolution. With the global economic recovery slowing down, coupled with low commodity prices and high global financing costs, Latin America and the Caribbean are still encountering a range of disadvantages in the external environment. This is necessary to further strengthen the global financial safety net and preserve the economic and financial stability of the region.

Keywords: Latin America; Economic Situation; Global Financial Safety Net

Y.9　West Asia and Africa Economy: Struggling to Maintain Economic Resilience amidst Uncertainty

Abstract: The economic growth rate in the West Asia and Africa region continues to be low due to the downward trend in the global economy. Economic growth in West Asia and North Africa is projected to decline to 2.0% in 2023 from 5.6% in 2022. Sub-Saharan Africa declines from 4.0% to 3.3%. Slower growth in major economies, climate and geopolitical shocks could lead to a spike in food and energy prices, with very different impacts on oil exporters and importers in the region. More than half of the low-income developing countries will continue to face financing difficulties and debt-servicing pressures amid rising debt-servicing costs. The invitation to join the BRICS in 2023, such as Saudi Arabia, Egypt, Iran and Ethiopia, will provide new opportunities for these countries to expand the opportunities for further economic cooperation.

Keywords: West Asia and North Africa; Sub-Saharan Africa; Debt Risk; Commodity Prices

Y.10　China's Economy: The Main Contradiction in the Current Economic Operation is Insufficient Demand

Zhang Bin, Xu Qiyuan / 166

Abstract: ISince 2023, the prominent features of China's macroeconomic performance are the simultaneous occurrence of low inflation, sluggish economic growth and employment pressures. This indicates that the primary constraint on economic growth is not challenges on the supply side but on the demand side, specifically the challenge of insufficient aggregate demand. The lack of demand is the result of the negative cycle among low government spending, corporate spending, and consumer spending, and the overall social credit growth. To overcome this demand shortfall, further strengthen counter-cyclical policies are needed. By significantly reducing interest rates, increasing public sector spending, and introducing a package of stimulating real estate policies, China can expect to achieve a faster and healthier economic recovery.

Keywords: China's Economy; Demand Shortage; Monetary Policy; Fiscal Policy; Real Estate Market

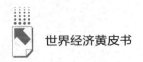
Ⅲ Special Reports

Y.11 Review and Outlook of World Trade:

Falling into Downturn and Likely to Rebound

Ma Yingying, Su Qingyi / 177

Abstract: After the strong rebound of world goods trade in 2021 due to the fading of the epidemic, the world goods trade slowed down in 2022, with a real growth rate of 3.0%, lower than 9.6% in 2021. As commodity prices, especially energy prices, continue to rise, the nominal growth rate of world goods trade in 2022 was still higher than the actual growth rate. The world export of business services was 7.04 trillion US dollars, growing by 14.8%. In the first half of 2023, the growth rate of world trade in goods was negative, while the growth rate of trade in services was relatively stable. In the second half of 2023, the growth rate of world trade in goods will pick up slightly, and trade in services will maintain good performance. The real growth rate of goods trade throughout the year of 2023 will be between 0.5% and 2.0%, falling into a downturn compared to 2022. It is expected that world trade will rebound in 2024, and the growth rate will be higher than that of 2023. We should be wary of uncertainties such as rebounding inflation, the Ukraine crisis, and China's recovery performance.

Keywords: Trade Situation; Inflation; Commodity Prices; Trade in Services

Abstract: In 2023, the international financial markets underwent a series of tests. Central banks around the world continued their tightening processes, and advanced markets such as the United Kingdom, Japan, the United States, and Europe experienced varying degrees of risk events. Emerging markets, on the other hand, demonstrated overall stability, but they faced challenges associated with shifting risk preferences, capital market repricing, and concerns about debt sustainability. Global long-term government bond yields exhibited upward volatility, with yield inversions observed in the United States and the United Kingdom. The global stock markets witnessed a significant rebound in 2023, and the performance of developed countries' stock markets notably outperformed those of developing nations. The U.S. dollar index reached its peak and underwent a corrective pullback, leading to a differentiation in major currency pairs. The Chinese renminbi, after a modest appreciation early in this year, started to fluctuate and trend downward. The financial market trends in 2024 will still be contingent upon the market's confidence in the prospect of an economic soft landing. If core inflation exhibits greater persistence, resulting in higher interest rates last for longer time, international financial risks may continue to rise. Potential risk factors include the resurgence of risks in the government bond market, banking or non-banking institutions, new risks emerging in the real estate market and corporate sectors, risks associated with uncoordinated monetary policies, and geopolitical conflicts.

Keywords: International Financial Risks; High Interest Rates; Bond Market; Stock Market; Foreign Exchange Market

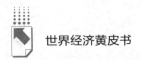
Y.13 Retrospect and Prospect of International Direct Investment Situation：
Further Decline driven by Multiple Factors

Chen Yihao, Wang Bijun / 214

Abstract: In 2022, global foreign direct investment declined by 12% to $1.29 trillion, reaching a historic low since 2007, mainly due to factors such as geopolitical tensions, high energy and commodity prices, and debt risks in developing economies. In response to the slow global economic recovery, economies around the world have adopted investment promotion policies, accounting for 74% of the total and returning to pre-COVID-19 levels. Most of the new investment promotion policies in developing economies are aimed at providing financial support to specialized industrial sectors or economic and trade zones, while investment promotion policies in developed economies are mainly geared towards issues such as energy security, renewable energy and climate change, and strategic industrial security. The enactment of the Investment Facilitation for Development provides a reliable framework to promote investment facilitation, which will reduce the institutional costs faced by most global international direct investors and provide safeguards for effective security and compliance reviews. However, tightening investment regulations are creating new barriers for international direct investment, while restrictive investment policies are increasing companies' compliance risks and efficiency in being reviewed, further limiting cross-border mergers and acquisitions activities. The situation of international direct investment will face challenges from the comprehensive effects of various policies.

Keywords: International Direct Investment; Geopolitical Game; *Agreement on Investment Facilitation for Development*; National Security; Compliance Review

Abstract: The commodity price index fell by 33% between August 2022 and August 2023 due to the impact of the slowdown of global and Chinese economy, interest rate hikes in major economies and the appreciation of the US dollar, the adjustment of the direction of international crude oil trade flows, the warm winter and sufficient natural gas stocks in Europe, agricultural production growth, the signing of the Black Sea grain agreement, and the improvement of global cargo transportation conditions. The current round of commodity price declines was mainly dominated by the fall in energy prices, and the prices of food, industrial metals and energy transition metals showed greater volatility. Looking ahead to 2024, global commodity prices are expected to fluctuate at high levels, with little chance of a sharp rise or fall, and it cannot be ruled out that energy prices will temporarily rise due to geopolitical factors such as the Palestinian-Israeli conflict, food prices will rise driven by extreme weather conditions and disruptions of grain shipments in the Black Sea, while energy transition metal prices may rise due to the rapid development of the renewable energy industry, industrial metal prices may fall due to the continued global economic slowdown and China's sluggish real estate investment. It is expected that the average price of Brent crude oil will likely remain around the level of$85 per barrel in 2024.

Keywords: Commodity; Market; Supply; Demand Price.

IV　Hot Topics

Abstract: Artificial Intelligence (AI) has emerged as a significant force for

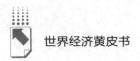

economic transformation. It not only markedly enhances the potential growth rate and productivity of the economy but also propels the evolution of industrial innovation. By refining existing production and delivery processes, AI brings about a comprehensive innovative upgrade to the economic environment, improves production efficiency, and significantly expands the range of products and services, thereby further elevating consumer welfare. Moreover, the application of AI improves resource utilization efficiency, making positive contributions towards the achievement of environmental protection and sustainable development goals. However, the introduction of AI has a notable impact on the labor market. AI possesses a dual characteristic of augmenting and substituting human labor: on the augmenting front, it enhances the efficiency of labor; on the substituting front, it presents a potential threat of structural unemployment. Although labor productivity has improved, the effects of AI on labor income growth remain complex and multifaceted. Due to the significant disparities in technological capabilities and production methodologies between developed and developing countries, AI may bring about profound changes to the global economic landscape, underscoring the importance of appropriate policy and regulatory frameworks to ensure that technological innovations bring shared benefits to all of humanity.

Keywords: Artificial Intelligence; Economic Development; Science and Technology; Employment; World Economy

Y.16   Inflation Management and Global Economic Resilience

Luan Xi / 266

Abstract: In 2023, major developed economies continued to raise interest rates in response to inflation, which subsequently declined somewhat. Despite the continued nominal interest rate rises, the global economy continues to show strong resilience, with major international institutions revising upwards their earlier forecasts for world economic growth in 2023. However, this round of global economic recovery has not been a full-blown economic recovery, with growth showing resilience mainly from the services sector, with the economic cycles of the major economies clearly misaligned, and the volume of global trade not following the upturn. In developed economies, the labor market is strong, wage increases are still supporting inflation, "wages-inflation" is not spiraling up because of the central bank's control of inflation expectations. At present, global economic growth is still facing many challenges, such as inflation, monetary tightening, geopolitical risks, as well as limited room for demand to rise in the United States and low domestic demand in China.

Keywords: Economic Growth; Inflation; Aggregate Demand; Monetary Tightening

Y.17   Dedollarization: Condition, Mechanism and Prospect

Xiong Wanting, Wu Liyuan / 282

Abstract: The issue of "dedollarization" has attracted heated global attention. Many countries has announced policy efforts to reduce their reliance on dollar. Despite of the popularity of "dedollarization" as a news topic, dollar remains the dominant currency in the current international monetary system according to the most recent data. The reduction of dollar usage only appears in certain area such as the share of dollar in official foreign reserves and the number of countries with a dollar-pegged exchange policy. The international movement of "dedollarization" demonstrates that countries other than the United States have a common demand for a fairer, safer and more efficient international monetary system. Although these countries have lasting driving forces to reduce their reliance on dollar, it is unlikely that "dedollarization" happen in a short time.

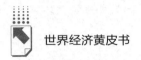
Keywords: Dedollarization; International Monetary System; RMB Internationalization

Y.18 From "Decoupling" to "De-Risking": Covering up Differences and Reconciling Interests

Shi Xianjin / 306

Abstract: This study starts from observing the harm of "decoupling" to the US economy and the global economy, and sorts out the semantic changes of "decoupling" and "de-risking" in the past few years. From a semantic point of view, "de-risking" seems to be more euphemistic and vague than "decoupling", but this intentional ambiguity can play a role in covering up differences and reconciling interests between the United States and its allies. For the United States, "de-risking" is sufficiently vague in its policy content and flexible enough; for U.S. allies, they do not want to be economically separated from China like the United States. However, China has an important market position for all countries around the world. "decoupling" and "de-risking" are both illusions. Persistent "de-risking" will not only sacrifice the interests of other countries and increase global market risks, but also increase the risk of the United States and its The involvement of allies in geopolitical turmoil has increased the risk of global geopolitical conflicts, and the resulting racial discrimination will also backfire on American society. European and American countries should shoulder the responsibility of preventing risks brought about by their own policies. They should not just blame other countries for risks, let alone use risks as an excuse to adopt protectionist and confrontational policies. All countries should be united to pay attention to the common risks faced by human society, such as economic crises, debt crises, network security, ecological risks, etc., and avoid politicizing risks.

Keywords: Decoupling; De-risking; Harm; Liability Subject

Abstract: In 2015, the Paris agreement set ambitious mitigation and adaptation targets to address global warming, but the impact of climate change on economies and markets remains increasingly significant. The physical and economic damage caused by natural disasters, represented by extreme weather events, continues to rise. Technological change and policy actions to address climate change also face significant transaction and transition costs. Due to concerns about climate risks, governments, industries and investors have increasingly incorporated the climate factors into their decisions in recent years, formulated more ambitious emission reduction plans, and expanded R&D, investment, and financial support. However significant challenges remain on the road of global low-carbon transformation. Slowing economic growth, financial barriers, inadequate infrastructure and capacity, Slowing economic growth, fiscal barriers, inadequate infrastructure and capacity, severe financing gaps, hindered technology dissemination, geopolitical conflicts, and fragmented global governance all pose challenges to the prospects of global climate action and cooperation.

Keywords: Carbon Neutrality; Green Growth, Transition Risk; Carbon Pricing

Abstract: From 2022 to 2023, high inflation forced the Federal Reserve and the European Central Bank to tighten monetary policy sharply. Monetary tightening has pushed inflation down, but it has also exacerbated financial risks. At the same time, under the background of the rising geopolitical risk, the global industrial chain is facing the trend of reshaping or even breaking, and there is an obvious tendency

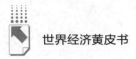
of geo-economic fragmentation. This paper summarizes three hot issues discussed by global think tanks from October 2022 to September 2023. It mainly focuses on three hot issues that have been widely discussed by global think tanks during the topic selection period. First, inflation and monetary policy in Europe and the United States. The think-tank articles mainly focus on the leading factors driving inflation, inflation trends and monetary policy choices. Second, financial risk and financial crisis. The think tank articles mainly pay attention to the general situation, causes and effects of the aggravation of financial risk. Third, the reshaping of industrial chain and the fragmentation of geo-economy. The think tank articles mainly focus on the relevant policies that lead to the fragmentation of the geo-economy, the performance and economic impacts.

Keywords: Inflation; Monetary Policy; Financial Risk; Geo-Economic Fragmentation

Ⅴ　Statistics of the World Economy

皮书

智库成果出版与传播平台

✦ 皮书定义 ✦

皮书是对中国与世界发展状况和热点问题进行年度监测，以专业的角度、专家的视野和实证研究方法，针对某一领域或区域现状与发展态势展开分析和预测，具备前沿性、原创性、实证性、连续性、时效性等特点的公开出版物，由一系列权威研究报告组成。

✦ 皮书作者 ✦

皮书系列报告作者以国内外一流研究机构、知名高校等重点智库的研究人员为主，多为相关领域一流专家学者，他们的观点代表了当下学界对中国与世界的现实和未来最高水平的解读与分析。

✦ 皮书荣誉 ✦

皮书作为中国社会科学院基础理论研究与应用对策研究融合发展的代表性成果，不仅是哲学社会科学工作者服务中国特色社会主义现代化建设的重要成果，更是助力中国特色新型智库建设、构建中国特色哲学社会科学"三大体系"的重要平台。皮书系列先后被列入"十二五""十三五""十四五"时期国家重点出版物出版专项规划项目；自2013年起，重点皮书被列入中国社会科学院国家哲学社会科学创新工程项目。

权威报告·连续出版·独家资源

皮书数据库
ANNUAL REPORT(YEARBOOK)
DATABASE

分析解读当下中国发展变迁的高端智库平台

所获荣誉

- 2022年，入选技术赋能"新闻+"推荐案例
- 2020年，入选全国新闻出版深度融合发展创新案例
- 2019年，入选国家新闻出版署数字出版精品遴选推荐计划
- 2016年，入选"十三五"国家重点电子出版物出版规划骨干工程
- 2013年，荣获"中国出版政府奖·网络出版物奖"提名奖

皮书数据库

"社科数托邦"
微信公众号

成为用户

登录网址www.pishu.com.cn访问皮书数据库网站或下载皮书数据库APP，通过手机号码验证或邮箱验证即可成为皮书数据库用户。

用户福利

- 已注册用户购书后可免费获赠100元皮书数据库充值卡。刮开充值卡涂层获取充值密码，登录并进入"会员中心"—"在线充值"—"充值卡充值"，充值成功即可购买和查看数据库内容。
- 用户福利最终解释权归社会科学文献出版社所有。

社会科学文献出版社 皮书系列
SOCIAL SCIENCES ACADEMIC PRESS (CHINA)

卡号：35418225 1497
密码：

数据库服务热线：010-59367265
数据库服务QQ：2475522410
数据库服务邮箱：database@ssap.cn
图书销售热线：010-59367070/7028
图书服务QQ：1265056568
图书服务邮箱：duzhe@ssap.cn

基本子库
SUB DATABASE

中国社会发展数据库（下设 12 个专题子库）

紧扣人口、政治、外交、法律、教育、医疗卫生、资源环境等 12 个社会发展领域的前沿和热点，全面整合专业著作、智库报告、学术资讯、调研数据等类型资源，帮助用户追踪中国社会发展动态、研究社会发展战略与政策、了解社会热点问题、分析社会发展趋势。

中国经济发展数据库（下设 12 专题子库）

内容涵盖宏观经济、产业经济、工业经济、农业经济、财政金融、房地产经济、城市经济、商业贸易等 12 个重点经济领域，为把握经济运行态势、洞察经济发展规律、研判经济发展趋势、进行经济调控决策提供参考和依据。

中国行业发展数据库（下设 17 个专题子库）

以中国国民经济行业分类为依据，覆盖金融业、旅游业、交通运输业、能源矿产业、制造业等 100 多个行业，跟踪分析国民经济相关行业市场运行状况和政策导向，汇集行业发展前沿资讯，为投资、从业及各种经济决策提供理论支撑和实践指导。

中国区域发展数据库（下设 4 个专题子库）

对中国特定区域内的经济、社会、文化等领域现状与发展情况进行深度分析和预测，涉及省级行政区、城市群、城市、农村等不同维度，研究层级至县及县以下行政区，为学者研究地方经济社会宏观态势、经验模式、发展案例提供支撑，为地方政府决策提供参考。

中国文化传媒数据库（下设 18 个专题子库）

内容覆盖文化产业、新闻传播、电影娱乐、文学艺术、群众文化、图书情报等 18 个重点研究领域，聚焦文化传媒领域发展前沿、热点话题、行业实践，服务用户的教学科研、文化投资、企业规划等需要。

世界经济与国际关系数据库（下设 6 个专题子库）

整合世界经济、国际政治、世界文化与科技、全球性问题、国际组织与国际法、区域研究 6 大领域研究成果，对世界经济形势、国际形势进行连续性深度分析，对年度热点问题进行专题解读，为研判全球发展趋势提供事实和数据支持。

法律声明